実務法律学全集 3

会員権問題の理論と実務
[全訂増補版]

入会契約から施設経営企業の倒産まで

今中利昭　今泉純一　著

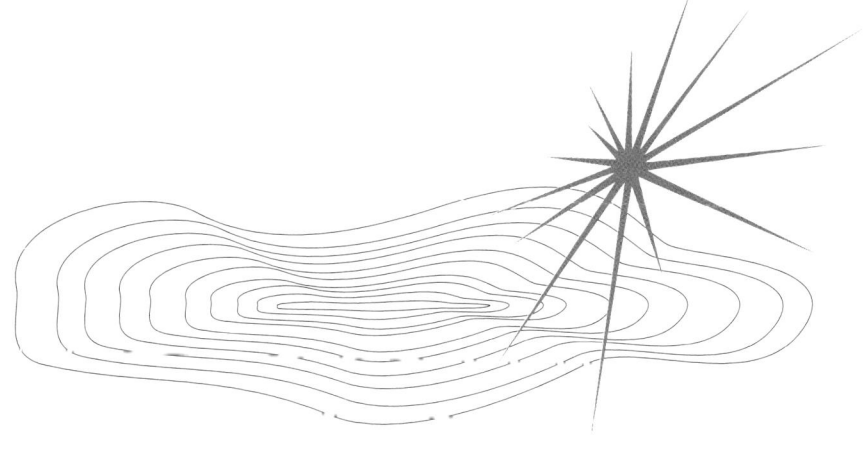

発行　民事法研究会

出版にあたって

　本書旧版の出版は、平成5年2月に民事法研究会の実務法律学全集第3巻「会員権紛争の上手な対処法」として、「旧版はしがき」に記載した経過によって出版した。

　この度は、今泉純一弁護士による「はしがき」に記載のとおり、ほとんど旧版の跡形が残らないほどに同弁護士によって書き改められた。

　その内容は、旧版の域を遙かに越えるものとなり、現在における会員契約法・会員権に関する法律関係について、学説・判例を網羅し、その理論と実務を総まとめする内容となったので、書名も「会員権問題の理論と実務」として、装いを一新して出版することとしたものである。

　この法律問題は、主としてゴルフ場経営の四重苦（会員権価格の暴落・入場者の激減・預託金返還請求の多発・金融機関融資の拒絶）により一層の深刻化をもたらし、多種多様な種類に及んでいるにもかかわらず、これを専門的に研究する学者は少数で、未解決の法律問題が多数であり、目下生成中の法分野である。

　今泉純一弁護士は、これらの多くの未解決な法律関係に関し、判例と学説と実務について詳細に検討を加え、丹念にかつ緻密に分析と検討を加えられ、旧版改訂に対する並々ならぬ熱意とご尽力を加えてくださった。

　同弁護士に深甚なる感謝を申し上げる。

　また、本書の事項索引は関西法律特許事務所所属の赫高規弁護士にお願いし、判例索引は出版社にお願いした。

　最後に、本書の改訂を強力に推進され、出版を引き受けてくださった出口信義社長に感謝を申し上げる。

　　　平成13年10月吉日

　　　　　　　　　　　　　　　　　　　　　　　　　今中利昭

は　し　が　き

　本書は、「会員権紛争の上手な対処法」（平成5年2月刊）の改訂版として改訂作業に着手したが、その大半を新たに書き直したので、別の書名として刊行することとしたものである。

　「会員権紛争の上手な対処法」が刊行されて以来、相当の時間がたち、その間、最高裁の判例を含む重要な判例が数多く出され、民事法研究会の田口信義社長の要請もあって、改訂作業に着手したが、改訂作業を進めるうちに、その大半を書き直すこととなった。

　旧版は、多数の分担執筆であったために、記述内容に過疎があり、また結論の整合性がとれておらず、分担執筆者の一人として、また全体の補充を行った者として、その点が気になっていたが、学説が余りない分野でもあり、旧版の見解が学説として判例評釈等で取り上げられることに面映いものもあった。

　そこで、その後の新しい判例や新しい問題点を盛り込んで記述全体の整合性を図ろうとして改訂作業を行ったら、思わぬ大部のものになってしまい、内容も一般向けにはさらに難解なものになってしまった。

　本書は、一定の法律知識を有する読者を対象にして執筆したので、ハウツー物としては難解で、弁護士等の法律実務家や施設経営企業、銀行等の担当者に読まれることを想定しており、本書がこれらの実務に携わられる方の会員権紛争の処理に少しでも役に立つことができれば著者の一人として望外の幸せである。

　なお、改訂部分は、**35**（執筆は大谷整一税理士）以外は私が草稿を起案し、今中利昭先生と意見の摺り合わせを行ったが、従来の今中説と異なる部分は、すべて私個人の意見である。

　実務書の観点から、できるだけ判例を紹介し評釈することとした。本書のゲラ刷りの段階で、金融・商事判例別冊「ゴルフ法判例72」（今中利昭編）が刊行されたが、その判例評釈に対して論及する暇がなく、判例の出典の末尾

に掲記するにとどめた。本書とは異なる観点からの評釈もあり、本書と読み比べていただければ問題に対する理解が異なるかも知れない。

　何分にも、時間も能力も足りない中で執筆したものであるから、思わぬ誤りをおかしているところがあるのではないかとおそれている。

　会員契約は、民法の契約法を基礎とするものであるが、会員権紛争に関する種々の問題点を解明するためには、民法の契約理論を前提として、消費者保護法、商法、民事訴訟法、民事執行法、倒産法等多方面の法律知識や、我が国特有の預託金制度に関する実務知識が必要であり、会員契約に関する見解は、一部を除いて実務家の独壇場となっている観がある。大学において、現在の法典別の研究を主流とする研究体制が今後も続く限り、学者がこのような会員契約法を研究対象とすることは困難で、会員権紛争について、まとまった体系書が学者によって出されることはないだろうと予測している。

　私自身は、今中先生とは異なり、会員権紛争を日常の業務として取り扱っているわけではない。私にとっては、会員権紛争は業務上の専門分野とはいえない。もちろん、弁護士の通常業務の一環として、施設経営企業や会員から会員権紛争に関する相談を受けたり、管財人として会員権の処理を行ってはいるが、私にとっては、会員契約の研究は、いわば趣味の世界だと考えている。

　この趣味の世界に誘っていただいたのは、私の出身事務所の大先輩であり、修習生時代に就職先のお世話をしていただいた今中先生である。曲がりなりにも会員契約に関する論稿を書けるようになったのは、理論を教えていただき、知識を与えていただいた今中先生のお陰であり、心から感謝申し上げたい。

　また、改訂作業に着手して2年間も時間がかかったことを、民事法研究会の田口社長にお詫び申し上げる。

　　　平成13年10月吉日

　　　　　　　　　　　　　　　　　　　　　今　泉　純　一

旧版はしがき

　人間は人生を豊かに充実したものとすることを願い、多くの財を費すこともいとわず、他の人々との交流を望むものである。この交流の場としてのクラブに入会し、人生を楽しみながら、財を増加することができれば、これに勝る幸いはないであろう。

　クラブの会員の原型は、自然人の終身制、すなわち、死亡によって会員の地位は消滅する型であった。

　現在においても、ステイタスシンボル型のクラブにおいては、この原型を維持しているものも存在する。

　しかし、圧倒的多数の会員の地位は、終身制でなく、譲渡が可能であり、自然人のみではなく、法人も会員となることを得る、のみならず、法人のみを会員とするクラブも現れている。

　クラブライフを楽しみながら、財の増加を望む人々は、譲渡可能な会員となることを求めることとなり、また、譲渡可能な会員たる地位は担保物としても適格を持つに至り、多くの紛争が生じる原因ともなってくるわけである。

　現在の経済社会における会員たる地位（会員権）に関する紛争のほとんどすべてのものは、会員権の原型とは異なった会員権の譲渡を認めた会員権に関するものである。

　かかる会員権の紛争の中心的な部分は、施設経営企業の営利目的の強さと会員の財の増加と、担保としての利用を求める欲求、さらには会員権を利用した金融に由来するものである。さらに、会員権という目下生成中の権利に対する法的整備の不十分性と会員権概念とその法的性質に関する法解釈学の未熟さが、これらの紛争の激化に拍車をかけているといえよう。

　そこで、関西法律特許事務所の弁護士である今中利昭を中心として、同事務所所属の辻川正人、東風龍明、片桐浩二、久世勝之、岩坪　哲に、今泉純一、鈴本俊生両弁護士等を加えた「会員権問題研究会」を1989年秋に発足させ、今中の自宅において継続して研究会を開催してきた。

旧版はしがき

　民事法研究会の田口信義氏は、「実務法律学全集」を企画し、本研究会会員を執筆陣とする本書刊行を求め、これに応じて、昨年5月に成立したいわゆる「会員契約適正化法」を織り込んで執筆した唯一のものとして上梓したのが本書である。

　本書は6章52項目から成っており、各章各項目記載の各内容はそれぞれ執筆者を異にするため、不統一な部分が相当存在するが、これはかえって相互関連を有する各問題間の理解を深めることとなるものと考えている。

　なお、本書設問41については、友人の税理士・大谷整一氏にお願いしたところ快くお引き受けくださり、感謝申し上げたい。

　また、本書の目次と事項索引を駆使されることによって、現下の会員権紛争解決の大半はその糸口を見出すことができるものと自負しているところである。

　本書の配列、各項目の解説についての補充ならびに事項索引の作成等については、今泉純一弁護士に負うところが多大であり、本書の今日の出版は同氏によって日の目を見ることができたものであって、心から感謝申し上げる。

　また、常に本書の執筆陣への配慮を尽くされた田口氏に心からお礼を申し上げる。

　　平成5年2月吉日

今中利昭

凡　例

本文中、判例、学説の引用、表示方法は以下の略語を用いた。

- 民集　　　　　最高裁判所民事判例集
- 判時　　　　　判例時報
- 判タ　　　　　判例タイムズ
- 金法　　　　　金融法務事情
- 金商　　　　　金融・商事判例
- 法協　　　　　法学協会雑誌
- ゴルフ法判例72　金融・商事判例別冊・今中利昭編「ゴルフ法判例72」
- 今中　　　　　今中利昭「現代会員契約法」
- 今中＝今泉　　今中利昭・今泉純一「実務・会員権担保とその執行法」
　　　　　　　　（債権管理22号から65号所収）
- 本書旧版　　　今中利昭監修「会員権紛争の上手な対処法」
- 服部　　　　　服部弘志「ゴルフ会員権の理論と実務」
- 藤井＝古賀　　藤井英男・古賀猛敏「ゴルフクラブ会員権の法律知識」

　学説については、氏名以外に、単行本の場合は書名と頁数、法律雑誌の場合は雑誌名と号数、頁数のみで表示した。

目次

第1章　会員権の種類と内容

1　会員権の種類 ……………………………………………………… 2
  1　会員権とは ………………………………………………………… 2
  2　会員権の分類 ……………………………………………………… 3

2　クラブの種類 ……………………………………………………… 9
  1　クラブとは ………………………………………………………… 9
  2　組織体全体としてのクラブの種類 ……………………………… 10
  3　団体としてのクラブの種類 ……………………………………… 14

3　クラブの種類による会員権の内容の相違 ……………………… 18
  1　社団法人制クラブの会員権 ……………………………………… 18
  2　株主制クラブの会員権 …………………………………………… 20
  3　預託金制クラブの会員権 ………………………………………… 22
  4　所有権付（施設共有制）クラブの会員権 ……………………… 23

4　会員権の発生 …………………………………………………… 26
  1　会員契約の特質 …………………………………………………… 26
  2　会員権の発生 ……………………………………………………… 29
  3　不完全な会員権 …………………………………………………… 30

5　会員権の相手方 ………………………………………………… 32
  1　クラブと施設経営企業の関係 …………………………………… 32
  2　会員権の内容と会員権の相手方 ………………………………… 33

6　会員権の分解 …………………………………………………… 34
  1　会員権の分解とは何か …………………………………………… 34
  2　会員権の分解に関する学説 ……………………………………… 35

3　会員権の分解に関する判例 …………………………………36
7　会員権証書の法的性質 ……………………………………39
　　1　会員権証書とは何か ………………………………………39
　　2　会員権証書の有価証券性 …………………………………40
　　3　会員権証書の免責証券性 …………………………………43
　　4　会員権証書に対する信頼の保護 …………………………44
8　会員権証書の紛失 …………………………………………45
　　1　会員権証書を喪失した場合の不都合性 …………………45
　　2　再発行の請求 ………………………………………………46
　　3　会員権証書の所持人に対する引渡しの請求 ……………47
　　4　会員権の譲渡承認と会員権証書の提出の要否 …………48
　　5　預託金の返還と会員権証書 ………………………………49

第2章　会員とクラブ・施設経営企業との法律関係

9　会員の権利・義務 …………………………………………52
　　1　会員契約と会員の権利・義務 ……………………………52
　　2　会員の権利 …………………………………………………52
　　3　会員の義務 …………………………………………………59
10　施設経営企業の権利・義務 ………………………………61
　　1　会員に対する一般的権利・義務 …………………………61
　　2　施設利用者に対する権利・義務 …………………………61
11　会員契約・譲渡承認における不利益取扱い ……………64
　　1　属性による不利益な取扱い ………………………………64
　　2　人の属性による制限の合理性 ……………………………64

3	年齢による制限	66
4	国籍による制限	66
5	性別による制限	69
6	職業等による制限	69

12 預託金の返還 …………………………………………72

1 預託金とは何か …………………………………………72
2 預託金の法的性格 ………………………………………72
3 預託金の据置期間 ………………………………………74
4 預託金の返還請求 ………………………………………77
5 預託金を返還しないときの対処法 ……………………82

13 施設の未開場 …………………………………………85

1 問題の所在 ………………………………………………85
2 会員の権利としての開場請求権 ………………………86
3 開場の遅延・不能 ………………………………………87
4 ローン会員と施設の開設不能・遅延 …………………92

14 施設利用の質的不足 …………………………………97

1 問題の所在 ………………………………………………97
2 施設の一部しか提供しない場合 ………………………98
3 劣悪な施設しか提供しない場合 ………………………102
4 債務不履行の効果 ………………………………………104

15 大量会員や新種会員の募集 …………………………105

1 問題の所在 ………………………………………………105
2 大量会員問題 ……………………………………………106
3 契約解除以外の対処法 …………………………………109
4 新種の会員の募集等 ……………………………………111

16 クラブ行事・ハンディキャップの取得 ……………115

1 クラブ行事参加権・ハンディキャップ取得権等の権利の存否 …115
2 これらの権利の性質 ……………………………………116

3　これらの権利確保のための対処……………………………………117
17　会費の未払い………………………………………………………………119
　　1　会費支払義務…………………………………………………………119
　　2　会費支払義務の不履行と懲戒の問題………………………………120
　　3　会費滞納に対する施設経営企業の対処法…………………………129
18　会費滞納以外の懲戒事由………………………………………………131
　　1　会費滞納以外の懲戒事由……………………………………………131
　　2　懲戒処分………………………………………………………………131
　　3　懲戒処分に関する判例………………………………………………132
　　4　懲戒処分以外の方法…………………………………………………136
　　5　会員の非違行為に対する施設経営企業の対処法…………………136
19　会員契約適正化法と会員契約の内容…………………………………138
　　1　会員契約適正化法の立法経緯………………………………………138
　　2　会員契約適正化法の概要……………………………………………139
　　3　会員契約適正化法によって会員の権利は従前と
　　　　異なることになるか…………………………………………………141
20　会員契約に対する会員契約適正化法以外の規制……………………145
　　1　会員契約適正化法以外の規制………………………………………145
　　2　宅地建物取引業法と会員契約………………………………………146
　　3　特定商取引に関する法律と会員契約………………………………146
　　4　消費者契約法と会員契約……………………………………………148

第3章　会員権の内容の変更

21　会員権の種類の変更………………………………………………………154
　　1　利用の対象施設の種類の変更………………………………………154

	2	利用主体の区分による種類の変更	154
	3	利用権の範囲の区分による種類の変更	155
	4	施設の経営形態の区分による種類の変更	156

22 施設利用の内容の一方的変更 …………………………156
1 問題の所在 …………………………………………………156
2 会則等の意義と変更の可否 ………………………………157
3 施設利用に関する不利益変更とその効果 ………………161

23 預託金の据置期間の変更 …………………………………169
1 預託金の据置期間 …………………………………………169
2 預託金の据置期間の延長 …………………………………170
3 据置期間の延長の会員に対する効力の有無 ……………172
4 据置期間の延長に対する対処の方法 ……………………179

24 会員権の分割 ………………………………………………180
1 会員権の分割とは何か ……………………………………180
2 会員権の分割に関する法的問題 …………………………181
3 会員権の分割に対する対処の方法 ………………………184

25 施設の増設や変更を理由とする預託金の追加請求 ……185
1 預託金の追加請求 …………………………………………185
2 施設の増設・改造と追加預託金に関する判例 …………187
3 預託金の追加請求に対する対処の方法 …………………188

26 会費の値上げ ………………………………………………189
1 会費の増額 …………………………………………………189
2 会費増額と理事会の権限 …………………………………190
3 会費の増額に対する対処法 ………………………………193

第4章 会員権の移転

27 会員権の譲渡 ……………………………………………………196
  1 会員権の譲渡性 …………………………………………………196
  2 会員権譲渡の法的性質 …………………………………………198
  3 譲渡の対象としての会員権 ……………………………………199
  4 施設経営企業の譲渡承認 ………………………………………203

28 会員権の相続 ……………………………………………………205
  1 会員権の相続性 …………………………………………………205
  2 相続を認める合意がされていたかどうかの問題 ……………208
  3 相続に関する手続 ………………………………………………212
  4 相続に関するその他の問題 ……………………………………213

29 会員権の譲渡・相続不能 ………………………………………215
  1 会員権の相続・譲渡禁止 ………………………………………215
  2 会員権の相続が認められないクラブの場合の相続 …………216
  3 会員権の譲渡が禁止されているクラブの会員権の譲渡・執行 …217
  4 会員権の譲渡担保設定の禁止 …………………………………218

30 会員権の譲渡人の名義書換協力義務 …………………………219
  1 会員権の譲渡と名義書換 ………………………………………219
  2 名義書換協力義務の法的性質 …………………………………220
  3 会員権の譲渡人が名義書換に協力しない場合の対処方法 …221

31 名義書換停止 ……………………………………………………225
  1 名義書換とその停止 ……………………………………………225
  2 名義変更停止の合理性 …………………………………………225
  3 名義書換停止措置が不合理な場合の譲渡承認請求 …………227
  4 名義変更停止措置が不合理な場合の会員契約の解除 ………227

目次

  5 念書売買 …………………………………………………………229

32 **名義書換の拒否** ……………………………………………………230

  1 会員権の譲渡と名義書換 …………………………………………230
  2 理事会の譲渡承認 …………………………………………………230
  3 施設経営企業に対する譲渡承認請求の可否 ……………………231
  4 会員権譲渡契約解除の可否 ………………………………………234
  5 譲渡承認の拒否を理由とする預託金返還請求の可否 …………236
  6 預託金返還請求を目的とした会員権譲渡の可否 ………………238

33 **名義書換料の変更・追加預託金** …………………………………239

  1 名義書換料の意義 …………………………………………………239
  2 名義書換料の法的性質 ……………………………………………240
  3 名義書換料の増額 …………………………………………………241
  4 追加預託金制度の新設 ……………………………………………245

34 **会員権の二重譲渡** …………………………………………………246

  1 会員権譲渡と対抗要件 ……………………………………………246
  2 預託金制会員権の第三者対抗要件 ………………………………247
  3 社団法人制会員権の第三者対抗要件 ……………………………252
  4 株主制会員権の第三者対抗要件 …………………………………253
  5 所有権付（施設共有制）会員権の第三者対抗要件 ……………255
  6 会員権の譲渡人の第三者対抗要件具備義務 ……………………256
  7 第三者対抗要件の有無と施設経営企業の対応 …………………256

35 **会員権の譲渡と税務申告** …………………………………………259

  1 譲渡所得に対する課税 ……………………………………………259
  2 譲渡所得の計算 ……………………………………………………262
  3 事例Q＆A …………………………………………………………264
  【表】 贈与等による場合の所得時期一覧表 ………………………268

目次

第5章　会員権の消滅

36　会員契約の終了事由 …………………………………………272
1　会員契約の終了 ……………………………………………272
2　一定の事実の発生 …………………………………………272
3　約定解除権の行使 …………………………………………274
4　債務不履行解除権の行使 …………………………………276
5　その他の解除 ………………………………………………277

37　会員の除名 ……………………………………………………280
1　除名とは何か ………………………………………………280
2　除名の法的性質 ……………………………………………280
3　除名事由と除名の可否 ……………………………………282
4　除名の効果 …………………………………………………286
5　除名処分を争う方法 ………………………………………287

38　会員による会員契約の解除 …………………………………288
1　施設経営企業の債務不履行と解除 ………………………288
2　会員契約解除の手続 ………………………………………293
3　契約解除の効果 ……………………………………………294
4　損害賠償の請求 ……………………………………………302

39　会員権の消滅時効 ……………………………………………303
1　会員権と消滅時効 …………………………………………303
2　預託金制会員権の消滅時効 ………………………………304
3　預託金制以外の会員権の消滅時効 ………………………308

第6章　会員権の担保と強制執行

40 会員権の担保 …………………………………………………………312
　1　担保の適格性 …………………………………………………………312
　2　譲渡担保 ………………………………………………………………313
　3　質　権 …………………………………………………………………324
　4　譲渡の予約 ……………………………………………………………327
41 会員権に対する仮差押え ……………………………………………328
　1　仮差押えとは何か ……………………………………………………328
　2　執行対象適格性 ………………………………………………………329
　3　仮差押えの申立て ……………………………………………………331
　4　審理と仮差押命令の発令 ……………………………………………336
　5　仮差押えの効力 ………………………………………………………338
42 会員権に対する強制執行 ……………………………………………341
　1　強制執行とは何か ……………………………………………………341
　2　強制執行の執行対象性 ………………………………………………341
　3　差押手続 ………………………………………………………………342
　4　換価等の手続 …………………………………………………………344
43 会員権の担保と差押えや譲渡等の競合 ……………………………347
　1　担保設定契約当事者と第三者の関係 ………………………………347
　2　担保権者と第三者の関係 ……………………………………………349
　3　設定者と第三者の関係 ………………………………………………357
44 施設経営企業からの会員権担保 ……………………………………360
　1　施設経営企業の債務および担保 ……………………………………360
　2　未募集の会員権というものを観念して、
　　　それを担保とする方法 ………………………………………………361

3　未募集の会員権証書交付に伴う合意内容……………………363
　　4　会員契約の締結権限を債権者に与え、
　　　　入会金・預託金を代理受領する方法…………………………364
　　5　第三者のためにする契約による方法…………………………365
　　6　施設経営企業から会員権を利用して行う債権回収の問題点……367

第7章　会員・施設経営企業の倒産

45　会員の倒産 …………………………………………………………370
　　1　会員の倒産と法律問題……………………………………………370
　　2　会員の倒産と会員契約の帰趨……………………………………371
　　3　会員の倒産手続と会員権の譲受人・担保権者の地位……………373
　　4　会員権の名義人の倒産手続と真実の権利者の関係………………382
　　5　倒産手続開始後の会員権の処理…………………………………386

46　施設経営企業の経営不振・破綻 ………………………………390
　　1　会員制事業の経営不振の実態……………………………………390
　　2　ゴルフ場施設経営企業再建の必要性……………………………391
　　3　ゴルフ場経営企業の再建策………………………………………392

47　施設経営企業の破産・特別清算 ………………………………399
　　1　施設経営企業の清算型倒産手続…………………………………399
　　2　破　産……………………………………………………………400
　　3　特別清算…………………………………………………………414

48　施設経営企業の民事再生・会社更生 …………………………417
　　1　施設経営企業の再建型倒産手続…………………………………417
　　2　民事再生…………………………………………………………418
　　3　会社更生…………………………………………………………435

49 施設経営企業による営業譲渡・施設の処分 ……………… 445
 1 経営破綻による営業用施設の譲渡 …………………………… 445
 2 詐害行為の取消し ……………………………………………… 447
 3 営業譲渡によるクラブ名の続用と会員契約の承継 ………… 448
 4 法人格否認の法理 ……………………………………………… 449
 5 法的整理の必要性 ……………………………………………… 450

50 施設経営企業の倒産と経営者等の責任 ……………………… 451
 1 施設経営企業関係者の責任 …………………………………… 451
 2 施設経営企業の役員の施設経営企業に対する損害賠償責任 …… 452
 3 施設経営企業の役員の第三者に対する損害賠償責任 ……… 453
 4 施設経営企業の支配株主の損害賠償責任 …………………… 454
 5 発起人・名板貸人の責任 ……………………………………… 456

・判例索引 ………………………………………………………………… 457
・事項索引 ………………………………………………………………… 465

第1章

会員権の種類と内容

1 会員権の種類

1 会員権とは

　世の中には、会、クラブといった会員組織の形態をとり、その組織に加入することによって会員（メンバー）としての恩典ないしは権利を行使するといった団体が数多く存在する。たとえば、PTA、登山や模型制作等の趣味の会、ゴルフクラブ、社交クラブ等枚挙にいとまがない。会員の権利の内容も、その会員が団体に加入して受けようとする恩典や利益、その団体の目的等によって千差万別である。

　これらのうち、会員の目的が、特定の施設の優先的・継続的な利用である場合がある。

　この場合は、この特定の施設を経営運営するもの（企業）が存在するから、会員は施設利用の目的を達成するために、この施設経営企業との間に施設の優先的・継続的利用を主たる目的とする契約をすることが必要になり、本書では、このような契約を会員契約と呼ぶこととする。会員契約は入会契約と呼ばれることも多い。

　なお、平成5年5月19日から施行されている「ゴルフ場等に係る会員契約の適正化に関する法律」（会員契約適正化法と呼ばれている）では、会員契約を「当事者の一方が相手方に対してゴルフ場その他スポーツ施設又は保養のための施設であって政令で定めるものを継続的に利用させる役務（以下「指定役務」という）を提供することを約し、相手方がこれに応じて政令で定める金額以上の額の金銭を支払うことを約する契約」と定義（同法2条）し、同法施行令では、現在のところ役務の指定をせず、金額は50万円以上と定めており、また施行前に締結された契約には適用がない（同法附則4条）ので、この法律で規制の対象となる会員契約は、施行後に締結された入会に際して50万円以上の支払いを要するゴルフ会員契約だけであり、本書でいう会員契

約の一部ということになる。

　会員契約における会員の契約上の地位を会員権と呼んでいる。そして、この会員契約は、会員（利用者）相互の親睦を図ることを主たる目的とする会員の団体へ加入することがその要件となっている。したがって、会員は施設の優先的・継続的利用権者であり、会員の団体（クラブ、倶楽部と呼ばれる）の構成員ということになる。

　契約上の地位は権利も義務もあるが、その権利の側面に注目して契約上の地位を「○○権」と呼ぶような用い方をする場合は、会員権に限らない。賃貸借契約の借主の地位を賃借権、使用貸借契約上の借主の地位を使用借権と呼ぶのと同じで、借地借家法では法文上「賃借権」という文言が出てくる（借地借家法2条）。会員契約適正化法では会員権を「会員契約に基づく会員の債権」と呼んでいる（会員契約適正化法3条2号リ）。

2　会員権の分類

　このような会員契約やクラブは、多くの種類があり、したがって、会員契約上の地位である会員権も内容が異なることになるが、これを種々の観点から区分して類型化することができる。

　第1に利用の対象となる施設の種類により区分することが可能であり、第2に利用主体となる会員の種類により区分することが可能であり、第3に会員の有する施設利用権の範囲により区分することが可能であり、第4に施設の経営形態によって区分することが可能であり、第5に会員権の移転の許否により区分することが可能である。

(1) 施設の種類による区分

　利用の対象となる施設には種々のものがある。人が来集する施設としては、遊技場、スポーツ施設、宿泊施設等数多くのものが考えられるが、会員組織による利用形態をとっているものは数種に類型化することができる。

　(イ)　**ゴルフ会員権**　　ゴルフ場とこれに付帯する施設を利用することを目的とする会員権である。

ゴルフ場は誰でも利用することができるパブリック制（非会員制）ゴルフ場と、会員（メンバー）が利用できるメンバーシップ制（会員制）ゴルフ場と、その中間的な形態であるセミパブリック制（会員・非会員併用制）ゴルフ場に大別できる。

統計法に基づく最新の統計資料である通産省平成9年特定サービス産業実態調査報告書ゴルフ場編によると、全国のゴルフ場は2046コースで、その内訳は、メンバーシップコースが1518、パブリックコースが228、セミパブリックコースが300で、会員の総数は約292万3000人となっている。

ゴルフ会員権は、メンバーシップ制、セミパブリック制ゴルフ場の会員権である。ゴルフ会員権のうち譲渡が可能なものは、対価をもって取引されており、取引業者も存在し、取引相場も形成されていることは周知のところである。

ゴルフ会員権は、その数や種類も多く、譲渡が可能なものは財産的価値があるところから、譲渡可能な会員権を中心として、会員の権利行使、会員の入退会、会員権の帰属等をめぐって紛争が起きる例が多い会員権である。

会員権に関する理論は、ゴルフ会員権を中心にして形成されてきたといっても過言ではない。

㊀　**テニス会員権**　テニスコートやこれに付帯する施設の利用を目的とする会員権である。

テニス場は、ゴルフ場の場合と同様、パブリック制、メンバー制、セミパブリック制がある。

通産省平成8年特定サービス産業実態調査報告書テニス場編によると、全国のテニス場を経営する事業所は1514で、メンバー制が307、パブリック制が516、セミパブリック制が691で、会員の総数は約24万3000人（㊀）となっている。

ゴルフ会員権に比較すると、入会に多額の費用は要しないものが多い。会員権の譲渡を認める例も多くなく、会員権紛争という観点からは、余り問題となっていない種類の会員権である。

(ハ) **フィットネス会員権**　プール、トレーニングジム、フィットネススタジオ等の運動施設の利用を目的とする会員権である。

これらの会員権は、他の施設の会員権とは異なり、施設利用の他にインストラクター、トレーナーと称する指導員の技術指導を受ける権利を有する場合が多い。

ゴルフ会員権に比べると、入会に要する費用も多額ではなく、会員権の譲渡を認める例も多くはなく、取引の対象にはなっていないところから、会員権に関する紛争の例も余りない。

通産省平成10年特定サービス産業実態調査報告書フィットネスクラブ編によると、会員制のフィットネスクラブ（施設がプールのみのスイミングスクールは調査対象とされていない）は、全国で約1548事業所、会員の総数は約174万人である

(ニ) **レジャー会員権**　ホテル等の宿泊施設やこれに付帯するテニス場等のスポーツ施設、飲食店等の施設、その他の社交施設等の利用を目的とする会員権である。

このうち、いわゆるリゾート地において宿泊施設とこれに付帯するスポーツ施設の利用を目的とする会員権をリゾート会員権と呼んでいる。

リゾート会員権は、入会に要する費用も高額なものもあり、一般に譲渡が認められており、近時では取引相場も形成されつつあるが、入退会をめぐるトラブルの他、会員権に関する紛争の例もある。

通産省平成3年特定サービス産業実態調査報告書リゾートクラブ編（時期が古い資料であるが、統計法に基づく指定統計調査はこれしかされていない）によると、全国の会員制リゾートクラブは255施設、会員数は24万8000口となっている。

(2) **利用主体の種類による区分**

会員権はその利用主体となる会員の種類によって区分することができる。

(イ) **個人会員権**　最も多数かつ一般的な会員権である。自然人であり、ゴルフ会員権の場合は年齢職業等の一定の資格を要求している場合も多い。

近時のゴルフ会員権の中には、この個人会員を認めず法人会員のみのものが出現するに至っている。

前記の各実態調査報告書によると、個人会員は、ゴルフ会員権で231万7000人、テニス会員権で23万人、フィットネス会員権で169万人、リゾート会員権で17万9000口となっている。

(ロ) **法人会員権** 会員契約の当事者は法人であるが、実際に施設を利用するのは当該法人の指名した自然人とする会員権である。

社団法人制会員権の中には、法人会員を認めないものがある。

施設を実際に利用する者が特定の登録者の場合を法人記名会員権といい、特定登録者の数は1名ないし2名の場合が多い。利用する者を利用の都度、法人が指名できる場合を法人無記名会員権といい、利用者は1名に限るものから数名認めるものまである。

前記の各実態調査報告書によると、法人会員は、ゴルフ会員権で60万5000人、テニス会員権で1万3000口、フィットネス会員権で4万7000口、リゾート会員権で5万7000口となっている。また、記名、無記名別の調査をしているフィットネス会員の場合は、記名式が485事業所、無記名式が800事業所となっている。

(ハ) **婦人会員権** ゴルフ場の中には、女性を優遇して個人会員の場合より低廉な費用で入会を認める場合がある。ゴルフ場開場日全部の利用を認める例が多いが、利用日を日曜日（土曜日）以外しか認めないものもある。

(ニ) **家族会員権** 個人会員と一定の関係を有する家族について施設の利用を認める場合がある。テニス会員権、フィットネス会員権、リゾート会員権には例が多いが、ゴルフ会員権では稀である。利用権の範囲は全日の利用を認めるものから一定の日しか利用を認めないものまで色々である。

前記の実態調査報告書によると、家族会員は、フィットネス会員権は14万人、リゾート会員権では3000口となっている。

(ホ) **名誉会員権** 施設経営企業やクラブに特別の功労のあった者や社会的地位の高い者に会員の地位を与える場合がある。このような会員権は一身

専属的なものであり、譲渡は認められていない。

　(3)　施設の利用権の範囲による区別

　会員権は、会員に認められる施設利用権の範囲によって区分することができる。

　(イ)　**正会員権**　　施設の開場日であれば、そのすべてに施設の利用が可能な会員権で、会員権の大多数を占める一般的な会員権であり、個人会員権の場合と法人会員権の場合がある。

　ゴルフ場の場合は、前記実態調査報告書によると、会員総数292万3000人のうち、個人正会員が204万8000人、法人正会員が57万6000人となっている。

　(ロ)　**平日（週日）会員権**　　施設の開場日でも利用できる日の制限がある会員権である。一般には、日曜日および祝祭日以外の日を利用可能日とする会員権をいう。なかには、利用可能日を月曜日から金曜日（祭日を除く）とする会員を週日会員権として、土曜日の利用を認める平日会員権と区別するクラブもある。このような会員は正会員に比べると数は少ないが、利用権に制限を受けているところから正会員に比べて入会に要する費用も低廉である。

　ゴルフ場の場合は、前記実態調査報告書によると、平日会員は個人が26万9000人、法人が2万9000人となっている。

　(ハ)　**共通会員権、限定施設利用会員権**　　ゴルフ会員権、テニス会員権、フィトネス会員権の場合は、通常は、単一の施設の利用を認める会員権であるが、なかには、施設経営企業が複数の施設を経営していたり、企業グループが複数の施設を経営していたりする場合で、その全部の施設の利用を認める会員権があり、これを共通会員権という。個人会員と法人会員がある。また、正会員の場合と平日会員の場合がある。

　リゾート会員権の場合は、施設経営企業が複数の施設を経営していることが多く、共通会員権は多いが、そのうち、特定の施設あるいは特定の地域にある施設の利用のみ認める種類の会員権があり、これを限定施設利用会員権と呼んでいる。

(4) 施設の経営形態による区別

　会員権は、施設経営企業の当該施設の経営形態と関連して、どのような要件を満たす者に会員資格を与えるかによって区分することが可能である。この区分は、クラブの種類によって異なることになるので、その詳細は❷・❸に譲ることとし、ここでは簡単に述べることとする。

　(イ)　**社団法人制会員権**　　会員となるためには施設経営企業である社団法人に入社して社員とならなければならない会員権である。社団法人制会員権の場合は社団の社員の地位である社員権が会員権となる。

　(ロ)　**株主制会員権**　　会員となるために施設経営企業である株式会社の株主にならなければならない会員権である。

　(ハ)　**預託金制会員権**　　会員となるためには施設経営企業に預託金と呼ばれる金員を預託しなければならない会員権である。

　(ニ)　**所有権付（施設共有制）会員権**　　会員となるためには施設経営企業から施設の共有持分を取得しなければならない会員権である。

　(ホ)　**会費制会員権**　　預託金を預託する等の負担はなく、会費を支払うだけでよい会員権である。会費は年額の場合が多いが月額の場合もある。他の種類の会員権と異なり、会員契約には期間が定められている場合が多い。

(5) 会員権の移転の許否による区別

　会員権は、その移転の許否によって区別することができる。

　(イ)　**譲渡・相続禁止の会員権**　　譲渡は認められず会員の生存中のみ会員たる地位を認める会員権であって、死亡すれば当然に退会となり、会員たる地位を喪失する会員権である。

　クラブの会員の原型は一身専属的なものとされているから、本来型の会員権である。また、譲渡・相続禁止の特約がある場合もこれに該当する。

　(ロ)　**譲渡禁止・相続許容の会員権**　　会員権の譲渡は禁止されるが、当該自然人たる会員が死亡すれば、その相続人の内の１人が当該クラブ会員に適合する場合に相続を認める会員権である。

　(ハ)　**譲渡・相続等の移転を許容する会員権**　　定款・会則等で譲渡等の移転

を認めている会員権である。

2 クラブの種類

1 クラブとは

　クラブ（Club）という言葉は、分担のために結合するというアングロサクソン語（Cleofan）に由来し、その発祥の地である英国では「社会、宗教、慈善、レクレーション、文学、科学もしくは政治のいずれであるかを問わず何らかの共通の目的を遂行するために組織された個人の任意の結合体」と定義されている（服部5頁以下）。

　しかし、我が国ではクラブという言葉は非常に多義的に使用されている。会員の団体を指す場合以外にも、たとえば「○○カントリークラブ」というようにゴルフ場の施設そのものを指す場合や、施設を含む組織体全部を指す場合から、社交施設をいう意味合いがあるのであろうけれど、いわゆる高級飲食店の名称にも用いられている。

　ここでは、クラブ（倶楽部）とは、日常的用語として使用されるところの施設を含めた組織体全体を呼称するものとして、さらには団体としての観点から、会員契約を締結して会員となった者を構成員とする団体を呼称するものとして使用することとしたい。

　まず、クラブを施設を含んだ組織体全体の総称としての観点から見てみれば、クラブとは、利用の目的となる施設、施設を経営する企業、多数の会員を構成員とする団体等の総称であるといえる。

　次に、クラブを団体という観点から見てみれば、団体とは、一般に多人数の者が共通の目的をもって集まった集団のことをいい、会員制クラブの場合も、会員契約はクラブに入会することを要件とする契約の形態がとられているから、クラブも団体の一場合といえるのである。

団体には、それを結成して達成しようとする目的が必ず存在するから、クラブにも目的があることになる。団体には、これを規律する規定が必要であり、通常は会則（定款）と呼ばれる規則がある。

クラブには、そのクラブごとにそれぞれの目的がある。その目的は会則（定款）に定められているのが一般である。

たとえば、ある社団法人制ゴルフクラブでは「ゴルフ、その他一般の運動技芸の発達に努め、併せて国民体育の改善と社員相互並びに内外人の友誼の増進を図る」ことを目的としているし、ある預託金制ゴルフクラブでは「○○株式会社が経営する△△市□□町所在のゴルフ場を利用し、会員相互の親睦、体力の増進ならびに技術の向上を図るとともに、明朗健全な社交機関となる」ことを目的としている。また、ある所有権付リゾートクラブでは「□□株式会社が運営するリゾートホテル並びにサロン施設の相互利用を通じ、会員の親睦及び利益の向上、並びに生活文化の発展を図る」ことを目的としている。他のクラブの会則上の目的も大同小異である。

これら会則（定款）から読み取れるクラブの目的は、高邁な公益的なニュアンスのものから、私益的なニュアンスのものまで種々雑多であり、利用の対象となる施設の種類に応じて、技術の向上であるとか、健康の増進であるとか、その目的とする事項のニュアンスは異なるが、概ね共通していることは、特定施設を利用して会員相互の親睦を図るということである。

したがって、クラブを団体という観点からみてみれば、クラブとは、特定施設の利用を通じて会員相互の親睦を図ることを目的とする会員を構成員とする団体であるということができる。

2　組織体全体としてのクラブの種類

組織体全体を総称するものとしてのクラブは、利用の対象となる施設によって分類することができる。これは❶で述べた会員権の場合と同様で、ゴルフクラブ、テニスクラブ、フィットネスクラブ、レジャークラブ等である。

次にクラブの経営形態によって分類することができる。

(1) 社団法人制クラブ

施設利用を共通の目的とする者が団体を結成し、その団体によって施設の設置、運営がされる場合に、その団体に社会的な法人格をもたせる必要から、法人化されたクラブである。このような団体を法人化させる方法としては、我が国では社団法人以外にも財団法人が、法人ではないが団体性を有する組合という法形式が存在するが、ほとんどのクラブは社団法人の法形式を採用した。

この場合、社団法人となるためには公益性と主務官庁の許可が要求される（民法34条）が、昭和30年代までは公益性が緩やかに解釈されていたこともあって、社団法人制を採用するクラブが多かったのである。

ゴルフクラブの一部や社交クラブの一部に社団法人制クラブが存在する。通産省平成9年特定サービス産業実態調査報告書ゴルフ場編によると、メンバー制1518コースのうち35コースがセミパブリック制、300コースのうち5コースが社団法人制である。ゴルフクラブの場合は名門とされるクラブが多く、会員権は、原則として一身専属的なものとして、その譲渡を認めないクラブがある一方、定款で会員権（社員権）の譲渡を認められるものは高額な対価をもって取引されることが多い。

クラブは、本来、その目的が特定の施設の利用を通じて会員相互の親睦を図るという点に主眼があるわけであり、このような目的は公益的なものとは言い難く、昭和30年頃以降は、ゴルフクラブをはじめとして、クラブは社団法人としては許可されないことになって今日に至っている。

社団法人制ゴルフクラブの中には、別途株式会社を設立してその株式会社が施設を所有し、その株式会社の株主となることを社員としての要件とする株主制との複合型のクラブもごく少数ながら存在する。

(2) 株主制クラブ

施設を所有あるいは経営する株式会社の株主となることを、会員の資格とするクラブの形態である。

特に、ゴルフクラブの社団法人化が公益性に問題があるところから昭和30

年頃を境に主務官庁から許可されなくなったため、社団法人制に代わるものとして考え出されたクラブ形態であるといわれている。

　クラブを事業としての観点から見てみれば、施設を経営することを目的とする株式会社を設立し、その施設の建設資金を株式の出資という形態で調達する事業形態であるといえる。

　当初は、株式を平等に会員に割り当て、株主は全員が会員となるという本来的な株主制クラブが設立されていたが、その後は、施設経営企業の株式は大半を企業経営者が保有し、会員にはその一部しか株式を保有させない、会員となるためには株主でなければならないが必ずしも株主が会員となるわけではないという名目的な株主制クラブが出現するようになっている。

　このようなクラブは、ほとんどがゴルフクラブであるが、ゴルフクラブの中では一部に過ぎない。前記実態調査報告書によると、メンバー制で38コース、セミパブリック制で5コースが株主制である。

　株式には譲渡性があるところから、会員権の譲渡を認める（ただし、株式の譲渡には取締役会の承認を要するとして定款による譲渡制限をしている）のが通常である。

　株式の引受けの形態は、会社設立時や新株発行時に株式の引受けによるもののほか、経営者が引き受けた株式を譲渡するもの、新会員には無額面株式を発行したもの等種々の形態がある。

　株主制クラブのなかには、株式の取得のほかに、預託金の預託を要する複合型もある。

(3) 預託金制クラブ

　施設を経営する企業に、預託金という名目の金員を預託することによって会員となる形態のクラブである。

　預託金制は、施設経営企業の施設建設資金の調達方法として考え出された形態である。

　預託金は、無利息で、一定の据置期間を設け、退会を要件として返還される会員からの預かり金といった性質のものである。

施設経営企業にとっては、会員は預託金返還請求権を有する単なる会社債権者に過ぎず、会員は企業経営に権利を有するものではない。預託金は預かり金であり、固定負債であるから、これに税金が賦課されることはないし、通常は施設建設資金の原資として利用されるが、その使途には法律上の制限がない。また会員権の譲渡を認めておけば、その取引相場が預託金の額より高い場合は、会員は投下資金の回収方法としては、預託金の返還より会員権の譲渡の方を選択するから、実際上は返還に応じるという事態にならない。

　また、会員にとっても、団体としてのクラブに対する帰属意識がそれほど強いわけではなく、その会員となる主たる目的が施設の利用にあるから、それが確保されるかぎり、施設経営企業の経営には関心をもたないことが多い。

　このようなことから、預託金制クラブは昭和30年代後半以降につくられたクラブの大半を占めるに至っている。

　ゴルフクラブの場合は、前記実態調査報告書ではメンバー制1518のうち1303、セミパブリック制300のうち244コースが、リゾートクラブの場合は、通産省平成3年特定サービス産業実態調査報告書リゾートクラブ編によると、255施設のうち149施設が預託金制である。

　テニス、フィットネスクラブは、会費制でない場合は預託金制クラブである。テニス場は、通産省平成8年特定サービス産業実態調査報告書テニス場編によると、法人会員制を採用する事業所425のうち182事業所が、個人会員制を採用する事業所982のうち265事業所が、それぞれ預託金制であり、フィットネスクラブは、通産省平成10年サービス産業実態調査報告書フィットネスクラブ編によると、法人会員制を採用する事業所1285のうち186事業所が、個人会員制を採用する事業所1512のうち91事業所が、家族会員制を採用する事業所716のうち46事業所が、それぞれ預託金制である。

(4) 所有権付（施設共有制）クラブ

　施設経営企業の所有する利用の対象施設の共有持分等を取得することによって会員となる形態のクラブである。

　株主制のように施設経営企業の経営に対する権利を付与しないが、預託金

制のように単なる施設経営企業に対する債権しか有しないものではなく、共有持分という不動産物権を取得するから資産性が強いという側面を利用して、施設経営企業の資金調達に利用される形態である。

リゾートクラブの約4割にこの形態が見られる。前記実態調査報告書では255施設のうち106施設がこの形態である。共有持分の取得以外に預託金（保証金）を要する複合型も多い。ゴルフクラブの場合は施設経営企業が開発した別荘地の分譲を受けた者に会員権を認めるという形態もあるが、これは共同利用の目的となる施設の共有持分ではないから、この形態には属さない。

共有の方法は、特定の施設全体の共有持分の場合も、区分所有権の共有持分の場合もある。

(5) その他のクラブ

テニスクラブ、フィットネスクラブの中には、会費の負担だけで預託金がないクラブ（返還不要の入会金の負担がある場合もある）があり、会費制クラブと呼ばれる。

ゴルフクラブ、テニスクラブ、フィットネスクラブの中には、会員の利用と併用して、会員の同伴や紹介がなくとも非会員の施設利用を認めるクラブがあり、セミパブリッククラブと呼ばれる。

また、ゴルフクラブの中には、株主会員と預託金会員がいる株主・預託金併用制クラブもある。

3　団体としてのクラブの種類

団体としてのクラブは、クラブの組織、構造から、独立の団体として法人格を有するかどうかという法的性質によって分類することができる。

ただし、クラブの目的は施設の利用を通じて会員相互の親睦を図るという非営利的なものであるから、クラブ自体を営利法人である会社とすることはできない。

なお、施設の経営は収益事業であるが、必ずしも営利事業というわけではないから、施設の経営は営利法人でなくとも可能であることは当然である。

(1) 法人格を有するもの

先にも述べたように、社団法人として当該社団法人が施設を運営、経営するとともに、クラブ会員を社員とする場合は、社員の団体であるクラブは社団法人として法人格を有することになる。

社団法人制クラブがこれに該当することになる。

その他に法律上は財団法人が考えられるが、財団法人制をとるクラブは存在しない。

団体としてのクラブは、その実態からみて、営利を目的とするものではないし、さりとて公益を目的するものとも言い難い。このような中間的な団体を一般的に法人化することを、我が国の現行法では認めていないのである。

公益法人化を認めなくなった昭和30年代以降は、法人格を有するクラブは出現していないし、今後は、特殊法人以外は法人格を付与しないとする現行法を改正して、中間的団体を一般に法人化できるとする立法がなされない限り、法人格を有するクラブは出現しないこととなる。

なお、平成7年1月の阪神・淡路大震災のボランティア活動を契機として、平成10年3月に「特定非営利活動促進法」(平成10年法律第7号)が制定され(NPO法と呼ばれている)、特定非営利活動を行う団体に法人格を与えることが可能となったが、会員制を前提とする限り、クラブは、この法律で規定する特定非営利活動を行う団体とはいえず、この法律でクラブに法人格を付与することはできないものと考えられる。

(2) 法人格はないが社団と認められるもの

団体であって、その実体が社団であるにもかかわらず法人格をもたないものを法人格(権利能力)なき社団と呼んでいる。非営利、非公益の目的を有する団体は、特別法に定める以外には法人とすることができないから、一般的な非営利・非公益の団体はこのような法人格なき団体になりうるのである。

法人格なき社団と認められるための要件は、判例(最判昭39・10・15民集18巻8号1671頁)によれば、団体としての組織を備え、代表の方法、総会の運営、財産の管理、その他社団としての主要な点が規則によって確定してい

ることを要するとされている。

　クラブが代表（理事長）や役員の選任方法、会員総会、クラブの運営方法、会員の表決権の保障、収支の会計に関する事項等を規定する会則を備え、会則に従った運営がなされている場合は、法人格なき社団として、民法の社団法人の規定が適用される（通説）。

　法人格なき社団の実体を有するクラブは、施設そのものは株式会社を設立して施設の所有権等を取得し、クラブがその株式の大半を有していたり、あるいは会員となるためにはその株主となることを要件とする株主制クラブとするような形態もあり、複雑である。

　このようなクラブは、ゴルフクラブにごく少数ながら存在する。判例でクラブを法人格なき社団と認定した例は、東京地判昭54・2・16（判時940号73頁、小金井カントリー倶楽部）、東京地判平3・11・27（判時1435号84頁、ゴルフ法判例72[25]、函南ゴルフ倶楽部）、最判平12・10・20（判時1730号26頁、高知ゴルフ倶楽部）があげられる。

(3) 社団性を有せず、単なる遊戯、親睦団体に過ぎないもの

　施設経営企業が行う営利事業のために、会員制事業の形態を採用した結果、会員契約により会員となった者を構成員とする団体の体裁をとっているものであり、クラブの大半がこれである。

　このようなクラブは、種々の形態のものがあるが、社団性の観点からみると前記の法人格なき社団の要件の一部または全部が欠けている。

　ゴルフクラブの場合は、理事によって構成される理事会があるのが通例である。理事会の権限は、クラブの運営事項を協議決定するものとされているものから、会員の入退会、会員権の譲渡の承認、会員の除名等の懲戒権限を有するものとされるもの、さらには施設経営企業の諮問機関に過ぎないとされているものまで種々の内容があり、理事会の決議は施設経営企業の承認を受けた場合に効力を生じるとするものもある。一方、理事等の役員は、全部施設経営企業が委嘱することになっているのが通例で（理事長は理事の互選とするものもある）、会員の意思を反映させる会員総会が設置されていないか、

もしくは設置されていても常設の機関ではなく、実質的には機能していないのが通例であり、会費は施設経営企業の収入になり、独立の会計および資産をもっていない。

　テニスクラブ、フィットネスクラブ、レジャークラブの一種であるリゾートクラブの場合は、理事会があるものとないものがある。理事会がある場合も、理事会の権限はクラブの運営一般についてのものから、会員の入退会、会員権譲渡等の承認等であるものまで様々である。これらのクラブが会費制である場合は理事会がないのが通例である。

　このようなクラブは、施設経営企業から独立した権利義務の主体たる社団の実体を有しないものであるとするのが判例の一致した見解（預託金制ゴルフクラブについて最判昭61・9・11判時1214号68頁、ゴルフ法判例72[35]、東京高判昭49・12・20判時774号56頁など、株主制ゴルフクラブについて津地四日市支判昭60・5・24労働判例454号16頁など）であり、学説上も異論のないところである。これによれば、クラブに理事会が設置されている場合でも、理事会は施設経営企業の代行機関ないしは諮問機関ということになるのである。

　特に、理事会も設置されていないクラブは会員の意思を反映させる機関もなく、クラブの団体性は希薄なものである。

　このような社団性のないクラブの団体性については、会員は同一の会則等を承認したうえで経営会社と契約し、会則に定める目的のもとに一体として結合しているかのごとき外観を呈しているが、クラブの会員間の親睦を図るという目的を達成する機会がないこと、および会員の意識が親睦を図るというより自らが施設の利用をするとか会員権の投資価値を期待するといったものであること、またこのようなクラブには会員間に直接の契約関係がないこと、会員のためにクラブが運営されているとは言い難いこと等を理由に団体性を否定する見解（服部75頁以下）もあるが、会員契約がクラブという施設利用を通して会員間の親睦を図ることを目的とする組織に加入することを要件としている契約であるという点は否定できないことであり、理念的には、クラブがそのような目的をもった会員の団体であると考えることは十分に可

能である。団体性否定説が理由とする親睦の機会が実際的にはないことや、会員の意識が自らの施設利用にあることなどの事情は社団性を有するクラブの会員の場合でも余り変わらない。また、会員契約の解釈にあたって、団体法理を持ちこむことも可能である（松永三四彦＝藤原正則・判例評論437号64頁以下参照）。

❸ クラブの種類による会員権の内容の相違

　会員権は、施設利用を目的とする会員契約上の会員の地位のことであるから、会員権の内容は、その会員契約の内容によって決まることになる。
　会員権の内容は、会員権の種類によって類型化することができるのであるが、そのうち、施設利用権以外の内容は、クラブの経営形態によって著しく異なることになるので、これをクラブの経営形態ごとに明らかにすることとする。

1　社団法人制クラブの会員権

　社団法人制のクラブの会員権は、社団法人の社員たる地位である。したがって、社団法人制クラブの会員権は、社団法人の社員たる地位である社員権であるということができる。社員権とは、一般的には、社団を構成する社員が、その社員としての地位に基づいて社団に対して有し、負担する包括的権利義務関係をいうものとされている。
　社員の権利は、社団の管理運営に参加する権利である共益権と、社団の一員であることによって社員個人の享受する利益である自益権に大別される。
　共益権は表決権が重要なものとされる。表決権は社員が社員総会において決議に加わりうる権利であり、各社員の表決権は定款に定めのない限り平等なものとされる（民法65条1項）が、定款によっても一部の社員から表決権を全く剥奪することはできないものと解されている。したがって、社団法人

制クラブの会員は、このような表決権を行使して自己の意思をクラブ運営に反映することができる。

　自益権は、株主権のような営利法人の社員権にあっては、利益配当請求権、残余財産分配請求権が重要なものとされるが、非営利法人にあっては施設利用請求権が重要である。

　ところが、純粋な公益を目的とする法人にあっては、自益権はほとんど意義をもたないものとされている。公益社団法人の社員は、社団の共通目的の達成のために拘束されるからである。

　この点から、社団法人制（ゴルフ）クラブの会員権の施設利用権は社員権であるとする見解を批判して、この施設利用権は社員権ではなく、施設を経営する社団法人とは別のクラブという別の存在を観念し、このクラブが権利能力なき社団であれば、この社団との契約により、クラブが権利能力なき社団でなければ当該社団法人との契約により、それぞれ生じる権利であると解する見解（服部64頁以下）が主張されている。

　この問題は、公益社団法人が公益の目的のみの存在でなければならないかどうかという問題に帰着するように思われる。民法が非営利団体に法人格を取得する途を一般的に認めていないところから、①公益性については緩やかな解釈がなされていること、②公益性は自益性や収益性と必ずしも矛盾するものではないこと、③沿革的にも昭和30年頃までは自益的な施設利用、社員の親睦を目的として、さらに公益的な目的を付加したゴルフクラブが公益社団法人として許可されてきたこと、また、④定款において社員の施設利用権を認めることは、定款の任意的記載事項として有効であると考えられること（社員に関し、必要的記載事項として民法が要求するのは、社員の資格の得喪に関する規定である）等を考え合わせれば、少なくとも現に存在する社団法人制クラブの会員の施設利用権は社員権の支分権である自益権であると考え、そして、その具体的な利用については契約法理の適用があるものと考えるべきものである。非営利法人である中小企業等共同組合法による組合（同法4条1項により社団法人とされる）の組合員は、組合に対して組合員たる資格にお

いて施設利用権を有するが、その具体的利用関係は個人的法的契約法理の適用も受ける、とする最判平4・12・15（民集46巻9号2787頁）が参照されるべきである。

なお、社団法人が解散した場合の清算結了後の残余財産は、定款の定めがある場合や類似目的のための処分がなされないときは、国庫に帰属することになっており（民法72条）、社員には残余財産分配請求権はない。

社員の主たる義務は、入会金（入社金）、会費（社費）の支払義務である。定款に規定されているのが一般である。入会金は返還されない場合もあるが、その全部あるいは一部が返還される場合もある。返還がされる場合の返還時期は退会（退社）時、もしくは社員死亡時とされるのが通常である。会費は年額で定められているのが通常である。

会員権は原則として一身専属的で譲渡も相続も認められないものとされているが、定款で定める場合は、譲渡も相続も認められる。

公益社団法人の社員の地位は一身専属的であり、譲渡、相続になじまないものであるとして、譲渡、相続に疑問を呈する見解（服部229頁）もあるが、通説は「定款に別段の定めにないかぎり、社員権を譲渡・相続することはできない」旨定めるドイツ民法に従った解釈をして、定款の定めによって譲渡・相続性を付与しうるものとしている（藤原弘道「新版注釈民法(2)」424頁ほか）。

現実にも譲渡・相続を一切認めないとするクラブは余りなく、その大半は譲渡・相続を認めている。直系卑属およびその配偶者に認めるとするものから、理事会の承認を受ければ誰にでも譲渡可能とするものまで様々である。

クラブが権利能力なき社団の実体を有し、クラブが施設を経営している場合も、同じように考えてよい。

2　株主制クラブの会員権

株主制クラブの会員権は、社団法人制クラブの会員権とは異なり、経営企業である株式会社の株主権（社員権）と同一のものであるとはいえない。

株式会社は、営利を目的とする法人であり、クラブの施設利用を通じて会員相互の親睦を図るという非営利的な目的と一致しないし、また、社員（株主）間の人的関係も非常に希薄で、株主の地位である株主権（社員権）も共益権と自益権に区分しうるが、これら権利は、商法その他の付属法規に規定されており、施設利用権は自益権には含まれず、株主の義務は通常は出資義務のみで、会員が有する会費支払義務は株主の義務とは考えられないからである。

　したがって、株主制クラブの会員権は、施設経営企業との間の契約による株主権を含んだ施設利用を目的とした契約上の地位であるといえる。

　株主制クラブの会員の権利は、施設経営企業の株主としての権利とその他の施設利用とこれに伴う権利に区分することができる。

　株主としての権利は自益権と共益権に区分され、自益権には利益配当請求権（商法290条・293条）、残余財産分配請求権（同法425条）、新株引受権（同法280条ノ4第1項）等があり、共益権には単独株主権としての議決権（同法241条）等と、少数株主権としての提案権（同法232条ノ2）等がある。会員は施設経営企業の株主として、株主総会に出席して自己の意思を反映させることが可能であるといえる。

　株主制クラブには、株式を会員に平等に分配して株主全員を会員とする本来的な形態と、株式の大半は施設経営企業経営者が保有し、会員には1株ないし10株程度を割り当てるという名目的な形態がある。本来型では、会員は株主としても議決権は平等であり、実質的には公益社団法人の社員と同様に権利を行使できるが、名目型では会員は名目的な株主にしか過ぎず経営に会員の意思を反映させること自体が困難ということになる。

　その他の施設利用とこれに伴う権利は、施設経営企業との間の会員契約による債権的権利である。施設利用の権利の内容自体は、社団法人制クラブの場合と異なるところはない。

　会員の義務としては、株式引受けによる出資義務があるが、これは原始会員の場合の義務である。この義務は会員契約上の義務でもあり、株主の義務

でもある。ただし、大部分の会員制クラブは、当初の会員の場合も、発起人等の一部が株の全部を引き受け、この株式の譲渡を受けることによって会員になったという場合が多い。その他には会費等の支払義務があるが、これは会員契約上の義務である。

株主制クラブのなかには、クラブ自体が株式会社とは独立した権利能力なき社団として実体を有するものがあり、この場合は、クラブが施設そのものを運営して収支を自己の計算でしているから、施設利用権や会費支払義務の相手方はクラブであり、株主権（社員権）の相手方は株式会社であるといった二重構造の会員権になる。

クラブに権利能力なき社団の実体がない場合は、会員権の権利義務の相手方は、施設経営企業である株式会社となる。

3　預託金制クラブの会員権

この会員権は、会員契約により施設経営企業に預託金という名目の金員を預託することによって会員となる会員権であるから、会員は、預託金の返還請求権という指名債権、施設利用やこれに伴う債権的権利を施設経営企業に対して有し、会費の支払義務等の契約上の義務を負担する。

預託金は、退会等の会員契約終了時に返還を受けることを約して施設経営企業に預けた金員で法的な性格は消費寄託金（民法666条）である。利息を付さないこと、据置期間が定められているのが通例である。

クラブの会則によっては、預託金のことを入会金、入会保証金、会員資格金、会員資格保証金等といった名称を付している場合もある。

入会金という場合は、入会に際して支払う金員で返還を要しないものを指すこともあるので注意を要する。

クラブは、例外なく権利能力なき社団の実体を有していないから、権利義務の相手方はクラブではなく、施設経営企業である。

預託金制クラブの会員権は、預託金の使途が法定されておらず、大量会員問題もあって、財産的価値を含めた会員の権利が社団法人制や株主制に比べ

て脆弱であるといわれ、会員の権利保障は施設経営企業の経営姿勢にかかる問題となっている。

なお、会員契約適正化法が平成5年5月19日に施行され、この法律が適用される会員契約では一定の限度で会員の利益が保護されるようになった（詳細は⓳参照）。

会員は、施設経営企業の一般債権者ではあるが、出資者に過ぎない社団法人制や株主制クラブの会員より、施設経営企業から優先的に自己の債権を回収できる。社団法人制クラブの会員には残余財産分配請求権がなく、株主制の会員には残余財産分配請求権があっても、施設経営企業が債務超過で倒産すればその権利自体が生じないからである。

4　所有権付（施設共有制）クラブの会員権

施設経営企業の有する施設の所有権の共有持分や「建物の区分所有等に関する法律」による専有部分の持分を購入し、共有者となることによって、共有部分やそれ以外の施設を利用することができるクラブの会員権である。

この会員権の内容は複雑であるが、簡単に説明することとしたい。

(1)　施設共有型

施設全体を会員数に応じた持分で共有にする形態である。

この場合は、会員は建物全体について民法上の共有者としてその持分に応じた利用権限があることになる（249条）が、その施設が宿泊施設等である場合は特にその利用の調整が必要であり、共有者は相互利用に関する契約を締結して施設経営企業にその運営を委託しているのが通常である。

この相互利用に関する規約は、共有者全員による契約ではなく、共有者と施設経営企業との契約であるのが通常で、管理組合規約・使用細則等その内容は様々であるが、共有持分の管理委託と他の共有者からも管理の委託を受けた施設経営企業との施設利用契約をその内容としている。

また、共有者の団体であるクラブ（管理組合）と施設経営企業の契約という体裁をとるものもある。

この場合もクラブは権利能力なき社団の実体を有しないから、このような相互利用に関する規約を前提として共有持分を取得して入会した会員は、このような相互利用に関する規約を内容とする会員契約を締結したものと考えるべきであり、クラブと施設経営企業の相互利用に関する契約は、契約の体裁にかかわらず、会員と施設経営企業の会員契約の内容となっているものと考えるべきである。

　当該施設にロビー、レストランその他の付帯施設がある場合は、この部分を施設経営企業に使用させ、あるいは、一定割合（付帯施設の床面積に占める割合）を共有持分として施設経営企業に留保する等の方法をとっている。

　さらに、施設共有者に施設経営企業が管理する他の施設の利用を認める場合もあり、この場合は相互利用契約による他施設の利用権を与えるということになる。

　会員となるためには、施設の共有持分を取得するだけでなく、クラブに対する入会金の支払いの他、保証金（預託金）を預託しなければならない場合が多い。施設経営企業に管理を委託するために年額による管理費用の支払いを要する場合もある。

　このような会員は、施設の共有持分と施設の利用権、保証金がある場合はその返還請求権を有することになり、管理費用の支払義務を負担することになる。

　この会員の施設の利用権は、上に述べたように、施設の相互利用契約は共有者と施設経営企業との間で締結される形態が通常であり、このような場合は、この施設利用権は共有者の民法上の使用権とはいえず、各共有者から共有部分の管理運営を委託された施設経営企業との間の契約により生じる債権的権利であるというべきである。この施設経営企業の施設を会員に利用させる権限は、他の共有者からの管理委託に基づくものであるが、これは他の共有者の委任を受けた代理人としての権限ではなく、管理委託により自己の計算で行う施設経営企業の権限に基づくものであると考えるべきであり、管理委託契約は委任契約ではなく、特殊な契約であるということができる。した

がって、施設利用契約の相手方は施設経営企業自体であると考えるべきである。

　この会員権は譲渡を認めるのが一般であるが、共有持分の他、施設利用権、保証金返還請求権等の会員権の内容をなす権利を一体として譲渡することのみを認めるのが通例である。

　契約は、共有者が共有持分を有する限り継続するから、保証金（預託金）返還請求権があるといっても、実際上は返還という事態が生じない。

　また、共有者の分割請求を認めると相互利用の目的を達することができないから、この分割請求をできない旨特約するのが通例であるが、分割禁止の特約は5年を超えることが認められていないところから（民法256条2項）、分割を永久に禁止する旨の特約をすることができず、永久禁止の特約をしても無効であり、この点がこの施設共有型の問題点の1つである。

　(2)　専有部分共有型

　これは、宿泊施設等の1室を区分所有の対象とし、区分所有法の専有部分を共有とする形態である。

　会員は当該専有部分は共有者として、民法に定める共有持分に応じた使用ができるが、施設の他の専有部分は当然には利用権はないので、相互利用契約を締結して他の部分や他の施設も利用できる形態となっている。施設内のレストラン等の会員が共用する施設は施設経営企業の専有部分としたり、会員の共用部分（区分所有法4条）とされたりする。

　施設の管理は、区分所有法に定めるところに従い団体を結成して規約を定めたり管理者を置くこともできるが、このような規約を定める例は少なく、通常は相互利用契約で内容を定めていることが多い。これは会員側も施設全体の利用を目的としてこのような専有部分の共有持分を取得するのであり、施設の管理については関心が余りなく、施設経営企業も経営上このような管理形態を好まないからであろう。

　このような相互利用契約の形態、内容等は、施設共有型の場合と同様で、会員権の内容は、持分が専有部分の共有持分である以外は施設共有型と変わ

らない。

　会員権の譲渡を認めるのが一般であるが、施設共有型と同様に会員の権利全体の譲渡に限るのが通常である。もっとも、区分所有法では建物の専有持分は原則として敷地利用権と分離して処分することができないとされている（区分所有法22条）。

4　会員権の発生

1　会員契約の特質

　会員権とは、施設利用を目的とする会員契約上の会員の地位のことであるから、会員権は会員契約の成立によって発生し、会員契約の終了によって消滅するということができる。

　会員権の内容は、原則として会員契約の契約条項によって定まることになる。会員契約には種々のものがあるが、このような会員契約には法律的に見てみると、いくつかの特質があると考えられる。

　会員契約は、これを帰納的に見てみると、特定の施設の継続的利用を目的とする、諾成、双務、不要式の集団的な無名契約であるといえる。

(1)　特定の施設の利用契約である

　会員契約は、特定の施設を利用することを目的としている契約である。この場合の利用形態は利用の目的となる施設の種類によって異なるものの、施設の一定時間ないしは数日間の短期間の利用を主とするものである。

　利用の目的とされる施設は、ゴルフ場、テニスコート等のスポーツ施設やリゾートホテルのような余暇利用型の宿泊施設であり、通常は長期間にわたり独占的な利用を必要とするような施設ではなく、随時に利用をするために利用者が自ら開設するには巨額の資金を要するような施設であるのが特徴である。

今日では、社団法人制クラブのように構成員が共同で資金を出資して施設を開設するという形態はなくなり、このような施設を営利の目的で会員に利用させようとする営利企業の事業としてなされるのが通常で、いわゆる会員制事業として位置付けられているものである。

(2) 継続的契約である

会員契約は、施設の継続的な利用契約である。ところが、会員契約は施設のごく短期間の利用であり、契約によって施設を使用収益する権限が直接与えられるわけではないと考えられるので、会員契約で会員が取得する利用権は、厳密にいえば、施設経営企業に具体的な施設の提供を要求する権利ないしは地位のことであり個別的な利用に応じるように要求する権利ということができる。この点は、継続的使用の契約である使用貸借や賃貸借とは異なるところである。

通常は期限の定めのない契約として締結されるが、会費制クラブは期間の定めがあるのが通例である。

なお、預託金制クラブの場合は預託金の据置期間が定められることが通例であるが、据置期間は契約期間の定めではない。

(3) 諾成契約である

当事者の意思の合致のみで成立する契約を諾成契約というが、会員契約は入会者と施設経営企業との意思の合致で成立するのが通常である。

ただし、預託金制クラブの会則には、入会申込みに対し、施設経営企業（クラブ理事会）が入会の承認をし、その承認後に預託金の支払いをすることによって会員の資格を取得する旨定めるものが多くみられる。この場合は、預託金の預託によって会員契約が成立すると考えれば、この場合は要物契約といえる（東京高判昭49・12・20金法760号29頁は要物契約性を認めている）が、当事者の意思としては、会員契約自体は施設経営企業の入会承諾により諾成的に成立しており、預託金の預託は会員の義務となっているか、もしくは預託を承諾の意思表示の効力発生の条件（停止条件）としたものと考える方が妥当である。

(4) 双務、不要式の無名契約である

　当事者双方が互いに対価的な意味を持つ債務を負担する契約を双務契約といい、会員と施設経営企業の間の権利義務は互いに対価的意味をもつから、会員契約は双務契約の一種である（預託金制ゴルフ会員権について、最判平12・2・29判時1705号58頁）。

　会員契約は、民法に定める典型契約のどれにもあてはまらないから、無名契約である。施設利用権的側面からみると、場屋営業（商法502条7号）に類似するが、典型契約には該当しない。また、法律で一定の方式を要求されている契約でもないから不要式契約である。

　なお、会員契約適正化法の適用される会員契約の場合は、会員契約自体を書面で行うことは要求されていないが、会員契約の前後に一定の事項を記載した書面の交付が要求されている（同法5条1項・2項）ので、実際上は契約は書面で行うことになる。

(5) 集団的な契約である

　会員契約を契約当事者間の債権債務の内容を明示して締結するようなことはほとんどなく、会員は施設経営企業が定める会則（定款）を承認して会員契約を結ぶ（入会）のが通常であり、会則等には組織等の施設経営企業との権利義務とは無関係な規定もあるが、会員の権利義務に関する規定は会員契約の内容になっており、施設経営企業は同一内容の契約を数多くの会員と締結するから、その意味において会員契約は集団的な契約といえる。

　したがって、このような会則中の特に会員の権利義務条項の法的性質が問題となるのである。

　クラブが社団法人の場合は会則等は定款であり、当然に会員（社員）はこれに拘束される。また、クラブが権利能力なき社団の場合も会則は社団の内部規律であり、会員を拘束する。クラブが社団の実体を有しない場合の会則の性質については、これを約款と解する学説と、約款ではなく契約条項に過ぎないと解する学説に見解が分かれている。判例も普通契約約款であるとするもの（大阪高判昭63・5・31判時1296号63頁、ゴルフ法判例72[45]）と、契約の

内容であるとするもの（最判昭61・9・11判時1214号68頁、ゴルフ法判例72[35]）がある。

いずれの見解をとっても、会則の内容は会員を法律的に拘束するのが原則であるが、会員に著しい不利益を課す会則やその不利益変更は、会員を拘束しないものとして無効であるとする結論自体は余り変わらないところである。

会則はクラブによって様々な態様があり、必要な規定がなかったり、趣旨が明瞭でなかったり、規定間の整合性に欠ける例も多く、合理的・合目的的に会則の解釈をしなければならない場合が非常に多く、その解釈を巡って紛争になる例が多い。

会員契約適正化法が適用される会員契約については、法によって契約当事者間の債権債務の内容を書面化することが要求されている（5条2項）ので、このような解釈の必要性はある程度減少することになると思われる。

2 　会員権の発生

会員権は会員契約の成立によって発生する。

(1) 　契約当事者

会員契約の一方の当事者は、入会を希望する個人ないしは法人である。相手方当事者は、クラブが社団の実体を備えている場合（社団法人と権利能力なき社団がある）はクラブであり、大多数の社団の実体を備えていないクラブの場合は施設を経営する企業である。

クラブが既に社団法人ないし権利能力なき社団である場合は、これに加入する行為（社団法人の場合は入社行為と呼ばれている）も、当該社団との契約であると解されている（藤原弘道「新版注釈民法(2)」418頁参照）。

社団法人制クラブの原始社員や、株主制クラブのうち、会員に平等に株式を引き受けさせて法人を設立する場合の原始会員であって、このような法人の設立に参加して会員となるような場合は、法人の設立行為は、通説によれば、契約ではなく合同行為であるとされており、通説による限り、この原始会員となる行為は契約ではなく、他の原始会員となす合同行為ということに

なる。ただ、このような社団としてのクラブは昭和30年代以降は出現していないし、今後も出現することがないものと思われるから、会員権紛争の点では、このような問題が議論されることはないことになる。

(2) 会員契約の成立時期

会員契約は、諾成契約であるから契約当事者間で会員契約がなされたときに契約は成立する。通常は入会の勧誘に応じて入会申込みをするが、これが契約の申込みであり、これに対してなされる施設経営企業の入会の承認が契約の承諾である。したがって、入会の承認が会員となろうとする者に到達した時点が契約の成立時期ということになる。

契約時に預託金の預託、株式、共有持分の取得がされておらず、この預託等を停止条件とする契約と考える場合はこの預託等の時期が契約の成立時期である。また、預託金の預託という要物契約とする趣旨が明瞭である場合は、預託金の払い込み時が契約の成立時期ということになる。

会員契約適正化法が適用される場合は、契約締結時期は、原則として施設開設後でなければならないという規制（同法4条）がある。

3 不完全な会員権

会員権は会員契約の成立によって発生することになる。このように発生した会員権を完全な会員権と呼ぶことができる。これに対してローン支払い中の会員権は不完全な会員権である。

預託金制クラブや所有権付クラブの中には、預託金や持分取得代金等を割賦で支払うという形態や、この資金を金融機関等が会員に貸し付け施設経営企業がそれの保証をするという形態が存在する。このような会員権をローン会員権と呼ぶことができる。

預託金の割賦払いの方法は、従前はよく行われていたようであるが、現在では余り見かけない。この場合は、会員となるのに必要な金員の支払いが施設経営企業にされて会員権になるという要件が満たされていないのであるから完全な会員権とはいえない。

会員が預託金等の入会に要する費用を金融機関から借り入れたり、クレジット会社とのクレジット契約で入会費用を調達し、その際、施設経営企業がこれを保証する形態はよくある。一応は会員となるのに必要な金員の支払いは完了しているものの、そのための借入金等が支払われなかった場合は、施設経営企業が保証義務を履行すると会員に対して求償権が発生するので、実質的には借入金等の完済までは完全な会員とは言い難いものである。

　このような場合は、会則等で、債務完済と同時に会員契約の効力が生じるとする場合も多いが、施設経営企業が保証債務の履行をする場合は会員は当然に退会となるというような会則等もある。

　いずれの場合も、施設経営企業は、その債務の完済を会員の要件とするが、会員として施設利用等は認めている場合が通常である。施設利用権を与えている場合は、このような会員契約は支払債務の不履行（後者の形態の場合は施設経営企業の保証履行）を解除条件とするものと考えられる。この不履行を退会事由としている会則がある場合は、会員契約は無条件に成立するが、会員の支払債務の不履行を会員契約の当然の解除や終了事由とする特約があったものと考えるのがよいと思われる。会員契約の解除や終了事由と考える場合も、会員契約は継続的契約であるから、会員契約解除の効果は遡及せず、解除条件とした場合と法律効果は異ならないことになる。

　このようなローン会員に対しては、会員権証書を発行しないで、正会員証の預り証や携帯会員証を発行するような措置がとられる場合もある。これは、ローン会員が会員権を他に処分等をした場合に、施設経営企業が将来のクレジット会社等に保証人として代位弁済をした場合には、求償権の行使が困難になることから、正式の会員権証書を発行しないで実際上の処分を困難にしようとする意図に出たものと考えられる。

　施設経営企業が、将来の求償権を保全する一番の方法は、将来の求償権を被担保債権として、会員権に譲渡担保権や質権を取得して第三者対抗要件を具備しておくことである。この担保は、担保権者と原契約の相手方が施設経営企業になるから、通常の場合と異なり、第三者対抗要件の具備の障害（会

員が施設経営企業に担保設定を知られたくないとか、継続して施設利用を行えない等）がない。施設経営企業は、会員権を譲渡担保に取得しても施設利用を会員に認めることは可能である。

　また、クレジット会社等の会員の債権者に会員権に担保権を取得させ、第三者対抗要件を具備させておけば、施設経営企業が会員の債務を保証人として代位弁済した場合は、求償権の限度で原債権を代位取得し、原債権の担保権（会員権の譲渡担保権、質権）にも代位し、代位取得には第三者対抗要件が不要である。

　施設経営企業としては、上記のような債権保全の方法を講じておけば、会員による会員権の譲渡、会員権に対する強制執行、会員の法的倒産手続にも担保権を主張できることになる。

5　会員権の相手方

1　クラブと施設経営企業の関係

　会員権の相手方とは会員の権利義務の相手方のことをいい、それは、とりもなおさず会員契約の相手方のことをいう。

　施設経営企業とは、会員契約の目的である特定施設を経営運営するものをいい、会員の施設利用権の義務者をいうことになる。施設利用の形態は、多衆の来集に適する物的・人的設備をもち、そこには多数の客が出入りし、少なくとも若干の時間は滞留するといった客の来集を目的とする場屋の取引営業（商法502条7号）であるのが通常であるから、施設経営企業は場屋業者といってよい。

　ここでいうクラブとは会員の団体のことをいう。

　クラブが社団法人や権利能力なき社団であって、団体としてクラブの運営以外にも場屋としての施設の経営も行う場合がある。社団法人制クラブの大

半がこのような形態である。

　この場合の会員の施設利用権の相手方は法主体性を有するクラブであり、施設経営企業でもある社団法人（もしくは権利能力なき社団）ということになる。

　クラブが権利義務の主体たる社団の実体を有しない団体であり、クラブの理事会等が施設経営企業の機関に過ぎない場合である。このような形態のものが我が国では大半を占めている。この場合の会員の施設利用権の相手方は、クラブではなく施設経営企業であり、この施設経営企業は大半が営利会社である。

2　会員権の内容と会員権の相手方

　会員権は会員契約上の会員の地位のことである。その会員権を構成する権利である株式、預託金返還請求権等の権利の相手方と施設利用権の相手方は同一である場合が大半であるが、稀には異なる場合もある。この場合の相手方はクラブでも施設経営企業でもない場合がある。

(1)　会員権の相手方が施設経営企業だけである場合

　施設経営企業である社団法人等の社団性を有するクラブの社員となることにより、会員となった場合の社団法人制会員権、施設経営企業の株主となることにより会員となった場合の株主制会員権、施設経営企業に預託金を預託することによって会員となった場合の預託金制会員権、施設経営企業から共有持分を取得することにより会員となった場合の所有権付会員権は、そのいずれの場合も会員権の相手方は施設経営企業であり、単一である。このような会員権の相手方が施設経営企業という形態が大半を占めている。

(2)　会員権の相手方が施設経営企業単一でない場合

　ごく稀ではあるが、会員権の相手方が単一でない場合がある。

　これは、会員権を構成する社員権、株主権、預託金返還請求権の相手方が施設経営企業でない場合に生じる複雑な法律関係である。

　施設経営企業が社団法人や権利能力なき社団で社団性を有するクラブであ

るが、このような社員（会員）となるためには、当該施設の全部または一部を所有（または賃借）するために設立された株式会社の株主になることを要求される会員権があり、この場合は会員権の構成部分である株主権の相手方はこのような株式会社であり、それ以外の会員の権利・義務の相手方は施設経営企業たるクラブであるという二重構造の会員権となる。社団法人（もしくは権利能力なき社団）・株主制複合型の会員権であるが、稀に存在している。

その他にも、施設を建設、所有する株式会社が株主を会員とするが、施設運営（場屋営業）自体は、子会社等の関連会社に委託したりするような場合や、同様に施設を建設、所有する株式会社が預託金の預託を受けてこれを会員とするが、施設経営を子会社等の関連会社に委託する場合が考えられる。この場合は会員権の構成部分である株主権、預託金返還請求権の相手方は施設を建設、所有する株式会社であることははっきりしているが、会員の施設利用権の相手方は、施設を建設、所有する株式会社なのか、施設の経営を委託された企業なのか判然としない場合がある。会員契約で明確な合意がなされていれば、その内容に従うことになるが、明確でない場合は施設を運営する企業は、施設を建設、所有する会社の会員に負担する施設利用権に対応する義務（施設利用を提供する義務）の履行代行者であると考えるべきである。

6 会員権の分解

1 会員権の分解とは何か

会員権は、施設利用を目的とする会員契約上の会員の地位をいうものであるから、会員契約の成立により発生する施設利用権を基本的な権利とする諸種の権利や会費支払義務等の義務を包括した契約上の地位である。

会員権を構成する権利や義務が分離したり、権利の一部が消滅することを会員権の分解と呼ぶこととする。

会員契約が終了すれば施設利用権は消滅し、預託金返還請求権、共有持分等の構成部分が残存することになるが、それ以外にも会員権を構成する会員の権利の一部を取り出してこれを他に譲渡したり、会員権を構成する権利の一部を執行の対象とすることが可能であるとすれば、このような譲渡・執行がなされれば会員権は分解することになり、また、施設経営企業が交代し、経営を譲り受けた者が会員権の一部の権利のみの引受けをできるとすれば、このような引受けがなされた場合も会員権は分解することになる。

　このように、会員は会員権を分解して、会員権を構成する権利・義務の一部を取り出して、これを他に譲渡したり、担保に供したりすることができるか、会員の債権者は、会員権を構成する権利の一部のみに執行することが可能であろうか。

　会員権の分解の問題は、預託金制ゴルフクラブの会員権に関し、主として、一部執行の可否の問題として議論されているが、会員権一般についての問題でもある。

2　会員権の分解に関する学説

　会員権の一部譲渡、一部執行に関して次のとおり学説は分かれている。

(1)　肯定説

　預託金制ゴルフ会員権について、預託金返還請求権を執行（譲渡）の対象とすることができるとする説であり（藤井＝古賀268頁、服部251頁、和田日出光「仮差押・仮処分の基礎」52頁）、さらに、この説は施設利用権については、それのみの執行（譲渡）は認めない説（服部説）と、認める説（和田説）に分かれている。なお、肯定説は会員権自体の執行を否定するものではない。

　肯定説（服部251頁以下）の論拠は、①優先的利用権と預託金返還請求権とは必ずしも同時発生しないこと、②この２つの権利が同１人に帰属しなければならないという理論的根拠に乏しく、このような関係は賃貸借契約における敷金や保証金返還請求権のみが譲渡された場合にも生じること、③預託金の額が会員権の取引相場を上回る場合は譲渡人は会員権を転売せずまた名義

書換料を支払うことなく預託金の返還が受けられること、などである。

　(2)　否定説

　預託金制ゴルフ会員権の全体の執行のみを認め一部の執行（譲渡）を認めない説（中野貞一郎「民事執行法新訂4版」646頁、三村量一「注釈民事執行法(7)」25頁、同「最高裁判所判例解説民事編平成7年度」847頁、須藤正彦・ジュリスト801号77頁、今中利昭「民事特別法の諸問題」283頁、同・自由と正義平成2年7月号38頁、今中＝今泉・債権管理22号24頁・35号27頁、本書旧版40頁以下など）であり、このような一部執行（譲渡）が行われても無効であるとする。

　否定説の論拠は、①会員権は施設利用権その他の権利や義務が互いに対価的な関係に立つ一体化した地位であって、会員権として成熟した権利として社会的に承認されていること、②施設利用権と預託金返還請求権、株式、共有持分等との分有を認めることは会員の要件とされる預託金返還請求権等を有さない会員を認めることになり会員権の本質に反すること、③会員権を構成する各権利の成立の同時性は不要であること、④否定説があげる敷金と預託金は法的性質が異なること、④会員権を差し押さえた債権者が、差押えの効果または債権者代位により退会請求をすれば、預託金の取立てや転付が可能であること、⑤一部執行を認めることゴルフ会員権の財産価値を破壊すること、などである。否定説が妥当である。

　(3)　執行実務

　従前は預託金返還請求権のみの執行も認めていたようであるが、現在では東京地裁・大阪地裁等の執行実務は、会員権のみの執行を認め、預託金返還請求権のみの執行を認めない否定説で運用されている。

3　会員権の分解に関する判例

　(1)　会員権を構成する権利の一部の譲渡や執行の可否

　これに関して正面から判断した判例は公表されていないが、これに関連する判例があるので紹介する。

　東京地判平10・5・28（判時1660号78頁、ゴルフ法判例72[65]）は、預託金制

ゴルフ会員権を差し押さえた会員の債権者がゴルフ場会社に対して預託金のみの取立訴訟を提起した事案に関する判例で、①会則等には会員資格保証金（預託金）の返還請求に退会を要件とする記載がないから、本件ゴルフ場の場合は預託金の返還請求が退会を前提としているものと解することはできないとし、②一般に預託金会員制のゴルフ会員権は、預託金返還請求権、施設利用権、会費納入義務を含む契約上の地位であるから、いまだ預託金返還請求権が具体的に現実に発生することなくゴルフ会員権の一内容をなすにとどまっている限りは、潜在的権利として預託金返還請求権のみの譲渡差押等が許されないと解すべきであるとしても、③本件のように据置期間経過により具体的な金銭債権としての預託金返還請求権が発生している場合には、他の通常債権と同様、独立して譲渡処分の対象となる、として債権者の請求を認めたものである。

　③の結論は①から直接導かれるものであるから、②の部分はあまり意味のない説示であるが、被告であるゴルフ場側が退会しない限り預託金の返還請求はできないと主張し、この根拠として一部執行否定説を展開したのでこれに応答したものである。

　退会を要件として預託金返還請求権の行使ができるとの合意がされていると会則を解釈するのが一般的である（東京高判平3・2・13判時1383号129頁、東京地判平3・11・27判時1430号92頁など）が、本件判決は、会則等の記載から、本件ゴルフ場の場合は施設利用権とは無関係に据置期間が経過すれば預託金を返済する合意がされていたと意思解釈をした事例判決である。

　会則に据置期間経過後に退会をした場合は預託金を返還するとの記載（このような会則は多い）や、預託金を返還したときは会員資格を喪失するという記載（前記東京地判平3・11・27の例）がある場合は、預託金の返還は退会を要件とする合意があったと解釈することは当然であるが、預託金の返還について退会を要件とする趣旨の会則等の記載がないとしても、据置期間が経過したときは退会をしないでも預託金を返還するという趣旨の会則がある場合に限って、預託金返還請求権のみを独立して譲渡処分の対象にしうると解

釈すべきで、前記東京地判平10・5・28の会則等の記載を前提とした意思解釈は誤りであると考える。そのように考える理由は、①前記の否定説を前提とすると、預託金制会員契約は預託金の預託と施設利用権が対価性を有する継続的契約であるから特別の合意でもない限り、預託金の預託が会員としての発生要件のみならず存続要件とされているものであると考えられるし、②会員の施設利用権は低料金による施設利用を含むものであり、年会費は通常はその額も2、3万円と少額で、会員の施設利用の頻度にもよるが経済的には低料金利用と十分な対価性があるとはいえないから、特別の事情でもない限り、預託金据置期間が満了すれば預託金を会員に返還して、さらになお会員として低料金による施設利用を認めるというような意思が会員契約締結時に施設経営企業に存在したと合理的に解釈することは困難だと考えるからである。

(2) 消滅時効による分解

最判平7・9・5（民集49巻8号2733頁、ゴルフ法判例72[40]）は、預託金制ゴルフ会員権の消滅時効に関して、会員の地位は債権的契約関係であり、施設利用権がその基本的構成部分を構成するものであり、会員が施設の利用をしない状態が継続しても、そのことのみでは施設利用権の消滅時効は進行せず包括的権利としての会員権が消滅することはないが、ゴルフ場会社が、会員の利用を拒否したり施設を閉鎖して利用を不可能にしたようなときは、その時点から施設利用権の消滅時効が進行し、施設利用権が時効によって消滅したときはゴルフ会員権は包括的な権利としては存続しえない、と判示し、会員の地位それ自体が消滅時効にかかることはあり得ないとした原審の判断を排斥し、事件を原審に差し戻している。

預託金制会員権の消滅時効に関しては、会員権自体の消滅時効が預託金据置期間経過後に進行するとする下級審判例や会員権自体は消滅時効にかからないとする下級審判例もあり、学説も種々の見解があったところである。

会員権の消滅時効に関しては[39]で詳しく述べるが、会員権の分解という観点からは、この最高裁判決の見解を前提とすると、施設利用権が消滅時効に

かかると会員権は分解することになる。この場合に、その他の会員権を構成する権利や義務の帰趨、たとえば預託金返還請求権はどのようになるのか、施設利用権が時効消滅したときに会員契約が終了したものとして預託金返還請求権が行使できるようになるのか、それとも別個に預託金返還請求権は時効が進行するのか、別個に時効が進行するとするとその起算時はいつか、といったことの判断はこの最高裁判決では示されていない。

この問題を会員権一般に敷衍すると、この最高裁判決を前提とすると、社団法人制の場合は施設利用権は社員権の一部であるとされているから施設利用権のみが時効消滅するかどうかが問題となり、株主制の場合は施設利用権は債権であるから時効消滅したときも株主権自体は時効消滅しないので、会員権の分解が起こり、所有権付（施設共有制）会員権の場合は施設利用権が債権の場合は時効消滅することになるが、共有持分は物権であるから時効消滅しないので会員権の分解が起こることになる。

7 会員権証書の法的性質

1 会員権証書とは何か

会員に対しては、会員であることを証する書面が施設経営企業から発行されている場合が多い。これら会員たる地位を証する書面のことを会員権証書と呼ぶことにする。

預託金制クラブの場合は「預り金証書」という文言を使用するものが一番多いようであるが、「会員証書」という文言を使用する場合や、「会員資格保証書」という文言を使用する場合もある。表面には預託金の金額を表示し据置期間中は無利息で預かり期間経過後に返還するとか、譲渡ができるとかの記載がある場合が多い。

社団法人制クラブの場合は、「社員証」「社員証書」という文言を使った証

書を発行しているところもある。

　株主制クラブでは、会員権証書を発行せず、株券の発行のみで済ませているものもあり、株券のほかに会員証書を発行しているものもある。

　会員権証書の表面の記載事項は、大体同様な文言を使用しているが統一されておらず、裏面は裏書欄と施設経営企業の承認印欄が設けられているのが普通である。

　ローン会員権の場合は、債務完済まで会員権証書を発行しないことが通常である。

　会員は、施設利用をする際に、会員権証書を施設経営企業に対して呈示することはなく、会員カード等の携帯用の証明書を呈示するか、あるいは何ら呈示を要することなく施設利用をすることができるのが通常である。

　一方、ゴルフ会員権やリゾート会員権は取引相場もあり、会員権業者によって取引されており、会員権証書は「会員券」とも呼ばれ、当該会員権を譲渡する場合には、印鑑証明書、名義書換申請書等の譲渡書類の他に、会員権証書それ自体を交付することが必要不可欠とされている場合がほとんどであるから、会員権証書がなければ、実際上当該会員権を譲渡することができないのが現状である。

　また、預託金制クラブの場合は、退会して預託金の返還を受ける際に、施設経営企業から会員権証書の呈示と返還を求められるのが通常である。

2　会員権証書の有価証券性

　会員権証書が譲渡や預託金の返還等に必要であるという現状から、会員権証書が有価証券であるか否かが問題となり、預託金制ゴルフ会員権の会員権証書の有価証券性について争いがある。

　会員権証書が手形小切手や株券のような有価証券であれば、善意取得の可能性があり（商法519条）、証書の占有が第三者対抗要件となり、紛失した場合は公示催告や除権判決の対象となる可能性があり、証券の再発行が認められる（株式の場合は商法230条）が、会員権証書が有価証券ではなく単なる証

拠証券ないしは免責証券である場合は、善意取得の可能性もなく、証券の占有は対抗要件ではなく、公示催告や除権判決の対象となりえないことになる。

(1) 肯定説

肯定説にはいくつかの見解がある。小室金之助・自由と正義41巻 7 号71頁以下、須藤正彦「ゴルフ会員権譲渡に関する研究」264頁以下、福瀧博之・関西大学法学論集29巻 5 号78頁以下、松井一彦・金融・商事判例737号94頁以下、手塚尚男・同志社法学232号 1 頁以下、島袋鉄夫「有因証券法の研究」267頁以下、などがあげられる。

論点は、①有価証券をどのような証券と定義するのか、②有価証券は法定されていなければならないのか、③有価証券であるためには指図文言が不可欠なのかどうか、④会員権証書は無記名証券なのか記名証券なのか、⑤会員権証書に表章されている権利は、預託金返還請求権だけなのか施設利用権も含むのか、⑥会員権の譲渡は債務の引受けを含む契約上の地位の譲渡であり譲渡を証券の裏書のみで行えるのかどうか、など議論は錯綜している。

肯定説の実質的な論拠は、会員権証書は預託金制を採用したゴルフ場が株券を模してゴルフ会員権に結び付けて証書を発行し、それが会員権の移転行使の基準となる慣行が生じ、会員権自体が高額の価値を生じ、高度の流通性を持つに至り、特有の譲渡方式（裏書と証書の交付）が定型化し、証書とそれに付加する印鑑証明書等の必要書類が相まって商慣習（事実たる慣習）となり、これが法的段階にまで高められていることや、証書を有価証券とした場合に善意取得が可能となり、証書の所持により対抗要件が具備され、公示催告、除権判決が取得できるなどの有価証券と解する利点がある、ということになろうと思われる。

判例としては、唯一、東京高決昭54・1・25（判時917号109頁）が、民法施行法57条の指図証券は、証券上指定したものを権利者とする記載で足り、指図文言は必ずしも必要ではなく、権利の移転に発行者の関係で別個の手続（名義書換手続のことを指す－筆者）が必要とされていても、そのことだけで指図証券性は否定できないとして、会員権証書を民法施行法57条の指図証券

と認めている。

(2) 否定説

これに対し否定説にも色々な見解がある。今中利昭・民事特別法の諸問題293頁、今中162頁以下、小橋一郎「有価証券の基本理論」169頁、木内宜彦・ジュリスト666法118頁、上田宏・法律のひろば32巻7号76頁、藤井＝古賀163頁以下、服部155頁以下、宇田一明・金法1442号13頁以下、などがあげられ、否定説が通説だといわれている。

否定説の根拠は、理論的な問題については、この肯定説の項であげた論点について、①有価証券と認められるためには法によって認められることが必要であるところ、会員権証書は慣習法上の有価証券と認められる実態がない、②会員権証書には指図文言がないから指図証券とは認められない、③譲渡には証書の裏書以外にクラブ理事会の承認やその他の書類が必要である、などがあげられるが、実質的な根拠としては、会員権の保護は会員の施設利用権等を保護することによって図られるべきもので、会員権の流通性を図る必要性は必ずしもないことや、さらに会員権の流通性を保護するために会員権証書を有価証券化する必要はない、という点に求められると思われる。

判例は前記東京高決昭54・1・25以外は、最高裁（最判昭57・6・24判時1051号84頁、ゴルフ法判例72⑥3）をはじめ全部否定説（大阪高判昭55・11・28金商624号40頁、ゴルフ法判例72⑥4ほか多数）であり、この最高裁判決は確定判例とされている。

この最高裁判決は控訴審判決を援用しているので同控訴審判決要旨を以下に引用する。

「右預り証に表章された権利ないし法律上の地位は、前記のとおり、預託金会員組織のゴルフ会員権であって、それは、ゴルフ場施設の優先的利用権、預託金返還請求権のほか、年会費納入等の義務も包含した、個々の会員と更生会社との間の債権的法律関係にほかならず、その譲渡のためには、ゴルフ倶楽部という集団ないしその構成員の利益保護を図るため、理事会の承認を要するものとされ、その旨預り証にも明記されているうえ、右譲渡には義務

も伴っているのみならず、指図文句（特定の者又はその指図人を権利者とする旨の文言）の記載もないことからすれば、本件預り証は、右会員権について高度の流通性を予定してこれを表章し、かつ、その所持人を当然に権利者と認める趣旨の証券として発行されたものとは解し難いし、（中略）、他に本件倶楽部会員権の移転、行使に右預り証が当然に必要であると解すべき根拠資料も見い出しえない。したがって、本件預り証をもって商法519条所定の有価証券であると解することは困難というほかはない」（大阪高判昭56・9・30判時1041号116頁）。

したがって、実務上は、会員権証書は有価証券性の有無については決着がついたものであり、会員権証書には有価証券性は認められず、善意取得も認められず、証書を失っても再発行を受けるためには公示催告・除権判決も認められず、会員権の譲渡は証書の交付と裏書で足りるものではなく、譲渡の第三者対抗要件は証書の所持ではない、ということになる。

しかし、前記最高裁判決が公表された後も、会員権の取引には会員権証書がないと譲渡が非常に困難で、会員権証書の提出がない限り施設経営企業は譲渡承認を行わず、預託金の返還請求には会員権証書の返還が求められ、会員権証書の紛失による再発行には施設経営企業は容易に応じないという実情は余り変わっていないようである。

3　会員権証書の免責証券性

有価証券否定説によると、会員権証書は有価証券ではなく、証拠証券に過ぎないことになるが、預託金返還について免責証券性があるかどうかが問題となる。

免責証券とは、財産権を表章する証券ではないから有価証券ではないが、悪意・重過失なく、その証券の所持人に弁済すれば所持人が正当な権利者でなくとも弁済の効果があり、弁済者は免責されるという性質の証券であり、保険証券、預金証書や下足札がこれに該当するものとされている。

施設経営企業側は、預託金の返還の際には当該証券と引き換えに、会員名

簿登録会員ないしその承継人に支払えば免責されることを要望し、預託金の返還に際してすべての場合に旧会員に面接したり直接接触して確認しない以上免責されないという立場をとれば、当該会員が行方不明などで確認できない場合は暗礁に乗り上げることになり、証書の所持人に返還することで免責されるとしても会員の保護に欠けることはないと考えられるので、会員権証書に免責証券性を認めるべきであると考える（今中164頁）が、免責証券性もないとする見解（服部162頁、宇田一明・金法1442号18頁）もある。

この点に関する判例はない。

4 会員権証書に対する信頼の保護

会員権証書に有価証券性が認められない以上、会員権証書の所持人を権利者と信じても会員権の善意取得は認められないことになる。

しかし、施設経営企業が何らかの関与をして実体のない会員権証書が流通におかれたり、権利者が会員権証書を他人が占有していることについて何らかの関与をしているような場合には、別の法理で会員権証書を信頼して会員権を取得した者を保護することが考えられる。

東京高判平2・6・28（金法1271号40頁、ゴルフ法判例72[60]）は、施設経営企業が買掛金債務を負担する債権者に担保として自社の預託金制ゴルフ会員権証書2通と無料で名義書換に応じるとの念書を交付したところ、当該債権者は当該会員権を譲渡担保権の実行として処分し、そのうち1通の会員権証書を転得した者が施設経営企業に会員の地位の確認を求めた事案で、通常の入会手続を経て発行された会員権証書取得者と同等に取り扱うことを当然の前提として債権者に会員権証書を交付したことから、この会員権証書取得者が会員として入会を申し込んだ場合には入会金や預託金を徴収することなく会員としての適格性を欠くような特段の事情のない限り入会をを承認するのが当事者の合理的意思であるとして、転得者に会員の地位を確認したものである。

この判例が譲渡担保権の実行と判断したことについては理論的な問題もあ

る（その詳細は㊹）が、転得者に会員として権利を認めるという結論に異論はないものと思われ、この判決は会員権証書の交付について施設経営企業が積極的に関与をしている場合に会員権証書を信頼した第三者を保護した例として考えることもできる。

　大阪地判平2・2・16（判タ750号214頁）は、施設経営企業が預託金の預託がないにもかかわらず会員権証書を入会者に発行し、この入会者から会員権を購入した原告が施設経営企業を被告として、主位的には預託金の返還、予備的には不法行為による損害賠償を求めた事案について、現実に入会者から預託金が預託されておらず原告が年会費を支払っていないことを理由に主位的請求は認めなかったが、予備的請求については、被告は預託金の預託がないのに会員権証書を交付し、預託金が預託されていないことを知りながら何らの措置も講じずこれを放置したので会員権証書を流通においたことに過失があるとして損害の賠償を認めた。この判決は、会員権証書の交付、流通に消極的に関与している場合に会員権証書を信頼した第三者を保護した例として考えることができる。

　本来の会員の手から会員権証書が離れ、これが流通した場合に会員権証書を信頼した第三者が出現し、この流通に本来の会員の落度がある場合も、表見代理や民法94条2項類推の法理を用いて善意の第三者を保護する余地もあると考えられる（今中＝今泉・債権管理41号27頁、㊺4参照）。

8　会員権証書の紛失

1　会員権証書を喪失した場合の不都合性

　会員権の譲渡には、実務上は、譲渡契約書の作成、施設経営企業（またはクラブ）に対する譲渡承認申請書、入会申込書、印鑑証明書等譲渡書類一式の交付の他に、会員権証書を交付することが必要である。これは、このよう

な書類がクラブ理事会の譲渡承認申請に必要とされているからである。したがって、会員権証書を喪失した場合、実際上会員権を譲渡できなくなることもある。

また預託金制会員権の場合、預託金の据置期間経過後、預託金の返還を受けるためには、会員権証書を施設経営企業に返還することを要する。したがって、会員権証書を喪失した場合、預託金の返還を拒否される事態も生じる。

さらに、紛失した当該会員権証書を第三者が拾得あるいは取得した場合、これを悪用されるおそれもある。

7に述べたように、会員権証書の有価証券性は否定され、善意取得もなく、公示催告・除権判決によることもできないことになるが、実際上はこのように会員権証書を喪失した場合には、さまざまな不都合が生じるので、このような場合どうしたらよいかが問題となる。

2　再発行の請求

会員権証書を紛失した会員は、そのままでは会員権を譲渡することが困難である。もっとも、実際の取引では、会員権証書を紛失している場合でも「預託証書を紛失したことにより問題が生じた場合は、すべて旧会員が責任を負い、ゴルフ場には一切迷惑をおかけしません」等と書いた念書をもって、会員権証書なしで譲渡することもあるし、施設経営企業側でこれらの書類や他の会員の保証書を提出させて譲渡を承認することも行われている。しかし、そのような会員権は、譲受人に警戒され、結局、低い価額でしか取引されないことになる。したがって、会員権証書を紛失した場合には、施設経営企業に対し、会員権証書の再発行をしてもらえば望ましいといえるが、現在、会員権証書の再発行を認めているゴルフ場はあまり多くないのが現状である。

会員権証書が有価証券であれば、除権判決を申し立てることができ、新たに当該権利を表章した証券の再発行請求が認められる（株券の場合につき商法230条2項）か、証券なくして権利行使が可能となるが、このような方法はとれない。

しかし、会員契約上、会則に明示的な規定がなくとも会員権証書交付請求権が会員にあると考える（今中83頁）と、紛失の場合にも再発行の請求権が会員にあると考えることになる。

　会員権証書の再発行請求を認める判例がある（東京地判平2・7・25金商861号30頁、ゴルフ法判例72[39]）。この判決は「公示催告、除権判決の手続によらずに入会金預り証の再発行をする場合には、公示催告、除権判決の手続を経て再発行する場合に比して、元の入会金預り証が流通するおそれが大きく、それに伴う種々の紛争の生ずる危険性が高いことは否定できない。しかし、他方において、除権判決、再発行も認められないとすると、会員は、その権利行使に事実上支障を来すことは想像に難くないばかりか、特に、会員権譲渡の方法を見るに、（中略）右譲受人を見つけることは著しく困難であると考えられ、たとい譲受人を見つけられたとしても、入会金預り証のある場合に比して相当程度譲渡価額を減額せざるを得ないことは明らかである。そうすると、事実上、会員の有する資本の円満な回収の道を閉ざすという結果になりかねない。そして、先に述べた入会金預り証再発行による紛争の危険性に対しては、ゴルフ場経営者側がその再発行の手続に関する規則を定め、その中において、新聞等に広告することを義務付けたり、入会金預り証を再発行した上で、一定期間新証書による譲渡を制限したりする等の手当をすることが可能であると考えられるから、入会金預り証を再発行しないことの不合理性は著しく高いというべきである。そうであってみれば、本件入会金預り証は、被告がこれを再発行しない合理的理由に乏しく、原告は、被告に対し、本件入会金預り証の再発行を請求できるものというべきである」としている。

　この判決は、再発行しないことは合理的理由がないから再発行の請求ができるといっているだけで、再発行請求権の法的根拠については明確に判断しておらず、会員契約から生ずる当然の請求権とでも解さなければ理解困難であるが、再発行請求権を認めた判例として注目される。

3 会員権証書の所持人に対する引渡しの請求

　会員は会員権証書を紛失した場合でも、それを所持する者を発見した場合は、その所持人に会員権証書の引渡しを請求できる。会員権証書は有価証券ではなく、会員権は善意取得の対象にはならないから、第三者が会員権証書の占有者を真実の会員権の権利者と信じてこれを取得したとしても、会員権を取得することはできないし、会員権証書という紙切れの善意取得を考えることに意味がないからである。

　本来の権利者である会員が会員権証書の引渡しを請求できるとする結論自体は異論がないところであるが、その法的根拠は明らかでない。会員権証書の所有権に基づく物権的返還請求権であり、会員権の自己への帰属を主張できない会員権証書の所持人は会員権証書の占有権限を有しないこととなり、会員権証書の返還を拒めないと考えることとなろう。

　会員権証書を取得したが、対抗要件を具備しない会員権の譲渡担保権者に対する会員の破産管財人からの会員権証書の引渡し請求を認めた東京高判平7・1・26（金法1442号103頁、ゴルフ法判例72[68]）は、この理を述べるものである。

4 会員権の譲渡承認と会員権証書の提出の要否

　施設経営企業の会員権譲渡の承認の手続は、既に述べたような書類を提出して行うのが一般であるが、会員権証書を提出できない場合に施設経営企業は譲渡承認を拒否することもある。このような許否が正当かどうかについて判断した判例がある。

　千葉地判昭63・6・10（判時1296号113頁）は、所定の書類をクラブに提出して譲渡承認申請手続をしたうえでないかぎり、会員権譲渡の承認を施設経営企業に請求することができないとして、手続を経ていない会員権取得者の譲渡承認請求を却下している。

　一方、水戸地判平6・1・25（判タ876号200頁）は、会員権の譲受人から

申請があれば手続に定められている会員権証書の提出がなくとも、クラブ理事会において譲渡を承認するか否かを審査しなければならないとしている。

　譲渡承認には申請手続が必須の手続であると考えると、上記千葉地判のような判決になる（ただし、訴却下が不相当であることにつき、🔳3(1)参照）のであるが、会員権譲渡は譲渡当事者間では有効であり、譲渡承認は原契約の相手方である施設経営企業の譲渡人から譲受人への契約上の地位の譲渡を承認するという意思表示であると考えれば、譲渡承認の申請手続は必ずしも必須の手続ではなく、また、譲受人が会員権譲受けの事実を証明して譲渡承認を請求すればこれに施設経営企業は承認するかどうか応答すべき義務があると考えれば、会員権証書を有価証券と考えない以上、会員権証書の所持は会員権譲受けの証拠のひとつに過ぎないことになるから、会員権証書の交付を受けていない譲受人も会員権の取得を他の方法で証明すれば、譲渡承認の請求が可能であるということになり、理論的には上記水戸地判の判断の方が妥当だということになる。

5　預託金の返還と会員権証書

　会員権証書は有価証券でないと考えると、会員権証書には受戻証券性がないことになるから、預託金の返還を受けるために会員権証書の呈示と交付が必ずしも必要とはいえないことになる。

　会則や会員権証書で預託金の返還に証書の引き換えを定めるものも、定めないものもある。引き換え支払いの定めがある場合は、預託金の返還と会員権証書の返還とを同時履行と特約したものであり、その特約がない限り会員権証書は証拠証券であり預託金の返還を受けてから施設経営企業に返還すれば足りる（民法487条）ことになる。

　このような特約がない場合に、預託金返還請求と会員権証書の返還義務は同時履行の関係にないとして、預託金返還請求を認めた判例（大阪高判昭63・4・28判夕670号153頁、東京地判平8・4・18判時1594号118頁、ゴルフ法判例72[51]など）がある。

また、このような特約を認定し、預託金の返還と会員権証書の返還は同時履行の関係にあるとして、会員権証書との引換え給付を命じた判例（大阪高判平11・2・18ゴルフ法判例72[33]、大阪高判平11・2・26金商1067号35頁）がある。ただし、このような特約があったとしても、会員が会員権証書を紛失して所持していない場合にまでも同時履行を認めるとすると、会員権証書が有価証券でない以上預託金の返還を受けることが不可能になってしまう。会員権証書を紛失した会員が退会して預託金の返還を請求してきた場合には、会員権証書の再発行を認めること自体が無意味でもある。したがって、会員権証書が受戻証券でないことを考えると、このような同時履行の特約は、退会時に会員が会員権証書を所持している場合に限ってなされた特約であると解釈すべきであろう（宇田一明・金法1442号15頁参照）。

第2章

会員とクラブ・施設経営企業との法律関係

9 会員の権利・義務

1 会員契約と会員の権利・義務

　会員権は会員契約上の会員の地位であるから、この会員契約の内容によって会員の権利と義務の内容は定まるものである。会員契約は、会則（定款）に規定された会員の権利義務に関する事項をその合意内容とする契約であるというべきであるから、会員契約時のこの会則等の内容が会員契約上の会員の権利義務の内容をなすことになる。

　また、会則等に記載がなく、あるいは不十分な記載しかない場合でも、諸般の事情を総合して、合理的意思解釈を行い、権利義務を確定する必要がある。

　会員の権利義務の相手方は、特殊な例を除き会員契約の相手方である施設経営企業である。この施設経営企業は、クラブが社団性を有する場合（社団法人と権利能力なき社団の場合がある）はクラブそのものであるが、クラブが社団の実体を有しない大多数の場合は施設を経営する企業（通常は営利法人たる株式会社）である。

　したがって、施設経営企業は会員の権利に対応する義務を会員に負担し、会員の義務に対応する権利を会員に対して有することになるのである。このような会員と施設経営企業の権利義務の内容は、会員契約によって定まることになるから、その内容は多種多様であるが、一定のものに分類することが可能である。

2 会員の権利

　会員の権利はクラブの種類によって異なることはすでに述べたとおりであるが、具体的な権利として分析的に考察することができよう。

(1) 施設利用権

　会員契約が施設の利用を目的とする契約であるところから、施設利用権は会員の基本的権利であるとされている。施設利用権は、判例や学説で施設の優先的利用権と呼ばれることが多い（最判昭50・7・25民集29巻6号1147頁、ゴルフ法判例72[22]）。

　優先的利用権の「優先的」という意味は、会員以外の者より優先して施設を利用できるという意味でこのように呼ばれている。しかし、考えてみれば、会員契約が会員制による施設利用形態を採用している以上、このような意味での優先的なことは当然のことでもあり、一方、具体的な施設利用の場面では、既に当日の施設利用を会員以外の者（通常は会員の同伴もしくは紹介を要する）にさせる旨の施設利用契約（もしくはその予約）がなされている場合にまで非会員に優先して当該施設を利用する権利を認めたものではないから、特に利用権に「優先的」と冠することの意味はないことになる。

　施設利用権の具体的内容は、会員契約によって決まることになる。本来なら、会員が望めば、いつでも施設に赴いて自由に施設を利用できるような権利として認められているのが理想的であろう（施設の関係もあるがフィットネスクラブにはこのような形態が多い）が、特にゴルフクラブやリゾートクラブの場合はそのような自由な利用を認めず、利用には予約を要するとするのが一般的である。このような実態を考慮すれば、施設利用権とは、施設を使用、占有できる具体的権利ではなく、施設経営企業に当日の具体的な利用を要求することができる権利であると考えるべきであろう。施設経営企業はその利用の請求に対して、会員契約で定めた内容に従い、他会員の利用者がある等施設利用に支障がある場合を除きこれに応じる義務があるということになる。この義務の内容は、会員契約適正化法では、施設を継続的に利用させる役務を提供する義務としている。

　このような施設利用に応じる債務は、施設利用に応じるという作為義務的なものなのか、施設利用の要求に対してこれを拒絶してはならないという不作為義務的なものなのか判然としないが、施設利用を拒否するなということ

は施設利用に応じよということと同じことである。施設利用に応じるということは、会員が施設を使用することを放置するということではなくて、施設経営企業には会員契約の内容に従った人的、物的なサービス（役務）が必要であるから、作為義務の一種と捉えるべきである。いずれにしても、債務の性質上、強制履行ができないものであるし、作為義務とみても代替執行（民法414条2項本文）は不可能で、不作為義務とみても、なしたるものの除去や将来のための適当な処分を行う（同条3項）ことも不可能であるから、会員が施設利用権の行使を強制執行で行おうとするときは、間接強制（民事執行法172条）によらざるを得ない。東京高判昭58・4・20（判時1079号50頁、ゴルフ法判例72[66]）は、断行的な仮の地位を定める仮処分を認めたが、その内容はゴルフ場経営会社に対して「ゴルフ場においてプレーをすることを拒絶してはならない」という不作為的な命令の内容で、また、施設利用権の実現は間接強制によることを前提とする判示をしている。なお、会員契約適正化法では、正当な理由なく会員の施設利用を拒否したり不当に遅延させる行為は禁止され（同法8条2項）、これに違反した場合には、主務大臣の指示や業務停止等の措置がとられることもある（同法10条、11条）。

　施設利用権は、社団法人制クラブにあっては社員権の支分権たる自益権であり、それ以外のクラブにあっては会員契約上の債権（請求権）である。当該施設そのものを用益する物権ではない（東京地決昭48・10・30判時733号70頁）。

　施設利用権の物的範囲が、会員契約時に施設利用の目的とされた施設に関するものであることは、契約上当然のことである。したがって、契約当時に既に施設が開設されていたか否かを問わず、未開設の施設であっても利用の目的とされていた場合はこれが開設されたときはこの施設も利用権の対象となるが、会員契約時には利用の対象となっていなかった施設が増設された場合は、増設された施設の利用権はないということになる。どのような範囲の施設を利用の対象としたかという問題は、対象が明示されていない場合や会員契約締結時に目的の施設が開設されていない場合もあり、当初予定してい

た施設と異なる施設が開設されたりする場合もあり、どのような範囲の施設を利用権の対象としたかは、合理的意思解釈によらざるをえないことになる。

施設利用権の時間的範囲は、正会員、平日（週日）会員といった会員権の種類によって定まることになる。

施設利用権の質的・量的範囲については、具体的にどの程度までの役務の提供を要求できるか、どの程度の頻度で利用ができるかといった施設利用の質・量に関しては、その範囲を具体的に確定することは困難であり、それを巡る紛争も多いが、会則、募集用パンフレット、実際上の取扱い等の諸般の事情を総合して合理的な意思解釈を行わざるを得ない。募集用パンフレットに見かけるような、ゆったりとした利用、充実したクラブライフというような一義的に不明確な内容をもって、施設利用権の質的・量的内容とすることができないことは当然で、このような募集を行ったことを、合理的な意思解釈を行ううえでのひとつの事情として勘案することとなる（東京地判平11・9・30金商1094号24頁、ゴルフ法判例72㊿参照）。

施設利用権が実質的に十分確保されるか否かが、施設そのものの良否とともに当該クラブの良否を決するメルクマールであるとされており、土、日、祭日等の混雑時における施設利用の可否が、会員権相場のポイントの1つになっているのである。

施設共有型のリゾートクラブの一部には、タイムシェアリングシステムという共有持分権者間で利用日を平準化する利用方法を採用しているものもある。

施設利用権が実質的に保障されるか否かは、会員の数や、土曜、日曜等の混雑時に会員以外の利用を認めるかどうか等にかかり、施設経営企業の企業倫理が強く要請されるところでもある。

(2) 施設の低料金利用権

施設を会員のみが利用できるとすれば、それなりの高額の利用料を支払わなければ、施設の経営ができないことになる。

我が国のクラブでは、どのような形態のものでも会員以外の施設利用を認

めているのが一般である。この利用料を会員より高額なものとして施設経営の手段としようとすることは当然のことである。

　一方、会員は会員となるために一定の資金を出捐しているわけであるから、非会員より低料金の利用が認められる必要がある。したがって、通常は会員の利用料金は非会員のそれより相当程度低く定められている。このような低料金利用権は、会員の施設利用権の一側面であるともいえる。

　なお、具体的な利用料金については、ゴルフ場の場合は、通産省平成9年特定サービス産業実態調査報告書ゴルフ場編によると、平均利用料金（18ホールグリーンフィーの単純平均）は法人正会員の平日の平均利用料金は1302円、土曜日は1569円、日曜・祝祭日は1571円、個人正会員の平日は1113円、土曜日は1154円、日曜・祝祭日は1152円となっているが、非会員の平均利用料金は平日が9469円、土曜日が1万6278円、日曜・祝祭日が1万6137円となっていて、非会員の利用料金は会員に比較してかなり高くなっている。

(3) 開場請求権

　会員契約時に利用の対象たる施設の建設が終わっていない場合は、会員は施設利用権の前提として施設経営企業に施設の開場を請求することができ、これを施設経営企業の開場義務に対する権利としてとらえることができる。

　施設開場前に会員契約をした会員は、施設経営企業が開場予定日を定めて会員を募集したのに応じて入会したのであるから、施設経営企業は施設利用に供する施設を開場する義務がある。この開場義務の不履行があれば、会員は会員契約を債務不履行を原因として解除できることになる。この開場義務の履行遅滞については、施設の建設は日時や多額の資金が必要であるところから、必ずしも予定日までに開場する必要はないが、相当な期間を超えて遅延すれば（この期間を2年程度とする判例があったが、最近では、遅延の具体的内容によって期間の点は流動的になっている）、会員は会員契約を解除できるということになる（その詳細は⓭参照）。この開場遅延の問題も現在でも紛争が多発している問題である。

　なお、会員契約適正化法が適用される場合は、原則として、施設開場後で

なければ会員の募集が認められなくなった（同法4条）から、今後はこの点に関する紛争は減少することになろう。

(4) 預託金返還請求権

預託金とは、退会時に返還することを約して、入会時に施設経営企業に無利息で預託された金員をいう。その名称は様々であり、入会金、会員資格保証金、入会預託金等といわれることもある。据置期間が定められるのが通常で、その期間は短いもので2年程度から長いもので20年といったものまである。

預託金制クラブの場合は当然に預託金があるが、株主制クラブ、所有権付与制（施設共有制）クラブの場合にも預託金が必要なものもある。

預託金は、会員の年会費支払義務やその他の債務を担保する機能を有している。施設経営企業は、会員が退会した場合は未払債務を控除して預託金を返還すれば足りることになるが、預託金は敷金とは異なり、会員契約上の会員の債務を担保する目的で施設経営企業に預け入れられたものではないから、未払債務の控除は合意相殺または法定相殺によるべく、敷金のように返還に際して当然に未払債務の差し引きができるものではない。

預託金返還請求権は、会員契約に基づく預託金の預託によって成立する。据置期間満了後の退会等の会員契約の終了によって預託金の返還を請求することができるようになるが、これは預託金返還請求権は預託金の預託によって発生するが据置期間満了後退会等の会員契約終了によって履行期が到来するからなのか（不確定期限付債権）、あるいは据置期間満了後の退会等の会員契約終了によって預託金返還請求権が発生するからなのか（停止条件付債権）はっきりしないが、退会が会員の一方的な行為でありその行使は会員の意思によるものであることを考えれば、退会（会員契約の終了）を不確定期限と考える方が妥当であろう。この期限か条件かという点は、消滅時効との関係でその履行期について議論されることや、施設経営企業が法的倒産手続に入った場合に倒産債権として議決権の額の算定（たとえば、民事再生法87条3号）や、中間利息相当分を劣後債権とする（たとえば、破産法46条4号）かど

うかの議論の前提として意味があるが、預託金返還請求権の発生時期をどう捉えるかによって結論が変わる問題は余りなく、賃貸借契約に伴う敷金の返還請求権は、賃貸借契約終了時ないしは目的物返還時に発生するものとされるが、賃貸借契約終了前でも譲渡や執行の対象とされており、これとの対比でも議論の実益は余りなさそうである。

　預託金の額は施設の種別によって大きく異なっている。ゴルフ場の場合は、前記実態調査報告書によると、全部の平均預託金額は387万円で預託金の据置期間中のクラブの平均預託金額は667万円となっている。リゾートクラブの場合は、通産省平成3年特定サービス産業実態調査報告書リゾートクラブ編によると、一企業当たりの募集価格の法人会員の平均預託金額は1189万円、個人会員の平均預託金額は454万円となっている。テニス場の場合は、通産省平成8年特定サービス産業実態調査報告書テニス場編によると、法人会員の平均的預託金額は75万2000円、個人会員の平均預託金額は29万円となっている。フィットネスクラブの場合は、平成10年特定サービス産業実態調査報告書フィットネスクラブ編によると、法人会員の平均預託金額は記名式が138万9000円、無記名式が108万1500円、個人会員の平均預託金額は92万6700円、家族会員の平均預託金額は64万0400円となっている。

　ゴルフ場の場合は、バブル期に開設されたクラブの預託金の返還時期が到来しつつあり、預託金の返還問題が社会問題となり、預託金の返還を巡る問題が多発していることは周知の事実である。

(5)　その他の権利

　その他会員としての権利として、非会員の紹介権と同伴権（東京地判平7・11・21判タ915号143頁は、ある程度の非会員の同伴を認めることが会員契約の内容となっていると判示している）、適正施設提供請求権、会員権を譲渡したり担保に供したりする権利（クラブによっては担保に供することを禁止する会則を有するものがある）、会員権証書等の交付請求権等が考えられる（その詳細は今中72頁以下参照）。

　また、社団法人制クラブの社員権、株主制クラブの株主権等のクラブの種

類による会員権の内容は**❸**で述べたところである。

3 会員の義務

会員の義務も、会員契約の内容によって様々であるが、分析的に考察することができる。

(1) 会則等諸規則遵守義務

会則等は会員契約の契約内容になっているのであるから、会則等に定めた施設利用をなすことが会員の義務である。

会則等で定めた内容を施設経営企業が会員に不利益に変更し、新たな義務や負担を課することは原則として許されないことであり、会則の不利益変更は会員を拘束するか否をめぐって議論があるところである。

一方、この義務は会員の基本的義務であるから、この義務に違反する場合は除名や会員契約の解除といった事態が生じることもある。

(2) 入会金等の支払義務

預託金の預託や、返還を要しない入会金、登録料、譲渡の場合の名義書換料等の支払いといった会員契約を締結したり譲渡を受ける際に要する義務である。

預託金の預託や入会金の支払いが会員契約の成立要件となっている場合（要物契約）は、これらは契約の成立要件であるから、会員契約上の義務ではないことになる。

預託金の預託や入会金の支払いが会員契約の停止条件になっている場合は、これらは停止条件であって、会員契約上の会員の義務ではないというべきである。

なお、名義書換料は、この支払いを停止条件として譲渡承認がなされる場合は、名義書換料の支払いは、譲受人の義務ではないことになる。

(3) 利用料支払義務

具体的な施設利用によって発生する義務で、会員契約によって直接発生する義務ではない。最高裁は、この利用料支払義務を、継続的契約である会員

契約とそれに基づく会員の施設利用によって発生する債務であるとし（最判平12・3・9判時1708号123頁）、会員契約とは別に、利用当日の個別の利用契約というものを観念し、利用料支払債務がこの具体的な個別の利用契約によって発生する債務である、というような発想はしていない。たとえば、賃貸借契約における賃貸人の必要費償還義務（民法608条1項－賃貸借契約を前提として賃借人が必要費を出した場合に発生する）と同じような債務発生形態と考えているようである。

(4) 会費等諸負担金支払義務

施設利用権存続のための対価的義務であるといえる。

ゴルフクラブの場合は会費を不要とするものもあり、会費を要する場合は一般に年額で定められ、通常は年額2万円から多くとも10万円程度であり、施設経営企業は、収入の大半を現実に施設を利用する会員や非会員の利用料金で賄い、収入に会費の占める割合は平均では5％にも満たない。最判平12・2・29（判時1705号58頁）は、預託金制ゴルフ会員契約について、会費は預託金の額に比べて極めて少額でクラブによっては会費支払義務がない例もあるところから、会費支払義務は会員の本質的・中核的義務ではなく付随的なものであるとしている。

一方、フィットネスクラブの場合は、前記実態調査報告書によると、月会費は法人記名式で2万6100円、法人無記名式で3万708円、個人会員では8446円、とゴルフクラブに比較して高額で、施設経営企業の収入に会費が占める割合は8割近くになっている。この最高裁判決を前提にすると、フィットネスクラブの場合は会費は預託金に比較して少額とは到底いえず、また施設経営企業の収入に占める割合から考えても、会費支払義務は本質的な義務といえよう。

会費という名称ではあるが、クラブの運営自体に使用されるためのものではなく、施設経営企業に支払う継続的な支払義務である。

10 施設経営企業の権利・義務

1 会員に対する一般的権利・義務

　会員の権利・義務として述べた会員の権利・義務に対応する義務や権利が、会員契約の相手方当事者である施設経営企業に存在することは法律関係上当然のことであり、これを述べることは繰り返しになるので省略することとする。

2 施設利用者に対する権利・義務

　会員は会員契約に基づき、非会員は、具体的な施設利用契約を施設経営企業と締結して施設利用をすることになる。このような個別具体的な施設利用における施設経営企業の施設利用者に対する権利・義務については会員契約とは直接には関係しないが、便宜上簡単に説明しておきたい。
　非会員の施設利用契約は、通常、利用希望者の利用申込みに対し、施設経営企業が承諾することによって成立する、諾成、双務、有償契約である。利用日当日に施設に利用者が来場した際に締結されるのが通常である。

(1) 施設利用者に対する権利

　会員契約は、施設経営企業が会員から施設利用料を支払わせ、施設をその目的に従った利用をさせることを内容のひとつとする契約であり、その内容は施設の種類によって様々であるが類型化することが可能である。
　非会員の場合は、施設利用は個別の利用契約によって行うことになる。この非会員である施設利用者に対する権利は、個別的な利用契約によって生じる権利ということになる。

　(イ)　**利用料請求権**　具体的施設利用における施設経営企業の基本的請求権である。その額は会員の場合は低額であるのが一般である。非会員の利用料金は、日祝祭日、土曜、その他の曜日によって異なり、土曜日、日曜・祝

祭日が平日に比較して高額になっているのが通常である。施設利用後に後払いする場合が多い。

　会員の同伴や紹介で施設利用をした非会員がこの料金の支払いをしなかった場合は、会員がこれを支払わなければならないかどうかが問題となるが、このような支払いの保証が会則等で会員契約における会員の義務と明記されている場合は当然であるが、そのような会則等がない場合でも、会員には非会員を紹介したり同伴したりする権利が会員契約上認められるべきであるから、それに対応する義務として会員はこのような保証義務を負うものと解釈すべきである（今中98頁）。

　㈹　**違約金請求権**　　会員ならいつ来場しても施設利用を引き受けるという一部のクラブを除いて、会員、非会員を問わず、施設利用には予約を要するのが実情である。

　このような施設利用の予約をしても予約日に施設利用をしなかった場合は、違約金を取る場合が多い（ゴルフクラブではキャンセルフィーと呼んでいる）。このような違約金については、あらかじめの違約金の定めがある場合に限りこれを損害賠償の予定として（民法420条）、定められた額を請求する権利があることになる。このような定めがない場合は、その不履行により施設経営企業が損害を被った場合は損害賠償を請求できるだけである。この場合の損害の内容は施設経営企業の得べかりし利益ということになり、代替的な利用があれば損害もなく、そのような利用がない場合は損害の立証もさほど困難なものではないが、その額も高額なものではなく、請求していないのが実情である。

　違約金請求権を有する場合に、これを予約者が支払わない場合の会員の保証義務については、利用料請求権の場合と同様に考えるべきである。

(2)　**施設利用者に対する義務**

　㈹　**施設提供義務**　　施設経営企業は、会員契約や個別の施設利用契約の目的に従った利用を会員を含む施設利用者にさせる義務があり、これが施設経営企業の基本的義務である。

具体的な義務の内容は会員でも非会員でも変わらない。

　利用予定日に施設が利用に供することができない合理的事由がある場合（ゴルフ場施設が豪雨や降雪等で利用できない場合等）は、当日の施設の提供を拒否しうる。

　利用開始後、このような施設提供を不可能にする事由が生じたときは、これが施設経営企業の責めに帰さない場合は特約がない限り反対給付たる利用料を請求できなくなるものというべきである（民法536条1項）。また、この提供義務不履行が施設経営企業の責めに帰すべき事由による場合は、施設利用者は損害賠償請求権と相殺するか、利用契約を解除して利用料支払義務を免れることができよう。

　(ロ)　**安全配慮義務**　施設利用契約においては、契約の相手方たる施設利用者の生命・身体・財産を害しないように配慮すべきことは、契約目的もしくはこれと密接不可分の関係にあるといえるから、会員契約や非会員の施設利用契約上の（付随的）義務として、施設経営企業は利用者に対して安全配慮義務を負担するものというべきである。この義務違反によって利用者が事故に遭った場合は、施設経営企業は利用者に対して損害賠償義務がある。

　ゴルフ場施設利用に伴う事故については、判例が相当数公表されている（詳細はゴルフ法判例72[17]〜[19]参照）が、通常は施設経営企業の不法行為責任（安全性に問題のある施設の場合は工作物責任、事故がキャディーの不適切な指示等により発生した場合は使用者責任）の問題とされ、実質的には、安全配慮義務違反の内容と不法行為の内容が余り変わらないところから、安全配慮義務違反として裁判例では争われた事例はない。

　(ハ)　**場屋営業者としての責任**　利用に供する施設は、客の来集を目的とする場屋にあたり（名古屋地判昭59・6・29金商706号26頁、ゴルフ法判例72[20]）、施設経営企業は利用者の所持品について商法で定められた特別の責任を負担する。客から寄託を受けた物品の滅失、毀損については、その原因が不可抗力によるものであることを証明しない限り、損害賠償責任を負うことになる（商法594条1項）。また、寄託を受けない物品であっても従業員の不注意によ

り滅失、毀損した場合も施設経営企業は損害賠償責任を負う（商法594条2項）。

11 会員契約・譲渡承認における不利益取扱い

1 属性による不利益な取扱い

クラブは会則等で会員に一定の資格要件を定め、その要件に該当しない者の入会の申込みを拒否し、あるいは会員からの譲渡を承認しない場合がある。

また、入会当初は資格要件に該当しないことを看過し、入会を認めた後になって、資格要件に該当しないことが判明したり、入会当初は資格要件を満たしていたが、後に満たさなくなったり、後に資格要件が変更された結果その要件を満たさなくなったりして、除名等の処分を受ける場合も考えられる。このような属性としては、年齢、国籍、性別、職業等が考えられる。

現在は、ゴルフクラブを中心に入会要件として一定以上の年齢（たとえば35歳以上）や、日本国籍を要求するクラブが多く、また女性の入会制限をするクラブも多い。職業の制限をするクラブもあり、また職業とはいえないが暴力団関係者を排除するクラブも当然のことながら多い。

2 人の属性による制限の合理性

憲法14条1項は、「すべて国民は、法の下に平等であって、人種、身上、性別、社会的身分又は門地により、政治的、経済的又は社会的関係において、差別されない」と定めており、このような基本的人権の保障規定は世界各国の憲法にも定められ、世界人権宣言にも規定されている。

このような憲法上の平等原則が、会員とクラブ（施設経営企業）という私人間の法律関係に適用されるかがまず問題となる。学説には種々の見解があるが、判例は、「憲法14条1項の規定は国や公共団体の統治行動に対する個

人の基本的な自由と平等を保障する目的であり、私人相互の関係を直接規律するものではないが、私人間の関係において個人の基本的自由や平等に対する具体的な障害またはそのおそれがあり、その態様、程度が社会的に許容しうる限度を超えるような場合は民法1条・90条等の適用によって、一面では私的自治の原則を尊重しながら、他面で社会的許容性の限度を超える侵害に対し基本的な自由や平等の利益を保護することができる」(最判昭48・12・12民集27巻11号1536頁)としている。要するに、憲法の規定は私人間の法律関係には直接適用されないが、私人間の法律関係は私人の意思によって規律し国家はこれに干渉しないという私的自治の原則との兼合いで、社会的に許容できないような不合理な差別は、私人間の法律関係の場においても民法の信義則(1条)や公序良俗違反として無効(90条)となるということである。このような考え方を間接適用説と呼んでいる。

　これを会員(になろうとする者)とクラブ(施設経営企業)との法律関係に当てはめることが、諸種の制限の合理性を考える理論的前提となるのである。

　まず、このような法律関係に私的自治の原則がどの程度妥当するかが問題となろう。

　この点で、会員契約法の基本理念のひとつとして「自主的内部規律尊重」の理念(今中34頁)が存在し、同好の人間が集まって組織された団体内の規律は、原則として団体の意思で定めうることになる。

　クラブに加入する目的は、一般的にいって余暇利用であり、ゴルフ等を含めて趣味の世界の問題であって会員になれないからといっても雇用契約等の場合とは異なり、個人の経済的社会的生活に直接に影響するというものでもない。

　クラブが法人格を有する公益団体の場合でも実際上は公益性は希薄であり、閉鎖的な親睦社交団体の性格が強いし、法人格を有するという点からはクラブの自主性の要請も強い。また、クラブが法人格を有しない場合はクラブは親睦・社交団体に過ぎない。クラブが法主体を有しない場合は、施設経営企業は営利事業として施設を運営するのであるから、企業倫理の問題はともか

くとして営業政策や会員（となろうとする者）との需給関係で制限規定も設けられるということになろう。

このように考えれば、会員とクラブの関係は私的自治の原則がよりよく妥当する法律関係であると考えられる。この点につき、クラブが社団法人である場合は、公益法人である社団法人が制限条項を設けることは公益性と矛盾することになるのではないか、という議論がある（小島隆治「ゴルフクラブ等会員契約の法律相談」38頁）が、社団法人制クラブの公益性は希薄であるし、また社団の目的が公益であるということとその社団の構成員（社員）にどのような資格を要求するかということは直接の関係がない問題であるといえよう。

以上の観点から、諸種の属性による制限の合理性を個別的に検討してみよう。

3　年齢による制限

会員資格に一定以上の年齢を要求する例は非常に多い。

会員となるためには相当額の拠出金の出捐が必要であり、また、通常は会員となっても年会費等の金員を支払うことや具体的な施設利用に際しては一定額の施設等の利用料の支払いも必要になってくる。

会員としてはそのような一定の資力を有することが必要であり、また会員には施設利用に際し、会則等を遵守して一定の節度をもった利用が要求されることになるから、会員に一定の年齢以上という要件を要求することは不合理ではなく、会員資格の年齢制限は不合理な差別とはいえないことになる。

この制限に関する紛争は余りなさそうで、公表された判例も見当たらない。

4　国籍による制限

会員資格に日本国籍を要するとするクラブは多い。

国籍制限の合理性の有無について判断した判例がある。このような国籍制限について違法性はないとした判例と違法とする判例に分かれている。

違法性はないとしたのは、東京地判昭56・9・9（判時1043号74頁）で、日本国に帰化した在日韓国人が株主制ゴルフ会員権を譲り受けゴルフ場会社に譲渡承認を請求したところ、ゴルフ場会社は、外国人および日本国籍を取得しても相当年限を経ていない者を会員の欠格事由とする旨の会則の取扱細則があることを理由に譲渡承認をしなかったという事案で、この細則はゴルフクラブの閉鎖的社交団体としての性格からみて社会的に許容される限界を超えていないと判断している。この判例は、「ある者がカントリークラブのような私的団体への加入を希望する場合、右団体としてその者の加入を認めるか否かは、私的自治の原則がもっとも妥当する領域の問題として、その自由な自主的裁量的判断でこれを決すべきものであり、その決定が他面、個人の自由や平等に対する侵害となるような場合であったとしても、それがその態様、程度からして社会的に許容しうる限度を超えない限り、公序良俗違反にならない」との理論を展開し、本件カントリークラブについて「株主を会員とするゴルフ愛好家の会員相互間の親睦と信頼関係を基礎にした閉鎖的な私的社交団体としての性格を極めて濃厚に帯有するものである」とし、外国人を加入させない理由として「外国人は、一般的に、生活様式、行動様式、風俗習慣、思考方法、情緒等人間の精神活動の面において日本人と異質なものを有していることが多いほか、特に言語上の障碍のために日本人と意思の疎通をはかることが難しく、お互いに信頼関係を形成するのが困難であることが少なくないため、外国人を一律に入会不適格者と定めることも右のようなカントリークラブの目的・性格からして是認できないわけではない」としている。

一方、国籍制限を違法としたのは、東京地判平7・3・23（判時1531号53頁、ゴルフ法判例72[28]）で、在日韓国人である原告が自己が代表者を務める会社と被告の経営するゴルフ場の法人会員契約に関する裁判上の和解で、原告をプレーイングメンバー（登録者以外にプレーを認める者）たる地位を有することを確認したが、その後、原告を登録者に変更するように申請したところ、原告が日本国籍を有しないことを理由に変更を認めなかったため、精神

的損害を被ったとして損害賠償を請求したという事案で、今日の社会通念の下では合理的理由を見出し難く、在日韓国人である原告の生い立ちと境遇に思いを至すとき、日本国籍を有しないことを理由に原告を登録者として変更申請を承認しなかったことは、憲法14条の規定の趣旨に照らし、社会的に許容しうる限界を超えるものとして違法であると判断している。この判決は、ゴルフクラブは私的かつ任意の団体であるから、その内部関係について私的自治の原則が広く適用される、としながら、ゴルフが一般的なレジャーになっていることを背景にして会員権が市場で流通し、会員募集等に公的規制がなされていることなどからみれば、ゴルフクラブは一定の社会性をもった団体であるのでいかなる者を会員にするかという点についての裁量には一定の限界がある、としている。

　会員契約は営利会社である施設経営企業と会員との契約であるから、基本的には契約当事者が対等な立場で自由に契約の相手方を選ぶことができるということになるが、一方、施設経営企業は社会的存在でもあり契約の相手方の選定に相手方に国籍による差別をすることが、社会的にみて許容しうる差別かどうかという価値判断の問題になろう。

　企業倫理としての当・不当の問題はさておき、違法・適法の問題として考えれば、すでに述べたように会員となって継続的な施設利用をすることは、社会生活上基本的な条件でもないし、すべてのクラブが国籍による差別をしているというものではないから、あるクラブが日本国籍を有しない者を排除したからといって公序良俗に反するとまではいえないであろう。

　しかし、これを当・不当の問題として考えれば、会員契約が信頼関係を基礎とする継続的契約であるといっても、会員は一時的かつ個々的に施設を利用するものに過ぎず、さほど強い信頼関係を必要とする契約でもない。特に、日本に生活の本拠を置いて相当期間社会生活をしてきた外国人を外国人という理由のみで排除する必要性はないと考えられるから、国籍による差別の条項は不当であり、このような差別は廃止するべきであろう。

　なお、これは入会時（原始契約の場合と譲渡承認の場合がある）の問題であ

って、会員契約が成立した後に、国籍条項を設けても、外国人会員を除名する理由や会員契約解除の理由にはならないことは明らかである。

5　性別による制限

女性の入会を制限するクラブはゴルフクラブに多い。従前は女性のゴルフ愛好家も多くなく、問題とされることがなかった（女性会員という制度を有するクラブもある）が、近時は女性のゴルフ愛好家も増えてきている。

女性会員の日曜の利用を認めないとするものや、譲渡承認の要件として女性は女性の会員からの譲渡しか承認しないという承認要件を新設する例もある。このような制限の当否が問題となった裁判例は見当たらない。

女性用の施設の規模（ロッカー室、浴場）が、女性会員数に対応できないというような場合はそれなりに合理性がないとはいえないが、性による差別は合理性を有するとは到底いえないであろう。クラブに法主体性がある場合は、クラブの自主性によってこのような差別も可能であるとしても、クラブに社団としての実体がない場合は、施設利用の目的という会員契約の性格からみて、女性の施設利用に応じられないような物理的な特別の事情がない限り、性による差別は社会的に許容しうる限度を超えたものとして公序良俗に反するものと考えられる。しかしながら、自主的内部規律尊重の理念の適用として、女性会員制度を持たないクラブが存在しても、かかるクラブの存在が社会的非難の対象とならない限り、その存在は差し支えないとの考え方も成り立ちうる。逆に女性に限定するクラブの存在も当然認めうることとなろう。

ただし、女性会員制度が存するときは、女性会員からの譲渡を必要とすることとなるが、これは差し支えないであろう。

6　職業等による制限

クラブによっては、会員は一定規模以上の会社の管理職やこれに準じる者に限るとか、風俗営業等の職種以外の者に限るとか、会員の職業を制限する

ものも存在する。

　施設利用という会員契約の性格からみて、このような会員契約の相手方を職業によって差別することが合理的であるとは必ずしもいえないが、既に述べたように、私的自治の原則から施設経営企業には相手方選択の自由があるし、職業は個人にとって自由に選択できるものであるし、国籍、性とは違い生来的なものではないから、このような職業による差別も社会的に許容しうる限度を超えたものとまではいうことができないであろう。

　しかし、会員契約後、職業を変更したり、職業を失ったりした場合は、これを理由として会員を除名したり会員契約を解除したりすることはできない。

　職業とはいえないが、暴力団関係者をそれを理由として入会させないことは、違法ではない。暴力団とは、暴力団対策法によれば「その団体の構成員（その団体の構成団体の構成員を含む）が集団的に又は常習的に暴力的不法行為等を行なうことを助長するおそれがある団体をいう」と定義され（同法2条2号）、暴力的不法行為等とは「別表（刑法、暴力行為等処罰に関する法律等28の法律に反する罪がある）に掲げる罪のうち国家公安規則で定めるものに当たる違法な行為をいう」とされている（同条1号、詳しくは当会刊「注解暴力団対策法」参照）。

　暴力団は、それ自体が反社会的な集団であるとされているし、この関係者が施設利用に関し、マナー、エチケットに反する行為はもとより、違法行為を行うおそれは大きいものと考えられ、またこのような行為がなくとも、これを知った他の会員の利用を少なくとも心理的に抑制することになるから、暴力団関係者であることを理由とする入会の拒否は不合理ではなく、違法ではないことは当然である。

　しかし、施設経営企業が暴力団関係者であることを知って会員契約を締結した場合は、私的自治の原則から公序良俗に反する無効な契約ともいえない。問題は、会員が暴力団関係者であることを理由として、当該会員を除名したり、会員契約を解除したりすることができるかどうかである。

　この点に関し、脱税による実刑判決を受け、その執行を免れるために逃亡

した会員を除名した預託金制ゴルフクラブの除名処分を無効とした判例（東京高判平2・10・17判時1367号29頁、ゴルフ法判例72[25]）は傍論ではあるが、除名を相当とする場合の例として、「ゴルフ場施設外においてではあっても暴力事犯や窃盗事犯を反復累行する者とか、いわゆる暴力団組員のような者は、ゴルフ場施設内においても、粗暴な振る舞いに及んだり、他の会員に迷惑をかけるなどの、他の会員によるゴルフ場施設の快適な利用を妨げる行為に出ることが十分に予測されるから、これらの者とに間に契約上の信頼関係を維持することは困難といわなければならない」としている。

この判例の見解に立つと、会員が暴力団関係者であることが判明したり、入会契約後に暴力団関係者になった場合は、その者を除名することができるということになろう。

しかし、この判例が、施設経営企業が会員を暴力団関係者であることを知って会員契約をした場合をも念頭に置いて、除名可能との判示をしたものかどうかは、この判示部分が傍論であるところから判然としない。

暴力団関係者との間の会員契約も私的自治の原則から有効であると考えれば、禁反言の原則から施設経営企業は、暴力団関係者であることを知ってした会員契約を暴力団関係者であることのみを理由に解除（除名）することはできないものというべきであろう。しかし、その会員がエチケット、マナーに反する行為や違法行為をした場合は、その事実をとらえて除名することは可能である。その際の除名の当否の判断には、当該会員が暴力団関係者であることがこのような非違行為を反復する高度の蓋然性があるものとして考慮に入れられることになろう。

12 預託金の返還

1 預託金とは何か

　預託金制クラブの会員になろうとする者は、施設経営企業との間で、会員契約を締結し、その際、入会金と預託金を支払うのが一般である。

　預託金とは、会則等で預託金のほか、入会金、入会保証金、会員資格保証金など様々な名称がつけられているが、会員契約の締結に際し、施設経営企業に預けられた金員で、返還の合意がされているものをいう。

　入会金とは、会則等で入会金のほかに登録料などの名称がつけられているが、会員契約の締結に際し、施設経営企業に支払われた金員で、不返還の合意がされているものをいう。

　預託金制度は、施設を経営しようとする施設経営企業が用地買収費、施設建設費等の資金の調達を容易にするために考案された制度である。預託金は無利息で会員から施設経営企業に預けられ、通常5年ないし20年程度の据置期間があるので、施設経営企業にとっては、銀行等から借入するよりも有利であり、また余剰金をもって運用利益をあげることができる。

2 預託金の法的性格

　預託金は返還の合意がされた会員の施設経営企業に対する預け金であるから、その法的性格は消費寄託（民法666条）である（今中82頁）。預託金の法的性格を消費寄託とするのが通説であるが、貸付金（消費貸借）とする見解（服部113頁）もある。消費寄託は消費貸借の規定を準用しており、法的な効果が異なるのは期限を定めなかった場合だけで、消費寄託ならいつでも返還が請求できるが、消費貸借の場合は相当の期間を定めて催告をしなければ返還請求ができないという点だけである（民法666条、591条1項）。据置期間は期限の定めと考えられるから、預託金を消費寄託としても消費貸借としても、

その法的効果は異ならないことになる。

　預託金の経済的な性質は、前述のように施設開設のために調達されるものであるが、預託金の使途は法律上は何の制限もない。平成5年5月19日に施行された会員契約適正化法は、会員契約は原則として施設開設後に締結しなければならないとしている（同法4条）。この法律が適用される会員契約の場合は、施設経営企業は自己資金や別途の借入金などで施設を開設しなければならなくなったので、預託金の経済的な性格は施設開設資金ではなく、施設開設資金の塡補のための資金に変化してきている。

　預託金は施設利用権と対価性を有する。施設利用権の対価性を預託金の無利息性に求める見解（服部113頁）もあるが、預託金の預託および無利息で預託金を預託し続けることと、施設利用権が他の会員契約上の権利義務と相まって対価性を有するものと考える方が妥当である。

　預託金は、会員と施設経営企業との会員契約に基づき、据置期間経過後の退会（約定解除権の行使）等によって、会員に返還されるべきものであり、会員の施設経営企業に対する預託金返還請求権は、会員と施設経営企業との会員契約の終了によって具体的に行使し得るものになる。

　「預託金は〇〇年間据え置き、その後の退会によって返還する」という趣旨の記載がある会則が多いが、「預託金は〇〇年間据え置き、その後会員の請求によって返還する。預託金を返還したときは会員は資格を失う」という趣旨の記載がある会則もある。後者の趣旨も預託金の返還請求が約定解除権の行使（退会）と同義であると解釈すべきであろう。

　また、預託金は、会員の施設経営企業に対する年会費その他の債務を担保する機能も有している。この担保機能と契約終了時に権利行使ができる点に着目すれば、預託金は賃貸借契約における敷金とよく似ているが、法的性格は必ずしも同じではない。敷金は賃借人の債務を担保する目的で賃貸人に差し入れられる金員であるが、必ずしも賃貸借契約に際して差し入れられる必要もない（賃貸借契約後に差し入れられることもある）から、賃借権との対価性が必ずあるとはいえないし、敷金契約は賃貸借契約とは異なる付随契約と

考えられており、賃借人以外の者が敷金を差し入れることも可能であるとされている。一方、預託金に関する合意は会員契約の内容そのものであるから、預託金制の会員契約に際して必ず預託されるものであり、会員契約の付随契約として預託金契約があるものではないし、会員以外の者から預託されることも会員契約上あり得ないのである。

3　預託金の据置期間

　ほとんどの預託金制クラブにおいては、会員契約（会則）において預託金の据置期間が設けられており、会員の施設経営企業に対する預託金返還請求権の行使の制限となっている。

　経済的には、預託金は施設経営企業によって施設の開設資金あるいは開設資金の塡補資金として費消されるから、多数の会員から会員契約後間もない段階で退会の申し出がなされた場合には、預託金の返還に応じ得ない事態が予想される。

　このような事態を避けるため、施設経営企業の経営が軌道に乗って、預託金の返済原資を確保できる程度の資産状態になるまでの期間を設定し、この期間内は会員からの預託金返還請求を認めないことにしたのである。これが据置期間が設けられた理由である。

　また、施設経営企業としては、据置期間を経過すれば、その間に会員権の市場価格が預託金額を上回り、会員は会員権譲渡の方法で投下資本の回収を図ることができるので、会員が退会して預託金の返還を請求することはないと考えたからでもある。

　据置期間は通常は5年間から20年間程度（ゴルフクラブの場合は、オイルショック前は5年間から7年間とするものが多かったが、その後は10年間とするものが多く中には15年とするものもある）で、このような定めは会員契約の内容となっているものであり、その合理性には問題はない。

(1)　据置期間の法的性格

　据置期間の定めの法的性格については、退会という約定解除権の附款とす

る見解（服部114頁・282頁）もあるが、据置期間の定めは預託金の返還期限の定めであると考えるべきである。会則の解釈（意思解釈）の問題であるが、据置期間中でも退会を認めるという明示の会則がある場合（このような場合として最判平12・2・29判時1705号58頁、ゴルフ法判例72[67]）や、反対に据置期間中は退会を認めないという明示の会則がある場合はこれに従うのは当然としても、それが判然としない場合は据置期間満了時を預託金の返還期限と考える（厳密にいえば据置期間経過後に退会する場合は不確定期限の始期になるし、据置期間中に退会すれば、その満了が不確定期限の終期となる）べきであろう。前述した会則の記載内容からの文言解釈上も、据え置くのは預託金であって退会の請求とは考えられない。そして、据置期間の定めを約定解約権の附款であるとする見解の前提は、据置期間中は退会を認めないということにあるから、そのことはとりもなおさず、据置期間は会員契約の最低継続期間の定めと考えることになるが、会員契約は施設の継続的な利用契約で本来は期限を定めていない契約と考えるべきもので、利用権者である会員はいつでもこの契約関係から離脱できるものであり（民法617条1項参照）、退会を望む会員には年会費等の支払義務を免れさせることが合理的であり、据置期間を会員契約の期間と考えること自体が不合理である。この議論は、据置期間中でも退会ができるかという点について結論が分かれることになる（「平成7年度最高裁判所判例解説民事編」（三村量一）847頁は、積極説として本書旧版71頁を、消極説として上記服部説をあげている）。

　東京地判平10・4・28（判時1654号64頁）は、据置期間満了前に退会ができるか否かが争点となったものである。この判決はこの争点について、特に根拠を示していないが、会則には据置期間満了前に退会を許さないとする規定はなく、預託金の据置期間を定めた会則の規定は、据置期間満了前に退会をした場合には、預託金の返還が据え置かれることが定められているにすぎないと解するべきだとして、据置期間満了前の退会を認めている。

　平成12年3月9日に言い渡された2件の最判（判時1708号123頁、同号127頁）の事案は、いずれも据置期間経過後に退会によって預託金を返還する趣

旨の会則があった事案で、据置期間経過前でも退会ができるものとしている。

(2) 据置期間の起算点

据置期間の起算点は、会則、会員権証書、募集用パンフレットの記載等を資料とする解釈によって決まる。

会則等の規定は、①正式開場日からとするもの、②入会（預託金の預託）からとするもの、③会員権証書の発行日からとするもの、などがあり、起算日について何らの規定や記載もないものもある。記載内容が齟齬したり、不整合、不明瞭な場合もある。

会則等の記載から一義的に明瞭であれば、その起算点とされる事実があった時が据置期間の起算点であるとすればよい。

上記の正式開場日を起算点とする場合は、施設開設前の会員契約の場合に定められる会則である。正式開場とは、当初予定された施設の全部が完成した時ではなく、会員契約によって施設利用権の本来の目的となった施設が利用に供された時点であると解釈するべきである。本来の目的である施設が何であるかは意思解釈にかかることになる。ゴルフ場の場合は、当初予定された全部の付帯施設が完成しなくとも、ゴルフ場が利用に供された時点が起算点と解釈されることになろう。この点に関し、会員契約時に将来も施設の増設（たとえばゴルフ場のコースの増設）が予定されており、その増設施設も施設利用の対象とする会員契約が締結された場合は、正式開場とは、増設施設が完成して利用に供された時点であると考えるべきである。

会則等に起算点の記載がない場合は、預託金の法的性質が消費寄託であり、要物契約であることを考えると、据置期間の起算点は預託金の預託時であると解釈すべきである。東京地判平10・4・16（判時1654号63頁）は預託金証書に据置期間の起算点の記載がなかったゴルフ会員契約について、据置期間の預託時から起算されると解するのが自然であるとしている。

会則等に記載はあるが、齟齬したり、不整合、不明瞭である場合は合理的な意思解釈を行って起算点を決める必要がある。名古屋高判平12・1・28（金商1094号31頁、ゴルフ法判例72[32]）は、①入会希望者は入会保証金の払

込みにより会員資格を取得する、②入会後10年以内の退会の場合は入会保証金払込日の翌日から10年を経過した後に入会保証金を返還する、③開業前に入会手続を完了した者は開業日に会員資格を取得すること、その場合は①の規定は適用されない、との会則規定があり、募集要項や入会保証金預かり証には据置期間は会員資格取得日から10年間とする旨の記載があったゴルフ場の会員契約に関し、開場前に入会保証金を払い込んだ者の保証金の据置期間の起算点は、入会保証金払込日の翌日ではなく、会員資格取得日（開場日）の翌日であると判断している。この判決は、このように判断する理由として、開業前は利益が生じないので開業日から保証金の返済を猶予することに据置期間を定めた趣旨があるとしている。意思解釈の問題であるが、施設経営企業が開業前の入会者に対してそのような猶予の利益を受けようと思えば最初から開業日から据置期間を起算するとの会則を明瞭に定めておけばよいこと、預託金はその使途が法定されていないこと、開業日は予定より遅れることが常態であること、上記のとおり預託金が消費寄託で要物契約であることを合わせ考えれば、この判決の判断には賛成しがたい。

4 預託金の返還請求

(1) 請求手続

　会員は据置期間経過後は、退会の申し出をして一方的に会員契約を解除し、会員契約を終了させることによって、預託金の返還請求をすることが可能になる。

　ところで、会則の中には、据置期間経過後に預託金の返還請求があった場合には、理事会の承認を条件として預託金を返還する旨を定めているものが多い。これを文字どおり解釈すると、退会の申出ないし請求は、合意解約の申込みの意思表示で、理事会の承認がその申込みに対する承諾のように読めるが、判例や学説上そのようには解釈されていない。この退会の申出ないし請求は、会員契約によって会員に与えられた約定解除権の行使の意思表示（民法540条１項）で、これにより当然に会員契約が終了し、預託金返還請求

権が行使できるようになるものと解釈されている。

したがって、このようなクラブ理事会の承認とは、単に施設経営企業内部の事務処理上の取扱いあるいは確認のための処理手続を定めているにすぎないものと解釈する（東京地判昭54・3・22判時928号77頁等）か、この規定は債務者の意思のみにかかる停止条件付法律行為を無効とする民法134条の法意に照らして無効と解釈する（大阪高判平11・2・26金商1067号35頁等）かのいずれかということになる。

(2) 退会権に対する制約の有無

この退会権（約定解除権）の行使には制約があるとする見解が近時主張され（西村國彦・月間ゴルフ会員権投資新聞178号、西村國彦＝船橋茂紀「ゴルフ場預託金問題の新理論」119頁－この見解は新理論と呼ばれている）、これと同じような見解（服部弘・金法1519号28頁、宇田一明・金法1519号36頁等）も主張されている。

この見解が根拠としているのは、①ゴルフ場は預託金を原資として建設されたもので会員の共同財産としての性格がある、②ゴルフ場は多数の会員の利用権行使の共通対象である、③会員契約は集団性や牽連性がある、④会員権の中核は施設利用権で預託金返還請求権は付随的な権利である、⑤会員契約は包括的・複合的な契約である、⑥会員契約の当事者の真意は預託金を返すことではなく市場で売却することにあった、⑦会員契約は継続的契約でありできるだけ継続させるべきものである、などである。この見解は、預託金返還請求に対する施設経営企業の対応や預託金据置期間の延長に関する問題で施設経営企業側に有利になる見解である。

この見解の前提にあるのは、少数の預託金の返還を求める会員のために施設経営企業が倒産して大多数の施設利用の継続を望む会員の権利を紙切れ同然にすることは避けたいということと、倒産手続によるダメージは大きく、倒産手続によらないで預託金償還問題を処理したいという価値判断が前提にあるものと思われ、このような点に理解ができないわけではないが、この見解は、少なくとも判例では賛同を受けるに至っていない。その理由として考

えられるは、①預託金の使途は法定もされておらず、また使途を限定されたものとして会員契約が行われたものでもないから、施設は法的にも実態的にも会員の共同財産とはいえないこと、②施設は会員の施設利用権の共通の対象であり、会員契約には集団性や牽連性があるとしても、このことは個々の会員の施設利用権行使の内在的な制約にはなりえても預託金返還請求権とは無関係であること、③会員の基本的権利が施設利用権であることは会員契約が施設利用を目的とする契約である以上当然のことであり、そのことから当然に預託金返還請求権が施設利用権の従たる権利であるとはいえず、預託金はその額も大きく返還請求権は重要な金銭債権であると考えられること、⑤会員契約は包括的、複合的契約であるが、それと約定解除権を認めるかどうかとは無関係であること、⑥会員契約締結における会員の意思としては、会員権譲渡により利益を得ることのほかに最低限度預託金は返還を求めことが可能と考えていたことにあること、⑦会員契約は継続的契約であるが利用契約であり、利用権者の意思によりいつでも自由に契約関係から離脱することが可能と考えるべきこと、などであろう。

　実質的な理由としては、債務者は債務の本旨に従った履行をするのが義務で、施設経営企業は会員契約で約束した以上、据置期間が経過した後は会員から請求（退会）があれば預託金を返還するのが当然だということになり、施設経営企業がその支払いに窮して倒産するのは企業倒産一般の問題で、施設経営企業が他の会員の施設利用権を保護しようとすれば、倒産手続、特に会社更生や民事再生の再建型の倒産手続をとって処理する以外にはなく、これを超えて施設経営企業を保護する必要性はない、ということになろう。

　また、会員契約の包括性から会員の退会権（およびこれによって具体化する預託金返還請求権）の行使によって他のすべての会員の基本的権利である施設利用権が危殆に瀕する場合には、退会権の行使に内在的制約があると解する（服部・前掲32頁）ことは論理の飛躍があるように思われる。他の会員が施設利用権を行使できなくなるのは、施設経営企業が倒産して施設利用に応じる義務の履行ができなくなることが原因で、倒産は施設経営企業の経営が

破綻したからであって、会員の預託金返還の請求に応じることは施設経営企業の本来の債務の履行であって、これが経営破綻の原因になったとしても債権者に責任があるわけではないし、施設経営企業が倒産しても会員の施設利用権は当然には消滅しない。この見解は、極論すれば当該債務の履行（預託金返還）を行うことによって他の債権者に対する債務の履行（施設利用に供すること）ができなくなる場合には当該債務の履行を拒否できるというのに等しく、このような内在的制約論は一般的な理解を得るのは困難であると思われる。

この退会権の制約に関しては、継続的契約である会員契約が会員の一方的意思表示で行えることに対する権利濫用ないしは信義則の適用の問題として処理せざるをえないのではないかと思われる。基本的な考え方として、会員契約の基本的な性格が、個別的性格、集団的・団体的性格を有することを前提として、退会権の行使が契約の相手方当事者である施設経営企業と集団的・団体的性格を有する他の会員に著しい損害を及ぼす場合は、行使の制限がある場合があると考えるか、クラブの団体性を強調して、会員契約は限られた施設を多人数で相互利用することを前提としているのであるから、会員は他の会員との関係でも他の会員の施設利用権を全面的に喪失させるような行為を行うことにはおのずと制限があるとでも考えるより、方法がないのではないかと思われる。

(3) 据置期間満了前の預託金の返還請求

据置期間経過後の預託金返還請求権は、退会という会員による一方的な約定解除権の行使によって具体的に行使することができる債権であるが、会員契約の返還合意に基づく請求権である。したがって、返還の期限である据置期間満了時までは返還請求をすることができない。

なお、据置期間満了前でも施設経営企業に債務不履行（民法415条）があった場合は、それを理由に会員が会員契約を解除（民法541条）して、預託金（相当額）の返還請求をすることができるが、会則には施設経営企業の債務不履行に基づく契約解除の場合にも預託金を返還するというような規定はな

いのが常であるから、この返還請求権は返還合意に基づく預託金返還請求権ではなく、契約解除によって発生する原状回復義務の一環としての預託した金員相当額の返還請求権（民法545条1項）である。経済的な中味は異ならないが、債務不履行解除の場合は不返還の合意がされている入会金相当額の金員の支払いも請求できるかどうかという問題もあり、これらの点については、施設経営企業の債務不履行による解除を取り扱う**38** 4(2)で説明している。

(4) 会員が除名された場合

　会員が除名された場合に会員は、施設経営企業に対して預託金の返還を求めることができるかどうかという問題がある。

　除名は、会員の債務不履行に基づく施設経営企業からの解除権の行使であるから、解除の結果発生する原状回復義務として預託金相当額の金員の返還義務が直ちに発生すると考えられるので、除名された会員は預託金相当額の金員の返還を求めることができることになる。この請求権は返還合意に基づく預託金返還請求権ではなく、法定解除に基づく原状回復請求権である。

　会則で、除名の場合に据置期間満了までは預託金を返還しない旨を規定するものがある。これは、会員の債務不履行による解除の場合も預託金の返還合意がされていると解釈すべきものであるから、返還合意に基づく預託金返還請求権の期限についての定めとして当然に有効であると考えられる。

　会則で除名の場合は預託金は没収すると定めるものもある。このような会則の有効性の有無については余り議論されていないが、除名による会員の地位の喪失と会員の財産権である預託金を一方的・強制的に没収することはできず、除名会員の義務違反によって生じた損害を控除した残額は返還すべきである（今中118頁）。このような会則は、私的自治に認められる制裁の範囲を超えていて公序良俗に反して無効とする見解（小沢征行「担保法体系4巻」563頁）もある（**37** 4参照）。

　また、ローン会員権の場合は、施設経営企業が会員のローン債権者に保証人として代位弁済をした場合は会員は退会し、預託金の一部相当額（3割程度とする場合が多い）を損害金として控除すると会則で定めている場合もあ

る。賠償額の予定（民法420条）の一種と考えられるが、有効と考えられる（その詳細は今中＝今泉・債権管理34号33頁参照）。

　しかし、会員契約が平成13年4月1日以降に締結されたもので、かつ、会員が個人の場合は、このような違約金の定め（損害賠償の予定）は、その額が同種の会員契約の解除に伴い施設経営企業に生ずべき平均的な損害の額を超えているときは、当該超過額についての条項は無効とされる（消費者契約法9条1号）。その詳細は❷4(3)で述べるとおりである。

(5) 預託金返還手続と会員権証書の関係

　預託金の返還を受ける際に施設経営企業から会員権証書の返還を求められることが通例である。通常は会員権証書を返還して預託金の返還を受けているが、会員権証書を紛失したりして所持していない場合に、会員権証書なくして預託金の返還が受けられるかという問題がある。

　会員権証書は証拠証券であり有価証券でないとするのが確定判例であるから、会員権証書には受戻証券性はなく、預託金の返還と会員権証書の返還は同時履行の関係に立たないので、証書を所持しない場合でも預託金の返還を請求することができるのが原則である。

　会員権証書と引き換えに預託金を返還するという趣旨の記載が会則や証書にあった場合は、預託金の返還と証書の返還が同時履行とする旨の特約があったものと考えるべきであるが、この特約は会員が会員権証書を所持している場合に限った特約であると限定的に解釈すべきもので、証書を所持しない場合も返還を受けることができると考えるべきである（この問題は❽5で詳細に述べている）。

5　預託金を返還しないときの対処法

(1) 預託金の返還問題

　会員権の譲渡が認められており、会員権の相場が預託金額を上回っている場合には、会員は会員権を譲渡することによって投下資本を回収することができ、会員権の市場価格と預託金額の差額を譲渡益として取得できるから、

わざわざ退会申出をして預託金の返還を求めることは考えられない。

　したがって、会員が預託金の返還請求をするのは、会員権の譲渡が禁止されていたり、名義書換停止等で事実上譲渡ができない預託金制クラブにおいて、会員が施設利用を欲しない等の理由で退会する場合や、会員権の譲渡が認められていても経済不況や施設経営企業の経営悪化等の理由で、会員権の市場価格が預託金額を下回っている場合に投下資本の回収をしようとする場合等があげられる。

　現実にオイルショックによる経済不況時には、会員権相場の暴落の結果、預託金の返還を求める会員が続出した。その後景気が回復し預託金の返還問題は平静を保っていたが、バブル経済の最盛期には数千万円もの預託金を掲げて会員を募集したゴルフ場も多く、バブル崩壊後の不況の深刻化は長期化して、会員権相場は再び暴落し、バブル期に開設したゴルフ場等の預託金の据置期間が到来しつつある現在、このような施設経営企業には預託金返還に応じる原資がないのが通常で、施設経営企業の中には預託金返還問題を契機に倒産する企業も出ており、預託金返還問題はゴルフ会員権を中心として社会問題化しつつあるといっても過言ではない（この問題は第7章に詳しく述べている）。

　ゴルフ場に関する預託金問題を統計資料から探ってみると、通産省平成9年特定サービス産業実態調査報告書ゴルフ場編によると、平成9年11月1日現在、会員数は254万7000人で、そのうち預託金の据置期間が満了した会員が165万6000人、据置期間中の会員が98万人となっている。預託金の総額は10兆2055億円で1ゴルフ場当たりでは61億円となっている。また、預託金返還請求への対応状況は、回答したゴルフ場1048のうち「当初契約どおり返還」は894、「会員権の分割」が93、「据置期間の延長」が73、分割返還や相場での買い取り等を含む「その他」が40、「返還の一時留保」が37、「株主制へ転換」が5、「相場差のみ返還」が5と報告されている。

　バブル期以前に開設されたゴルフ場は、会員権相場が預託金額より高いところが多く、預託金額も高額ではないため、預託金返還問題に直面していな

いが、現在、預託金据置期間が満了しもしくは近い将来に満了すると考えられる昭和60年から平成6年までに開場したゴルフ場は、前記実態調査によると587箇所で、1ゴルフ場当たりの預託金額は102億円となっている。

預託金返還問題に対する対応状況を見ても、前記の実態調査の回答ゴルフ場には開設時期が古く預託金問題に直面していないゴルフ場も多数含まれているのであるから、この回答結果から大半のゴルフ場は預託金を当初の契約どおり返還していると考えることは早計である。かえって、預託金の返還に窮して諸種の対応をしているゴルフ場が公式の統計資料に253箇所も出てきていることが事態の深刻さを窺わせるものである。

この実態調査は、調査時点で事業を開始しているゴルフ場を対象としたもので、300箇所を超えるとも言われている未開場のゴルフ場の預託金問題はもっと深刻である。

(2) 施設経営企業が預託金の返還請求に応じない場合の対処

会員が預託金の返還を求めた場合に、施設経営企業が返還に応ずれば何ら問題はない。しかし、上記のとおり、会員が預託金の返還を求めるときは、施設経営企業が正常な状態でない場合が多いから、何らかの理由を主張して、返還を拒絶することが予想される。

拒絶の理由としては、据置期間の起算点の問題や退会が理事会の承認を受けていないこと、また、前記実態調査報告書の預託金返還に関する対応状況で回答された会員権の分割、据置期間の延長等の諸種の対応策が考えられる。前者についてはここで述べたとおりであるが、会員権の分割その他の対応策については、**23**その他の該当箇所で詳しく述べているが、原則として会員の個別の同意なくしては行うことができないもので、施設経営企業が一方的に行っても無効であるということになる。

預託金の返還請求に対して施設経営企業が支払わない場合は、訴訟を提起して判決を得て、強制執行によって回収を図らざるをえなくなるが、この回収の方法は、通常の一般債権者の債権回収のひとつの場合で会員契約に特有なものはない。施設の現金や什器備品に動産執行したり、電話加入権に執行

したり、年会費の振込口座の銀行預金や、会員のカード利用による信販会社に対する加盟店（施設経営企業）の立替払金等の請求権に債権執行したり、というようなことである。

　施設そのものは施設経営企業が所有している場合でも多額の抵当権がついているのが通常で、それもいわゆるオーバーローン状態であるのが通常であるから、施設に不動産執行をしても無剰余による強制執行の取消しを受けることになるので無駄な場合が多い。

　このような債権回収手段は抜け駆け的な債権回収手法であるから、早期に着手しなければならないことになる。しかし、退会会員が殺到することが予想される場合には、強制執行の実効性にも疑問があるし、波状的に多数の退会会員から強制執行を受けて施設経営企業の経営が圧迫され資金繰りに窮して倒産ということになれば、かえって不利益を被ることにもなりかねない。このようなことを考えれば、会員としては、施設経営企業と交渉したり、訴訟上の和解によって、分割払いに応じたり預託金額の減額に応じて早期に回収を行う方が経済的に有利である場合も多い。しかし、施設経営企業はこの判断の基礎となる財務資料を開示しないのが常であるから、どの程度譲歩したらよいのか判断に迷う場合も多いが、施設経営企業は預託金返還の原資を持っていないのが通常であるということを念頭において早期に的確に対応することが肝要であろう（施設経営企業の債権者の債権回収に関しては、今泉純一・金法1519号63頁以下参照）。

13　施設の未開場

1　問題の所在

　会員制クラブでは、何よりもまずその利用の対象となる施設がなければならないが、施設を開設するためには、たとえばゴルフ場のように大規模な事

業となり、多額の資金を必要とする場合がある。このような場合、施設経営企業は、預託金等をその建設資金として利用するために、施設の開設前から施設の開場時期や施設の内容を明らかにしたパンフレット、広告等を使用して会員の募集をする場合が多い。したがって、施設の開場前に多額の金銭を出資して会員となったが、様々な理由で開場が遅れるとか、開場が不可能となるとか、開場はしたものの実際に完成した施設の内容が、施設経営企業が募集にあたり明らかにした内容と異なっている場合等がありうるわけである。

このような場合、会員にはどのような対処ができるのかがここでの問題である。

なお、平成5年5月19日に施行された会員契約適正化法が適用される会員契約（政令により入会時に50万円以上の拠出金を要するゴルフ会員契約）では、会員契約時には原則として施設は完成しており、その施設の内容も判明しているから、今後はこの点に関する紛争は少なくなると思われる。

2 会員の権利としての開場請求権

施設の開場前に、施設経営企業との間で会員契約を締結した会員は、クラブの種類を問わず、当該会員契約で定めた時期に当該施設を開場することを請求することができる権利を有する。

会員制クラブの本質が、特定の施設を継続的に利用しながら会員相互の親睦などクラブライフを楽しむことにある以上、会員は、会員契約に定めた内容を構成する施設を利用できることが不可欠であることは当然であり、開場請求権は、このような会員の基本的権利ともいうべき施設利用権の前提ないし一内容として認められるのである。

また、会員権の譲渡、名義書換は開場後に可能となり、預託金返還請求権の据置期間も開場を起算日とすることも多く、また、施設がどのような内容であるかは会員権の市場価値の大きな要素であるから、この権利はいずれも財産的側面からいっても重要な権利といえるのである。

具体的な権利を明言する方法としては、会員を募集するにあたり施設経営

企業が会員に対して示した施設の開場時期や施設の内容を明らかにしたパンフレット、広告等に表現されている。すなわち、これらパンフレット、広告等で明らかにされた内容が会員契約の内容となるのである。

3 開場の遅延・不能

開場が遅延したり、不能とみられるような場合に、会員がとりうる手段は、会員契約を解除して企業に支払った預託金等の返還を請求する方法である。

(1) 開場の遅延と履行期の関係

開場の時期が会員契約で定めた日時を1日でも遅れてはならないとすることが妥当でないことは当然であろう。たとえば、前記のとおりゴルフ場の建設など施設の開設が大事業となり、開設までの間に長期間を要し、その間種々の事情の変化が生ずるおそれもあるので、開場予定時期を事前に確定することは容易でないし、会員も開場の遅れを厳格に考えていないからである。したがって、遅延の原因となった具体的な諸事情を勘案し社会通念上相当として是認される程度の遅延は許容されることになる。

既に述べたように、会員契約が開場時期を明示した内容の文書で締結されることはなく、パンフレットや公告に開場の予定時期が記載されているのが通例であるから、会員契約上、開場時期の定めはどのようなものであるのかが理論的に問題となる。

この点について、最判平9・10・14（判タ947号147頁、ゴルフ法判例72〔47〕）は、開場義務の履行期は、完成予定とされた時期から工事の進捗状況および社会経済状況に照らして予想される合理的な工事遅延期間が経過した時までの不確定期限とみるべきであるとしている。

この最高裁判決までの下級審は、開場義務の履行期をどのようにとらえていたのはっきりしないが、確定期限と考えていたように思われる（これを確定期限と明言するものとして東京地判平7・3・6判タ908号190頁がある）。その履行期は、パンフレットや公告等に記載された開場予定時期やそれに近接する時期であり、履行遅滞の要件は履行期の徒過のほかに帰責事由（債務者の

故意・過失または信義則上これと同視すべき事由）が必要で、遅延の原因となった具体的諸事情を帰責事由の判断要素にして、履行遅滞による解除の可否について判断していた。つまり、履行期の徒過を前提に帰責事由の有無により解除の可否を判断していたようである。最高裁は、この帰責事由の有無の判断要素を不確定期限の終期の到来の有無の判断要素としているものと考えられる。

　最高裁のように遅延の諸事情を勘案した不確定期限だと考えると、その到来により直ちに履行遅滞になると考えられるから、合理的な遅延期間以前に確定的な履行期が到来するとする従前の下級審の判断でも、抽象的な結論自体は余り変わらないことになる。いずれにしても、遅延の期間、遅延の理由、開場の可能性等の具体的事情が問題となることになる。

(2) 遅延の期間

　開場予定とされた時期から遅延の許される相当期間については、ゴルフ場の場合についてであるが、大体3年間で開場が可能であることを理由として特別の事情でもない限り3年以上ということは考えられない。

　判例は2年ないし3年程度とするものが多い（大阪高判昭61・5・29判時1208号87頁、東京地判昭62・2・26金商785号39頁、東京地判平5・6・24判タ840号126頁、東京地判平7・1・25金法1442号105頁、浦和地判平7・10・17判タ903号155頁、浦和地判平8・11・22判タ957号240頁、東京地判平10・5・20判タ989号125頁など）。それより短い約10カ月程度の遅延で履行遅滞を認めるもの（東京高判昭51・7・28判時831号94頁）や1年半とするもの（東京地判平7・12・7判タ922号229頁）もある一方で、4年弱とするもの（東京地判平9・12・17判タ980号201頁）もあり、4年半を超える遅延があっても解除を認めなかったもの（宇都宮地判平8・1・30判タ907号192頁、同じゴルフ場に対する契約解除の可否が問題となった前記浦和地判平8・11・22判タ957号240頁とは結論が正反対になっている）もある。

　ただ、2年や3年の許容期間が経過しなければ解除権が発生しない、いわんや債務不履行とはならないと解することは妥当でないであろう。場合によ

っては、開場予定時期の経過時点で、既に少なくとも2年や3年という期間を超えて遅延することが明らかとなっている場合もありえ、そのような場合に許容期間経過後でなければ解除権を行使できないというのでは不合理だからである。履行期到来前であっても履行期に履行することが不能なことが確定的であるときは、その時点で履行不能となり、この場合は履行期を待たずに契約解除が可能とするのが通説・判例であるから、このような場合は、履行遅滞というよりは履行不能と考えて契約解除を認めるべきであろう。前記の10カ月程度の遅延で解除を認めた東京高判昭51・7・28の事案は、開場予定時期が昭和49年秋とされていたのに対し、第一審判決が昭和50年12月25日になされ、前記控訴審判決が2年を経ずしてなされているが、解除されたと認定された昭和50年8月末日の経過の時点でなお造成工事にも着手できていなかったという事案で、前記の1年半程度で契約解除を認めた東京地判平7・12・7の事案は平成4年10月が開場予定で口頭弁論終結時（平成7年9月14日）でも開場していない事案である。

(2) 遅延事由

工事の遅れ以外の遅延原因についてはいくつかが考えられるが、前記の各判例からみると、一般にバブル崩壊を含めた資金不足や用地買収の遅れ、行政手続の遅れ等は合理的な遅延事由にならず（ただし、前記宇都宮地判平8・1・30判タ907号192頁は、バブル崩壊後の不況等による資金不足を遅延の合理的な事由と認めた特異な判例である）、周辺環境の保全（東京地判平7・11・27判タ925号214頁）、埋蔵文化財の発見による工事中止（服部212頁）等は合理的な遅延事由になるとされる。

(3) 別ゴルフ場への振替措置

開場遅延の場合に、同一の企業あるいは関連企業が経営している別のゴルフ場の会員として利用できる旨振替措置がなされる場合がある。

前記の大阪高判昭61・5・29（判時1208号87頁）は、たとえ別ゴルフ場で特別優待料金で利用する権利が提供され、現に会員により行使されたとしても、履行遅滞に変わりはないと判断している。

前記宇都宮地判平8・1・30（判タ907号192頁）と浦和地判平8・11・22（判タ957号240頁）の事件は、同一ゴルフ場の会員契約解除の事案であり、施設経営企業側は他の3箇所の系列ゴルフ場で会員と同様の資格で施設利用ができているので代替措置がとられていると主張したが、宇都宮地判は地域的にも近く規模やグレード面でも遜色がないから、施設利用ができない不利益はこの代替措置で補完されていると判断したのに対し、浦和地判はこの代替措置は会員契約の一方的変更であり、会員は自ら利用したいと思って契約したゴルフ場とは場所も環境の異なる3ゴルフ場を利用する機会を得ているに過ぎないから代替措置とみることはできないと反対の判断をしている。
　この結論の差異は、施設利用がゴルフプレーの場合はゴルフプレー自体が目的であるから、契約の目的となったゴルフ場でなくとも地域的にもグレードもあまり変わらないゴルフ場の利用を認めれば、会員は施設利用の目的を実質的に達することができると考えるか、当初の目的としたゴルフ場でのゴルフプレーができなければ契約の目的を達することができないと考えるかの違いである。会員契約が特定の施設利用を目的とする契約であることや、実際上もゴルフ会員契約の場合は、会員はゴルフ場の場所やコースレイアウト等を考慮して会員契約を締結するのが通常であることを考えると、後者の見解の方が妥当で、会員契約当時、開設が遅れた場合には代替措置として別ゴルフ場の施設利用を認めるということを、会員において予測していたというような特別の事情でもないかぎり、代替措置にはなりえないものと考えるべきである。
　この点に関連して、2コースを施設利用の対象とするゴルフ会員契約を締結し、ひとつのコースは予定どおり完成し利用に供されたが、もう一方のコースは募集パンフレットに記載されていた場所と異なる場所に開設されたという事案で、これが開場義務に違反したどうかが争われた例がある（大阪地判平10・2・26判タ998号207頁、ゴルフ法判例72[52]）。この判決は、募集用パンフレットには2コースにおいて優先的にプレーできること、その具体的な対象としてはAコースとBコースが記載されているが、Bコースは現在認可申

請中である旨記載されていて具体的な開場予定日が記載されていないこと、Bコースについてはすべて計画であり一部変更する場合もあること、会則の中にはBコースの利用について具体的な記載がないことから、この会員契約の内容はAコースともう1コースを優先的に利用できるというもので、そのコースがBコースとすることが確定的な内容になっていなかったとし、実際に開設されたCコースはBコースよりフラットで距離も長くコースレイアウト等Cコースの方が計画されていたBコースに比して貧弱であるとはいえないとして、開場義務を履行したと判断している。意思解釈として、妥当な判断と考えられる。

(4) 解除権の行使

施設の開場不能の場合は当然であるが、開場遅延の場合も履行遅滞に対して履行の催告（開場の催告）をすること自体が無意味であるので、会員契約の解除に催告は不要であるとされている。

債務者の履行遅滞により解除権が発生している場合でも、債権者が解除をするまでに債務者がその債務の本旨に従った履行をすれば解除権が消滅するとするのが通説・判例である。会員契約の場合も、開場遅延を理由とする解除の意思表示前に施設経営企業が施設を開場した場合は解除権が消滅するので、会員契約を解除することができないことになる（このような判断をした例として、東京地判平6・10・28判タ892号207頁、東京地判平7・11・21判タ915号143頁がある）。

なお、会員契約の解除が可能な場合でも、解除をしないで損害賠償の請求を行うこともできる（民法415条）が、損害の算定がほとんど不可能であるので、余り意味がない。

(5) 効　果

会員契約は継続的契約であるから、債務不履行による解除の場合はその効果は将来に向かって消滅することになる。しかし、開場義務は利用契約である会員契約上の原始的な債務であり、給付そのものが未開始であるから、この債務不履行を理由に会員契約を解除したときは、本来の契約解除の効果が

発生し、契約の効力は契約時に遡って消滅する（民法545条１項）。したがって、契約解除による原状回復として入会時に支払った金員、それが預託金として一定の据置期間経過後に返還の予定されていたものであれ、また入会金として返還が予定されていなかったものであれ、年会費であれ、その全額の返還請求および支払った時からの商事法定利率の割合による利息（商法52条・503条・514条、民法545条２項）の請求が可能となる。

(6) その他の権利行使

開場義務を履行しない施設経営企業には預託金等の返還能力がないことが多く、このような場合は、施設経営企業の取締役等の関係者に対して民法709条の不法行為や商法266条の３による損害賠償請求がなされる場合が多く、これを認める判例も多い（詳細は㊿）。

4 ローン会員と施設の開設不能・遅延

預託金制クラブの会員が会員契約を締結し、その際に預託金の全部または一部を施設経営企業の提携ローンで金融機関等から借り入れたり、クレジット会社とのクレジット契約で会員となった場合に、施設経営企業が倒産等で施設の開設が不能となったり開場が遅延したときは、これらの事由を原因として、会員は金融機関等に借入金の支払いを拒絶したり既払金の返還を請求したり、クレジット契約に定めた支払いを拒絶したり、既払金の返還を請求することができるかどうかが問題となっている。

(1) 抗弁の接続

割賦購入あっせんによる商品の売買契約上の抗弁を割賦購入あっせん業者に対抗できるかどうかについては、昭和59年の割賦販売法の改正により30条の４が新設され（施行は昭和59年12月１日）、一定の要件の下に政令で指定される指定商品について購入者があっせん業者に対して売買契約上の事由をもって対抗することができるものとされた。さらに平成11年の改正（施行は平成12年４月１日）により、割賦販売法30条の４の指定商品以外に政令で指定される指定役務・指定権利が加わり指定役務の提供契約等の契約上の事由を

もってあっせん業者に対抗できるものとなり、ローン提携販売も同法30条の4の適用があることが明記されるに至っている。そして、政令で平成13年1月1日以降の会員契約による役務も指定役務に指定された（なお、同時に会員権も指定権利に指定されたので会員権販売契約にも適用されることとなった）。

したがって、現在では、割賦販売法30条の4の適用がある会員契約と、適用のない会員契約があることになり、会員契約に関する抗弁の接続問題は、前者は法30条の4の解釈問題となるが、後者は割賦販売法が適用されない場合も抗弁の接続が認められるかどうかの問題の一環として考えることになる。

後者に関しては学説上は種々の見解があるが、最判平2・2・20（判時1354号76頁）は、同法30条の4が消費者保護という社会的要請から債権関係を相対的に定める私法上の原則の例外にとして特に創設されたものであるとし、同条の適用されない場合の抗弁接続が可能な類型を示しており、それを現在の割賦販売法との関係で整理すると、割賦販売法30条の4以外に抗弁の接続が認められるのは、①購入者とあっせん業者との間の立替払契約や購入者とローン業者の金銭消費貸借契約において購入者と抗弁の接続を認める特約があった場合、②あっせん業者やローン業者において販売業者の不履行に至るべき事情を知りもしくは知りうべきでありながら、立替払いや貸付を実行したなどの不履行の結果をあっせん業者やローン業者に帰せしめるのを信義則上相当とする特段の事情がある場合、となろう。

上記①の場合は、そのような特約があったかどうかの意思解釈（約款解釈）の問題であるが、②の場合は一般的な信義則の問題となる。

ゴルフ会員契約に関して、この①と②に関する判例が最近いくつか公表されているので、場合を分けて説明する。

(2) 特約のある場合

判例に現れた事案は、会員契約を行う場合の預託金等の拠出金について会員がクレジット会社に保証を委託しクレジット会社が代位弁済した場合に、その代位弁済金を分割弁済するという内容のクレジット契約（いわゆる求償権クレジット）で、①商品の引渡しがないこと、②商品に瑕疵があること、

③商品の販売について販売業者に対して生じている事由があること、の事由があるときはその事由が解消されるまでクレジット契約による分割弁済金の支払いを停止することができる旨の特約がなされていた事案で、ゴルフ会員契約における開場義務の履行不能や履行遅滞がクレジット会社に対するこの特約による支払拒絶事由に該当するかどうかが争われたものである。同様の事案が多数裁判所に係属し、裁判所の判断は分かれている。

公表されている裁判例は、東京地判平9・7・30（判時961号177頁）、東京高判平9・12・10（判時979号170頁）などが支払拒絶を認めているが、東京地判平8・11・28（金法1490号70頁）、東京高判平10・11・19（金商1064号28頁）、東京高判平11・6・1（金商1070号3頁、ゴルフ法判例72[70]）、東京地判平元・8・27（判タ1027号175頁）などは支払拒絶を認めていない。

肯定する判例は、この特約における商品がゴルフ会員契約であることを前提にしたうえ、この開場不能、開場遅延は①、②の事由には該当しないが、③の事由は商品の販売当時（会員契約時）に存在していた事由に限られるものではないとし、開場不能や開場遅延は③の事由に該当するとして特約による抗弁の接続を認めている。なお、前記東京高判平11・6・1（金商1070号3頁）はこれと同様の見解をとりながら、会員契約を解除していないこと（その後販売業者であるゴルフ場企業が会社更生手続開始前の保全処分によって債務不履行解除ができなくなったこと）を理由に抗弁の接続を認めなかった。

否定する判例は、根拠は色々であるが、特約③は販売業者との売買契約について生じている事由で直接販売業者に対して代金を支払うべきものとすれば、その支払いを拒絶することが正当化できるものが、これに該当するがゴルフ会員契約は、施設の完成を請求する権利は、預託金や入会金を支払って初めて取得できるものであるから、開場の不能や遅延は特約③に該当しないとか、特約③は、会員契約の場合は会員権取得について販売業者（施設経営企業）に対して生じている事由でなければならないが開場の不能や遅延はこれに該当しない、とかを根拠にしている。

本来は、この特約（約款）は商品の売買契約についてのものであるはず

あるが、会員契約は売買契約ではなく、役務提供契約である。前記の判例の中には、会員契約をゴルフ会員権の販売契約と誤解しているとしか思えないものもある。

抗弁の接続を認めるかどうかは、特約③の約款解釈の問題で、債務不履行解除のように預託金等の拠出金の支払義務を後に消滅させる事由を含むのかどうか、これを肯定するとすると、債務不履行状態で足りるのか、解除まで要するのか、にかかるものである。

特約③の約款解釈を行うにあたっては、現行の訪問販売法30条の4に準じて解釈することが合理的である。このように考えると、特約③の「商品について販売会社に生じている事由」は「役務の提供に関して役務提供事業者に対して生じている事由」と読み替えることになり、現在の同法30条の4の解釈と同じ解釈を行うことになる。

この解釈に関し、「商品」について、会員権の附与と会員権に基づく役務の提供という法的構成と、「商品」は会員権であるが、取得者とゴルフ場会社との間には会員権の取得契約と会員権に基づく契約の2個の契約がされているという法律構成の2種類を提示する見解（山野目章夫・金商別冊「ゴルフ場倒産と金融機関の対応」125頁）があるが、会員権は会員契約上の会員の地位であり、施設利用権（役務提供請求権）は当然に会員契約の内容になっているのであるから、このような発想自体に賛成しがたいものであり、上記のように、単純に現行法の解釈に準じた解釈を行えば足りるものと考えるべきである。

会員契約は売買契約のように1回的な給付で終了する契約ではなく、役務提供に関する継続的契約である。契約により施設利用権が設定され施設提供という役務が継続的に提供されることになる。抗弁の接続の対象となる抗弁は、会員契約のような継続的契約では契約締結後に生じた事由が大半であり、契約締結後に発生した事由もこれに含めるべきである。そうでなければ、抗弁の接続を認める意味がほとんどなくなってしまう。また、開場義務は施設利用権の前提たる義務で施設が開設されないことは役務提供以前の問題でも

ある。

　次に、抗弁には同時履行の抗弁権も含まれるが、抗弁とは、権利の障害、消滅事由等をいうのであるから、債務不履行解除にかかるものは債務不履行状態であるだけで足りず、解除によって預託金等の支払義務が消滅していることが必要であるということになる。そして、役務提供事業者の倒産手続開始による個別的権利行使禁止効で抗弁の完成ができない（解除権の行使ができない）など、特別の事情がある場合は、クレジット会社に対する関係では抗弁が完成したものと考えるべきである。このように考えれば、本件は抗弁の接続が可能であるということになる。

　いずれにしても、最高裁の判断が持たれるところである。

(3)　特約のない場合

　抗弁の接続に関する特約がない事案で公表されている判例は、その全部が提携ローンの事案である。前記最判平2・2・20によるとローン業者の責めに帰せしめるのを信義則上相当とする特段の事情があったかどうかの判断にかかることになるが、いずれもこれを否定している。

　東京地判平6・11・14（判時1555号134頁）は、ノンバンクが会員になろうとする者に融資を行う場合はゴルフ場会社の銀行口座に融資金を直接振り込む方法で行っていたが、当該銀行口座は当該ノンバンクが通帳や印鑑を所持し、その一部を引き出してゴルフ場会社の親会社に対する貸付金の弁済に充当し、役員をゴルフ場会社の役員に派遣していたという事案で、ゴルフ場会社がパブリックコースを会員制コースにするために行なうとしていた改修工事が不履行に至るべき事情を当該ノンバンクが知りもしくは知りうべきであったのに、本件貸付を実行したということはできないのでゴルフ場会社の債務不履行の結果を当該ノンバンクに帰せしめる特段の事情はないとして抗弁の接続を否定している。この判断は、最高裁でも是認されている（最判平7・10・24NBL587号55頁）。

　東京高判平10・8・25（金法1532号74頁）は、信販会社が会員に対する貸付にゴルフ場会社が保証していたという事案で、本件貸付を実行するに際し

信販会社がゴルフ場会社が将来倒産しゴルフ場を開設できない状態に至ることを知りうべきであったと認める証拠はないとして抗弁の接続を否定している。

東京地判平11・1・29（金法1574号56頁）は、銀行が会員に融資するに際しその貸付金についてゴルフ場会社が連帯保証をしていたという事案で、抗弁の接続を否定している。

平成11年の割賦販売法の改正では、ローン提携販売を「役務提供事業者等が相手方の債務を保証して役務等を提供する取引形態」と定義しており、前述のとおり平成13年1月1日以降のローン提携販売については、会員契約による役務が政令で指定されたので、抗弁の接続は会員契約にも適用範囲が広がることになった。しかし、改正前の会員契約や指定前の会員契約の場合は、提携ローンの実態と前記最高裁判決からみて、信義則を前提とした抗弁の接続が認められることはほとんどないといっても過言ではない。

会員契約適正化法が適用される会員契約（現在の政令では入会に際して50万円以上の拠出金を要するゴルフ会員契約）は、原則として施設が開設されてからしか締結できないものとされていることから、ゴルフ会員権については、今後はこのような紛争自体がほとんどなくなるのではないかと思われる。

14 施設利用の質的不足

1 問題の所在

施設が未開設の時点で会員契約が締結された場合、会員契約上、施設利用権の目的である施設を開設する義務が施設経営企業に発生する。どのような施設を開設して利用に供するものとされていたかは、会員契約の内容により定まることになる。会員契約で、どのような施設を開設するかについて具体的かつ詳細な内容を書面で合意するというようなことはされないので、募集

時のパンフレットや公告等の記載事項を手がかりに、その合意内容を解釈確定しなければならない。

そして、施設が開設され、会員の利用に提供（開場）されたものの、それが不十分な場合もある。これも、開場不能や遅延と同様に会員契約上の施設経営企業の利用に供する施設の開設義務の不履行の問題である。

施設利用を十分にできないという問題を施設利用権という観点からみると、施設を提供、利用させる義務は質的な義務と量的な義務に分けられる（この区別は相対的なものである）が、ここでは主として前者の質的な不足の問題を扱う。

提供された施設が不十分であるとして問題となるのは、契約内容とされた施設の一部しか開設、提供されなかった場合と、提供された施設が劣悪であった場合に分類される。以下、場合を分けて説明する。

なお、会員契約適正化法が適用される会員契約の場合は、原則として施設開場後の会員契約の締結しか認めていないので、今後はこのような紛争は減少するものと思われる。

2　施設の一部しか提供しない場合

開場はしたものの、実際に完成し利用に供された施設の内容が会員契約で合意されていた一部にしか過ぎない場合である。実際に完成した施設では契約の目的を達成することができないといえるような場合には、債務不履行を理由として会員契約を解除することができる。

ここでの問題は一部の履行遅滞、契約の一部の条項の不履行によって契約を解除できるかどうかの会員契約における当てはめの問題で、提供されなかった施設の提供が会員契約上の要素になっていたかどうかである。また、提供されなかった施設の提供が会員契約の付随的な債務に過ぎない場合は、特段の事情がない限り、契約の解除はできないが、債務不履行による損害賠償は可能である。しかし、要素たる債務か付随的な債務かの区別は相対的なもので、解除の可否は、具体的な事情を斟酌して、その債務の履行がなければ

当該契約の目的を達することができないと評価できるかどうかの契約上の意思解釈に戻ることになる。

　解除の可否については、いくつかの裁判例が公表されている。いずれも事例判決であるが、ゴルフ会員契約では、会則でゴルフ場と附帯施設の優先的利用を認めるとするのが一般であるところ、ゴルフ会員契約上の附帯設備と考えられるホテル、テニスコート、プール、ロッジ、練習場の不設置に関しては判断が出揃った感がある。

　(ｲ)　**ゴルフ場に併設される予定であったホテルの未開設**　　最判平11・11・30（判時1701号69頁、ゴルフ法判例72[48]）は、会員募集のために作成されたパンフレットでは、ゴルフ場以外に付帯設備（ホテル）としてその内容と平面図が記載されていたが、資金調達の関係から実際に建設されたのはゴルフ場と宿泊施設を備えたクラブハウスだけで、ホテルは基礎部分が施工されただけで工事続行の具体的計画が立てられていないという状況で会員から債務不履行解除がされたという事案で、会員募集のパンフレットではゴルフ場に高級ホテルが併設されることが強調され、入会金や預託金の額もこれに応じて高額になっていたこと、実際に提供された施設はこのパンフレットの記載に到底及ばないことを指摘し、パンフレットに記載されているホテル等の付帯施設を設置して会員の利用に供することが、会員契約上の債務の重要な部分を構成するか否かについてさらに審理を尽くさせるために、ゴルフプレーを行うことと直接関係のない施設を提供することは要素たる債務になり得ない等として解除を認めなかった原審（東京高判平9・8・21判時1634号77頁）に本件を差し戻した。このゴルフ場については同種の訴訟が起こされており、東京高判平9・12・24（金商1054号23頁）は、会員の会員契約締結に至る動機を詳細に認定したうえ、当該契約では高級リゾートホテルを利用できることが契約の重要な要素となっていたとして解除を認めている。

　会員となった者の会員契約締結の目的がゴルフプレーにあったのか、それ以外にもホテル利用をも目的としていたのかによって、結論の分かれるところであろうが、一般的にいえば、ホテルを併設するゴルフ場の場合はいわゆ

るリゾート地に建設される場合が多く、ゴルフを含めたリゾートライフを家族を含めて楽しむということに入会の目的である場合が多く、ホテル建設にも多額の費用がかかるものであることを考えると、ホテルの開設義務は会員契約の要素となると判断される可能性が高いものと思われる。

(ロ) **ゴルフ場に併設される予定であったテニスコート、プール、ロッジの不設置** 東京高判平9・7・22（判時1628号23頁）は、会員募集用のパンフレットには、ゴルフ場以外に付帯施設としてテニスコート、プール、ロッジの記載があったが、実際に提供されたのはゴルフ場だけで、テニスコートやプールは建設されずロッジは構造体部分は完成しているものの内装がされていないという状況での会員契約の錯誤無効・解除の成否が争点となった事案で、会則の条項では中心施設がゴルフ場であることが明らかにされ、テニスコート等は極めて低い比重の処遇しかされていないことや、パンフレットではゴルフコースの数・規模は明記されているが、テニスコートの面数、プール・ロッジの規模は記載がなく、その図や写真はイメージ図で確定したものではないことを理由に、これらの設置義務があるとしても、その義務は会員契約の付随的な義務で、契約の目的を達することができないという契約の要素となっていないとして、契約解除等を認めなかったものである。

この判決は、テニスコート等の付帯設備の開設が会員契約上の義務であったかどうかを明確に判断していない。ゴルフ場に併設されるテニスコートやプール等の付帯的なスポーツ施設は、建設に要する費用もゴルフ場に比べて高額なものとはいえず、会員の契約の目的がゴルフ場利用以外に、これらの付帯スポーツ施設を利用することにあり、それが具体的な会員契約の内容となっているというような特別の事情でもないかぎり、このような付帯的なスポーツ施設の未開設を理由とする会員契約の解除は難しいものと思われる。

(ハ) **ゴルフ場に併設される予定であった練習場の不設置** 東京地判平7・11・21（判タ915号143頁）は、会員募集に際し、クラブハウスの近くにプラクティスレンジ（練習場）が描かれているレイアウト図が渡されていたが、実際には練習場は建設されなかったという事案で、開場遅延の可否とともに、

練習場の不設置が解除原因となるかどうかが争われたものであるが、この判決は、ゴルフ会員契約上の主要な債務は、ゴルフ場のコースでプレーをさせることであり、わざわざゴルフ場にでかけてまで練習場で練習をすることに大きな関心をもつ者は通常はいないことを理由に、練習場の設置義務は付随的な義務であるとして、契約解除を認めなかったものである。

　この判決は、ゴルフ場における練習場の設置の目的について誤解しているようである。ゴルフ場に設置される練習場は、ゴルフプレーをする者がプレー前に練習するために主として利用するものである。このようなプレー前の練習の要望は強く、練習場を併設しているゴルフ場は多い。練習場を備えていないゴルフ場もあり、練習場自体はゴルフ場に比較して建設に要する費用も高額ではなく、練習場の利用を主目的としてゴルフ会員契約を締結する者がいるとは考えられないから、この判決の結論自体は妥当である。

　(二)　**リゾートマンションの売買契約とスポーツクラブ会員契約が締結された場合の屋内プールの未開設**　最判平8・11・12（判時1585号21頁）の事案は、スポーツ会員権付のリゾートマンション購入契約を締結した者が、スポーツ施設のうち屋内プールの不設置を理由にスポーツ会員契約（預託金制）とマンションの売買契約の解除を行った事案で、この判決は、同一当事者間の債権債務関係がその形式は甲契約と乙契約といった2個以上の契約から成る場合であっても、それらの目的とするところが相互に密接に関連付けられていて、社会通念上、甲契約または乙契約のいずれかが履行されるだけでは契約を締結した目的が全体としては達成されないと認められる場合には、甲契約上の債務の不履行を理由に、その債権者が法定解除権の行使として甲契約と併せて乙契約をも解除することができるものと解するのが相当であると判示し、本件不動産は屋内プールを含むスポーツ施設を利用することを主要な目的としたいわゆるリゾートマンションであり、屋内プールの完成の遅延という会員権契約の要素たる債務の履行遅滞により、マンションの購入契約の目的を達成することができなくなったとして、会員契約以外にマンションの売買契約も解除ができるとした。

このような相互依存複合型の契約を1個の契約とみるのか複数の契約とみるのか、その場合に、全体として契約を解除しうる程度の債務不履行とは、どのような事由がこれに該当するのかという理論的な問題はあるが、この判決の結論は大方の異論がないところと思われる。

3 劣悪な施設しか提供しない場合

会員契約の内容とされた施設は完成し利用に供されたが、その施設が会員が当初予想していたより劣悪であった場合である。このような例は種々のものが考えられるが、会員契約締結時に施設が未完成の場合は、提供される施設の詳細な内容が会員契約の合意内容になっていることはなく、施設の内容も種々の要因で変更されることも契約締結時に予想されるところであり、施設のグレードは多分に主観的なものであるから、結局のところは、どのような程度の施設を提供することが会員契約上の施設経営企業の債務になっていたかの解釈問題と、実際に提供された施設で本来の施設利用の目的を達することができるかどうかが、債務不履行（不完全履行）による会員契約解除の可否の判断の分かれ目になろう。

判例が公表されている例はゴルフ場のコースレイアウトに関するもので、同一ゴルフ場に関するものである。

会員契約締結時の募集要項にコースの高低差について記載はなく、パンフレットには、高低差10メートル以内のフラットなコースにする旨の記載があったが、パンフレット裏面の18ホールの断面図には15メートルの高低差のあるホールも4つ記載されていたところ、会員契約締結後の用地取得の失敗のために、調整池の設置場所が変更されたこと等から、コースレイアウトが変更され、実際に建設されたコースは高低差20メートル以上のホールが下り、上りとも各4ホール存在し、高低差が最大のホールは下り41メートルであったという事案である。

このようなコースレイアウトの変更が不完全履行として会員契約解除の事由になるかどうかが争われたものであるが、コースレイアウトが会員契約の

内容かどうか、不完全履行があったかどうかについて、裁判所の判断は大きく分かれている。

東京地判平5・8・10（判タ865号236頁）は、パンフレットに基づくコースレイアウトは会員契約の内容となり、不完全履行として会員契約の解除を認めている。

東京高判平6・9・26（判タ883号199頁）はこの控訴審判決であるが、募集要項にコースの内容が記載されていなかったこと、コースレイアウトは会員契約を締結するかどうかの判断にあたって考慮される事情の一に過ぎないこと、ゴルフ場の造成工事を進めるにあたってコースレイアウトの設計変更があることは通常予想できることから、コースレイアウトは会員契約の内容ではないとしている。ただ、変更後の高低差が極めて大きくゴルフコースとしての通常の利用が著しく困難になるような場合は、それが入会契約の債務不履行を構成する場合もあると考えられるが、本件ゴルフ場は多少高低差はあるものの、一般のゴルフプレーヤーが普通に利用可能なゴルフ場と認められるから債務不履行はないと判断している。東京地判平6・10・28（判タ892号207頁）も、コースレイアウトは会員契約の内容になっていないと判断している。

最判平9・10・14（判タ947号147頁、ゴルフ法判例72[47]）は前記東京高判平6・9・26の上告審判決であるが、計画・建設中のゴルフ場について合意内容を詳細に記載した契約証書が作成されず、パンフレットにコースレイアウトに関する宣伝文句と断面図が記載されたという程度の会員契約については、コースレイアウトがまったく契約の内容にならないとはいえないが、かなり大雑把な内容の債務を負うに過ぎないとし、本件ではできるだけ高低差が少なく全体としてフラットといいうるコースを作るという債務を負うにとどまるとして、本件のゴルフ場施設はその債務の枠内にあるとしている。

本件ゴルフ場はフラットなコースとは言い難く、この最高裁の判断を前提とすると、通常は未開場のゴルフ場に関する会員契約ではパンフレット等でコースレイアウトや各ホールの平面図や断面図を記載している程度のものが

103

せいぜいであるから、完成したゴルフ場が一般的なゴルフプレーヤーに利用が可能なものであれば債務不履行ではないということになろう。

なお、会員契約適正化法と通産省令で、会員契約の内容として要求されている施設に関する計画に関する事項は、ゴルフ場のホール数と敷地面積だけである（会員契約適正化法5条2項2号、同法施行規則8条1項2号）。

4 債務不履行の効果

施設の一部不提供や適正な施設を提供しない債務不履行がある場合で、その不履行で会員契約の目的な達成できない場合は、債務不履行（履行遅滞もしくは不完全履行）を理由に会員契約を解除できる。この場合は、催告をしても施設提供という債務の性質上、早期の履行は不可能であるから、催告は不要である。開場不能や遅延と同様、これらの債務不履行は、施設経営企業の継続的給付義務の一部未開始であるから、会員契約解除の効果は契約締結時に遡及し、原状回復として預託金、入会金等契約に関して施設経営企業に支払った金員相当額の返還が請求できると考えるべきである。

施設経営企業の債務不履行がある場合でも、その不履行に係る債務が付随的な債務（前記の判例ではゴルフ場に併設される予定であったテニスコートやプールの設置義務）にすぎない場合は、会員契約を解除することはできないが、債務不履行による損害賠償が可能となる。しかし、その性質上、損害の算定が非常に困難であろう。

施設の一部不提供の場合、既に支払った預託金の減額を請求できるかどうかが問題となった事例がある。前記東京高判平9・7・22（判時1628号23頁）は、ゴルフ場の付属設備であるテニスコートやプールが開設されなかったので、会員が担保責任の規定を類推適用すべきだとして、預託金・入会金の2分の1相当額の返還を求めた事案で、この判決は、預託金据置期間中に預託金の一部返還を求めることは制度趣旨に反すること、入会契約は数量的把握が不可能であるゴルフ場施設の優先的利用権を契約の主要な内容としており、入会金、預託金は優先的利用権の対価として決定されているものであること、

一部減額を認めるとすると減額金額をどのように算出するのか、減額済み会員権とそうでない会員権とをどのように公示し区別するのか等の複雑な問題が生じることなどを理由に、このような減額請求を認めなかったものである。

担保責任として代金減額請求権が発生するのは、目的物の一部が他人に属する場合（民法563条1項）、数量指示売買における数量不足や目的物の一部が売買契約時に滅失している場合（同法565条）で、担保責任の規定は有償契約に準用されている（同法559条）が、会員契約（有償契約である）における施設利用権は数量的把握が不可能であり、このような担保責任の規定を類推することは無理であると考えられる。

15 大量会員や新種会員の募集

1 問題の所在

会員の施設利用権が十分に保障されない場合は、大別すると、質的な不足と量的な不足が考えられる。14では施設利用権の質的不足の問題を取り扱ったが、ここでは施設利用権が量的に保障されない場合の問題を取り扱う。

施設経営企業が会員を大量に募集したり、当初予定されていない種類の会員を募集したりして、会員の施設利用の機会の保障が完全になされない場合がある。特に大量会員募集問題は詐欺的な商法として社会の耳目を騒がせ、会員契約適正化法の制定の契機となっている。

施設利用権の質的な不足の問題の場合は、その不足部分が会員契約上の施設経営企業の義務になっていたかどうか、義務になっていたとしても会員契約上の要素たる義務になっていたかどうかという観点から捉えられるが、施設利用権の量的な不足の問題はこれとは異なっている。量的な不足を論じるにあたっては、契約の要素かどうかという問題は生じないからである。

量的な不足の問題は、会員契約で施設経営企業に予定会員数を超えて会員

を入会させてはならない義務や、新種の会員を創設して募集してはならない義務が会員契約上の具体的な義務としてあるのかという問題と、このような大量会員や新種会員の募集によって会員が施設利用の機会が保障されなくなり、施設利用権を侵害するのかという問題として捉えられる。前者は具体的な債務の不履行の問題で、後者は会員契約上一般的に認められる施設利用をさせる債務の不履行一般の問題となり、適用において結論が異なることになる（前者の場合は具体的な施設利用権の侵害がなくとも債務不履行になる場合がある）のであるが、会員契約上、文書で会員数や会員の種類を限定する契約が行われることはなく、会員募集時のパンフレットや募集要項、会則等で会員数や会員の種類等が記載される場合があり、これが契約の内容となったかどうかが問題となるが、この合意内容の解釈に実質的に施設利用権の侵害という観点を持ち込んでしまうと、この2つの問題を分けて考察することの意味が余りなくなるといえる。

なお、このような問題は所有権付（施設共有制）の会員契約では原則として発生しない問題である。

2　大量会員問題

ゴルフクラブの場合は、会則には会員数の記載はないが、募集時にはパンフレットや募集要項等で最終募集会員数を示して募集するのが一般的で、施設経営企業がこれを超えて募集した場合に、会員はどのような対処ができるかという問題である。

(1)　会員数は会員契約上の合意内意か

募集時に示された会員数の限定自体は、会員契約の具体的な内容（施設経営企業の具体的な債務）とはならないとするのが一般的な解釈である（東京高判昭49・12・20判時774号56頁など）。募集会員数は会員となろうとする者が会員契約を締結する際の重要な判断要素となるが、会員数は計画ないしは予定で、会員募集はある程度の期間にわたって回数を分けて行われることが多く、その間のゴルフ場の建設計画や経営計画によっては予定された会員数の変更

がやむを得ない場合も多いからである。

　会員契約適正化法でも、会員契約は募集する会員数を明示することを要求しているが、一方では事業者が会員の数についての計画を変更する場合に会員が会員契約を解除できる旨の定めをすることができることが予定されており（同法5条2項4号、8号）、募集会員数を超えて会員を募集してはならないという具体的な債務は会員契約上の事業者の債務となっていない。

(2) 会員契約の解除

　会員が大量会員問題で会員契約を解除する場合に問題となる施設経営企業の債務不履行の存否の判断については、募集会員数の限定自体が具体的な債務にならないことを前提とすると、既に述べたように、法的には二様の判断の方法がある。

　ひとつは、募集会員数が入会に関しての重要な考慮要素であるから、募集会員数ないしこれをそれほど大幅に上回らない範囲の数にとどめることが会員契約上の施設経営企業の債務であると考える（東京地判平8・2・19判時1582号56頁、ゴルフ法判例72[49]）ことで、施設経営企業に会員契約上の具体的な債務を認める考え方である。

　もうひとつは、募集会員数は会員契約の内容となっていないからこれを超えたからといって債務不履行になるわけではないが、会員数が当該クラブの適正会員数をはるかに超えているために実質的に施設利用権の行使が侵害されている場合は債務不履行になり、この募集会員数は適正会員数の判断の一要素になると考える（東京地判平5・9・30判時1477号61頁）ことで、会員数の問題を、会員契約上の施設利用権に対応する施設経営企業の債務である施設を利用に供する義務の問題にしてしまう方法である。

　上記の「募集会員数をそれほど大幅に上回らない範囲の数」と「適正会員数をはるかに超える数」が同じであれば、どちらの判断方法でも結論は変わらないことになるが、一般的な施設利用権はその内容や範囲が茫洋としたもので、具体的にどのような場合がその侵害になるかの判断が困難であることや、施設利用権に具体的な内容を盛り込んで施設利用権を実質的に保護する

107

という観点からは、募集会員数については具体的な債務と考える方が理論的には妥当だと思われる。

前者は、会員数を1000名と表示していたのにもかかわらず4000名を超える会員を募集した例で会員契約の解除を認めたものであるが、後者は、1800名限定募集としていたにもかかわらず１万5000名を相当数超える会員を募集した例で会員契約の解除を認めたものである。

ゴルフ場の場合、当該クラブにとって適正会員数はどの程度のものかについては、当該施設の大きさ、地理的な条件、会員の分布、会員の利用頻度、預託金の額等の具体的な事情によって異なると思われるが、一般的には18ホールのゴルフ場では1500名程度であるといわれている。通産省平成９年特定サービス産業実態調査ゴルフ場編によると、会員制ゴルフ場の１ゴルフ場当たりの平均会員数は平日会員を含めて1709名、会員制・非会員制併用ゴルフ場の１ゴルフ場当たりの平均会員数は平日会員を含めて1094名と報告されており、この中には18ホール以下のゴルフ場も18ホールを超えるゴルフ場も含まれているが、統計上も会員制の18ホールのゴルフ場の適正会員数は1500名程度であると考えられる。このような統計上の会員数は従前からあまり変わっていない。

次に、施設利用権が侵害されたといえるためには、どの程度適正会員数を超えればよいのかという点であるが、会員の施設利用は限られた施設の相互利用であるから、どんなに多くとも適正会員数の２倍を超えることはあり得ないと考えられ、大量会員を募集することを会員において承認していたというような特別の事情でもない限り、適正会員数の２倍を超える場合は施設利用が困難になり、施設利用権が侵害されたものと考えるべきであろう。

東京地判平８・２・７（判時1581号71頁、ゴルフ法判例72[8]）は、会員の大量募集が施設経営企業やその関係者の不法行為になるかどうかが争われた事案であるが、この判決は、関係者の間では、18ホールのゴルフ場の会員数は1500名程度が一応の限度で多くても3000名程度が限度であると言われているとして、これを超える募集は会員に対する不法行為になるとしている。

適正会員数を超える会員を入会させた場合は会員契約上の債務不履行（不完全履行）になり、この不履行は解消すること（追完）は不可能である（適正会員数まで会員を減少させることは実現不能である）から、履行不能と同様に、会員は直ちに会員契約を解除できることになる。

会員契約を解除した場合に預託金相当額の返還を請求できることは当然であるが、不返還の合意のある入会金相当額の返還が可能かどうかが問題となる。大量会員によって当初から実質的に施設利用が困難であった場合は、会員契約上の給付義務未開始と同視しうる債務不履行の問題として、会員契約の解除の効果は遡及し、入会金相当額の返還義務も契約解除の原状回復義務として発生すると考えてよいが、事後的な施設利用権の侵害の場合はどう考えるかが問題となる。いくつかの考え方が可能であるが（その詳細は38 4 (2)で検討する）、前記東京地判平8・2・19は会員が数年にわたって施設利用をしてきたことや、会員契約が継続的契約であり将来に向かってのみ解除が可能であることを理由に入会金の返還請求を認めていない。

3　契約解除以外の対処法

(1)　施設経営企業の不法行為責任

施設経営企業に対して債務不履行責任ではなく、不法行為による損害賠償責任を認めた例がある。前記東京地判平8・2・7（判時1581号71頁）は、施設経営企業が適正会員数を極端に超過する会員を入会させて、会員の施設利用を困難にするとともに会員権の交換価値をなくさせたことが施設経営企業の不法行為になると判断している。一般的には、契約における債務者（施設経営企業）の債権者（会員）に対する契約上の債権侵害（施設利用権の侵害）は債務不履行の問題とされており（もっとも、判例・多数説は不法行為責任も認める）、また、会員権価格を維持することは施設経営企業の会員契約上の債務とはならないとされている（東京高判平9・8・21判夕986号233頁、大阪地判平10・2・26判夕998号207頁など）が、この事案は会員の大量募集という詐欺的商法による消費者被害の事案で、損害額算定の必要性からも、会員権

の交換価値を不法行為の被侵害利益として認める必要があり（被侵害利益が施設利用権だけだとすると損害額の算定に事実上窮することになる）、妥当な判断であるといえよう。

(2) 施設経営企業以外の者の不法行為責任

大量会員を募集するような施設経営企業は経営に問題がある場合も多く、会員契約を解除して預託金等の返還を請求しても、その支払能力がない場合も多いので、施設経営企業の取締役等の関係者に対して商法266条の3の責任や一般不法行為による損害賠償の請求を行う場合もある。もちろん、これは大量募集の場合に限ったことではない。

前記東京地判平8・2・7や東京地判平11・3・26（判時1691号3頁）は施設経営企業の取締役等に対する損害賠償責任を認めている（なお、東京地判平6・6・10判タ878号228頁は、会員権販売会者の取締役に対して不法行為による損害賠償責任を認めた例である）が、前記東京地判平8・2・19は商法266条の3の責任については、悪意・重過失の証拠がなく、不法行為については行為の特定がされていないとして、損害賠償の請求を棄却している。

これを比較してみると、前者は適正会員数を極端に超える大量会員を募集した例で施設利用は事実上不可能であり、後者は4000名を超える程度の会員を募集した例で施設利用は困難ではあるものの不可能ではないと考えられる例で、このような事情が故意・過失の判断に影響をしているのではないかと思われる。

不法行為による損害賠償を認める場合の損害は、施設利用権の他にゴルフ会員権の金融商品としての価値を侵害するという構成が採用され、大量募集により会員権の価値が実質的に無価値になったとして預託金や入会金相当額を損害額として算定している。なお、前記東京地判平6・6・10は、会員権を購入するために支払った代金と当該ゴルフ場の口頭弁論終結時の相場との差額を損害としている。

そして、前記東京地判平11・3・26はゴルフ会員権の大量募集という詐欺商法の例であって（施設経営企業は破産宣告を受けている）、原告らは詐欺的

な勧誘に応じて会員となった一般消費者であること等を理由に、過失相殺を認めていない。

(3) 募集の差し止めの可否

施設経営企業が適正会員数を超えて会員を募集しようとしている場合に、従前の会員はこの募集を止めることが可能かどうかが問題となる。これは差止請求の一種であり、差止請求が可能かどうかの問題の適用の例である。大量会員の募集の差止めが問題になった事例は公表されておらず、この点に関する判例もないが、適正会員数を超えて会員を募集しないことが会員契約上の具体的な債務と認められ、この募集によって会員の施設利用権が重大な侵害を受けるような場合は、この募集の差止めは、会員契約上の債務の履行の請求にほかならないし、施設利用権は債権に過ぎないが、それを侵害しようとしているのはその契約相手方であり、侵害される施設利用権は会員の基本的な権利であることを考えると、会員は将来の妨害排除として、経営企業に適正会員数を超える会員の募集の禁止を請求することができるものと考えるべきであろう。後に述べる東京地判平5・8・30（判時1494号113頁、ゴルフ法判例72[31]）は、正会員より特典を有する会員の将来の募集を禁止した判例であるが、この判例の見解を前提とすると、より一層適正会員数を超える会員の募集の差止めは可能であることになる。

ただ、このような差止めが仮処分や判決で認められても、募集をしないという債務は不作為債務であるから間接強制の方法でしか履行の強制ができない（民事執行法172条）ので、その実効性に疑問がないわけではない。

4　新種の会員の募集等

施設経営企業が会則等に規定がない種類の会員を募集し、それが従来の会員の施設利用権に影響を及ぼす場合もある。会則上の種類は、名誉会員、正会員、平日会員等の会員の種類を記載しているのが通常で、会則に規定されている種類の会員以外を募集しないことが会員契約の内容になっていたかどうか、新種会員の募集が会則の不利益変更となるのか、このような新種の会

員の募集によって従前の会員の施設利用権が侵害される場合に債務不履行になるかなどが、実際に施設経営企業が募集している新種の会員の施設利用権の内容とも関連して問題となるのであるが、基本的には大量会員問題と同じ問題である。

(1) **新種会員の募集と債務不履行**

会則等に会員の種類の記載があった場合に、記載された種類の会員に限定することが契約内容となっていたのか、言い換えれば、記載のない種類の会員を募集してはならないという債務が会員契約上の施設経営企業の債務となるかどうかが最初に問題となる。

新種会員の募集といっても、その内容は様々であるが、新種会員の権利が直接従前の会員の施設利用の範囲を制限する場合と、新種会員の募集によっては従前の会員の施設利用には直接影響を与えない場合が考えられる。前者は施設利用権の内容や範囲を事後的に会員の不利益に変更することにもなる。

(2) **新種会員の募集によって直接会員の施設利用権が不利益に変更される場合**

この例として、前記東京地判平5・8・30（判時1494号113頁）の事案があげられる。この事案は、ゴルフ場施設経営企業が、預託金以外に入会協力金を支払った会員に、予約方法やスタート時間について、正会員と異なった特典を与えることとして差別的な取り扱いを開始し、さらに、これと同様の特典を有する新会員を募集したという例で、従前の正会員が、この差別的取扱いの禁止と、このような特典を有する新会員の募集や創設を禁止するように請求した事案である。なお、その特典の内容は、午前の一定時間帯について21組分に優先予約権を認めるもので、従前の正会員の予約権を不利益に変更したものである。

この判決は、会員契約の会則による解釈として、正会員を平等に取り扱うことが会員契約の内容になっていたとして、このような差別的な取り扱いをすることは契約違反行為であり、従前の正会員には会員契約上の債務の履行請求権として、このような差別的な取り扱いをしないことや、そのような特

典を有する新会員を募集を行わないことを請求する権利があると判断し、現在は施設経営企業はこのような差別的取り扱いを行っていないので、現在の給付を求めるものとしては理由がないが、このような差別的な取り扱いを、将来、施設経営企業が行う可能性はあり、その場合は正会員に直ちに施設利用権に重大な侵害を受けることになるとして、将来給付の限度で、差別的な取り扱いや正会員より有利な特典を持つ新会員の新規募集や創設を禁止している（この判例については、松永三四彦＝藤原正則・判例評論437号59頁参照）。

既に述べたように、正会員の施設利用権に対応する施設経営企業の会員契約上の義務一般の問題とするより、この判決のように、具体的な会員契約上の施設経営企業の債務を観念した方が会員の保護の観点からは妥当であろう。

本件の事案で、原告らは会員契約を解除できるかどうかという点を考えると、このような差別的取扱いを施設経営企業が継続している場合は、施設経営企業の会員契約上の債務不履行となり、正会員としての施設利用権の行使が困難で、会員契約の目的を達することができないと考えられるので、会員契約の解除は可能であるが、解除前にそのような差別的取扱いを廃止した場合は解除権が消滅する（本旨に従った履行があった）ものと考えられる。

(3) 新種会員の募集が直接会員の施設利用権を変更しない場合

この例として、当初の会則にない女性会員を新設して募集したもの（大阪地判平10・2・26判タ998号207頁、ゴルフ法判例72[52]）、当初の会則にない特別個人正会員・特別法人正会員（本来の会員以外にサブ登録者に一定の範囲で施設利用権を認めるもの）、土曜日も施設利用を認める平日会員等を創設して募集を行ったもの（東京地判平8・6・24判時1600号110頁、東京高判平9・8・21判時1634号77頁）が公表されている。

前記大阪地判平10・2・26の事案は、募集金額を下げたことや低廉な女性会員を創設したことが、会員権価格の下落を招き投資目的で会員権を取得した当初の会員の既得権を侵害するもので、施設経営企業はこのような事態にならないように適切な措置をとるべき義務があるのにこの義務履行を怠った、新たに女性会員を定めた会則の改正は無効であるとして争ったものであるが、

この判例は、ゴルフ場経営者は会員権相場を維持する義務がないことや、女性会員を定めることは、これによって既存会員の施設利用権が侵害されたかどうかが問題であって、そのような侵害の事実がないとして原告の主張を排斥している。この判例は、会則上の会員の種類の定めは会員契約の内容とならないことを当然の前提にしているようである。

　前記東京地判平8・6・24と東京高判平9・8・21は、同じゴルフ場に関する事案である。この東京地判では、会員側の、当初に限定されていた以外の新種の会員を募集したり、正会員権を2分割したりして当初の1200名とされていた最終会員数を1800名にしたことが、会員契約の内容となる会則の一方的変更にあたり、ゴルフ場の格式を低下させ、施設利用が困難になるおそれがあり、既存会員の会員権の価値に重大な影響を与えるとして会員契約に違反するとした主張に対し、ゴルフ場経営者は既存の会員の会員権の価値を維持する義務を負担しないことを前提に、当初の会則の会員の種類の記載は会員契約の内容とはならないとし、会員が有するのは施設利用権と預託金返還請求権とこれらに付随する権利であり、これに抵触しない会則の改正は会員契約の義務違反にはならない、また従来の会員の施設利用が阻害されているという証拠はないとして、会員側の主張を排斥している。

　また、東京高判平9・8・21も同様の判断で、会員側の上記と同様の主張に対して、会員の本質的権利である施設利用権や預託金返還請求権に関する既得権の制限や剥奪にあたらない限り義務違反にならないとし、本件程度の変更では既存の権益を直ちに侵害したとはいえず、このような新会員制度の新設や正会員権の2分割が会員契約を解除するに足りる債務不履行にはならないとしている。なお、この東京高判は上告されて破棄されているが、破棄の理由は併設される予定であったホテルの設置が契約の要素となるかどうかについてであり、新種会員の創設と会員契約解除の可否の問題は判断されていない（最判平11・11・30判時1701号69頁、ゴルフ法判例72[48]）。

　これらの判例は、要するに、施設経営企業は既存の会員の会員権の価値を維持する義務を負わないことを前提に、当初の会則に規定のない新種の会員

制度の創設が既存の会員の施設利用権を直接不利益に変更するようなものでない場合は、会則による会員の種類の記載は会員契約の内容とならないが、このような会員制度の創設によって既存会員の施設利用権が侵害される場合には施設経営企業の会員契約上の一般的な施設利用に供する債務の不履行になり、会員からの債務不履行解除を認めるといっているのである。したがって、新種会員の募集は適正会員数を超える募集の契機になるだけで、これにより適正会員数を超えて既存会員の施設利用が困難になった場合には会員契約の解除ができるといっているのと同じである。

　大量会員問題では、不法行為における被侵害権利を会員権の価値に求めるのが上に述べた判例の考え方であるが、これとは対照的に新種会員の問題では既存会員の会員権の価値は全く顧慮されていない。

16　クラブ行事・ハンディキャップの取得

1　クラブ行事参加権・ハンディキャップ取得権等の権利の存否

　会員が会員契約を締結する際の入会目的は、各人各様であることは勿論であるが、当該クラブの施設を利用する目的を達する他に、クラブが入会者相互間の親睦を図るとともに、競技についてはクラブ主催の競技会に参加して技を競うことや、当該競技の技量の程度を示すハンディキャップや段位を取得することをも含むことが多いのである。

　一方、クラブによっては、設立の当初からクラブ行事も催さず、ハンディキャップや段位の取得等は一切除外して、当該施設の利用のみに重点を置いているものも存在する。

　後者の場合は、会員契約の当初から、また、会員権の譲受人も譲受け時から、これらの権利を有しないことを熟知して会員契約を締結し、また、会員

権を譲り受けている限り、設問のようなことは問題とならないわけであるが、前者の場合において、施設経営企業側がこれらの不履行を継続している場合には問題が生ずる。

当該会員権が、前者に該当するか、後者に該当するかを決するのは、会員契約の内容をなす会則等の諸規則の規定とその解釈問題である。会則等の諸規則に、これらの会員の権利が明記されている場合には、当然にこれらの履行を施設経営企業に請求できることは勿論であるが、これらの権利に関する規定が会則等の諸規則中に存在しないときはどうであろうか。

会員制クラブの本質をクラブライフを楽しむことにあり、かつ、当該競技の技量を会員相互間で争ったり、技量の程度を示す尺度を示す段位等を取得することも、会員契約の目的と解することができれば、この場合にも、これらの権利を有するものと解することも可能であろう。

また、現在存在する圧倒的多数の会員制クラブが、これらのクラブ主催の行事や技量を示す尺度である段位等の取得を認めている実情から考えて、特に、これらの不存在を明言しない限り、これらの権利が会員に認められるものと解すべきであろう。

2　これらの権利の性質

クラブ行事参加権と公式ハンディキャップ等の取得権は、会員の権利の内容を構成する権利であることは勿論であるが、施設の優先的、低料金使用権等のような、本質的・基本的権利であろうか。

この問題を検討するについては、優先的、低料金利用権は十分保障されているが、クラブ行事は一切開催せず、公式ハンディキャップや段位等の取得も全くできないようなクラブの場合、または、全くその逆の場合を想定して考察すれば理解することが容易となるであろう。

後者の場合は、施設の優先的利用権（予約権）が全く無視されている場合、低料金利用権も全く無視されている場合であるから、会員契約を締結した目的が全く達せられないこととなるに反し、前者の場合には、優先的、低料金

利用権は確保されており、会員は当該施設を十分その目的どおりに利用し得ているわけであるが、会員相互の親睦や技量を計る尺度を取得し得ることについての目的の達成が不十分であるというに過ぎず、入会契約の目的が全く達せられないということはできないといえよう。

したがって、優先的・低料金利用権は会員契約の本質的・基本的権利であるが、クラブ行事参加・ハンディキャップ取得等の権利は、会員契約の付随的権利であるというべきであろう。

3 これらの権利確保のための対処

これらの権利が会員契約の本質的・基本的権利ではなくて付随的権利であるとすれば、その不履行を原因として、入会契約を解除することができるであろうか。

会員の権利とそれに対応する施設経営企業の義務でありさえずれば、その不履行があれば、すべて直ちに入会契約を解除することができるものと解することはできないであろう。

このことは、会員の年会費支払義務の短期間の不履行についてみれば、施設経営企業の行う未納年会費支払催告とその不履行を停止条件とする条件付会員契約解除の意思表示があるか否かにかかわらず、短期間の年会費未納を原因とする会員契約の解除は無効であるとされていることとの対比で考察することでも可能であろう（6年間の年会費を滞納した預託金制会員の除名を有効とした事例として、東京地判昭63・3・11判時1301号119頁、ゴルフ法判例72 44)。

すなわち、会員契約上の本質的・基本的権利に対応する義務の不履行があれば、会員契約は解除し得るが、会員契約上の付随的権利に対応する義務の場合には、その不履行があったからといって会員契約を解除することはできないと言うべきだからである。

これらの権利が保障されない会員は、その権利の確保のためにいかなる手段が与えられているのであろうか。

下級審の判例では、これらの権利を保障されていない会員であっても、これらの権利を施設経営企業に対して作為を求める権利は存しないと判示している（大阪高判平3・12・12判例集未登載、大阪地判平3・1・31金商868号30頁）。

　これらの下級審判例は、これらの権利を確保されない会員は、泣き寝入りをせよというのであろうか。これらの権利の確保のために、これらの作為を求める訴えを提起しても、その態度を変更しない施設経営企業の義務違反を放置する判例であるということとなろう。

　これらの権利を有しながら、その権利の行使を阻害されたままの状態に対し、入会契約の解除は認められず、その作為を求めることも認められず、会員権の譲渡を許す場合においては譲渡する以外に方法はなく（譲渡を認めていなければその方法もないこととなる）、これらの契約違反状態の継続を許し、法は何の保護も何の対処方法も与えないこととなり、法の自殺ということとなるのではないであろうか。

　結局、これらの権利を侵害された会員は、会員契約の解除はできないが、これらの権利を確保するため、施設経営企業に対し「クラブ行事を開催し、会員に参加させること、公式ハンディキャップ等の制度を完備してその取得をさせよ」との作為を求めることができると考えるべきであろう。

　勿論、相当期間にわたって、これらの権利を侵害される状態が継続したのであるから、それによる損害賠償請求権を有することは勿論であるが、その額の算定は精神的損害であって極めて困難な算定作業になると思われるが、現在の我が国の状況では、極めて少額であろう。

17 会費の未払い

1　会費支払義務

　会員の権利と義務は、会員と施設経営企業との間の会員契約によって定まることになる。

　ゴルフクラブのなかには会費支払義務がないとするクラブも存在するが、定款や会則に会員の会費支払義務が規定されているのが通例で、会費支払義務は会員契約上の会員の義務になっているのが一般である。

　会費支払義務があるとされる場合でも、クラブによっては遠隔地会員の場合は会費支払義務を免除している例がある。また、病気療養、遠隔地への転勤等の施設利用ができない事由がある場合に会員資格を休止する制度を有し、休止期間中の会費支払義務を免除するというクラブも存在する。

　会費の額は、クラブによって様々であるが、ゴルフクラブの場合は年額2、3万円程度のものが多く、リゾートクラブの場合は数万円程度のものが多い。フィットネスクラブでは年額10万円を超えるクラブが多い。

　会費の支払方法も、ゴルフクラブやリゾートクラブでは年額を一時に先払いとする例や半年ごとに半年分を先払いとする例が一般であるが、フィットネスクラブは月額を毎月支払うものが多い。

　我が国の場合、クラブの種類によって、主たる収入源を施設利用料金としているものからものから、会費を主たる収入源としているものまで様々である。

　ゴルフクラブの場合は、通産省平成9年特定サービス産業実態調査ゴルフ場編によると、1ゴルフ場当たりの年間年会費は3286万円で、施設経営企業の収入に占める利用料金の割合は55.7%であるが、会費収入の割合は4.4%と報告されている。

　一方、フィットネスクラブの場合は、通産省平成10年特定サービス産業実

態調査報告書フィットネスクラブ編によると、施設経営企業の収入に占める割合は利用料金が6.1％であるのに対し、会費収入は実に77.6％を占めている。

一般的には、会費支払義務は会員契約上の会員の基本的な義務といわれてきたが、最判平12・2・29（判時1705号58頁、ゴルフ法判例72⟦67⟧）は、預託金制ゴルフ会員契約について、会費の額は預託金の額に比較して極めて少額で、ゴルフクラブによっては年会費支払義務がない場合もあることを理由に、年会費支払義務は会員契約の本質的・中核的なものではなく、付随的なものにすぎないとしている。この判断は会員が破産宣告を受けた場合に破産管財人に破産法59条1項の双方未履行双務契約の解除権を行使できないとする理由のひとつとして判示したものである。

2　会費支払義務の不履行と懲戒の問題

会費支払義務が会員契約上の会員の義務とされる場合、その不履行に対して施設経営企業（クラブ理事会）が会員に対し、会員資格の一時停止、除名等の懲戒処分をすることができるとする旨の会則（定款）を有するのが一般である。

懲戒処分の原因となる会費の滞納に関しては、滞納期間を3カ月程度とするものから3年程度とするもの、会費滞納に対して懲戒処分をするためには支払いの催告を要するとするもの、要しないとするもの、催告の要否についての規定のないもの等、様々な会則がある。

また、会則の中には会費の滞納はクラブ理事会の除名事由ではなく、施設経営企業の会員契約の解除事由としているものもある。

クラブが社団法人等の法主体性を有する場合は、このような会員資格の一時停止や除名は文字どおり法主体性を有するクラブの会員に対する団体法理に基づく懲戒処分ということになる。

しかし、クラブが法主体性を有しない親睦団体の場合は、このようなクラブ（理事会）が行う会員資格の一時停止や除名は、親睦団体のなす構成員に

対する不利益処分の体裁がとられるが、クラブが法主体性を有しないから団体法理に基づく懲戒処分であるとはいえない。クラブが法主体性を有しない場合は、会員資格の一時停止とは施設経営企業の行う一定期間の会員の具体的な施設利用の引受けの拒否権の行使であり、除名とは施設経営企業がなす会員の債務不履行を原因とする会員契約の解除にほかならない。

　ところで、預託金制のゴルフクラブの場合、前記の最高裁判例の会費支払義務は付随的なものであるとする用語に従うと、これを会員契約解除の可否の問題として考えた場合、履行されなかった債務が契約の要素たる債務の場合は解除が認められるが付随的な債務の場合は契約の解除ができないとするのが伝統的な見解であるから、形式的にあてはめると、年会費支払義務の不履行を理由に会員契約は解除できないという結論になることになる。

　しかし、この結論は従前の判例や学説に照らしても明らかにおかしい。そもそも、当該債務が要素たる債務か付随的な債務であるかは、その債務の履行がなされない場合に契約の目的を達することができるかどうかの判断から導かれる説明概念であるから、その適用場面で当該債務が要素たる債務か付随的なものかを個別的に判断すれば足りるというべきで、前記の最高裁判例は、双方未履行双務契約においても解除により相手方に著しく不公平な状況が生じる場合には破産管財人は破産法59条1項の解除権を行使できないという命題を立て、そのあてはめの中で将来履行期が到来するが故に常に未履行となる債務である年会費支払義務が付随的な債務に過ぎないと判断したもので、債務不履行解除の可否について判断したものではないし、既に発生している年会費支払義務の不履行により継続的な契約である会員契約を維持させることが妥当かどうかとはその適用場面を異にすることが明らかである。年会費支払義務が会員の会員契約から継続して発生する直接的な唯一の金銭債務であり、その不履行に対して会則で除名等の不利益が規定されている場合は、それが会員契約の内容となっていることは疑いがないところであるから、会員が年会費を支払わない場合は、施設経営企業にとっては会員契約の目的を達することができないものとして、会員契約の解除ができるものと解する

べきである。つまり、会費支払義務は会員契約の債務不履行解除の観点からは要素たる債務にあたるものというべきであろう。

　この点に関し、クラブが法主体性を有する場合は会費支払義務は会員の基本的義務であるが、クラブが法主体性を有しない場合は会費支払義務は基本的義務とは言い難いとして同列に論じることに疑問を呈する見解もある（服部116頁・125頁）が、我が国における会費の実情がクラブの法主体性の有無を問わず前記のようなものであるところから、クラブの法主体性の有無によって不利益処分の可否を決する実質的理由が変わるとは考えられない。社団法人や権利能力なき社団が収益事業をしていない場合は、その運営の原資は寄付等を除き会員からの会費に頼るのが通常であるから、このような場合の会員の会費支払義務は基本的かつ重要な義務とはいえようが、会費支払義務自体は社団法人の社員の本質的義務ではなく、定款に規定された場合以外はこの義務を負担しないと考えられるからである。

　まして、本書で考察の対象としている施設利用を目的とするクラブの場合は、クラブに法主体性が認められるときもクラブが収益事業を行っていて、会費の額やその収入に占める割合等は、法主体性のないクラブの場合と同じであるし、その義務の性格がクラブの法主体性の有無によって変わるとは考えられないからである。

　会費の滞納が定款や会則で除名や資格停止の事由として定められている場合でも、このような会費の滞納があった場合、施設経営企業は直ちにこのような不利益な処分ができるかどうかは、別に考察しなければならない問題である。

　まず、会費滞納に対する施設経営企業の除名処分の有効性が争われた事案についての判例についてみてみよう。

　判例1（神戸地判昭60・1・22判夕552号212頁）の事案は、会費が年1回払いで、18カ月以上会費を滞納した会員に対して除名ができる旨の規約（会則）を有する預託金制ゴルフクラブで、施設経営企業が2年ないし3年分の会費の支払いを滞納した会員に支払いを催告したが、支払いがなかったので

除名したところ、これに対して会員側は会費の未納といった程度の行為に対しては優先的施設利用権の停止のごとき処分が妥当であり、資格喪失までも認める上記のような規約は信義則に反し無効である、本件ゴルフ場（18ホール）は会員が4000名を超え、優先的施設利用権の行使ができなかったから上記の除名（解除）は権利の濫用であると主張して除名を争った事案である。これに対して判決は、①規約の有効性について、会費支払義務は入会金支払義務と並んで会員が施設経営企業に対して負担する基本的義務であることを理由に上記のような規約は信義則に反するとはいえず有効である、とし、②権利濫用の主張に対しては、一般論としては、会費はゴルフ場施設を会員として利用することができることの対価としての性格を有するから、会員による利用が正当な理由もなく著しく制限を受ける場合には、信義則上会費の支払いを拒絶できる場合もありうる、とするが、本件では会費支払いを正当化しうるほどには利用が著しく制限されていたとは認められないとした（この判断は控訴審でも支持された。大阪高判昭60・9・27公刊物未登載）。

判例2（東京地判昭63・3・11判時1301号119頁、ゴルフ法判例72[44]）は、判例1と同種の事案で、年会費未納を除名事由とする会則を有する預託金制ゴルフクラブで、6年分の年会費を支払わなかった会員を催告のうえ除名したという例である。会員側は、預託金に比して少額である年会費の支払義務は会員の中心的義務ではない、施設経営企業は開場後10年以上になるのに会員に対して会員数、会員名を明らかにせず、会員権の譲渡も認めていない、等と主張して除名を争った。判決は、会費支払義務は会員契約上の会員の基本的義務でその不履行に対しては施設経営企業は会員契約を解除することができ、ゴルフクラブ理事会は施設経営企業の委託を受けた経営の執行機関で、理事会のした除名の通知は施設経営企業の会員契約解除の意思表示を含むものである旨判示し、会員の主張に対しては、仮にこのような事実が認められたとしても入会契約の解除権の行使が権利の濫用となるものではないとして会員側の主張を退けた。

判例3（東京高判平元・1・30）は公刊物未登載の判例であるが、判例1

と同種の事案で同旨の判示をした例である。この判例は、会員らは施設経営企業から度々の催告があったにもかかわらず最短で3年、最長で11年の長きにわたり会員として最も基本的な義務である年会費の支払いを怠ってきたのであり弁明を聞かないで除名しても、信義則に反しあるいは権利濫用となるものではない旨判示し、また施設利用権と会費支払義務に関しては、一般論として、会員の年会費納入義務と会員に優先的に施設を利用させる義務とはその性質上相当程度対価的関係にあり相互に牽連性を有すると認められるから、施設経営企業において果たすべき義務を怠っていると認められる場合には会員は年会費の納入を拒否しうる場合がありうるもの、とするが、施設経営企業にはこの義務の違反はないとしている。

　上記3例は、いずれも会費滞納を理由とする除名を有効と判断したものであるが、判例4（神戸地伊丹支判平3・10・31）は除名を無効とした例である。この判例も公刊物に登載されていない。この判決は、判例1、2、3とは異なり、「会員契約が相互の信頼関係を基礎とする継続的契約であることに鑑みると、会員の債務不履行を理由として同契約を解除するためには、契約関係の維持を困難ならしめる程度に信頼関係が破壊されることを要するというべきである」と一般論を展開し、会費支払義務は預託金とともにゴルフ場施設優先的利用権と対価関係にあるといえるから会費支払義務は会員としての基本的義務のひとつとするものの、2年度分の年会費の滞納に関し、①本件クラブの会則では、会費等を3カ月以上滞納したときは理事会は決議によって会員の資格を一時停止または除名することができる旨の条項があるが、従前は年会費を滞納しても除名処分は行われていなかったところ、理事会で3年度分以上（後には2年度分以上）の年会費滞納者については一律除名処分を決定したが会員には知らされていなかった、②年会費の請求書、再請求書には4カ年度分までの年会費が請求できるように印刷されている、③施設経営企業から滞納年会費の支払いの催告と支払いのない場合の資格の喪失の警告を内容とする文書が配達されたが、この文書を見る機会がなかった等の事情があり、継続的契約関係の維持を困難ならしめる程度に信頼関係が破壊さ

れるに至っているとは認められないとして除名を無効としている。

判例5（東京地判平3・10・15判時1434号85頁）は6年間の年会費滞納会員に会員契約の無催告で除名を行った例で、支払催告をしない除名（契約解除）は無効と判断している。この判決は、年会費支払義務が会員の基本的義務であるのと同様、施設利用権が会員の重要な基本的権利であることを考えると、会則に無催告の除名を可能とする旨の規定がないかぎり、除名処分をするためには、催告が必要であるとしている。

社団法人制クラブの場合は会費滞納と除名処分について裁判上争われた例はなさそうである（施設利用を目的としない社団法人の場合は、会費滞納社員の資格喪失を認めた東京地判昭28・1・26判夕27号71頁がある）。

このような不利益処分が可能かどうかは、クラブが法主体性を有する場合は団体法理によって、クラブが法主体性を有しない場合は契約法理によって、それぞれ解釈すべき問題ではある。

前記の5つの判例は預託金制ゴルフ会員権に関するものであるが、そのいずれもが会費支払義務を会員の基本的義務であるとしているのでまずこの点を検討してみよう。

会費支払義務は、定款や会則上で会員の義務とされている。したがって、会員の具体的な義務であることは問題なく認められるところである。

ゴルフクラブの場合は、会費はその額が社団法人制クラブの場合の入会金、株主制クラブの場合の株式の払込金、預託金制クラブの場合の預託金、施設共有制クラブの場合の共有持分取得代金に比して低廉ではあるが、施設経営企業の経営、運営に必要なものであり、その意味では会費支払義務は重要な義務といえよう。フィットネスクラブの場合は収入の大半を会費に依存しているところから、支払義務は会員の最重要な義務であるといえる。

また、会員契約は継続的双務契約であり、会費支払義務は施設利用権の行使と牽連しており、施設利用権継続の対価という性格を有している。このように考えれば会費支払義務は会員の基本的義務であることは当然で、預託金制ゴルフクラブの場合も既に述べたように契約解除の可否の観点からは付随

的義務とは到底言えないであろう。

　次に、判例1、3はいずれも、会員の施設利用権の行使ができない場合は会費支払いを拒絶できるとの一般論をいうが、この拒絶の法的根拠は判然としない。判例1は、施設利用権と会費支払義務は対価関係にあるから信義則上拒絶することができるといい、判例3は、両権利（義務）は相当程度対価的関係にあり相互に牽連性を有するから拒絶できる場合があるというだけである。

　このような結論自体はおそらく異論のないところであると思われる。

　このような履行拒絶権の根拠は、やはり同時履行の抗弁権に求めるのがよいように思われる。同時履行の抗弁権は、双務契約の履行上の牽連関係を具体化したものである。会員契約上の会費支払義務と施設利用権はどのような牽連関係にあると考えるのが妥当であろうか。会費は通常は年払いで先払いである。したがって、当該年度の会費支払義務はその年度の施設利用と対価関係にあると考えられるが、先履行の約定があるので、同時履行の関係にはない。しかし、会費を先払いしたにもかかわらず、その会費支払いにかかる年度に施設利用ができなかった場合は、会員はその期間分の支払い会費の返還を求めうるし、次期の会費支払いと次期の施設利用とは同時履行の関係に立つから、施設利用が可能となるまで会費の支払いを拒否できるということになろう。この履行拒絶権を同時履行の抗弁権とするか、この抗弁権とは異なる一方的履行拒絶権と考えるかは、継続的契約である賃貸借契約や継続的供給契約の場合と同様の議論があることとなろう。

　問題は、どのような事実をもって施設利用ができないというかである。換言すれば、どのような場合に施設経営企業が会員の施設利用権に対応する施設提供、役務提供義務を履行しなかったといえるかである。

　判例1は、18ホールのゴルフ場で4000名を超える会員がいても、早期にプレーの申込みをすれば施設利用は可能であった、という理由で義務違反を認めず、18ホールのゴルフ場で4000名を超える会員を募集・入会させた事案で会員からの債務不履行解除を認めた東京地判平8・2・19（判時1582号56頁）

の判断と対照的である。

　判例3は、入会契約当時正会員数を1200名限定の高級コースを目標としたが、後に多数の会員を増やし大衆コースになり、当初は休日でも予約なしにプレーできたのに、相当程度早期に予約しなければプレーがしにくくなったという例であるが、入会当時に目標として掲げられた会員数は、施設利用権行使の目安になるからこれが守られることの重要性は否定できないとしながらも、この会員数が守られることは会員契約の内容になっているとは認められないとして、施設経営企業の債務不履行を否定している。

　会員が多くて施設の利用機会が与えられない、あるいは当初の予定とは異なる施設しか開設されなかった等、施設利用権の満足な行使ができない場合は、会員はこれに対する抗議対抗手段として会費の支払いを怠るという例も多い。しかし前記判例1、3では施設利用権の具体的権利性は認められていないといっても過言ではない。

　判例4は、会員契約の解除に信頼関係破壊の原則を適用した。信頼関係破壊の原則は、借地借家の賃借人を保護する理論として判例・学説によって形成されてきた理論である。この理論は継続的な契約関係一般に適用される理論であり、継続的契約である会員契約にも適用することに障害はない。

　問題は不利益処分の可否をどのような基準で判断するかである。信頼関係破壊理論を持ち込む場合は、どのようなメルクマールで信頼関係の破壊と判断するかである。信頼関係破壊理論を持ち込まない場合は、どのような事情をもって解除（除名）を認めないとするかの問題である。除名を認めない理由としては、権利の濫用でもよいし、客観的合理性を有しないから社会通念上不相当で無効であるとしてもよいのである。

　会費支払義務は施設利用権の継続と対価性を有する会員の基本的義務である。この点は賃貸借契約における賃料支払義務と類似する。しかし、預託金、入会金等の入会時に金員を要するクラブの場合は、これらの拠出金が施設利用権設定の対価となっていることにも注意しなければならない。また対価性の点からいえば、施設利用権は施設を直接利用する権利ではなく、具体的施

設利用を要求する権利であり、具体的な施設利用には別途に利用、役務の提供に対する対価を要することになる。この点が賃貸借契約と異なるところである。賃借権は目的物を直接使用し、収益することができる権利であるから、賃貸借契約における賃借権と賃料支払義務との対価性、牽連性に比べると、施設利用権と会費支払義務の対価性、牽連性はその程度が弱いといえる。そして、それ故に特にゴルフクラブの場合は会費は低廉であるともいえる。

　会員はこのような会費の実情や性格から、会費支払義務を余り重要な義務であると認識していないことが多く、施設利用に不熱心な会員はこの会費支払いを失念するような場合も多い。

　会費滞納の場合に限ることではないが、除名を受ければ、会員権に相場があって会員の入会に要する拠出金より会員権の相場が高い場合は会員は損失を被ることになり、当初の拠出金より高額の対価を支払って会員権の譲渡を受けた会員の場合はさらに多くの損害を被ることにもなる。

　これらの点は、賃貸借契約における賃料支払義務違反の場合に比して、会費支払義務の違反は軽微であり、長期・多額の滞納があってはじめて信頼関係が破壊されたと考える根拠になろう。

　しかし、解除によって借地権や借家権を失うことは生活や経済活動の本拠を失うことになる場合が多いが、会員権は余暇利用や趣味の目的で取得するものであるから、これを失っても借地権や借家権を失うことに比べて会員の損失は少ないといえる。

　また、施設経営企業に対する関係では施設利用権設定の対価が拠出金であると考えれば、除名を受けた場合に拠出金相当額が返還されれば会員の側には除名による経済的損失はないともいえる。

　これらの点は、賃貸借契約の場合に比して会員契約の解除を容易にする根拠となろう。

　手続的な問題に関しては、施設利用権を基本的な会員の権利であることを強調すれば、判例5のように長期にわたる年会費の滞納があったとしても、無催告解除を認める明示の合意がない限り、常に解除には支払催告を要する

ということになろう。信頼関係破壊の理論からいえば、催告をしたにもかかわらずその履行をしないことがその判断要素となるということになる。

会費滞納による除名は、実際上よく行われているようであるが、それが預託金制クラブの会員減らしの手段として行われることがあることに留意する必要がある。

会費滞納者がどの程度あるかは外部に公表されることがないから実態は不明であるが、会員数が多い、施設がよくない等の理由で会員が会費を支払わない例は意外に多いようである。このような預託金制クラブでは、高額な預託金による会員の新規募集ができる見込みがあるときは、会費滞納の会員を大量に除名して、当初の低廉な預託金を返還し、その返還金の原資を新規募集の会員からの預託金で賄おうと考える場合があるからである。最近のように長期の景気の低迷により新規会員の募集環境が悪い場合は、大量に会費を滞納する会員があっても、これを除名するのに預託金の返還原資の調達ができないところから除名を諦めるという場合もある。もちろん、大量に会員を除名して紛争になり、クラブの評判を落とすことをおそれて、除名を躊躇するという場合もあろう。

以上のような会費の性質・実情を総合して会費滞納と不利益処分の可否を考えるべきであろう。

3 会費滞納に対する施設経営企業の対処法

施設経営企業は、会費を滞納した会員に対してはまず、支払いの催告をすべきである。たとえ会費を3カ月以上滞納した会員を除名できる旨の会則があっても、催告なしで除名することは認められないであろう（前記判例5）。

次に、催告をしても支払わない会員に対しては、年会費を2年分以上滞納している会員については、除名が可能とされる例が多いと思われる。ただ、前記4の判例のように、年会費滞納会員について一定期間の滞納を除名事由としてこなかったという事情がある場合は認められない可能性もあるので、催告では支払わない場合は除名するとの警告をする方が実務的には妥当であ

る。

　そして、会費滞納を理由とする除名手続では、他の除名事由の場合と異なり、会員に弁明をする機会を与える必要はないものと思われる。会費支払義務は財産的給付義務であり通常はその不履行に弁明の余地はないからである。
　しかし、会費の滞納は、会員の施設利用権の行使が満足にできない場合になされることも多く、判例ではこのような場合には、一般論としてではあるが会費支払拒絶権を認めているのであるから、会員の不満を解消して、施設利用をさせるように努力すべきはいうまでもないことである。
　除名処分をしても、会員側から滞納会費が支払われ、会員側にも宥恕すべき事由がある場合は除名処分を撤回して、示談する方が妥当な場合もあろう。このような示談もよく行われているようである。
　除名処分をしても滞納会費や除名までの期間の会費の支払請求権は消滅しないから、これを除名会員に請求することは可能であり、預託金返還請求権がある場合はこれと相殺して、残額を返還すれば足りる。
　除名後は、会費支払義務は将来に向かって消滅する。したがって、除名後の部分について除名会員から支払いがあっても、これを受領してはならない。振込等があった場合はこれを返還しておく必要がある。受領したままにしておくと除名処分を黙示的に撤回したと考えられるからである。
　会員資格の一時停止は、クラブに法主体性がない場合は会員契約で定められた施設利用の引受けの一時拒否権の行使であると考えればよい。会費と施設利用の対価性をいえば、同時履行の問題として、会費を滞納している期間の施設利用を拒否できるということになろうが、会員資格の一時停止は滞納があった期間に対してなされるものではないから、同時履行の問題として捉えることはできないということになる。
　会員資格の一時停止は、会員契約の解除ではなく、会員の不利益も除名の場合に比べると少ないので、不履行の度合が少なくともこの処分は可能であるといえる。ただ期間を定めない資格停止は会員に与える不利益が大きく、許されないものというべきであろう。

18 会費滞納以外の懲戒事由

1 会費滞納以外の懲戒事由

　クラブ会則によって、会員の懲戒原因として規定されている事由は、会費の滞納以外にもある。

　会費滞納以外の懲戒事由としては、①会員として品位を汚し、義務に違反すること、②クラブの名誉を毀損し秩序を乱す行為をすること、が懲戒事由とされるのが通例である。

　このような懲戒の可否が問題となる事例は2種類に分けられる。

　第1は、施設の利用に直接または間接的に関係がある場合である。直接的な施設利用に関する例としては、施設利用に際し、施設従業員や関係者に暴行し、あるいは暴言を吐くといったような行為、あるいは、定められている施設利用方法を著しく逸脱した施設利用をするような著しいエチケットやマナーに違反する行為がこれにあたる。間接的な施設利用に関する例としては、施設経営企業の経営方針に反対する会員が他の会員を組織、扇動して社会的に不相当な方法手段で反対運動を行うというような場合がある。

　第2は、施設利用に関係がない場合である。犯罪行為を犯す等、反社会的で社会から非難を受けるような非違行為があった場合である。

2 懲戒処分

　このような会員の義務違反、非行に対して施設経営企業がなす懲戒処分は、除名や資格の一時停止であるのが一般である。

　このような懲戒処分は、クラブが法主体性を有する団体の場合は、団体法理による懲戒処分であるが、クラブが法人格を有しない場合は、契約法理による契約解除や施設利用の引受拒否ということになる。

　法主体性を有するクラブの場合は、クラブ自体に団体としての秩序を維持

する必要があり、またクラブ自体に法主体としての社会的信用や名誉があるわけであるから、これを保護する必要があり、不適当な構成員を団体から排除したり、その他の不利益処分をする必要があることになる。このような懲戒処分は社団の自治権によるものであるが、懲戒処分の違法適法自体は当然に司法審査の対象となる。

これに対してクラブが法主体性を有しない場合は、クラブが法主体ではないからクラブ自体には法的に保護すべき名誉や秩序があるとはいえない。しかし、会員契約の相手方である会員の集団は、その構成員（会員）の資質の高低等によって、施設の適否等とも相まって一定の社会的評価を受けていることも事実であり、このような会員と会員契約をしているということを前提とする施設経営企業の名誉は保護されるべきであり、法人格はないもののクラブは会員の団体であるから、一定の秩序は必要であり、この秩序違反者には施設経営企業が契約法理に基づく一定の制裁を加えることは可能である。そして、保護すべき名誉や秩序は、その受益者が社団であるクラブであっても、クラブに法人格がない場合の施設経営企業であっても、その内容に質的な相違があるとは思えない。したがって、クラブの法主体性の有無により懲戒事由に広狭があるとする見解（服部129頁）には賛成できない。

3　懲戒処分に関する判例

会費滞納以外の義務違反者に対する懲戒（除名）の例は実際には多いと思われるが、これが紛争となって判例に現れる例は多くない。除名の可否が問題となった判例は、ゴルフクラブに関するものが4例公表されているだけである。

そのうち2例は、前記の分類では施設利用に間接的に関係がある例で、いずれも、増設（新設）コースについても施設利用権を有すると主張する既設コースの会員が、施設経営企業の経営方針等に反対し、他の会員を組織、扇動して反対運動を展開して除名されたり、会員契約を解除されたりした例である。

東京高判昭49・12・20（判時774号56頁）は、「個人として行動するにとどまらず、団体の中で意見を同じくするものを集め、さらに他の構成員に対して反対意見を喧伝、扇動し、集団の力で自己の意見を通そうとする分派的行動は、団体の秩序を乱すものであって、団体の構成員としての合理的範囲を逸脱するものであり許されないものといわなければならない」として、クラブ理事会の除名を有効としている。そして本件は、法主体性のないクラブ理事会の除名と施設経営企業の会員契約の解除がなされた事案であるが、この判決は、この点について、クラブの会員の資格を有することが施設経営企業との間の会員契約の要素をなしているから、除名によって会員の資格を失ったものに対して施設経営企業がゴルフ場施設を会員として利用させることは不可能で、会員契約は継続的契約であるところ、この会員の行為は会員契約の存続に必要な信頼関係を裏切ったものであるから、施設経営企業の契約解除を有効と判断している。

また、東京高判昭63・8・22（判時1287号75頁）の事案は、前記判決と同様の事案であるが、クラブ理事会（法主体性がないクラブであると思われる）の除名決議を経ないで施設経営企業が会員の会員契約を解除した事案である。判決は、「本件ゴルフ場が預託会員制を採用しており、会員の権利義務等につき会則を定めて理事会による運営を計っている点に鑑みれば、理事会の除名の決議によることなく契約解除の一般法理を適用して入会契約を解除することは慎重を期すべきであるのはいうまでもないが、会員の行為がその程度および態様において親睦団体における会員としての社会常識上許容し得る限度を越えたものであったこと等を勘案すれば契約解除は有効である」、としている。

次に前記の分類では、施設利用に関係のない会員の非行の例に関する判例がある。これは、クラブが法主体性を有しない株主制会員の脱税による実刑判決の確定とその執行を免れるための逃亡、所在不明が除名事由にあたるかどうか争われた事案である。

第一審（横浜地判昭62・1・30判時1226号99頁）は除名を有効とした。その

理由として、この判決は「クラブの名誉、威信とは右クラブの帯有する価値への外部の評価・信用ということであるが、具体的には、クラブの会員であることを自負し一定の質を保有している会員を揃え、内外ともに名門との評判を保持していくことであり、これを侵害するおそれのある会員を懲戒し、場合によっては排除するのはクラブが施設経営企業の株主を会員とするゴルフ愛好家の会員相互間の親睦と信頼関係を基礎にした閉鎖的な私的社交団体としての性格を有することからしてやむをえない」とし、会員の行為は懲戒事由に相当するとしている。

これに対して控訴審（東京高判平2・10・17判時1367号29頁、ゴルフ法判例72[46]）は、除名を無効とした。その理由として、「会員契約によって施設経営企業は会員に対して施設を快適に利用させる義務を負担し、会員は年会費の支払義務とともに、クラブ会則に違反したり、クラブの秩序、信用を侵害したり、ゴルファーとしてのエチケット、マナーに反する等会員としての好ましくない行為によって他の会員の施設の快適な利用を妨げることのない義務を負担するのであって、会員がこれに反したときはクラブ理事会は、その会員を除名することにより、施設経営企業の代行機関として会員契約の解除権を行使できるが、会員契約は継続的契約であるから、契約を解除するには契約関係の維持を困難あらしめる程度に信頼関係が破壊されることを要する」とし、会員が実刑判決を受けた事実はほとんどの会員が知らず、脱税犯は法定犯であって社会一般の評価は自然犯とは異なるとして除名決議を無効とした。

前記の東京高判昭49・12・20のように、クラブ理事会の除名と施設経営企業の契約解除を別個の法的手続として考えることの当否、前記東京高判昭63・8・22のように、会員契約解除の手続としてクラブ理事会の除名手続を経ないことの当否については、それぞれ問題もあるところであるが、ここでは、会員の会費滞納以外の非違行為を契約法理でどのように解釈すべきかという問題について検討してみたい。

前記東京高判平2・10・17以外は、ニュアンスに違いのあるもののいずれ

も法主体性のないクラブを親睦団体としてその団体性を認め、非違行為に対する懲戒（除名）の可否を親睦団体、私的社交団体の構成員としての適格性の観点から考えているようである。

　これに対して前記東京高判平2・10・17は、クラブの団体性を考えず、会員契約上、施設経営企業は会員に快適な施設利用をさせる義務を負担し、会員は非違行為をして他の会員の快適な施設利用を妨げないという義務を施設経営企業に負担するとしている。これと同旨の学説（服部129頁）もある。

　この2通りの考え方は、法主体性のないクラブの位置付けが異なっている。前者はその団体性を認めて、この構成員としての適格性を会員契約の内容として捉えるのに対し、後者はクラブの団体性を認めず、構成員の適格性といったものを契約内容として捉えていないのである。

　前記東京高判平2・10・17の考え方は、何をもって快適な施設利用というのか、快適というような概念は漠然としていて、かつ個人により感じ方は異なるわけであり、法的概念としては不適当と言わざるを得ない。また、この判例は、会員が非違行為をしないことが他の会員の快適な施設利用の要件のように判示するが、会員が非違行為をしないことは、他の会員の快適な施設利用とは無関係ではないにしても、直接結びつくとは考えられないのである。この点は置くとしても、会員は他の会員の快適な施設利用を妨げてはならない義務を負担するとすれば、それによって直接利益を受くべきは他の会員であるはずである。何故、このような義務が会員の施設経営企業に対する会員契約上の義務になるのか判然としない。多分、施設経営企業は会員全部に対して快適な施設利用をさせる義務があるので、この義務を履行するために会員に非違行為をして他の会員の快適な利用を妨げない義務を負担させるとする趣旨なのであろうが、これは、会員が契約上非違行為をしない義務を負担するとする理由にはなっても、理論的根拠にはなり得ないであろう。この判例も非違行為の例としてクラブの秩序や信用を侵害する行為をあげるのであるから、クラブの団体性を認めて、会員の団体の構成員として適格性を欠くような非違行為をしないことが、会員と施設経営企業の間の会員契約上の会

員の義務になっていると考え、さらに進んで、会員契約は限られた施設を会員が相互利用するものであるから会員契約の解釈に団体的法理を持ち込んで、会員は団体の構成員として適格性を欠くような非違行為をしないことが他の会員に対する義務となっていると解釈した方が平明であると考える。

また、クラブの団体性を認めても、会員契約に信頼関係破壊の理論を適用することの妨げとはならない。

いずれにしても、問題は懲戒事由があるかどうかの解釈の判断基準をどう立てるかということである。信頼関係の破壊の理論を適用してみても、何をもって信頼関係が破壊されるかという問題が残り、同じ事実に価値判断をして懲戒事由に該当しないとするのであれば結論は変わらないからである。

4　懲戒処分以外の方法

施設経営企業は、会員が行う非違行為が直接、施設経営企業の名誉を毀損する場合は、懲戒処分以外にも、会員に対して非違行為の禁止や名誉毀損に基づく損害賠償をすることも可能である。

ゴルフ場の経営を巡る紛争において、ゴルフ場を守る会の代表を名乗る会員がゴルフクラブの理事会を非難する等の立看板をゴルフ場の進入路に出し、連日ビラを配る等の行為をしたこと等につき、ゴルフ場経営会社や権利能力なき社団と認められるゴルフクラブに対する名誉毀損を認め、立看板の撤去や名誉・信用の毀損による損害賠償（慰謝料）の請求を認容した例（東京地判平3・11・27判時1435号84頁、ゴルフ法判例72[25]）がある。

5　会員の非違行為に対する施設経営企業の対処法

会員の非違行為に対して除名等を含む懲戒がなされる例は多いと思われるが、判例として公表される例は少ない。これは、懲戒を受けた会員が自己の非違行為を認めたうえで、懲戒の可否を争うことを躊躇することや、懲戒処分が資格の一時停止である場合は、停止期間が満了すれば懲戒の可否を争う意味がなくなるからだろうと考えられる。

非違行為の種類によって、懲戒の可否も異なることになると考えられる。

第1に、施設利用に直接関係する場合は、直接的な会員の義務違反として懲戒になじみやすいといえよう。たとえば、利用施設を正当な理由もなく毀損した場合とか、施設従業員に施設利用に関して暴行を加えたり、暴言を吐くような言動を繰り返すような場合である。

第2に、施設利用に間接的に関係する場合は前記の判例で明らかなように、施設経営企業の経営に対し、不相当な方法で反対運動をした場合は除名、契約解除が認められている。

第3に、施設利用と直接関係のない非行の場合は、懲戒は施設利用とは関係のない事由をその理由にすることになるから、制限的に解釈されているといっても過言ではない。前記東京高判平2・10・17では、契約上の信頼関係の維持が困難な例として、暴力事犯や窃盗事犯を反復累行する者とか、いわゆる暴力団組員のような者は、施設内においても粗暴なふるまいに及んだり他の会員の快適な利用を妨げる行為にでることが充分に予想されるとしている。

なお、権利能力のない社団である乗馬倶楽部の会員が他の会員に私的感情から暴行したという事案で、この会員の除名処分を社会通念上相当でないとして無効とした判例がある（横浜地判昭63・2・24判時1299号114頁）。

いずれにしても、懲戒をするためには、継続される非違行為に対しては警告を発し、また弁明の機会を設ける等の手続をすることが必要であろう。

資格の一時停止が除名の場合に比して認められやすいことは、会費滞納の場合と同様である。

また、会員の非違行為が直接、施設経営企業の名誉を毀損するような場合は、そのような非違行為の禁止と名誉毀損による損害賠償請求を行うことができる場合がある。

19 会員契約適正化法と会員契約の内容

1　会員契約適正化法の立法経緯

　「ゴルフ場等に係る会員契約の適正化に関する法律」（平成4年5月20日法律第53号－会員契約適正化法という）が成立し、同日公布され、政令により平成5年5月19日から施行されている。

　会員契約、特に預託金制会員契約については、従前から多くの社会問題が発生し、昭和48年のオイルショック後の大不況時には、ゴルフ場経営企業の倒産が多発し、このような企業と会員契約を締結していた会員に多大の被害を及ぼすに至った。

　これは、預託金制クラブにおいては、預託金制度は施設開設資金の調達のために考案されたものであるが、法的には預託金は単なる施設経営企業の預かり金に過ぎず、その使途に法的な規制がないこと、施設利用権が債権的権利で第三者に主張できる物権的権利でないこと、会員をいくらでも募集できること、会員募集に法的規制がないこと等の理由によるものであった。

　その後の景気回復によって、ゴルフ場を中心とする会員制事業は順調に推移していたため、施設経営企業の倒産事例はごく少数の特殊なものに限定されて散見するに過ぎなかったが、その後はバブル経済破綻による施設経営企業の倒産や、詐欺商法による大量会員問題等が社会問題化するに至った。

　このような間、会員を保護するために昭和48年に超党派で「ゴルフ場事業の規制に関する法律」案が国会に上程されたが審議未了で廃案となっている。

　上記のようなゴルフ場事業に関する不祥事が社会問題化したところから、会員制事業の行政規制の動きが政府等にあり、会員保護の観点から早急な立法化が望まれていたところ、議員立法で成立したのが会員契約適正化法である。

2　会員契約適正化法の概[要]

　会員契約適正化法の立法目的は、会[員の]保護という公益目的である。いわゆる[　　]事業監督法である業法の一種である。

　会員契約は、会員制事業を営む者と[会員とな]る者の間の私法上の契約である。この[法律は、]る会員契約に関し、会員となろうとす[る者に対し、]せ、会員契約の締結時期を規制し、会員[　　　　]よって会員契約の適性化を図り、消費者を保護しようとしている。

　この法律は、政・省令に委任する範囲が非常に多いので、会員保護の観点から会員契約に広く網をかける政・省令が望まれるところであるが、現在のところ、50万円以上（これは入会に際して支払われる金銭であり、預託金以外にも入会金も含む）のゴルフ会員契約だけが対象となっている（政令1条）。

　規制の内容を簡単に紹介しておこう。なお、会員契約適正化法の適用については、各項目の該当個所にできる限り記載しておいたので、参照されたい。

(1)　対象となる会員契約

　規制の対象となる会員契約は、50万円以上の入会金・預託金を要する預託金制ゴルフ会員契約がその典型である。ゴルフ場とその他の施設の利用が一体的な会員契約になっている場合も含まれる。株主制ゴルフ会員契約は、株式の取得代金以外に50万円以上の入会金・預託金を要する場合は規制の対象となる。

　外国のゴルフ場も日本国内で募集する場合は規制の対象となる。

　社団法人制のゴルフ場は規制の対象外である（19条2項、政令6条）。

　なお、規制の対象となるのは、原始的な会員契約だけであるから、会員権の譲渡や相続等の会員権の移転は規制の対象外である。

　リゾート会員契約、フイットネス会員契約、テニス会員契約等、ゴルフ会員契約以外のスポーツ施設や保養施設の会員契約は全部対象外である。

規制

会員を募集しようとする際には、会員制事業者の氏名、要な資金の額やその調達方法等の会員制事業者に関する事項、内容、施設についての計画、会員数についての計画、預託金の額期間、会員権の譲渡可否等の会員契約に関する事項を主務大臣に届け出ることを義務付けられている（3条）。

(3) **会員契約締結時期の制限**

会員制事業者等は、施設が開設した後でなければ会員契約を締結することができない。ただし、施設が開設できなくなったときは、保証機関と会員の拠出金の2分の1以上を返還する保証委託契約を締結している場合に限って施設開設前（都市計画法による開発許可を要する場合は開発許可後に限る）に会員契約を締結できることとしている（4条）。

(4) **会員契約締結前後の書面の交付**

会員制事業者等は会員契約の成立までの間に会員となろうとする者に、会員契約の概要と会員制事業者の業務・財産の状況を記載した書面を交付しなければならず、会員契約締結後は指定役務の内容等の会員契約の具体的内容を記載した書面を交付しなければならない（5条、省令8条）。

(5) **広告、勧誘行為等の規制**

会員制事業者等は、誇大広告を禁止され（6条、省令10条）、会員契約の締結等についての勧誘に関し、会員契約の重要な事項について故意に事実を告げず、不実のことを告げることを禁止され（7条1項）、また威迫等による会員契約の締結等の行為、会員契約やその解除によって発生する会員制事業者の債務の履行拒否・不当な遅延等の行為を禁止している（8条、省令11条1項）。

(6) **その他**

会員は5条2項の書面を受領した日から8日を経過するまでの間は、書面によって任意に会員契約を解除できるクーリング・オフの制度が定められている（12条）。また、会員制事業者の業務・財産の状況を記載した書類の閲

覧請求権も規定されている（9条）。

　会員制事業者等の法律違反に対しては、一定の範囲での主務大臣による措置命令の制度（10条・11条）があり、また罰則規定も定められている（22条・23条）。

　また、この法律は施行前の会員契約に適用されない等の一定の経過措置が定められている（附則2条・3条・4条）。

3　会員契約適正化法によって会員の権利は従前と異なることになるか

　会員契約適正化法は、消費者保護法であり業法の一種であって行政取締法規に属する。

　したがって、会員契約適正化法の適用がある会員契約の私法上の効力は、クーリング・オフの規定を除いては、行政取締法規違反の私法上の効力の問題となり、この法律に違反した会員契約がなされても、原則として会員契約自体は有効であるということになる（詳細は今中利昭＝今泉純一・債権管理62号36頁以下参照）。

　また、会員契約適正化法による会員契約の内容も従来の会員契約と特に異なることはない。ただし、会員契約適正化法の適用を受ける会員契約は、会員が会則を承認して入会するというような形態ではなく、会員制事業者と会員の間で直接書面で会員契約を締結することになり、その内容は法律で定められたある程度明確な内容となっているために、会員契約上の権利義務の内容に何らかの解釈上の変化があるのかが問題となる。公権的には、今後の会員契約適正化法の適用される会員契約に関する紛争についての裁判例の集積に待たなければならないが、簡単な検討をしておきたい。

　なお、平成13年4月1日から施行された消費者契約法は、消費者契約における私法上の効力を定めたもので、会員契約にこの法律が適用される場合は、会員契約適正化法に違反する行為が取消しの対象となる場合がある。たとえば、会員契約適正化法では「絶対に儲かる」というようなセールストークを

禁止しているが（同法8条3号、省令11条）、これを誤信しても直ちに民法上の詐欺になるものではないが、消費者契約法では消費者がこのセールストークを信用した場合は契約締結の意思表示の取消しが可能となる（同法4条1項2号）。

(1) **預託金の性格**

　会員契約の締結時期が原則として施設開場後とされたことから、施設開場前の会員契約によって預託された預託金は施設開設費用の原資となっていたという従前の預託金の性格は変化することになる。会員契約適正化法では、会員制事業者は施設開設には別途資金を投入しなければならなくなるから、預託金は投入資金の補填に充てられることになるからである。

　しかし、預託金の法的性質は預け金であり、その使途に法律上の制限がない点は変わっていない。据置期間についての法的な規制はないから、据置期間は従前と同様に定めることが可能である。

　預託金の返還を拒否し不当に返還を遅延させる会員制事業者の行為が禁止され（8条2号）、この違反に対しては主務大臣の指示（10条）や業務停止命令がされる場合がある（11条）が、預託金返還義務の履行が罰則をもって強制されるわけではない。

　施設開場前の会員契約の場合は、施設が開設できなかったときの預託金等の拠出金の返還についてはその2分の1以上の額については保証機関の保証を受けられるが、法律上は、保証が受けられるのは施設開場までに会員制事業者が倒産したような場合で、施設開場後の倒産の場合は保証の対象とはならないことになる。

　なお、会員制事業者と保証機関との間の保証委託契約の内容は、保証の履行要件である「当該施設が開設されないこととなった場合」（4条）とは、会員制事業者に対する破産宣告その他当該会員契約に基づく指定役務の提供を受けることができないことが明らかになった場合（天災・革命・内乱等を除く）であり（政令3条1項、省令5条）、保証期間は会員契約上の施設開設予定日から3年以上とされている（政令3条2項、省令6条）。したがって、

この規定による最小限度の保証委託契約しか行われない場合は、開設予定日から3年以内に会員制事業者の倒産等によって開設義務が履行不能にならない限り保証の履行がされないし、履行遅滞による会員契約解除の場合は保証履行の対象にならないので注意が必要である。

(2) 施設開場請求権

会員の権利である施設開場請求権は、会員契約時には施設が開場しているのが原則であるから問題とはならない。

施設開場前の会員契約の場合は、開場予定日は会員契約の必要的事項であり（5条1項、省令7条1項3号、法5条2項、省令8条1項1号）、会員には施設開場請求権があり、会員制事業者には施設開場義務があることは従前と変わらない。この開設予定日は会員契約上の会員制事業者の開設義務の確定期限なのか、不確定期限の始期なのかという解釈問題も残っている。

会員制事業者の開設義務の履行不能の場合はともかく、履行遅滞の場合の債務不履行解除の遅滞期間（または不確定期限の終期）を開設予定日からどの程度の期間なのかについて解釈も変わらない。

(3) 施設優先的利用権

施設優先的利用権の内容は、会員契約適正化法では「ゴルフ場その他スポーツ施設又は保養のための施設であって政令で定めるものを継続的に利用させる役務」（2条）の提供を請求する権利ということになろうが、その法的性質は変わっていない。

施設優先的利用権に対する役務提供義務の履行の拒否や不当な遅延に対しては禁止規定があり（8条2号）、この違反については会員制事業者に対する主務大臣の指示（10条）や業務停止命令（11条）があるが、役務提供義務の履行が罰則で強制されていないことは預託金返還義務の場合と同様である。

この場合の役務提供義務の履行の拒否や不当な遅延とはどのような場合をいうのかは解釈で決めなければならないことであるが、施設優先的利用権が侵害されているのはどのような場合かという解釈問題に帰着することになり、この解釈問題は会員契約適正化法では解決されていないのである。

施設優先的利用権の侵害の有無の判断には、会員数が問題になることが多い。会員数が多ければ施設利用の機会が物理的に少なくなることは自明のことである。

会員数は、施設の良否、拠出金の多寡とともに会員契約を締結するか否かの判断の重要な要素であるから、会員契約適正化法は会員数の開示を義務付けているし、会員数が会員契約上の内容となっていると考えられる（3条・5条）が、会員数の計画の事後的変更については、どの程度の変更が会員制事業者の会員契約上の債務不履行になり、会員契約を解除できるかどうかの問題は解釈に委ねてしまっている。

会員契約適正化法は、会員数の計画の事後的変更について会員契約で会員に約定解除権を与える場合には、それを届出事項（3条1項2号ト）とし、会員契約締結後の交付書面の記載事項（5条2項8号・3項）としているだけである。しかし、会員保護の観点からは、このような約定解除権の合意をすれば、その契約内容によっては約定解除権の要件に該当しない会員数の計画の事後的変更は会員制事業者の債務不履行に該当しないという解釈を導きやすく、立法論的には疑問なしとはしない。たとえば、当初の会員数を3倍とする会員計画の事後的変更があった場合に、会員に約定解除権を与えるとする会員契約がなされた場合は、会員制事業者は当初会員数の3倍までは会員を募集しても会員契約上の債務不履行にはならないとの解釈がなされる可能性があるということである。

会員契約適正化法の適用のある会員契約に関する紛争では、従来の判例に見られた会員数の開示義務を否定し、会員数の計画を公表しないでなされた会員契約を有効とし、あるいは募集用パンフレットに記載された最終会員数の記載を施設経営企業の単なる努力目標で会員契約の内容ではない、というような解釈ができないことは明らかで、今後は施設優先的利用権の侵害の有無の判断は、当初の計画会員数と実際の会員数との関連を重要な要素として論じられることになるものと考えられる。

また、未開場の場合は、会員契約の条項で施設に関するものは、ゴルフ場

のホール数・ゴルフ場の敷地面積・ゴルフ場に付帯して利用に供される施設の計画だけである（省令7条1項4号、8条1項2号）から、コースレイアウトや付帯設備の不備等による会員契約の解除の可否に関しては依然として解釈に委ねている。

20 会員契約に対する会員契約適正化法以外の規制

1 会員契約適正化法以外の規制

　会員契約適正化法は、会員契約の定義が施設を継続的利用させる指定役務の提供とこれに対する対価として金銭の支払いの契約となっている（会員契約適正化法2条）ので、会員の要件が株主である株主会員制や共有持分を取得する所有権付与制（施設共有制）の会員契約には会員契約適正化法が適用されない。もっとも、施設利用権の対価として株式の取得代金（株主制）や共有持分の取得代金（所有権付与制）以外に金銭を支払う形態の場合はこの法律が適用される。

　また、現在のところ政令で50万円以上の拠出金を支払うゴルフ会員契約だけが適用の対象となっているので、それ以外の会員契約には会員契約適正化法は適用されない。また、会員契約締結に伴う書面の交付やクーリング・オフの規定（同法5条2項、12条）は、平成5年5月19日以前に締結された会員契約には適用されない（同法附則4条）。

　しかし、会員契約適正化法の適用の有無に関係なく他の法律の適用要件を満たす場合は、その法律が適用される。このようなものとして、所有権付与制の場合の共有持分の売買には宅地建物取引業法が適用されるし、保養のための施設またはスポーツ施設の利用に関する契約の場合は特定商取引に関する法律が適用される。

　さらに、平成13年4月1日以降の個人と事業者が行う会員契約については、

民商法の特別法である消費者契約法が適用されることになった。

なお、平成13年1月1日以降の会員契約締結に際してクレジット契約（割賦購入あっせんとローン提携販売）には、割賦販売法30条の4の抗弁の接続が認められるようになったが、これに関しては**13**4で述べたので、ここでは省略する。

2　宅地建物取引業法と会員契約

所有権付与制（施設共有制）の会員契約は、施設経営企業から施設の共有持分（全体の持分の場合も区分所有の専有部分の共有持分の場合がある）を取得することがその要件となっている。この会員契約締結には共有持分の販売を常に伴うので、施設経営企業は共有持分の売買を業とするものに該当し、共有持分の販売には宅地建物取引業法が適用される。

宅地建物取引業法の規制を簡単に説明すると、施設経営企業は宅地建物取引業者として免許が必要で（宅地建物取引業法第2章）、事務所等には必ず宅地建物取引主任者を置かなければならず（同法15条）、業務に関しては、公告については、誇大広告の禁止（同法32条）、公告開始時期は都市計画法の開発許可、建築基準法の建築確認等の後でなければならないとの規制（同法33条）、契約締結手続に関しては、重要事項の説明等（同法35条）、契約締結時期は公告開始時期と同様の規制（同法36条）、契約締結後の書面の交付（同法37条）が要求され、契約内容に関しては損害賠償額の予定等の制限（代金の2割を超えてはならない。同法38条）、手附の額の制限等（手附の額は代金の2割を超えられないし、どのような契約内容でも手附放棄・倍返しの解約権がある。同法39条）、瑕疵担保責任についての特約の制限（同法40条）等の規制があり、契約内容に関しては規制の額を超える部分や規制に反する特約は無効としている。

3　特定商取引に関する法律と会員契約

特定商取引に関する法律（旧訪問販売法）は、訪問販売、通信販売および

電話勧誘販売に係る取引、連鎖販売取引、特定継続的役務提供に係る取引並びに業務提供誘引取引を規制する法律である（同法1条）。

この法律では、役務を有償で提供する契約（役務提供契約）で政令で指定される指定役務も適用の対象になっている（同法2条）が、同法施行令3条3項では、保養のための施設またはスポーツ施設を利用させること（同施行令別表第3・3）が指定役務になっており、本書で取り扱う会員契約の大半がこの法律の適用対象となる。

会員契約は訪問販売で行われる場合があり、会員契約に関する書面の交付（同法5条）とクーリングオフ（同法9条）が重要である。

会員契約に関する訪問販売とは、役務提供事業者（施設経営企業）が営業所、代理店等の場所以外の場所において、役務の提供の申込み（会員契約の申込み）を受け、もしくは役務提供契約を締結する（会員契約の締結）場合等をいう（同法2条1項1号）。

役務の対価の総額が3000円以上の会員契約は、クーリングオフ（会員契約の締結前は申込みの撤回、会員契約の締結後は会員契約の解除）が可能となる。クーリングオフは同法5条に定める会員契約に関する書面を受領した日から起算して8日間は可能である（同法9条1項）から、このような書面が交付されない限り、いつまでもクーリングオフが可能となる。

預託金制のゴルフ会員契約について、このクーリングオフを認めた判例がある（東京地判平8・4・18判タ1594号118頁、ゴルフ法判例72[51]）。この判例は、会員と施設経営企業の間でこの法律のクーリングオフによる会員契約の解除が問題となった事案で、クーリングオフの要件を認定し解除権の行使が権利濫用にならないとして、会員契約締結後約2年半が経過した後の契約解除を認めている。会員契約適正化法施行以前は会員契約を書面で行うことはほとんどなかったから、会員契約が訪問販売で行われた場合、法5条の書面の交付はなされていないと思われ、このような会員契約の場合はクーリングオフの起算日が到来しておらず、クーリングオフによる会員契約の解除がいつまでも可能ということになる。

また、この法律は、指定権利の訪問販売も適用対象としており、保養のための施設またはスポーツ施設を利用する権利を指定権利としている（同法2条、同法施行令3条2項、同施行令別表第2・1）ので、会員契約の締結のみならず、会員権販売業者から訪問販売によって会員権を購入した場合（会員権の譲渡契約）にも適用がある。東京地判平6・6・10（判タ878号228頁）は、会員権販売業者から預託金制のゴルフ会員権を購入した者が行ったこの法律のクーリングオフによるゴルフ会員権売買契約の解除が問題の一となった事案であるが、この判例は、クーリングオフの要件を認定し、施設利用を実際に行っている等の権利濫用の主張を斥けて、クーリングオフによる会員契約の解除を認めている。

4　消費者契約法と会員契約

　消費者契約法は、消費者と事業者との間の契約一般について、契約締結に関する意思表示の取消しや消費者に不利益な契約条項の全部または一部を無効とすることによって、消費者の利益の擁護を図り、国民生活の安定向上と国民経済の健全な発展に寄与することを目的（同法1条参照）とする法律で、平成13年4月1日に施行され、同日以降の消費者契約に適用される（同法附則）。

　民・商法によるだけでは、現在の深刻化する消費者契約紛争を解決できないところから、消費者契約に関し特別な民事ルールを定めた画期的な立法であるとされている。

(1)　適用される会員契約

　消費者契約法にいう「消費者」とは、個人（事業としてまたは事業のために契約の当事者となる場合を除く）であり（同法2条1項）、「事業者」とは、①法人その他の団体、②事業としてまたは事業のために契約の当事者となる個人をいい（同条2項）、「消費者契約」とは消費者と事業者との間で締結される契約をいう（同条3項）。

　したがって、会員契約については、施設経営企業（法人・団体以外でも個

人経営の場合も含む）と上記の「個人」との間の会員契約は、その全部が消費者契約法の適用対象となるので、預託金制以外にも株主制（同法7条2項参照）や所有権付与制（施設共有制）の会員契約も適用対象となる。

　また、会員権の譲渡契約の場合もこの要件に該当する限り（たとえば、個人が会員権販売業者から会員権を購入する場合）、消費者契約法の適用があることになる。

　会員契約に関して消費者契約法の各条項がどのように適用されるかは、今後の解釈問題であるが、今後の適用可能性を含めて説明することとする。

　(2)　**契約締結に関する意思表示の取消し**

　消費者契約法は、第2章（4条ないし7条）で、消費者契約の申込みまたは承諾の意思表示の取消しの要件や行使に関する規定を置いている。

　消費者契約法は、取消しの要件として、事業者が、①重要事項について事実と異なることを告げること（不実告知）、②物品、権利、役務その他の消費者契約の目的となるものに関し、将来の価格、将来の利益その他将来における変動が不確実な事項についての断定的判断（断定的判断の提供）、③ある重要事項または当該重要事項に関連する事項について消費者に利益となる旨を告げ、かつ、当該重要事項について消費者の不利益となる事実を故意に告げないこと（不利益事実の不告知）、によって消費者が誤認し契約を締結したときは、意思表示の取り消しができる（同法4条1項、2項）。①の重要事項とは、契約の目的となるものの質、用途その他の内容、対価その他の取引条件で消費者が当該契約を締結か否かについての判断に通常影響を及ぼすべきものをいう（同法4条4項）。

　会員契約の場合は、将来会員権が値上がりすることが確実であるといって勧誘した場合（②の場合）が典型的な例である（会員契約適正化法でも、このような行為を不当行為として禁止している。会員契約適正化法8条3項、施行規則11条）。このようなセールストークがあって消費者がこれを誤認した場合は、個人の会員は消費者契約法によって会員契約の締結の意思表示を取り消すことが可能となる。東京地判平4・2・17（判タ795号183頁）は、預託金

制リゾート会員契約について、施設経営企業の販売担当者が会員権が値上がり確実と告げたことは、一般的な利殖可能性に言及したもので顧客の関心を引くための勧誘行為として商道徳上許容される範囲であるとして債務不履行や不法行為を認めていないが、消費者契約法が適用される会員契約では、今後はこのような判断は許されないこととなろう。

　会員権の質についての重要事項として考えられるのは会員数であろう。会員数は会員契約を締結する際の重要な判断要素であるから、会員数について真実の募集もしくは募集予定の会員数より著しく少ない会員数を告げ（①の不実告知の場合）、消費者が誤認の結果、会員契約を締結された場合も取消事由となるものと考えられる。この場合の「著しい」とは、少なくとも2倍を超えるものではないものと考えるべきであろう。

　このような誤認惹起行為は、施設経営企業だけではなく会員権募集代行業者によって行われた場合も取消事由になる（同法5条）。

　この意思表示の取消権は、追認ができる時期から6カ月の経過、または消費者契約締結時から5年間の経過によって、時効消滅する（同法7条1項）。

(3) 会員契約の条項の無効

　消費者契約法は、消費者契約において、事業者の損害賠償責任を免除する条項は無効とされ（同法8条）、消費者が支払う損害賠償の額を予定する条項等は一定の範囲で無効とされ（同法9条）、それ以外にも一般の商・民法ルールに比して消費者の権利を制限しその義務を加重する条項で、その程度が民法1条2項の信義則に反する程度のものは無効としている（同法10条）。

　預託金制会員契約において、施設が開設されなかった場合に預託金の返還以外に損害の賠償を行わない旨の条項がある場合は、施設経営企業の開設義務違反の場合はこの条項は消費者契約法8条1項により無効となる。また、事後的に経済情勢等の変動その他の事由によってクラブを閉鎖することができ、その場合は預託金の返還のみ行うとの趣旨の条項がある場合は、当該クラブの閉鎖の原因が施設経営企業の債務不履行になる場合は、このような預託金のみの返還で足りるとする条項は無効である。

除名や会員の義務違反の場合に預託金の全額またはその一部を没収する趣旨の条項、ローン会員で施設経営企業がクレジット会社等に保証債務の履行をした場合は会員は退会となり預託金相当額の一部を損害金とする趣旨の条項等、会員契約の会員の債務不履行による会員契約の解除に伴う損害賠償の予定または違約金を定める条項がある場合、その一部は無効とされる。この損害賠償の額の予定と違約金の合計額が当該条項において設定された解除の事由、時期等の区分に応じ、当該消費者契約と同種の消費者契約の解除に伴い当該事業者に生ずべき平均的な損害の額を超える場合は、その超える部分が無効とされている（同法9条1項）。

　この平均的な損害の額を算定することは社会通念で決定するより方法がないが、その算定自体が非常に困難ではないかと考えられる。預託金制の場合はその平均的損害額算定の方法として、返還請求権が無利息債権であり預託金据置期間中は無利息で運用できるものであるから、会員契約の解除が預託金据置期間中の場合は、預託金据置期間満了時までの中間利息相当額（利率は商事法定利息年6％として、倒産法の議決権行使や劣後債権算定方法である単利による算定を行うか、残存期間に対する複利による算定を行う）と、新規会員を補充するための募集経費等の合計額を平均的な損害額として算定する方法が考えられる。預託金据置期間経過後の解除の場合は預託金の中間利息相当額自体がないので、募集経費等が平均的な損害額と考えられる。

　施設経営企業がクレジット会社等に保証債務の履行をした場合の会員に対する求償権に対する賠償金の率については、消費者契約法9条2項の趣旨（消費者契約に基づき消費者が事業者に金銭を支払う場合で、その遅延損害金の率が年14.6％を超えるときは当該超える部分は無効とする）を類推すること自体が困難なので、利息制限法の適用が考えられるだけであろう。

第3章

会員権の内容の変更

21 会員権の種類の変更

　会員権は種々の観点から分類することができ、その組合せによって様々な種類の会員権がある。その相互間において、一方から他方へ会員権の種類を変更できることは、会員権が会員契約上の会員の地位であることから認められるべきであるし、現に変更される例もある。

　会員権の種類の変更は、それがどのようなものであっても、当然に会員権の内容の変更があることになるが、このような変更は会員契約の重要な要素の変更であるから、契約当事者の一方的行為によってはなし得ないことは当然で、会員と施設経営企業の新たな合意によらなければならない。

1　利用の対象施設の種類の変更

　施設経営企業が種類の異なる施設の会員契約をしている場合に、この利用目的により異なる種類間の会員権を変更することは可能である。たとえば、ある施設経営企業がゴルフ場とレジャー施設を経営しており、このゴルフ会員権をレジャー会員権に変更するといったような場合である。この場合はゴルフ会員契約を合意により解除し、新たにレジャー会員契約を締結するという方法も考えられるが、会員契約の利用対象物を変更して、預託金額を変更（追加預託）する等の変更合意により会員権を変更することができる。

　低価格のゴルフ会員権を高価格の別のゴルフ場を含むレジャー会員権に変更されるような例は相当数あり、また高価格のレジャー会員権を低価格のスポーツの会員権に分割するといったことも起きている。

2　利用主体の区分による種類の変更

　婦人会員や家族会員を追加預託金の支払いにより個人会員にしたり、複数記名の記名法人会員を複数の単名法人会員にしたりするような、利用主体の区分による会員権の種類の変更である。

会員権の会員自体が変更される場合は会員権の種類の変更ではなく、会員権の移転である。したがって、無記名法人会員を記名法人会員とすることは会員たる法人に変更はないから会員権の変更であり、会員権の移転ではないことになる。無記名法人会員を記名法人会員とすることは、会員権の権利者自体に変更がないところから施設経営企業の一方的行為によってなしうるように見えなくはないが、利用者の範囲が異なり、会員権の内容の重要な変更であるから、会員の個別的同意なくしてはこれをなし得ないのである。

　法人会員を個人会員としたり、その逆の場合は、法人と個人は法主体が異なり、かつ会員権の種類が異なることになるから、会員権の種類の変更と移転を伴うことになる。

　利用主体の区分による種類の変更は時々行われている。

　また、預託金制ゴルフクラブが預託金返還請求に対処するために、会員権の分割と称して、預託金を分割し2個以上の会員権にして、本来の会員権以外に同一の内容の会員権を会員に与え、会員は新たに与えられた会員権を他に譲渡して投下資金の一部回収を容易にさせるとか、あるいは、新たな会員権は家族会員権等にするというような措置がとられることもある。

3　利用権の範囲の区分による種類の変更

　利用権の時間的範囲の区分による種類の変更は、平日（週日）会員を正会員に変更するという場合である。通常は預託金の額が正会員の方が多額であるので、追加預託金を徴収するという方法がとられることになる。

　利用権の物的範囲の区分による種類の変更は、共通施設会員を限定施設会員に分割したり、その逆の場合や、単一の施設の会員を複数の共通会員としたりする場合である。単一の施設の会員を追加預託金を徴収して共通会員とすることはよく行われている。

　当初の会員契約によって合意された施設利用の時間的、物的範囲は、その利用対象施設が契約当時、完成開場していたか否かに関係なく定まることになるから、当初の契約内容の範囲を超える時間的、物的利用は、新たな施設

経営企業との合意を要することになるのである。一方、施設経営企業はこのような合意を会員に強制することはできない。

4 施設の経営形態の区分による種類の変更

社団法人制、株主制、預託金制、所有権付与制、会費制等の施設の経営形態の区分による種類の変更であるが、施設の経営形態の変更を伴うことにより大量に集団的な変更契約を要することになるので、このような例は稀である。ただ、会費制クラブが預託金制クラブに移行することに伴い、会費制会員権を預託金制会員権に変更する場合はある。このような場合は会費制会員は通常契約期間があるから、預託金会員になることを拒否する会員がある場合は、契約期間の満了によって会員権は消滅することになるから、このような会員を排除するためには、契約期間の満了まで待てばよいことになるのである。

また、株主会員、預託金会員の併用型のクラブで預託金会員を株主会員に変更することはある。

さらに、最近では、預託金返還問題に対処するために、倒産処理の一環として、預託金や会員権を株式の出資金に振り替えることが行われる場合もある。施設経営企業が同一性を保ちながら、預託金返還請求権に対する代物弁済として施設経営企業の新株を渡すような方法の場合は、集団的な預託金会員権から株主制会員権への種類の変更となる。

22 施設利用の内容の一方的変更

1 問題の所在

会員契約上、会員の施設利用権はもっとも基本的な権利であるとされている。会員が従前から行使してきた施設利用に関する権利ないしは恩典が、事

後的に施設経営企業からの一方的な変更によって制限を受けるなど、不利益を被る場合がある。

施設利用権は債権であるが、意外に曖昧な権利でその外延が不明瞭で、具体的に施設経営企業にどのような行為を要求できるのか判然としない場合が多い。会則に施設利用権の具体的な内容が詳細に記載されていることは通常はないし、会員契約適正化法でも指定役務の義務履行に関する具体的な詳細な内容は募集の届出、会員契約における交付書面の記載事項になっていない。施設利用権の具体的内容は、施設利用の対象となった施設の物的範囲、会員の種類に応じた利用に関する時間的範囲については、会則に規定があろうとなかろうと会員契約上の合意事項となっていること、施設利用を著しく困難にするような不利益な変更はできないという程度の施設利用権があることはあまり争いがないが、その程度が限度であり、それを超えて具体的な施設利用権行使方法が会員契約上の合意事項となっていたと解釈できるかどうかは問題である。

施設利用の一方的な不利益変更の態様も様々であり、当該不利益変更が会員契約上の施設経営企業の義務違反となるかどうかも、この契約事項かどうかという観点からも決定されることにもなる。

事後的な会員の利益に関する一方的な不利益変更は、施設利用権に限らず、会則や細則等の変更を伴う場合もあるし、事実上行われる場合もある。

本問は、会則等の一方的変更の一場合でもあるので、一般論としての会則等の変更の問題を説明し、施設利用の内容が不利益に変更された場合の問題点と会員の対処法を説明することとする。

2　会則等の意義と変更の可否

(1)　会則等の意義

会則等は、会員契約締結の際クラブないし施設経営企業から会員に対して示され、会員は、これらの会則等を承認したうえ誠実に履行することを約して入会するのが一般である。

したがって、会則等の法的性質はクラブの種類によって異なるが、そのいずれにおいても、会員契約の内容を明らかにする資料としての意味を持つ。また、会則等の名称には定款、会則、会員規約、細則、規則、規定等種々の用語が使用されているが、そのいずれもが会員契約における会員と施設経営企業との合意内容と考えられる場合は会員契約の内容たる条項をなす。

　会員契約締結後、会則等が変更された場合に、会員はこれに拘束されるのか。具体的には、会則等に「変更は理事会の決議により行うことができる」と規定されている場合に当該理事会の決議により変更された場合はどうか、そのような規定がない場合はどうか、規定を新設する場合はどうか、が問題となる。

　前記のとおり、会則等の法的性質はクラブの種類（❷参照）によって異なるので、場合を分けて説明する。

(2) クラブが法人格を有するもの

　クラブが社団法人として法人格を有する場合には、民法の規定（33条ないし84条の2）が適用されるので、定款、定款の委任に基づく規則等は、クラブの法規範としての効力を有し、その運営は団体法理である多数決原理によって決せられることになる。

　したがって、社員たる会員は、これら定款、規則等の変更にあたり、手続的な違背のない限り、これに賛成反対を問わず当然に拘束されることになる。会員は、団体法理による拘束を受けることになるが、それも個々の会員が入会するにあたり、これらクラブの法規範を有効なものとして同意しているからに他ならない。

(3) クラブに法人格はないが社団として認められるもの

　クラブが代表の方法、総会の運営、財産の管理に関する会則等を備え、それに従った運営が現実になされている場合は、法人格なき社団として民法の社団法人の規定が（類推）適用される。このようなクラブは社団としての実質を有するのであるから、前記(2)の場合と同様、定款、規則等の変更は会員を当然に拘束するのである。

(4) クラブが社団性を有せず、単なる遊戯、親睦団体に過ぎないもの

　クラブが会員を構成員とする団体としての形をとっているものの、前記(3)の社団として認められるための要件の一部または全部が欠けているものであり、預託金会員制ゴルフクラブや、株主会員・預託金会員併用制ゴルフクラブ、その他のテニスクラブ、レジャークラブのほとんどのものはこれである。

　このような団体の会則等の法的性質については、次の2つの説があるとされる。

① 約款説　　多数の会員との間で締結される入会契約を一種の附合契約とみて、会則等は当然にその内容どおりの契約内容となる。

② 契約条項説　　入会契約に際し会則等を承認して入会した会員の意思表示に基づき、会則等は契約内容となる。

　判例の中にも、普通契約約款であるとするもの（大阪高判昭63・5・31判時1296号63頁、ゴルフ法判例72㊺）と契約の内容であるとするもの（最判昭61・9・11判時1214号68頁、ゴルフ法判例72㉟）がある。

　会員契約は本来会員と施設経営企業とのいわば1対1の個別的な法律関係であること、施設経営企業の経営基盤および経営方針が現在なお不安定で、契約の内容となるべき会則等が現在なお不統一であるという実態に鑑みるときは会員の保護を図る必要があることから、会則等の法的性質は契約条項に過ぎないものと解し、その変更には会員の同意が必要であるとするのが妥当である。

　ただ、契約条項説に従っても、いかなる変更であっても会員の同意を要するというわけではない。問題は、会則等の変更に関し、どのような場合に、どのような理由で個々の会員の同意を不要とするかである。

　この点については、会員権の財産的価値という経済的側面を考慮しつつ、会員契約が長期にわたる継続的契約関係であるところから考えるのが妥当であろう。すなわち、会員契約の内容となる入会当時の会則等の合意内容は、その当時の社会的・経済的状況および会員と施設経営企業間の諸事情に基礎をおくものであるが、このような基礎となった事情の入会後の変化に応じ、

契約内容も信義誠実の原則により変更しながら継続していくのである。したがって、会員の基本的権利に関するものであっても、その変更が合理的かつ必要性がある場合に限り、施設経営企業よりこの変化に応じた内容の変更の申入れをすれば、その申入れどおりに会則等の変更をなすことができ、会員契約の内容も変更し得るものとなると解するのである。

なお、この点に関し会則等には、会員の権利義務に関する規定とその他の規定（クラブの管理・運営に関する規定）とがあり、前者は個々の会員の同意なくして会社は一方的に会員に不利な変更をすることは許されないが、後者は個々の会員の同意がなくとも会社は単独で有効に変更できるとする判例（東京高判昭49・12・20判時774号56頁）がある。

このような二分類説とも呼ぶべき見解は、2つの観点からみて妥当とはいえない。第1に、会員の具体的な権利、義務が会則等に規定がなくとも合意事項として認められる場合があることである。たとえば、会則等には具体的な預託金額の記載がないのが普通であるし、会員の種類の記載があっても正会員や平日会員等の施設利用の時間的範囲について記載がない場合が多いが、このような事項は会則等に記載がなくとも、会員契約の性質上、当然に会員契約の具体的内容となっているのである。このような権利の変更の問題は二分類説では解決できないことになる。第2に、二分類説は説明の方法としてはわかりやすいようにみえるが、分類の根拠が不明確で、当該条項が会員の権利義務の条項かその他の規定かが一義的に決定されないからである。

したがって、このような問題を考える場合は次のような整理が必要であろう。

まず最初に、個々の変更された従前の事項が当該会員契約上の会員の権利義務に関する合意条項であったかどうかを、会則等の記載を重要な資料として意思解釈するべきである。

当該条項が会員契約の条項となっていなかったと解釈できる場合は、このような変更は、契約上の権利を変更するものではないから、施設経営企業は任意になし得るものである。ただし、その変更が施設利用権の直接の侵害に

あたるような場合は施設利用に対応する施設提供義務の違反となる。

当該条項がその変更についてあらかじめ予定がされていたと解釈できるような場合、言い方を変えれば、当初からある程度の幅を持って合意されていたと解釈することができる場合は、当該変更が合意の範囲を超えて変更されたどうかの問題となる。

当該条項が会員契約の確定的な合意条項となっていたと解釈できる場合は、そのような契約上の権利の変更は会員の個々の承諾を要することとなるのが原則であるから、例外的な事情変更の原則等による会員契約の内容の一方的変更の可否の判断を行うべきであろう。

前記の東京高判昭49・12・20の二分類説の考え方は、その後の判例にも踏襲されている（たとえば、東京地判昭54・7・10判時944号65頁、大阪地判昭60・10・7藤井＝古賀152頁・294頁、大阪高判昭63・5・31判時1296号63頁、東京地判平6・10・24判時1543号142頁など）が、最近では二分類説によらないで結論を導いている判例が多くなっている（東京地判平8・6・24判時1600号110頁、東京高判平9・8・28判時1634号77頁、東京地判平11・3・12判時1699号93頁など）。

3　施設利用に関する不利益変更とその効果

施設利用に関する不利益変更の態様は様々であるが、大別すると、施設利用の物的範囲を変更するもの、施設利用の時的範囲を変更するもの、施設利用権の行使方法を変更するもの、施設利用の対価を変更するものに分けられる。いくつかの判例が公表されている。

(1)　物的範囲の変更

施設利用権の物的範囲は会員契約によって定まるものである。しかし、会員契約時に施設が未開設である場合や、その後に既存の施設を新たな施設に変更したり新たな施設が開設された場合にどの範囲の施設に施設利用権が及ぶかは、会員契約時に明瞭に合意がされていない場合が通常で、施設利用権の物的範囲は当該会員契約の意思解釈によって定められなければならない。

第3章　会員権の内容の変更

施設経営企業が従前の会員に対して新たな施設の提供を拒否した場合に、紛争が生じることになる。この場合は、当該新たな施設が会員契約上、施設利用の対象となっていたかどうかによって結論が異なることになる。当該施設が施設利用権の対象でなければ新たな施設に対して施設利用権は及ばないので、ここでの物的範囲の事後的な変更の問題とはならない。新たな施設が会員契約当初から施設利用権の対象となるものであったとすれば、このような施設を利用できることが会員契約上の具体的な権利になっていることは明らかで、このような物的範囲の変更は当該新たな施設に対する利用を拒否していることに他ならないのであるから、施設経営企業の具体的な債務不履行であり、会員としては訴えをもって直接施設経営企業に対して当該施設の利用を要求できるし、債務不履行による会員契約の解除も可能で、また損害賠償の請求もできることになる。この問題は㉕で詳しく説明することとする。

(2)　時間的範囲の変更

施設利用権の時間的範囲は会員契約上の具体的な合意内容となっていると考えられるので、この変更は特別な事情のない限り会員の個別の同意がない限りなしえない。

たとえば、施設が開場している限りその全日の利用を認めていた正会員に対して、土曜、日曜、祝日に利用を認めず、また特定の日の利用を認めないというようなことは許されないし、また、土曜日の利用が契約内容になっていた平日会員に土曜日の利用を禁止するようなことは許されない。

クラブには休業日がほとんどないものや、あるいは特定の平日の曜日を休業日としている例が多いが、いわゆる年中無休としていたものが特定の休業日を定めたり、休業日を別の曜日に変更したりすることが可能かどうかは、微妙な問題がある。会員となった者が、そのような変更によって施設利用が困難になるという事情がある場合は、そのような会員に対しては、定休日の新たな設定や定休日の変更は債務不履行になるものというべきであろう。

この定休日の変更に関し、飲食店の経営者で定休日が火曜日であった者が金曜日が定休日の預託金制ゴルフクラブの平日会員になったところ、その後

ゴルフ場が一方的に定休日を金曜日から火曜日に変更したので、会員契約の目的を達することができないとして会員契約の解除と入会金・預託金相当額の返還を求めた事案で、会員契約の解除を肯定した判例（東京地判平6・10・24判時1543号142頁）がある。この判決は、休業日の設定は会則や募集要項等には明確な定めがなくとも、そのことを一般的に告知し会員が了知して会員契約を締結した以上、休業日の設定は会員契約の権利義務の内容となっているとしている。また、この判決は入会金不返還特約は施設経営企業の債務不履行の場合には適用されないとしているが、そのように解する根拠を示していない。本件は契約解除の例であるが、このような場合に変更した定休日に施設利用をさせることを施設経営企業に請求することが可能かどうかは問題である。大半の会員にとっては、このような定休日の変更によっては施設利用の目的を達成することができなくなるということは通常考えられず、特定の会員に施設利用をさせるためには施設経営企業にとって過分の費用や負担があることを考えると、このような施設利用の請求は権利濫用として許されないものと考えるべきであろう。

(3) 利用権行使方法の変更

会員は、本来は、利用を望むときに自由に施設を利用できることが望ましいのであるが、施設利用に目的とも関連して施設利用に予約を要するとするクラブも多い。たとえば、フィットネスクラブの場合は通常は会員のみが利用することを予定していることが多いし、1回当たりの利用時間も比較的短時間であるから予約を要しないのが通常であるが、ゴルフクラブやリゾートクラブの場合は予約を要するものが多い。

非会員（ビジター、ゲスト等と呼ばれる）を同伴して施設利用をすることが会員の会員契約締結の目的のひとつになっている場合も多い。この同伴の機会を多くすることは他の会員の施設利用の機会を制限することになるし、同伴を極端に少なくすると会員の会員契約締結の目的を達することができないという事態が生じる。施設経営企業にとっては、非会員の利用を多く認めると収益が増加する（非会員は会員より利用料金が高い）ことになるので、どの

程度非会員の利用を認めるかは、施設経営企業の営業政策の問題でもある。

利用権行使方法が会員契約上明示されることはないし、会則等にも記載がないのが通常であるから、このような利用権行使方法の事後的な変更がされた場合、従前の行使方法そのものが会員契約の内容となっていたかどうかが微妙な問題となるし、会員契約の内容となっていたとして、その変更は特別な合理的な理由があるのかどうか、会員契約の内容となっていないとしても当該変更が本来の施設利用権を侵害しているのかどうか、等が問題となる。判例もいくつか公表されている。

(イ) **予約方法等差別的取扱い**　預託金制ゴルフ場において、預託金以外に新たに入会協力金を支払った正会員をグリーンカード正会員とし、予約方法およびスタート時間について他の正会員と異なった特典を与え、またこれと同様の特典を付与した新会員をゴールドカード正会員として募集した事案について、会則を検討して本件会員契約ではゴルフプレー権について正会員はすべて平等に取り扱うべきことが会員契約の内容になっていたとして、このような特典を付与し結果として従前の正会員を従前より不利な地位に置くことは、従前の正会員の会員契約上の権利を侵害する行為であり、個別の同意のない限り許されないとした判例（東京地判平5・8・30判時1494号113頁、ゴルフ法判例72[31]）がある。

この特典とは、午前の一定の時間帯の21組分を優先枠とし、一般正会員はこの枠については1週間前まではキャンセル待ち以外には予約を受けつけず、1週間前になっても空きがあった場合に限り一般正会員の予約を受けつけるというものである。一般正会員からすれば、従前はこのような差別的取扱いがなかったのであるから、当該時間帯の部分については施設利用権行使方法を不利益に変更したものであると評価でき、この不利益変更は、18ホールのゴルフ場の1日当たりの入場人員が40組から50組程度とされていることから考えると、正会員の施設利用権を侵害することは明らかで、許されないものというべきであろう。

(ロ) **予約方式の採用と同伴権の拡大**　預託金制ゴルフクラブにおいて、当

初は会員は予約なしでプレーでき、同伴ゲスト数は土曜、日曜、祝日は会員1名につき1名、平日は会員1名につき3名であったが、その後プレーには予約を要することとし、同伴ビジター数は土・日・祝日も平日と同様3名と変更されたことによる予約制度と同伴ゲスト枠の廃止が債務不履行事由になるかどうかが争われた事案で、判断が分かれた例がある。

　第一審（札幌地判平10・1・29判時1668号123頁）は、従前の予約不要とゲスト枠の設定は会員契約の契約内容で予約制度の導入と特別ゲスト枠の廃止はプレーの仕組みを基本的に変更したものとして施設経営企業の債務不履行と判断したのに対し、この控訴審（札幌高判平11・2・9判時1693号82頁、ゴルフ法判例72[30]）は、従前のシステムは当該会員契約締結時（開場前の会員契約）の入会案内書に記載がないこと等を理由に、従前のシステムの採用が当該会員契約の内容とはなっていなかったこと、後に従前のシステムが変更されたがこれはゴルフ場の管理・運営に関する事項であること、仮に当該従前のシステムが会員契約に付随するものとして施設経営企業において遵守すべき側面を有していたとしても、予約はわずかな労力でなしうることであって会員に格別の負担を強いるものではないし、我が国のゴルフ場では予約制度はごく一般的なものであり本件変更によって会員契約に基づく優先的な施設利用権が特に阻害されたとは認められないこと、システムの変更は会員の要望であったことからすると、本件変更は本件会員契約を解除しうる程度の債務不履行にならないとして、会員契約の債務不履行解除を認めた第一審判決を取り消して、会員側の請求を棄却している。

　第一審は予約不要・特別ゲスト制がプレーの基本的な仕組みで会員契約の内容となり、その変更は当然に債務不履行になると判断しているに対し、控訴審はこのシステムは会員契約の内容とはならず、論旨は明瞭ではないが、そのシステムが二分類説にいうゴルフ場の管理・運営に関する事項で会員契約上の権利義務ではなく、仮にそれが会員契約上の義務となるとしても、その変更は会員側の要望でもあり、会員にとって特段の不利益をもたらすような重要な価値を有するものとして認識されておらず、システム変更によって

会員の施設利用権を具体的に侵害していないから、会員契約の解除を可能とする程度の債務不履行にならないと判断しているようである。

　本件のようなシステムは、会員自身の施設利用を最大限に尊重するために、ビジター同伴を制限して会員の予約を不要としたものであると考えられ、本件ゴルフ場はそれを「売り」にしようとしていたのではないかと思われ、このシステム、特に予約の要否は会員の基本的な権利である施設利用権の具体的な行使方法を定めたものであることを考えると、このシステムは会員の権利義務に関する条項であり、それが当該会員契約締結当時の合意事項ではなかったとしても、その後の当該システムの施行により会員との間での黙示的合意事項となったものと考えるべきであろう。そして、このような変更がされた実質的な理由は、本件ゴルフ場は会員が多いか、あるいはアクティブメンバーが多く、予約なしのプレーでは待ち時間が多くなり、不評であったということではないかと思われ、そのようなことを考えると予約制の導入は会員一般の施設利用権の調整のために行われたもので、会員契約上の会員の権利の一方的な変更であっても、必ずしも不利益変更とまではいえないことから、このような施設経営企業の義務違反は債務不履行責任の要件である違法性がなく、債務不履行とまではいえないと考えることが妥当であろう。また、同伴ビジター数の増加も会員の要望であったとしたならば（控訴審判決はその具体的な事実については認定していない）、本件ゴルフ場の会員になった者にとっては、同伴権が拡大することが会員各自にとって利益的な変更になるということではないかと思われ、そうだとすると、この義務違反も違法性がなく、債務不履行にならないと考えるのが妥当ではないかと思われる。

　(ハ)　**同伴の禁止**　　前記の事案は、同伴ビジター数を拡大する変更が行われた例であるが、これとは反対に、当初は認めていた土曜日のビジター同伴をその後禁止し、会員のみの利用に限定する変更を行ったことがゴルフ場施設経営企業の債務不履行になるかどうかが争われた事案がある。東京地判平7・11・21（判タ915号143頁）は、ビジター同伴について会員契約上特別の合意があったかどうかは認定することはせずに、会員契約は本来会員自身が

優先的にゴルフ場を利用することを保証するものであって非会員の利用を保証するものではないから、一般的には会員の優先的利用権を確保するため非会員のプレーを制限する必要がしばしば生じるのであるが、他面ではゴルフは複数人で楽しむスポーツであり、会員が非会員を同伴してプレーすることも多くのゴルフ場でみられるところであるから、ビジター同伴を制限することはその程度が過ぎると会員の当該ゴルフ場の利用権を実質的に侵害することになりかねないとし、これによると別段の定めがなければある程度のビジター同伴を受け入れることは入会契約の内容となっているものと解されるとしている。そして、本件ではビジター同伴が禁止されたの土曜日のみで、平日はもとより日曜、祝日について3名までの同伴が可能であったと認められるとして、土曜日のビジター同伴禁止をもって過度の制限がされたとはいえず債務不履行にはならないと判断し、債務不履行解除の請求を棄却している。

　ビジター同伴が具体的な合意事項でないとすれば、この判例のような結論になるものと思われる。ただ、ビジター同伴の権利も施設利用権の一内容ととらえれば、ある程度のビジターを受け入れることが会員契約の内容になっていたと判断しないで、過度の制限が会員の施設利用権の侵害になり会員契約上の債務不履行になると判断しても、結論自体は変わらないことになろう。ビジター同伴の特約に関しては、たとえば、会員契約締結時に土曜日のビジター同伴が明示され、当該会員にとって土曜日のビジター同伴が会員契約を締結するかどうかの重大な判断要素となったと認められるような事情がある場合（近時は土曜日が休みの企業も多くプレーの需要は土曜日の方が日祝日より多いという現実があり、会員が法人で顧客の接待を目的として会員契約を締結したような場合）は、上のような判例の結論にはならず、反対の結論になると考えるべきである。

　(4)　利用の対価の変更

　会員契約は有償契約であるから、対価を伴うものであり、それが入会金、預託金や会費であったりするが、具体的な施設利用には利用料という対価が必要であることが通常で、その対価は非会員より低額であることが会員契約

の特徴のひとつである。そのうち、会費の増額は㉖で取り扱うので、ここでは具体的な施設利用の対価についての不利益変更を取り扱う。具体的な施設利用の対価の不利益変更は、実質的には、施設利用権の制限としてとらえられる。具体的な施設利用の対価は、会費と同様に、会員契約上の権利義務に関する合意事項であるから、その一方的不利益変更については、事情の変更等合理的な理由のない限り許されるものではない。

　海外リゾートクラブの会員契約に関し、当初は会員の施設利用（ハワイその他のリゾート拠点と提携施設）は無料であったが、後にその一部を有料とし、年会費を値上げしたことが許されるかどうかが問題となった事例があり、東京地判平11・3・12（判時1699号93頁）は、施設利用が無料である特典は会員契約上の会員の基本的かつ重要な権利であるとし、会員の基本的な権利義務に関する事項の変更は無条件で一方的に行うことはできず、契約締結後著しい事情の変更が生じるなど、これを変更するにつき合理的な理由があり、かつ必要性がある場合に初めて認められ、しかも会員の権利義務に著しい変更を生じないなど合理的かつ必要な限度でのみ認められるとし、本件変更はこの要件を満たさないとして、施設経営企業の会員に対する損害賠償責任を認めている。このような結論自体は妥当であると考えるが、施設利用料に関する合意は会員契約上の会員の基本的かつ重要な契約条項と考えられる以上、この不利益変更の可否の判断にあたって、施設経営企業にとっての必要性を過度に強調することは妥当ではないであろう。

　この判決の事案に限らず、会員の利用料金についてどの程度までの不利益変更が許されるかは、対象施設の種類や施設利用の内容、預託金の多寡その他会員契約締結の経緯、その後の事情の変化の内容や不利益変更の必要性、変更される不利益の程度など諸般の事情を斟酌して社会通念で決定する以外に方法はないものと考えられるが、バブル崩壊後の不況の長期化によって、利用者が減少し主たる収入源を利用料収入に頼っているゴルフ場やリゾートクラブの場合は、施設経営企業は経営が苦しく、収入維持の必要性からこれまであまり手をつけたがらなかった会員の利用料の変更を行う例も増加し、

このような紛争は今後増加するのではないかと思われる。

23 預託金の据置期間の変更

1 預託金の据置期間

(1) 据置期間のもつ経済的な意味

　預託金制クラブにおいては、会員は施設経営企業に対し、会員契約締結時に所定の金員を預けるが、この預け金を預託金とよんでおり、会則で預託金について据置期間が設けられているのが通常である。

　会員は、据置期間満了前は施設経営企業に対し、預託金の返還を求めることはできないが、据置期間満了後はいつでも、退会によって施設経営企業に対し、預託金の返還を求めることができる。

　預託金は、経済的には施設経営企業によって、用地の取得、施設の建設等の施設開設のための資金として固定化されるものであるから、多数の会員から入会間もない段階で、退会の申し出がなされた場合には、預託金の返還に応じ得ない事態が予想される。そこで、このような事態を避けるために、施設経営企業の経営が軌道に乗って、預託金の返済原資を確保できる程度の資産状態になるまでの一定期間を設定し、この期間内は会員からの預託金返還請求を認めないことにしたのである。

　また、開場後経営が安定して、会員権の相場が預託金額を上回れば、投下資本の回収を行おうとする会員は施設経営企業から預託金の返還を受けるよりも会員権を譲渡した方が有利になる。したがって、施設経営企業としては、会員権の相場が預託金額を上回るまでの期間を想定して、その期間中は、会員からの預託金返還請求に応じないことにすれば、上記期間が経過したときに期待どおりに会員権の相場が預託金額を上回っておれば、会員は預託金の返還を求めてこないことになり、その後の会員権相場の暴落がないかぎり、

預託金の半永久的な運用が可能となる。据置期間は、施設経営企業の上記のような意図から設けられた期間なのである。

(2) **据置期間の法的な性質**

預託金返還請求権が行使できるのは、据置期間の満了と退会の意思表示があったときである。

退会とは、継続的契約である会員契約の会員に与えられた約定解除権行使の意思表示である。据置期間満了前に会員が退会できるかどうかは問題のあるところであるが、据置期間は会員契約の契約期間の定めではないと考えられるから、特別の明示の契約条項でもない限り、据置期間中でも退会できるものと考えるべきである（その詳細は⓬3(1)参照）。

そうすると、退会が据置期間満了前になされた場合は、預託金返還請求権が行使できる時点は据置期間満了時ということになり、据置期間満了後に退会があった場合は、預託金返還請求権が行使できるのは退会の意思表示の時点ということになる。

法律行為に関する附款という点からみると、据置期間の満了は将来必ず到来する事実で会員契約時には定まっているから、確定期限である考えることができるが、退会は会員の意思のみにかかるもので、会員は一生会員であることを望む場合もあるから、退会が将来必ず到来する事実であるともいえず、条件なのか不確定期限なのかはっきりしないのである。預託金返還請求権が条件が付された債権なのか不確定期限付債権なのか、判別が困難である所以である（その詳細は❾2(4)参照）。

2 預託金の据置期間の延長

施設経営企業の企図したとおり経営が順調に推移し、会員権の相場も上昇すれば、当初の据置期間の定めが功を奏することになるが、逆に施設経営企業の思惑がはずれた場合には、据置期間満了後の会員による預託金の返還請求が相次ぎ、新たに会員募集を行ってみても資金的に追いつかず、預託金の返還に応じきれないという事態が発生する。

そこで、施設経営企業はこの事態を予測して据置期間の定めと併せて、会則中に、理事会の決議により据置期間を延長することができる旨の規定を置いている場合が多い。

昭和48年と53年の2次にわたるオイルショック後にゴルフ業界を襲った会員権相場の暴落に端を発し、預託金額よりも会員権相場が著しく低額になるに及び、会員契約時に定められた預託金返還請求権の据置期間満了を待望し、その期間が満了するや否や直ちに返還を求める多数の会員が現れるに至ったときに、このような会員からの預託金の返還請求に対抗して、施設経営企業が講じた手段が前記のような規定を利用した据置期間の延長であった。

この預託金の据置期間も延長の有効性を巡って訴訟が数多く提起され、最高裁をはじめ相当数の判例が公表された（最判昭61・9・11判時1214号68頁ほか）が、そのいずれもが、据置期間の延長は会員の個別の同意を得ない限り会員を拘束するものではないと判断し、この問題は判例上は決着がついたものと考えられていた。

その後、オイルショックによる不況は回復して徐々に好転し、このような紛争は沈静化した。昭和62年頃から平成2年頃までのいわゆるバブル景気の時期には資金募集の環境もよく、高額な預託金のゴルフ場が数多く開設された。しかし、平成3年以降のバブル経済の崩壊とそれに引き続く不況の長期化・深刻化は現在に及んでおり、バブル期に開設されたゴルフ場は預託金据置期間を10年間程度とするものも多く、この期間が満了する平成9年頃から預託金償還問題が再燃し、その深刻度はオイルショック後の比ではなく社会問題化しつつあるといっても過言ではない。施設経営企業は、従前と同じように預託金返還に対応する措置として預託金の据置期間の延長を行い、同じような延長の有効性を巡る紛争が繰り返されている。判例も公表されているが、前回と異なるところは、下級審において、依然として据置期間の延長が会員を拘束しないとする判例が大多数を占める（大阪高判平11・2・26金商1067号38頁ほか）が、延長決議を有効とする判例が少数ながら出ている（東京地判平10・5・28判時1643号156頁、東京地判平10・9・24金法1529号57頁、東

京地判平10・12・25金商1059号11頁、東京地判平11・1・13金法1539号72頁など）ことである。

3　据置期間の延長の会員に対する効力の有無

(1)　預託金制会員契約の基本的視点

この問題を考えるについては、預託金制会員契約における預託金返還請求権の位置付けをどのように考えるかということが前提となると思われる。

4で詳細に述べたように、会員契約は種々の特質を持つ契約である。預託金制会員契約は、預託金を預託する（かつ預託し続ける）ことを要件とする会員契約である。

また、会員にとっては会員契約は施設経営企業との1対1の個別の契約である。

預託金返還請求権は会員契約が終了することによって行使できる債権で、施設利用権の行使とは両立しない。会員契約は会員の都合によって解除（解約）が可能であり、会員が施設利用権の行使を選択して退会しないことも、預託金返還請求権の行使を選択して退会することも基本的には自由である。

預託金は会員契約からそれを取り出して考えると、消費寄託の法的性質を有し、預託金返還請求権は会員契約上の重要な権利である。

預託金制クラブは独立の法主体性を有しないのが一般であるから、クラブ理事会は施設経営企業の機関に過ぎないものである。

したがって、預託金に関する会則等の定めは、基本的権利義務に関する施設経営企業との間の契約条項となり、預託金は無利息であるから、据置期間の定めは返還請求権の期限の定めであり、施設経営企業のみが、その期限の利益を有するものである。

預託金の据置期間の延長は、それがクラブ理事会の決議によるものであっても、施設経営企業が会員の基本的な権利である預託金返還請求権の弁済期を一方的に延長するものであり、延長による利益は当該会員契約においては施設経営企業のみが享受するものである。

そして、施設経営企業が据置期間の延長を行う経済的理由は、その原因は何であれ、預託金返還に応じていては経営が困難あるいは破綻するという以外には考えられない。
　このように、預託金制会員契約と据置期間の基本的な視点をとらえれば、延長の可否に関する問題はそれほど複雑なものではない。
　しかし、預託金制クラブは、この点だけでは割り切れないいくつかの特色があることも事実である。預託金制クラブは、経済的には預託金で施設を開設しようとして考案されたわが国特有の制度で、預託金は通常は施設の取得・開設資金に転化され固定化されて流動資産としては残存していない。したがって、預託金は経済的には株式等の出資金と同じようなもので（法的には会員は単純な施設経営企業の債権者でその経営に全く関与できない）、施設は会員の共同財産のような様相を呈している（法的には会員の財産ではない）。施設利用権の行使は、限られた空間である施設の会員による相互利用である。また、会員権の本質が施設利用にあることを考えれば、施設利用を継続しようとするのが本来で、預託金の預託は会員の要件であるが、施設利用権が会員の基本的権利であり施設利用を継続する会員にとっては預託金返還請求権は副次的なものである。そして、大半の会員は施設利用権を重要視しており、会員権相場が預託金額を大幅に下回っていても預託金の返還を求めないものである。施設、特にゴルフ場は設備投資に巨額の資金が必要な割に営業規模は小さく、さほどの事業利益が見込めない業態であり、一部の強硬な預託金の返還請求に応じることによって施設経営企業の経営は破綻し倒産することによって多数の会員の施設利用権を無にすることになる。
　預託金返還問題の深刻化を背景にして、このような特色を強調して、一定の要件で預託金の据置期間の延長決議を有効とする見解が主張されている（宇田一明・金法1530号10頁、服部弘志・金法1519号31頁ほか）が、否定説（森泉章・判例評論480号16頁、塚原朋一・ジュリスト877号6頁）もある。
　このような延長決議を有効とする見解の理論的な前提が一般的な理解を得ることが困難であることは、🔟4(2)で詳しく述べたのでここでは省略するが、

会員契約は会員と施設経営企業との間の個別の契約で、権利義務も個別に考えるべきものであり、前記の預託金制の特色は法的なものではなく、既に述べたような基本的視点で、据置期間の延長問題を考えるべきものである。

(2) **問題解決に関する解釈の手法**

預託金の据置期間の延長の拘束性に関する問題は、第1に、当該会員契約において据置期間の延長に関する合意がなされていたと意思解釈できるかどうかである。これが合意内容でないとすると、第2に、預託金の据置期間を延長することが事情変更の原則で可能かどうか、預託金返還請求を行うことが信義則違反、権利の濫用になるのかどうかといった一般法理の適用の可否について検討することとなる。

まず、会員契約において一定の事由が生じた場合に債務者である施設経営企業が預託金の据置期間を延長することができるというような合意が、合理性をもってなされていたかどうかの会員契約の意思解釈の問題であるが、これは会員契約時の会則等の合理的な解釈によらざるを得ない。会則等は種々の類型があるが、大別すると次のように分けられる。

① 据置期間の延長に関する定めのないもの（ただし、会則には理事会の決議で会則を変更できる旨の定めを置いているのが通例である）
② 単純に理事会の決議で据置期間を延長できるとするもの
③ 天災・地変その他の不可抗力の事態が発生した場合に、理事会の決議によって据置期間を延長できるとするもの
④ 天災・地変その他の不可抗力以外に、クラブ運営上または会社経営上やむを得ない場合に理事会の決議で据置期間を延長できるとするもの
⑤ 会社の経営を円滑に遂行する必要があるとき、または会員の利益を著しく阻害するおそれのあるとき、経済情勢の著しい変化等を天災地変その他の不可抗力以外の延長事由とするもの

オイルショック前の会則は①、②、③が大半であり、従前は、前記のように最高裁をはじめ全部の判例が据置期間の延長決議は個々の会員を拘束しないと判断していた。

ちなみに、③型の会則を有するゴルフ場が和議開始の申立てを行い、弁済禁止の保全処分を得た場合に据置期間延長決議をした事案で、このような保全処分は天災地変その他の不可抗力の事態にあたらないし、和議上の手続によることなく預託金返還請求権の実体法上の弁済期を延期するのは必要な限度を超えた行為で許容できないとした判例（東京高判平11・4・27金法1575号77頁）がある。

　バブル期に開設されたゴルフ場の場合は、前記の最高裁判決の結論を意識してか、④、⑤の類型の会則を定めるものも多い。⑤の類型は④の事由をやや詳細にしただけで内容的には変わらないものである。要するに、預託金返還に応じていては施設経営企業の経営が困難もしくは破綻するような場合は、預託金の据置期間を延長できるといっているのと同じである。仮に会員契約上、④、⑤のような会社事情による据置期間の延長をあらかじめ認めるような合意がなされたと考えると、これは、条件か期限かという観点から問題とされる「出世払い」の約定というような問題ではなく、極端に言えば、預託金について、いわゆる「ある時払いの催促なし」の約定をしたと解釈するに等しく、民法134条の趣旨に照らしても、このような合意を有効と解釈する合理的理由はないものと考えられる。

　たとえば、「会社の都合により据置期間を5年間に限り1回だけ延長できる」という会則があった場合は、預託金の弁済期を債務者の都合によりさらに5年間猶予してもよいという合意が会員契約においてされたものと解釈することが可能であり、そのような会則による据置期間の延長の有効性を承認することができよう。言い換えれば、このような会員契約は、預託金は据置期間満了5年以内の施設経営企業が指定した日以降に退会によって返還する、というのと同様の合意がされたと考えればよいのである。

　しかし、前記の④、⑤型の会則では、施設経営企業の経営環境が好転しない限り、据置期間の延長を繰り返すことも可能で、会員がこのような合意をしたとは考えられないのである。

　また、⑤型の「会員の利益を著しく阻害する」とは、預託金の返還を請求

する会員の利益のことではなく、預託金の支払いに応じていては経営が破綻して倒産し、その結果他の会員の施設利用に応じることができなくなる、ということをいっているものと思われ、当該債務の履行に応じたら他の債権者の債務の履行ができなくなるというに等しく、このような事由が弁済期の債務者の一方的延長事由になるものと考えることは困難である。

　前記④、⑤型が①、②、③型と異なるところは、④、⑤型の会員契約の意思解釈として、据置期間の延長事由を天災地変その他の不可抗力以外に施設経営企業の経営上の問題も合理的な範囲で延長事由になると解釈することが可能かどうかという点である。言い換えれば、会則を制限的に解釈して、会員契約で「施設経営企業の経営に影響するような合理的事由があった場合は合理的な範囲で預託金の弁済期を延長してもよい」という合意ができていたと意思解釈できるかどうかである。井上繁規「ゴルフ会員権の預託金返還請求訴訟の潮流」（判タ1000号209頁以下）は、このような発想によっているのではないかと思われ、④、⑤型の会員契約を前提として、会員の基本的権利を犠牲にしても据置期間延長決議の有効性を是認することができるような合理的な事情が必要として、そのような事情として次の7点を挙げている（同227頁）。

　Ⓐ　当事者が入会契約の締結の当時には予見することができなかったような経済事情の変動が生じたこと
　Ⓑ　預託金返還の応ずると倒産が必至であること
　Ⓒ　据置期間の延長措置は、会社の経営の維持のために真にやむを得ない措置であって、他に採り得る手段がないこと
　Ⓓ　ゴルフ場経営会社が経営努力をしており、かつ、会員権の分割などの代償措置をとっていること
　Ⓔ　据置期間の延長期間は、会員の基本的権利である預託金返還請求権を剥奪するものではないこと
　Ⓕ　据置期間の経過後には、預託金の返還に応ずることが合理的に期待可能であること

Ⓖ　据置期間の延長について、少なくとも、会員の3分の2以上および預託金総額の3分の2以上の賛成があること

　後に述べる事情変更の原則等の一般法理による変更は、その要件が厳格で適用が困難であることを考えると、個別合意の解釈問題として解決した方が法的安定性はあるとは考えられるものの、この見解は、意思解釈が裁判所の裁量に委ねられるとはいっても、契約の合意内容の意思解釈としては、裁量の域を超えているのではないかと思われ、賛成しがたいものである。そもそも、④型にせよ⑤型にせよ、その内容は既に述べたように「ある時払いの催促なし」型のもので、これを制限的に意思解釈すること自体がかなり困難ではないかと思われる。

　また、上記の要件のうち、Ⓒ、Ⓓ、Ⓕについては立証不可能であると思われⒼについては余り意味がないのではないかと思われる。

　この井上説や延長決議を有効とする判例は、理論的な点はともかく、据置期間の延長を認めることが合理的な場合があるとの価値判断が前提となっているものと思われるが、このような価値判断自体が一般的理解を得られないのではないかと思われる。

　端的にいえば、現今の経済情勢を前提とすると、預託金の据置期間の延長は預託金返還問題の抜本的解決になるものではなく、問題の先送りであり、経営を再建しようとする施設経営企業は、会社更生、民事再生という法的倒産手続をとって抜本的に解決する以外方法はなく、また、個々の会員の権利は多数決で変更できるようなものではなく、法定の多数決で個々の権利の変更ができるのは会社更生法・民事再生法等、特に法で定められた場合以外にはあり得ないからである。

　延長決議を有効とした東京地判平10・9・5（金法1529号57頁）と東京地判平10・12・25（金商1059号11頁）は④型、東京地判平11・1・13（金法1539号72頁）は⑤型で、それぞれ要件は様々ではあるものの、上記の井上説よりは緩やかな要件で延長決議を有効としているが、いずれも上記の述べた理由で一般的な賛同を得られないものであろう。

次に、据置期間の延長が会員契約の合意内容になっていないとして、据置期間を延長することが事情変更の原則から認められないかどうか、この延長を拒否して預託金返還請求を行うことが信義則や権利濫用の法理からして認められるのかどうかという、一般法理による解釈を行うこととなる。

事情変更の原則とは、通説によると、契約締結後その基礎となった事情が当事者の予見できない事実の発生によって変更し、このために当初の契約内容を維持することが当事者にとって極めて過酷になった場合に、契約の解除や変更が認められるという原則であり、その要件としては、ⓐ事情の変更があったこと、ⓑ事情の変更が当事者に予見できなかったこと、ⓒ事情の変更が当事者の責めに帰することができないこと、ⓓ事情の変更により当初の契約内容の当事者に対する拘束が信義則上著しく不当となったこと、である。

最高裁は、契約一般に事情変更の原則の適用は認めるものの、実際にはこの要件を厳格に解して、事情変更の原則を適用した例はないといわれている（最近の会員契約に関する否定例として最判平9・7・1判時1617号64頁、ゴルフ法判例72[53]）。下級審では、このような点を考慮してか、本来は事情の事後的変化による事情変更の原則を適用すべきような事案でも、合理的な結論を導くために個々の契約内容の解釈問題として解決している例が多い（その好例として、ゴルフ場の年会費の増額に関する東京地判昭54・7・10判時944号65頁）。

事情変更の原則を厳格に適用すると、大半の事案はその要件を満たさないこととなり、現在問題となっている据置期間の延長についても、バブル経済の崩壊は事情の変更とまではいえず、また予見が全く不可能であったとまではいえないから、この要件を満たすことはできないものである。判例上も、据置期間の延長が問題となった事案で延長決議は事情変更の原則で有効であるとの主張は全部排斥されている。なお、延長決議を有効とした前掲東京地判平10・5・28（判時1643号156頁）は、前記の③型の会則について事情変更の原則の要件を満たさないにもかかわらず非常に緩やかな要件で会則の変更を認めたもので、賛成できないものである。

また、既に述べたところから明らかなとおり、仮に会員の多数が延長決議に同意していても、これに応じない会員の預託金返還請求が権利の濫用になるとまではいえないものと考える。

　もっとも預託金返還請求を制限することが合理的な場合もあると価値判断するときは、**10** 4(1)でも述べたように、会員契約の基本的性格が個別的性格、集団的・団体的性格・経済的性格を有することを前提として、据置期間経過後は継続的契約終了に関する理論をも考慮して、会員の会員契約終了の一方的意思表示が信義則上の制約が受けることがあることを考慮して、契約の相手方当事者である施設経営企業と集団的・団体的性格を有する他の会員に著しい損害を及ぼす場合は制限を受けると考えるか、会員契約が限られた施設の相互利用に関する契約であり、前記の④、⑤のような会則がある場合は、会員は他の会員の施設利用権を奪うような行為をすることが制限されることを内容とする会員契約が締結されたものと解釈して、預託金の返還請求権の行使ができないとでも考えるしか方法はないのではないかと思われる。

(3) 延長決議の効力

　以上の点を総合すると、預託金返還請求権は会員の契約上の重要な権利で、据置期間の延長はその弁済期を債務者の意思で一方的に伸長することに他ならず、現行の諸種の会則を前提とする限り、経済情勢の変化による経営悪化を理由に施設経営企業（クラブ理事会）が据置期間の延長決議を行ったとしても、個々の会員契約の合意内容に関する意思解釈からも、また事情変更の原則その他の一般法理によっても、据置期間の延長は個々の会員を拘束することは難しく、他の多数の会員がこれに同意していてもその結論は変わらないこととなろう。

4　据置期間の延長に対する対処の方法

　据置期間の延長の効力については上記のとおりであるが、これについては次のように対処すべきものであろう。

　施設利用権を継続して行使することを望む場合は、これに同意しても同意

しなくてもよい。同意した場合は、従前の会員契約が延長した据置期間を新たな合意内容とする会員契約に変更されたことになる。

同意しない場合は、従前の会員契約が継続するだけで、退会しなければ会員契約は終了しないし預託金返還請求権も行使できないという従来の法律関係が継続することになる。

昨今では、据置期間の延長決議を行ったので同意して欲しいという要請が施設経営企業から文書で行われることが多く、その場合は同意されるときは同封の回答書に同意の旨を記入して返送されたいという例が多いが、不同意の場合には回答書に不同意の旨を記入して返送することを要請する失礼な施設経営企業もある。後者の場合は、不同意の回答書を返送しなければ同意したものと解釈されるとは考えられないが、不同意の場合は念のために不同意の回答書を送付しておく方がよいであろう。不同意の場合も退会しない限り施設利用を従前と同様に行えることは当然である。

退会して預託金の返還を請求する場合の請求方法等については**12**と同様であるので、ここでは省略する。

24 会員権の分割

1 会員権の分割とは何か

会員権の分割とは、1個の預託金制会員権を2個以上の会員権に分割することをいう。

預託金額も分割されるが、分割された会員権にはそれぞれ施設利用権が与えられることになる。会員契約の内容を変更することになるので、会員契約の変更の一種でもある。

会員権の分割は、ゴルフ場の預託金返還問題に対する施設経営企業側の対応策として最近になって案出されたものである。バブル期に高級コースを謳

って高額の預託金で募集したゴルフ場は、その会員権の相場が低く、会員は投下資本の回収を預託金の返還に求めることとなり、ゴルフ場側はこれに応じる原資もないので、会員数が少ないことに着目して、会員権を2口以上に分割して分割した会員権に施設利用権を認めることとすれば、会員は不要となった分割後の会員権を処分することが可能となり、投下資本の回収を市場から行える可能性が高くなることから、預託金の返還問題を避けられるという発想から考え出されたものである。

会員権の分割は様々なバリエーションがある。分割された預託金についての据置期間を新たに定めるものもあり、これは形を変えた預託金の据置期間の延長に他ならない。分割個数は預託金額の多寡により変わるものもある。分割した会員権は、1個の正会員権を1個の正会員権と1個の平日会員権というように会員権の種類を変える場合もある。従前の年会費は増額しない（ただし他に譲渡すると譲受人からは年会費を徴収する）場合も多い。

会員権の分割の結果、預託金は分割されることになるが、預託金は金銭債権であるから分割が可能である。しかし、施設利用権は本来分割が不可能であるから、分割された会員権に新たに付与されることになるとでも考えるより方法がないものである。また、分割された会員権は分割時は同一人に複数個会員権が帰属することになるが、法人の場合はともかく、自然人が会員の場合は施設利用権は1個しか行使できないことが明らかで、それが複数個行使できることはあり得ないことになる。しかし、施設利用権は債権であることを考えると、同一人に複数個同一の債権が帰属すると考えることは理念的には可能である。

2　会員権の分割に関する法的問題

会員権の分割は新しい問題であるが、考えられる法律的な問題としては、会員権の分割を施設経営企業が一方的に行えるかどうか、施設経営企業は会員権の分割を行って会員権の価格維持を行う義務があるかどうか、反対に会員権の分割はこれに同意しない会員に対しては会員契約上の義務違反になる

かどうか、といった点である。

　この問題を理解するために単純なモデルを設定して説明することとする。ある預託金制のゴルフ場の例をとって考えてみることにする。

① 　ホール数は18で会員は正会員のみで700名である
② 　預託金額は全部2000万円である
③ 　会員権の譲渡を認めているが会員権相場は500万円である
④ 　預託金の据置期間が2年後から順次到来するが預託金返還の原資は十分ではない
⑤ 　会員権を2分割すると会員権の相場の下落が予想されるが、会員数や立地条件等から考えてそれほどの下落率にはならないと予想される

(1) 会員権の分割は施設経営企業が一方的に行えるか

　この設例で会員権を2分割すれば、預託金が1000万円の会員権が2個になり、会員権相場が400万円に下落しても、会員は2個とも他に売却すれば現在より300万円余分に利得することができ、不要の会員権1個を他に売却すれば預託金を前倒しで400万円返還を受けたのと同様の経済的効果を得られることになり、これらの点だけをとらえると会員にとって不利な点はなく、施設経営企業の一方的な判断で会員権の分割ができるようにみえる。

　しかし、会員権の分割は、会員の会員契約上の重要な権利の変更かどうかという問題以前に、1個の会員契約を新たな複数個の会員契約に変更することであり、このような変更は、会員の有利不利を問わず、会員の個別の同意がない限り行えないものである。

　会員権の分割は、従前の会員契約における預託金額の減額の合意と、増加する会員権については減額する預託金部分を新たな会員契約の預託金に充当するという新たな会員契約を締結するという合意からなる複合的な契約であると考えられる。

　したがって、会員権の分割を行おうとする場合は、少なくとも、分割によって増加する新たな会員契約の締結に関しては、会員契約適正化法の適用を受けることになる。

(2) 施設経営企業は会員権の分割を行って会員権の価格を維持する義務があるか

設例のような場合、投下資本の回収を求める会員にとっては、預託金が据置期間満了後に返還される見込みがない以上、できるだけ損失を減らしたいと考えることは当然であり、その方策として施設経営企業に会員権の分割を望むことも由ないことではない。

しかし、預託金制会員契約上の施設経営企業の義務は、施設を利用に供する義務と預託金の返還義務その他の会員契約上の義務があるだけで、会員権の相場を維持する義務は会員契約上の義務としては存在しない。また、会員権の譲渡を認めている場合でも、会員権相場の上昇、下落で利得や損害を受けるのは会員であり、施設経営企業は会員権の相場が上昇しても利得がなく下落しても損失がないのであるから、仮に相場の下落で会員が損害を受けたとしても、施設経営企業にはその損失填補の義務もないし、会員権の譲渡を認めている場合でも、施設経営企業には信義則上も会員権価格の維持義務はないことは明らかである。判例も施設経営企業に会員権の価格維持義務を認めていない（大阪地判平10・2・26判タ998号207頁、ゴルフ法判例72[52]）。したがって、施設経営企業には、会員権の価格を維持するために会員権の分割やその他の措置をとる義務はないことになる。

(3) 会員権の分割はこれに同意しない会員に対する義務違反になるか

一方では、会員数が少ない高級コースとして入会した会員にとっては、会員権の分割によって会員数が増えることになり、施設利用権の内容自体は、分割によって新たに会員権を取得した会員と異ならないことになるから、会員権の分割に同意しないことが考えられ、会員権の分割を会員契約上の義務違反として会員契約解除を行う可能性もある。

会員権の分割が会員契約上の債務不履行になるかどうかは、[15]2で述べた会員数の事後的な増加の問題に帰着する。結論だけを簡単に述べることとする。会員数が会員契約上の契約内容となっていたかどうか、あるいは契約上の内容となっていなかったとしても、施設利用権は会員契約上の基本的な権

利で施設経営企業にとってはこれに対応する義務が基本的義務であるから、会員権の分割によって増加した会員数によっては、この義務の著しい違反で債務不履行解除が認められることはある。一般的には、18ホールでは会員が3000名を超えるに至った場合は施設利用権の行使が著しく困難になるとされているので、それが一応のメルクマールになるものと思われる。判例上も、会員権の分割によって施設利用権を侵害したとして解除の可否が問題となることがあるが、東京高判平9・8・21（判時1634号77頁）は、会員権の2分割でも当初の最終会員数1200名を下回る1000名あまりである事案で、債務不履行解除を認めず、東京地判平10・5・29（金商1054号16頁、ゴルフ法判例72㊶）も、会員権分割で正会員募集限度を1180名から1800名に増加させた事案で債務不履行解除を認めていない。

3　会員権の分割に対する対処の方法

　以上のことから、会員権の分割は、法的には、施設経営企業が一方的に行えるものではなく個別の会員の同意のない限り会員を拘束しないものであるが、施設経営企業には会員権の分割等で会員権の価格を維持する義務がない一方、会員権の分割はこれに同意しない会員に対しては分割の結果、従前の会員の施設利用権の著しい侵害にならない限り会員契約の債務不履行解除は認められないということになる。

　会員は施設経営企業から会員権の分割に関する提案があった場合、これに応じるかどうか会員の自由であり、これに応じない場合は預託金の据置期間が満了すれば退会して預託金返還請求権を行使すればよいことになる。これに応じる場合は、その提案に沿った内容で、従前の会員契約の変更と新たな会員契約が締結されることになる。

　会員権の分割に応じるかどうかの判断は、今後の予測と経済的判断で会員が行えばよいことになる。

25 施設の増設や変更を理由とする預託金の追加請求

1 預託金の追加請求

　預託金制クラブの会員は、施設経営企業に対し、会員契約時に所定の預託金を預けている。会員は、入会後に施設経営企業に対して会員としての地位に基づき支払う金員は年会費と施設利用料のみであり、その他の金員を出捐する義務はなく、預託金についても、新たに追加して預ける義務はない。

　しかし、施設経営企業は、会員に対して追加預託金という名目で、追加的に金員の出捐を請求してくる場合がある。

　施設経営企業が会員に対し、追加預託金を請求するのは、施設の変更や増設をする場合がほとんどであり、これに要する資金を会員の負担によって賄うのである。施設増設の場合には、新規会員を募集して、入会金および預託金を徴収し施設増設費用に充てると同時に、既会員に対しては、増設施設の使用対価として新たに追加預託金を請求することが行われる。

　たとえば、18ホールのゴルフ場を27ホールとするために9ホールを増設するに際し、新会員を募集すると同時に既会員に追加預託金の支払いを求めるような事例である。

　施設の増設や変更に対して、追加預託金を支払う必要があるかどうかは、会員契約上の施設利用権の物的範囲の問題と関連する。

　会員契約上、増設された施設や変更された施設が当初の会員契約で施設利用の対象となっていた場合は、当該増設施設や変更後の施設を利用することができ、追加預託金の支払義務はないことになる。増設された施設や変更された施設が会員契約上施設利用の対象となっていなかった場合は、施設利用権は当該増設施設や変更された施設に及ばないから、これを利用するためには、施設経営企業の要求する追加預託金を支払って利用権を取得しなければならないことになる。

185

後者の場合も従前の施設には利用権はあるから、追加預託金を支払わなかったからといって、従前の施設の利用権が消滅することはない。

　増設された施設や変更された施設が当初の会員契約において施設利用の対象となっていたかどうかは、会員契約で明記されていないのが通常であるから、会員契約の個別の意思解釈の問題となる。増設された施設や変更された施設は会員契約時には存在しない施設であるから、契約内容の不明確さや増設、変更の内容とも相まってこの意思解釈も微妙なものとならざるを得ない。

　従前の預託金では予定していた施設の拡充を十分に行うこともできず、従前の会員に追加負担を求めようとしてトラブルになる例もある。

　また、上に述べた18ホールのゴルフ場で当初予定していなかった9ホールを増設した場合、追加預託金の請求に応じなかった旧会員は従前の18ホールの利用権があり、新会員や追加預託に応じた旧会員には27ホールの利用権があることになるが、追加預託をしなかった旧会員をどのように他の会員と区別して利用させるか実務上は難しい問題が生じることになる。追加預託に応じなかった旧会員には旧の18ホールの利用のみを認めるとすると、全般的な効率的利用が困難になり、このような旧会員には27ホールの利用を認めるとすると増設の9ホール分は非会員としての料金を求めることになり、施設利用権は与えるが一部に低料金利用権は与えないという中途半端な対応をしなければならなくなるのである。

　施設利用の物的範囲に関するの意思解釈の一般的な基準としては、①会員契約時に存在していた施設は施設利用権の対象となる、②会員契約時に存在していなかった施設についてはそれが将来設置されることが予定され、それが施設利用権の対象となることが予定されていた場合は施設利用権の対象となる、③増設部分が社会通念上既存施設と相まって1個の施設利用に供される場合は当該増設部分も利用権の対象となる、④既存施設の変更の場合はそれが改造であるときは改造後の施設は原則として利用権の対象となる、⑤このような合意は黙示でもよく、施設利用権の内容や会員契約のパンフレットや宣伝広告の内容等から総合判断する、ということになろう。

2　施設の増設・改造と追加預託金に関する判例

(1)　施設の増設

　従前は、アウトコース9ホール、インコース9ホールの18ホールのゴルフ場であったところ、インコースの相当部分の敷地と他の土地を併せて9ホールのコースを2個増設し合計27ホールに改造されたゴルフ場について、施設経営企業が会員に追加預託金を求め、これに応じなかった会員には増設コースのうち1コースの利用について利用料金で非会員と同様に取り扱われたことから、この増設コースについて追加預託金を支払わなかった会員の利用権があるかどうかが争われた事案がある。

　この判決（名古屋地判平4・11・11判タ822号223頁）は、当初予定されていなかった施設の増設の場合でも、施設経営企業側の金員の必要のために新規会員を募集しての施設を増設するときは、新規会員により従前の施設が利用されることにより会員の利用権が侵害されるから、増設部分の利用権を旧会員に付与することによって利用権の侵害の対価とすべきであるとの会員の主張に対して、当該会員契約は会員に一定頻度以上での会員料金でゴルフプレーをする機会を具体的に保証した契約ではなく、施設利用権を侵害しても損害賠償、契約解除の問題で、施設利用権の侵害が新たな施設の利用権に変更されることはないとしてこれを排斥し、新たに設置した施設でもそれがゴルフ界の一般の観念として既存の施設と一体となって機能するものは当初の利用権の対象となるとの会員側の主張に対しては、ゴルフコースは9ホール単位で設置され、それ自体で独立した施設として利用方法等が設定されるものであり、本件の増設は既存コースの改造で旧来の9ホールずつの利用権は改造後の2コースの利用権となって存続するとして、この主張を排斥している。

(2)　施設の改造

　テニスコート、ゴルフコース等の総合スポーツ施設と宿泊・研修施設が一体となった会員制レジャークラブを経営する会社が、従前の9ホールのゴルフ場を閉鎖して跡地に9ホールの新たなコースを設置したが、従前の会員に

追加金の支払いがない限り全日の利用を認めないとしたために、追加金を支払わなかった会員のゴルフ場の新ホールの利用権の存否が問題となった事案がある。

原審は、新コースは旧コースの2倍以上の距離を有することやその設置費用が高額であったことを理由に新ホールに施設利用権は及ばないと判断したが、最高裁（最判平11・11・9判時1701号65頁、ゴルフ法判例72[29]）は、当該会員が会員契約締結時にはゴルフコースが設置されておらず、設置される9ホールのゴルフコースも利用対象として会員契約が締結されていること、新コースも旧コースの跡地にこれに代わるものとして建設された旧コースと同じショートコースであること、経営会社が新コース建設計画の当初においては将来入会する新会員の預託金から資金を調達し旧会員からは追加預託金の徴収を行わない旨の通知を発していたこと等から、原判決には審理不尽の違法があるとして原審に差し戻した。差戻審（東京高判平12・3・29判タ1037号171頁）は、旧会員に新コースの利用権を認めている。

3　預託金の追加請求に対する対処の方法

追加預託金を支払わないでも、増設、変更された施設を利用できるかどうかは、当初の会員契約における施設利用権の物的範囲がどのようなものであったかという問題である。

理論的には難しいものではないが、会員契約では施設利用の対象とする施設を明示して契約することはほとんどないから、具体的な例ではどの範囲の施設が対象となっていたかは一義的に決まらず、このような場合は諸種の資料等で判断して意思解釈を行わなければならず、意思解釈は最終的には裁判所が裁量で行うものであるから、当事者にとっては目前の取り扱いに困るものである。

施設経営企業から追加預託金の要望があった場合は、施設経営企業に説明を求めたり、会員契約時の会則、パンフレットや募集要項等の資料から増設、変更にかかる施設が当初の会員契約の目的となっていたどうかの一応の判断

をし、支払いをしなかった場合の実際上の不利益、支払った預託金の回収可能性等の種々の判断をして対処するより方法がないようである。

26 会費の値上げ

1　会費の増額

　会費の支払義務は、会員契約上の会員の基本的義務であるとされている。
　会費を徴収しないというクラブの場合以外は、会費の支払義務は会則に規定されているのが一般であるが、その額が明示されている例は少ない。ゴルフ場の場合、会則上は「会員は理事会の定めた年会費を支払う義務がある」とか、「会社の定める年会費を支払う」とか、あるいは単に「年会費を支払う義務がある」との規定があるのが通例である。
　会則において金額の明示がないという点では預託金の場合も同様であるが、預託金の場合は募集時期によってその金額が異なるのが通例でありその額も募集環境との兼ね合いで決められるから、会則で明記できないという技術的なものがその理由であるが、会費の額を明記しないのは将来の増額を考えてのことであろうと思われる。
　このように会則上は会費の額が明示されていないが、会員契約時にはその額は決まっており、その額による支払義務が会員契約の内容になっているということになる。会費の額は会員の種類によって異なることはあるが、同種の会員の場合は一律であるのが一般的である。
　施設経営企業は、経済情勢の変化その他の理由によって、会費を増額する場合がある。預託金制ゴルフクラブの場合は、年会費の額はクラブ理事会が定めるといった会則がある場合はもとより、このような会則がない場合でも、会費の増額にはクラブ理事会の決議という手続がとられる場合が多い。
　クラブが社団法人等で法主体性がある場合は、会費の増額は、定款や規約

189

の改正の問題に帰着するから、多数決原理による団体法理によって決せられる問題となり、手続的に違背のないかぎり、会費の額の改定は、これに賛成反対を問わず構成員である会員を当然に拘束することになる。

　これとは異なり、クラブが法主体性を有しない場合は、会費の額は会員契約の内容になっていて、会費の増額は会員契約の内容の一部を変更することになるから、個々の会員の承諾を得ないでもクラブ理事会の決定や施設経営企業によって、契約内容を一方的に変更することが可能かどうかが問題となるのである。

2　会費増額と理事会の権限

　クラブに法主体性が認められない場合のクラブ理事会の法的性質は、施設経営企業のクラブ運営に関する機関であるとされている。つまり、施設経営企業の一部とされているのである。

　クラブ理事会は、会員の意向を汲み上げ、その意思を反映し、あるいは会員との間の調整をする等の第三者機関的な運営がなされることが望ましいことはいうまでもないことであり、現にそのような運営がされているクラブもあるが、法律的にはあくまでも施設経営企業の諮問機関であり、決議機関であり、代行機関に過ぎない。

　このようなクラブの会員契約は、会則等をその内容とする施設経営企業と会員の間の契約である。

　クラブ理事会（施設経営企業）のする会則等の改定の会員に対する拘束性の有無の判断基準として、会則は、会員の権利義務を定める事項とクラブの管理運営に関する事項に二分され、前者は会員契約の内容（約款とするか、契約条項とするかはともかく）になっているから、これを変更しても個々の会員の同意がない限り会員を拘束しないが、後者は個々の会員の同意がなくとも会員を拘束するという考え方が東京高判昭49・12・20（判時774号56頁）で示され、この考え方は、年会費の増額についての判例においても踏襲されている。

この判例(東京地判昭59・5・11藤井=古賀279頁)は、開場以来10年間にわたって正会員1万5000円、平日会員1万2000円の年会費を徴収していたゴルフ場が正会員2万4000円、平日会員1万8000円とする旨のクラブ理事会の決議による会費増額をしたことの当否が争われた事案である。

　この判決は前記の二分類説に立つようで、会員の権利義務に重大な影響を与えるような事項については理事会は決定権限はないが、通常のクラブ運営、ゴルフ場経営上必要な程度の事項については、たとえ会員の権利義務に多少影響することであっても特に不合理なものでない限りクラブ理事会で決定できるとし、会費は会員が施設経営企業との会員契約上負担する債務であるが、その性質上、クラブの運営、維持等に使用されるものであるから、理事会が審議、決定できる事項であり、理事会の決定した会費額は著しく不合理なものでない限り会員を拘束するとした。

　また、この判例に先立ち、傍論的ではあるが、会費の変更は、会員の権利義務に影響を及ぼさないクラブの組織運営に関する事項であるとした判例もある(東京地判昭54・7・10判時944号65頁)。

　元来、我が国のゴルフクラブにおける年会費は、その額も多いものではなく、本件ゴルフ場では10年間据え置いた年会費を近隣のゴルフ場の年会費の額に準じて増額しようとしたもので、その増額の幅も従前の5、6割程度であり、増額を有効とした結論自体は大方の異論のないところであると思うが、その理論構成には賛成できない。

　第1に、東京高判昭49・12・20がいう二分類説はその理論自体はもとより正当なものであるといえるが、当てはめが問題となるのである。二分類説は一見判断基準が明確にみえるが、会員の会員契約上の権利義務、特に権利は明確化されているとはいえない。たとえば、施設優先的利用権といってもその具体的内容については判然としないのである。したがって、預託金返還請求権のようにその権利性が明確なものはともかく、具体的にどれが会員の権利義務に関する条項で、どれがクラブの管理運営に関する条項であるか判然としてないのである。

第2に、本件判決は、この二分類説を結論を導くのに都合のよいように、ずらしてしまっている。すなわち、二分類説によると会費は会員契約上の義務であることは疑いがないが、本件判決は、会則を会員の権利義務に重大な影響を与える事項と通常のクラブ運営、ゴルフ場経営上必要な程度の事項とに分類し、会費を後者に入れた。会員の権利義務に重大な影響を与える事項以外は通常のクラブ運営、ゴルフ場経営上必要な程度の事項とは当然にいえないのである。そして、この判断基準の是非は一応置くとしても、通常のクラブ運営、ゴルフ場経営上必要な程度の事項は、会員の権利義務に影響しても一方的に施設経営企業側が変更できるとする理論的根拠を全く示していない。また、会費はその性質上、クラブの運営、維持等に使用されるという誤った事実をその理由にしている。会費は施設経営企業の一般会計に組み入れられ、クラブ運営、維持の費用として使われるものではないからである。そして年会費支払義務は会員の基本的義務で、これ以上重要な義務は会員契約上は存在しない。その額の変更は会員の義務に重大な影響がないとは到底いえないであろう。

　二分類説の亜種とでもいうべき判例もある。この判例（大阪高判昭63・5・31判時1296号63頁、ゴルフ法判例72［45］）は、クラブ理事会の決議によってなされた名義書換預託金制度の新設が会員等を拘束するかどうかをめぐって争われた事案であるが、この判決は、クラブ会則等には会員契約を規律する部分とゴルフ場の管理運営を定める部分があり、会員契約を規律する部分の改正は会員を当然に拘束するものではないが、社会経済情勢の変化に応じた会則等の改正が不可避であると通常予測される範囲については、会員はあらかじめ黙示的に承諾していると解され、改正時に改めて会員各人の意思を問い直すまでの必要のないこともある、としている。この分類に会費の増額を当てはめれば、黙示的事前承認事項に分類され、相当範囲内での増額は個々の会員の同意なくとも有効ということになるであろう。

　会員契約上の権利義務の事後的変更は、継続的契約の事情変更の原則の適用事例として考えるのが簡明のように考えられるが、下級審が上記のような

やや無理な一種のフィクションを使うのは、理由のないことではない。**23** 3 (2)で述べたように、最高裁は事情変更の原則が契約に適用されることは一般論として認めるが、具体的な事案でこれを認めたことがないからである。具体的事案では、予見可能性を厳格に解釈すると事情の変更が予見不可能であったとはいえないからである。下級審は正面から事情変更の原則の問題とするよりは、個別の契約の解釈の問題として取り扱った方が法的安定性があると考えているのであろう。

しかし、借地借家法の地代家賃の増減額請求もこの事情変更の原則を立法化したものであるし、借地借家法の適用のない土地賃貸借契約の賃料についても事情変更の原則による増額の請求を認めるのが通説であるから、これを継続的契約である会員契約上の会費の増額に適用することにあまり障害はないものと考える。

3 会費の増額に対する対処法

どのような理論をとっても、結論は社会的妥当性によって決せられるべき問題であり、理論的な問題はともかく、どの程度の増額が可能かという問題の方が重要である。

会費にも社会的な相場というものが考えられる。これは地代家賃が利回り法や差額配分法を算定のひとつの基準にしているのと異なり、会費には期待利回りということは考えられないから、我が国の会員制事業における会費の占める地位といったものを前提とすることになろう。当初から高額である、会員の具体的施設利用の対価を減額する、収入の大半をビジターの使用料に依存するという経営形態を変更する等の特段の事情のない限り、ゴルフクラブでは現在のところ10万円を超える年会費は不相当であると考えられる。

増額の期間も地代や家賃とは異なるのであるから、特別の経済事情の変更でもない限り2、3年間で増額するのは不相当であろう。

不相当な増額がなされた場合は、このような会員契約の変更は無効であり、会員を拘束しないものと考えられる。しかしながら、不相当かどうかは最終

的には裁判所の判断によることになる。借地借家法のように協議が調わない場合は、裁判所の判断がなされるまでの間は自己が相当と認める地代家賃を支払いあるいは供託すれば債務不履行にならないとの規定は適用されないので、自分の判断で会費の増額は不相当として、従前の会費しか支払わないでいた場合、会費滞納を理由に除名（会員契約の解除）される危険性がある。

　増額を争う会員にとっては、増額分を支払わないでおいて差額の支払請求訴訟を提起された場合にこの増額を争う方法、会費滞納を理由に除名された場合に会員の地位確認請求訴訟を提起して増額の無効を主張する方法もないわけではないが、除名の危険性を考えて、実務的には、増額会費を支払ったうえ、増額の無効を訴訟で主張するか、もしくは増額分の返還請求訴訟を提起し、その理由として増額の無効を主張していく方法がよいと考えられる。

　しかし、ゴルフ場の場合は元来会費そのものが低廉であるから、その増額分も金額的には余り多いものではなく、訴訟で争う経済的メリットは余りないというのが実情であろう。

第4章

会員権の移転

27 会員権の譲渡

1 会員権の譲渡性

　社団法人制クラブや譲渡が禁止されている一部の預託金制クラブを除いたほとんどのクラブにおいては、会員の財産権を保障する観点から、クラブ理事会の承認を要件に会員権の譲渡を認めているのが通常である。
　会員権に譲渡性を認めるかどうかは、会員権の種類によって異なる。
　社団法人制クラブの会員権は社員権であり、社団法人の社員の地位は本来的には一身専属性を有するものであるから、定款で譲渡を認めない限り譲渡性がないものである。社団法人制クラブには定款で社員権（会員権）の譲渡を認めているものも存在する。
　社団法人制クラブ以外の会員権は、株式、共有持分、預託金返還請求権は本来譲渡が自由である。また、施設利用権については、これが債権であるから本来的には譲渡が自由である（民法466条1項）ということになろう。会員の譲渡を認めるものが多数を占めてるという実態や、会員権は会員契約上の会員の地位であるからその地位の譲渡も指名債権譲渡に準じるものとして、原則的には社団法人制以外の会員権の譲渡が自由であるとする見解が多数である。
　しかし、本来的にクラブの会員の地位は一身専属的なものとして発祥してきたものであること、会員契約は人的信頼関係を基礎とする継続的契約であり、典型的な人的信頼関係をを基礎とする継続的契約である賃貸借契約においては、賃借権は指名債権であるが、賃貸人の承諾がない限りその譲渡は認められておらず（民法612条1項）、原則として譲渡が禁止されているものであるから、会員権の譲渡も指名債権の譲渡に準じて原則的に自由であるとはいえないこと、譲渡を認めている場合も、会則は施設経営企業（クラブ理事会）の承認がある場合に譲渡を認めるという体裁になっているのが通例であ

ること、を考えると会員権の譲渡は原則として自由であるとはいえず、譲渡を認める場合に限って譲渡が可能であると考えるべきである。

　最高裁（最判平7・1・20判時1520号87頁、ゴルフ法判例72[57]）は、預託金制のゴルフ会員権は、その性質上譲渡が許されないものではなく、これを譲渡禁止とするかどうかは入会契約の当事者の合意にゆだねられている、と判示しており、原則として譲渡が自由であるかどうかについては明言していない。

　もちろん、合意によって会員権の譲渡性を奪うことは可能（民法466条2項）で、株主制クラブや預託金制クラブの中には譲渡を不可とする会則を有するものもある。

　譲渡が原則として自由であるかどうかの問題は、理論的な興味の問題にとどまらない。会員権の譲渡が原則として自由だと考えると、立証責任分配の観点からは、譲渡性を争う者が譲渡禁止の合意がされたという事実について主張立証責任を負担することになる。

　譲渡性の有無について、会則等による明示の合意がなされているかどうか判明しない場合は、会則等の記載、入会時の募集要項、パンフレット等の記載や施設経営企業側の説明、譲渡に関する事実上の取扱い等を総合的に勘案して、譲渡に関する合意内容について合理的な意思解釈を行わなければならない。

　譲渡性に関する合意内容は会則等で明瞭な場合が大半で、相続性の有無に関する紛争に比べて、譲渡性に関する紛争は余り多くないようである。

　譲渡性が問題となった例として、ゴルフクラブの預託金制の平日会員権について、譲渡禁止の特約があったものと意思解釈した判例がある（前記の最判平7・1・20判時1520号87頁）。この判決は、入会契約の関係書類に譲渡性の有無について明文の規定がない場合に、他の種類の会員権に関する規定、募集要項との整合性とその後に譲渡禁止を明文化した後の譲渡人の対応から譲渡禁止の特約を認定し、譲受人による名義書換請求を棄却している。その内容は、募集要項では正会員（株主会員）の会員権の譲渡は自由であるが平日会員については入会保証金の返還について述べながら譲渡の可否について

は触れられていないこと、また規約上はその性質上譲渡が認められない家族会員と平日会員とを募集要項では同列に扱っていること、正会員の名義書換料を定めながら平日会員については名義書換料があらかじめ定められていないこと、平日会員については譲渡不可とする規約の変更（その趣旨として当初からの譲渡不可を明文化したものとの説明がされた）があったのに旧会員はこれに異議を唱えることなく施設利用を継続していたこと、を総合して譲渡禁止の特約が付されていたものと判断したものである。

2　会員権譲渡の法的性質

　会員権の譲渡に関する法律問題や譲渡手続を考察するにあたっては、まず会員権の法的性質を吟味する必要がある。会員権は、会員契約における会員の地位であり、その内容は、債権と債務、さらには社員権、株主権、所有権（共有持分）等も伴った包括した権利と義務の集合体であるから、これらのそれぞれの譲渡ないし移転に関する法的性質を個別に考察しなければならない。

　会員権のうち、債権的性質を有する諸権利については、債権の譲渡と債務の引受を含む債権契約上の地位の移転ということになる。

　会員権のうち、上記の債権的性質を除いた部分の譲渡ないし移転については、株式会社の株主権、所有権（共有持分）付の場合のこれらの権利およびそれに附帯する権利の譲渡ないしは移転ということになる。

　なお、会員権のうちの一部の譲渡のみの譲渡ないし移転が認められるかも問題となる（その詳細は❻を参照）が、会員権が包括した権利と義務の集合体であること、取引の安全により、一括した会員権の譲渡のみが認められるべきであるから、かかる譲渡の方法についてのみ、以下考察する。

(1)　会員権中の債権的性質を有する諸権利の譲渡手続

　会員権の移転を会員契約の相手方である施設経営企業に対抗し、会員としての権利を行使し、義務を履行するためには、契約上の地位の移転の効力を原契約の相手方に及ぼすために、原契約の相手方である施設経営企業の承認

が必要となる。

かかるクラブの理事会等の承認がない限り、譲渡ないし移転の当事者間でのみ有効であるにすぎないと解されている。

そして、施設経営企業以外の第三者対抗要件は、預託金制の会員権の譲渡は指名債権の譲渡に準ずるものとして、施設経営企業に対する譲渡人の確定日附ある証書による通知、もしくは施設経営企業の確定日附ある証書による承諾であるとするのが最高裁の判例であり（最判平8・7・12民集50巻7号1918頁）、施設利用権については、他の種類の会員権も同様の処理が必要であると考えられるから、この対抗要件も備えておくことが必要である（その詳細は34参照）。

(2)　その他の性質を有する諸権利の譲渡手続

かかる部分については、株式会社の株主権、所有権（共有持分）付の場合のこれらの権利およびそれに附帯する権利の譲渡ないし移転として、個別に考察することになる。

株主制クラブの場合は株式の譲渡を伴い、施設経営企業は閉鎖会社であるのが通常であるから株式の譲渡についても取締役会の承認が必要で、また株式については第三者対抗要件は株券の引渡しである。

所有権付（施設共有制）の場合の共有持分は、移転登記が第三者対抗要件となる。

3　譲渡の対象としての会員権

移転が可能な会員権の移転は、契約上の地位の移転に他ならないから、譲渡の場合は施設経営企業を含めた三面契約で行う必要はなく、契約当事者間の合意のみで移転の効力が生じるし、相続の場合は被相続人の死亡の事実によって相続人に会員権が移転する。しかし、会員契約の相手方である施設経営企業（クラブ理事会）の承認がない限り、施設経営企業に対しては会員契約の効力が及ばないので、このような状態の会員権が移転されることになる。

このような状態の会員権を施設経営企業の承認を（停止）条件とする権利

であると説明する判例（会員権の譲渡について大阪高判昭63・3・31判時1291号72頁ほか、相続について東京高判平4・3・31判時1443号73頁）、学説（藤井＝古賀258頁、高山征二郎・判例評論465号34頁ほか）がある。

　このような権利（契約上の地位）を、承認を（停止）条件とする権利であると説明することは、一見わかりやすいようにみえる。前記の判例や学説が承認を「条件」と説明するのは、契約上の地位の譲渡の有効性について「問題なのは、契約の一方の当事者と譲受人との間の契約によって、他方の当事者の承認を条件として、効力を生じさせることができるかどうかである」（我妻栄「新訂債権総論」580頁）という記述がされていることや、破産法100条で「停止条件附債権」というような用語が用いられているからかも知れない。

　しかし、このように条件と説明することには問題がないわけではない。条件付の権利であるという場合の「条件」は、民法上の条件（民法127条ないし134条）であるとは考えられない。民法上の条件とは、法律行為の効力の発生または消滅を将来の不確実な事実の成否にかからしめる附款であり、停止条件は法律行為の効力を発生させ、解除条件は法律行為の効力を消滅させる附款であるということになる。法律行為とは意思表示を要素とする法律要件のことであるから、条件は権利に付着するものではなく法律行為に付着するものである。倒産法（破産法100条、会社更生法118条など）で条件附債権とは、当該債権の発生原因たる法律行為に条件が付いている場合をいうのである。会員権の相続の場合は条件の前提となる法律行為がないし、譲渡の場合は法律行為は売買等の譲渡契約であるが、施設経営企業の承認を停止条件とすると、施設経営企業が承認をしなかったときは停止条件の不成就が確定したことになり、契約の効力不発生が確定してしまうことになり、会員権譲渡が会員権の売買契約である場合は、売買契約の効力が発生しなかったことになるが、施設経営企業が譲渡の承認をしなかった場合は、会員権の譲受人は譲り受けた会員権を他に譲渡すればよいと思われるから、譲渡承認が得られなかった場合には当然に効力不発生とすることには問題も残る。また、会員権を

強制執行の対象とする場合も、差押えは換価の前段階として行われるのであるから、どのような権利を差押えの対象とするのかという観点からみると、譲渡や相続と同じ問題がある。差押えが法律行為でないことは当然である。したがって、条件付権利と説明される場合の「条件」とは民法上の条件ではないことになる。この「条件」とは「効力が及ぶ要件」ということと同じ意味で使用されているとしか思えない。

そうすると、会員権は会員契約上の会員の地位で、それは譲渡、相続、民事執行による換価（譲渡命令や売却命令）等の移転原因により相対的に移転するが、原契約の相手方である施設経営企業にその効力を主張するためには、クラブ理事会（施設経営企業）の承認が必要である、と考えた方が簡明である。会員権と同じ契約上の地位である賃借権は、賃貸人の承諾のない限り譲渡し得ないと規定されている（民法612条1項）が、賃貸人の承諾のない賃借権の譲渡は譲渡当事者間では常に有効であると解されており、そのような譲渡の対象となった賃借権を条件付権利であると説明されることはない。

クラブ理事会（施設経営企業）の承認は「条件」ではなく「対抗要件」（この場合の対抗要件とは、権利の帰属を争うという意味ではなく、効力を主張できるという要件という意味である）である、と説明した方が用語の使用法としては適切であろう（須藤正彦「講座現代契約と現代債権の展望」債権総論(1)230頁、今中＝今泉・債権管理42号29頁）。

いずれにしても、説明の問題であり、契約上の地位の移転は当事者間では有効であるが原契約の相手方の承認がなければその効力は相手方には及ばないという結論は変わらないところである。

これに対して、会員権の内容に関して上記見解とは異なる見解がある。特に預託金制ゴルフ会員権に関して論じられている。

第1の説は、会員権は預託金に関する契約上の地位と施設利用に関する契約上の地位に分けて考えるべきであり、いわゆる会員権として転々流通しているものは前者であるとする見解（松井一彦・自由と正義41巻7号77頁）である。

第2の説は、ゴルフ会員権は入会契約によって得られる会員の地位と狭義の契約上の地位に分けられ、後者で会員の地位を有する場合は、顕在的優先的施設利用権、潜在的預託金返還請求権および顕在的年会費納入義務を有するが、後者で会員の地位を有しない場合は潜在的施設利用権、顕在的預託金返還請求権、潜在的年会費納入義務および会員となるための入会請求権を有しているとする見解（後藤徳司・判タ1026号53頁）である。

　会員権の譲渡を認める場合は、譲渡人のクラブからの退会と譲受人のクラブへの入会という形式が取られるのが通常であり、このような実態を考えれば、説によりニュアンスは異なるものの会員権を契約上の地位として一元的に考える必要はないようにみえるが、会員権の譲渡は契約上の地位の移転のひとつの場合に過ぎず、会員権は譲渡により相対的に地位が移転し、施設経営企業の譲渡承認によってその効力が施設経営企業に及ぶと考えられ、施設経営企業の承諾によって施設経営企業に対する関係でも譲受人が会員の地位を承継し、譲渡人はこの契約関係から当然に脱退するということであり、このような退入会の手続は譲渡承認の手続の一環として行われてきたものであるが、法律上は無意味なものと考えるべきである。譲渡人と施設経営企業の間で会員契約が終了し、譲渡人との間で新たな会員契約が締結されたとは考えられない（譲渡人に対する預託金の返還と譲受人からの預託金の預託がなされるものでもない）のである。

　このような会員権を一元的に考えない見解は、会員の除名の場合や死亡退会会則を有する場合の死亡に関し、このような場合に会員権（特に構成部分たる施設利用権）を消滅させてしまうと、会員権自体に高額な相場がついている場合は、その会員権の価値を預託金返還請求権の額まで下落させることが不合理であるとの価値判断から、これを避けるための議論としての実益があるようにみえるが、除名は会員契約上の会員の義務不履行を理由とする継続的契約たる会員契約の解除の問題として、死亡の場合は当該会員契約が会員の死亡を契約終了事由としてなされた契約かどうかの意思解釈の問題として考えれば足りるのであり、会員権の内容を分解して複雑に考える必要は特

にないと思われる（東京高判平2・8・29判夕757号199頁、東京高判平3・2・4判時1384号51頁参照）。

　第1の説は上記東京高裁平成2年8月29日判決の容れるところとはならなかったが、この説によれば、単なる指名債権に過ぎない預託金返還請求権が何故その額を超えて高額で取引相場で取引されるのか説明が困難となろう。

　第2の説は、権利の顕在化、潜在化という用語は説明の方法としてはわかりやすいが、法律的にどのような状態を指すのかよくわからない。この点はおくとしても、指名債権である預託金返還請求権や債権である施設利用権が何故潜在化したり顕在化したりするのか説明ができないし、およそ、顕在化したり潜在化したりするような権利の形態を法律は予定していないと考えられる。また、この見解は退会の場合も会員権は消滅しないとするが、本来の退会と上に述べたような譲渡承認のための名目的な退会を混同しているのではないかと思われる。

4　施設経営企業の譲渡承認

(1)　名義書換

　施設経営企業は、会員名簿または会員台帳を備え置き、会員の移動や会員の義務（年会費等の負担金の履行状況）等の記載をしているのが通例である。会員権譲渡が承認されると、この会員名簿または会員台帳の書換えがなされる。株式会社の株主名簿の名義書換制度を形だけ模倣した制度でもある。

　施設経営企業は、独自の名義書換請求の書式を備え置き、請求を行う者はこれに必要事項を記入し、会員権移転の証拠資料を添付して名義書換の請求を行う。

　一般に、名義書換手続に必要な書類は、①預託金証書の裏書欄への譲渡人の署名捺印、②名義書換変更申請書、③入会申込書、④印鑑証明書（当事者のもの）、⑤戸籍謄本住民票、⑥会員の紹介状あるいは推薦状、⑦誓約書、である。

　この他に、譲渡人の退会届、譲受人の経歴書や他クラブの在籍証明、写真

などを必要とするところも存在する。

　名義書換の請求とは、株主名簿の名義書換とはまったく異なり、法律上の性質は、会員契約上の地位の譲渡の承認を求めることをいうものである。施設経営企業における譲渡承認の機関は通常はクラブ理事会である。

　会員の名義書換には数10万円以上の多額の名義書換料を必要とし、その金額はますます高額化する傾向にある。名義書換料は、名義書換に関する事務費の性質を持つものではなく、譲渡承認の対価と考えるべきもので、会員権移転による新会員とクラブないし施設経営企業との継続的信頼関係に入ることの対価として有効と解すべきであるが、異常に高額な名義書換料を要求することは、特別な事情ないし配慮のないかぎり、実質的に名義書換拒否となるから許されないと解すべきである（その詳細は**33**参照）。

(2) 名義書換の要件としての理事会の承認

　会則等で譲渡を認める場合は、クラブ理事会の承認を得て会員の地位を譲渡できると定めるものが多数である。クラブ理事会の予めの承認がなければ会員権を譲渡できないとするものではなく、会員権の当事者間における譲渡される権利の内容がクラブ理事会の承認を要件とする権利であり、クラブ理事会の承認がなくとも当事者間では常に有効とされていることから、この会則等における譲渡の定めは、会員権の譲渡には予めクラブ理事会の譲渡承認を得なければならないとの定めではないと考えられている。実際上も当事者間で会員権の譲渡がなされた後に、理事会に譲渡承認を求めているのが通例である。

　この譲渡承認は、会員契約の効力が施設経営企業に及ぶための要件であり、その法的な性質は、原契約である会員契約の相手方である施設経営企業が契約関係の承継を受諾するものであるから、債権譲渡の債務者の承諾（観念の通知とされている）とは異なり、意思表示だと考えるべきである。

　細則等で譲渡承認の要件を定めている場合が多いが、単にクラブに相応しい者とだけ定めている場合もあり、クラブ理事会は譲渡承認を行う義務があるのかどうかについては様々な考え方がある（その詳細は**32**参照）。

また会員権の譲受人は、当該クラブの会員たる地位を当該施設経営企業に対して主張し得なければ会員権を譲り受けた意味がまったくないのであるから、会員権譲渡契約には当然名義書換・理事会の承認手続協力義務が含まれているものと解すべきである（詳細は㉚を参照）。

㉘　会員権の相続

1　会員権の相続性

　自然人が死亡すると相続が開始し（民法882条）、被相続人の財産法上の権利義務が相続人（民法886条以下）に相続されることになる。
　会員権の相続とは、会員契約上の会員たる地位の相続であるから、契約上の地位の移転のひとつの場合である。
　会員権が相続の対象となるかどうかが最初に問題になる。
　会員の地位が一身専属的なものであればその性質上相続の対象とはならない。
　会員権が一身専属的なものでなければ相続の対象となるが、契約自由の原則から契約当事者間の合意によって相続性を奪うことも可能であるから、会員契約上、会員の地位を相続できないとの合意がある場合は会員権は相続できないこととなる。
　会員権の相続が認められない場合は、会員契約で会員の死亡を契約終了事由と合意したものに他ならないから、会員の死亡によって会員契約が終了することになり、施設利用権は消滅するが、それ以外の預託金返還請求権その他の独立して財産性を有する権利のみが相続されることになる。
　なお、会員権の相続が認められる場合でも、会員の地位は会員の死亡によって相対的に相続人に移転するが、会員契約の相手方である施設経営企業の承認がない限り、その効力は施設経営企業に及ばないと考えられている。こ

れは、会員権の譲渡の場合と同様である。このような相続にかかる会員権は施設経営企業の承認（名義書換）を要件とする契約上の地位である。このような権利は施設経営企業の承認を条件とする権利（一種の期待権）であると説明されることが多いが、この場合の条件とは民法上の意思表示の附款である条件とは考えられないことは**27** 3で述べたとおりである。

このように、会員権の場合は譲渡以外に相続のときにも契約相手方である施設経営企業の承認がない限り契約の効力が施設経営企業に及ばないとされる点は、同じ継続的契約上の地位である賃借権とは対照的である。賃貸借の場合は賃借権の譲渡は賃貸人の承諾のない限り行えない（民法612条1項）が、賃借人が死亡すれば賃借権は当然に相続人に相続されるとされているからである。相続の場合にも施設経営企業の承認が必要だとされる趣旨は、会員権は人的信頼関係を基礎とする継続的契約であるという理由のほか、会員は本来1人にしか帰属しないものであり共同相続の場合には会員権の準共有という状態を最後までそのまま認めることができないことや、会員権の相続の場合にも施設経営企業の承認を要する旨の会則が多いことによるものと考えられる。

会員権の相続性はクラブの性質によって異なることがある。

(1) 社団法人制クラブの場合

社団法人制クラブの会員権は社員権であるとするのが一般的な解釈である。民法上、社団法人の社員の地位は原則として一身専属的であり、相続の対象とならないが、定款で相続性を認めた場合に限って相続が可能であるとするのが通説である。

したがって、定款で相続を認めている場合に限って会員権は相続が可能となる。実際上も定款で会員権（社員権）の譲渡は認めない場合でも相続は認めている例もある。

(2) 株主制クラブの場合

株主制クラブの場合は、施設経営企業の株主であることが会員の要件となっており、施設経営企業との関係では株式を有している。

株主制クラブの場合は、株式に譲渡性、相続性を奪うことができないところから会員権の相続を認めるのが一般であるが、会員契約において相続を認めないとすることも可能かどうかが問題となる。株式以外の会員の権利義務は株主権ではなく、会員契約上の施設利用権を中心とする債権的な法律関係であるから、株主制クラブの場合も会員契約で相続を認めないとすることも可能であり、そのようなクラブも存在している。

会員契約で会員権の相続を認めないとしている場合に会員が死亡すると、会員契約は終了し会員権は相続されないが、会員が有していた株式のみが相続の対象となる。

(3) 所有権付（施設共有制）クラブの場合

施設共有制クラブの場合は、施設の共有持分を有していることが会員の要件となっている。

共有持分は不動産物権であり当然に相続性があるから、相続の対象となる。施設共有制クラブの場合は相続を認めるのが通例であるが、相続を認めない会員契約がある場合の契約の効力については株主制クラブで述べたことがそのまま当てはまることになり、施設の共有持分のみが相続の対象となる。

(4) 預託金制クラブの場合

預託金制クラブの場合は、施設経営企業に預託金を預託することが会員の要件となっている。

預託金返還請求権は、それだけを取り出せば単純な金銭債権であるから当然に相続の対象となる。預託金制クラブの場合は会員権の相続を認めることが多いが、相続を認めないとすることも可能で、そのような相続を禁止するクラブも存在している。相続を認めない場合は会員の死亡により会員契約は終了し、預託金返還請求権だけが相続の対象となる。

(5) 相続性の有無に関する主張立証責任

以上の点から考えると、相続性の有無に関する主張立証責任の分配は、社団法人制の場合は相続を主張する者が相続を認めるとする事実の主張立証責任を負担し、社団法人制以外の場合は相続性を争う者が相続禁止の合意の事

実の主張立証責任を負担するものというべきであろう。

2　相続を認める合意がされていたかどうかの問題

　会員権の相続性の有無については上記のようなものであり、会員契約上、会員権の相続の可否について会則等で明示的な合意があればそれに従うことになるが、それが明確でない場合は合理的な意思解釈を行わなければならないことになる。

(1)　問題点の指摘

　預託金制クラブの場合は、会則で、会員の死亡を会員資格の喪失事由としている例も多いが、一方では相続の手続規定を置いたり、譲渡を認める規定を置いたりして、整合性を欠いたり、譲渡を認める規定はあるが相続に関する規定を欠いていたりする等不十分な会則が多いので、相続の可否を巡って紛争になる例が多く、この点に関する判例も多い。これらの紛争は大半が会則等の不備に起因するのである。

　会員の死亡を資格の喪失事由とする会則は、会員の死亡に並べて、退会、除名、会員の地位の譲渡を資格喪失事由にしている場合が多い。

　退会は会員の有する約定解除権の行使、除名は施設経営企業が行う会員の債務不履行を原因とする法定解除権の行使であるから、これらはいずれも会員契約の終了事由であることが明らかである。一方、会員権の譲渡は譲渡承認によって会員の地位が譲受人に同一性をもって移転し譲渡人が契約関係から脱退するだけであり、譲渡人との会員契約が解除され譲受人との新たな会員契約を締結するものではないから、会員権の譲渡は会員契約の終了事由ではないことが明らかで、これは譲渡をした会員は会員の資格を失うという当然のことを注意的に規定したものに過ぎない。

　会員の死亡は、上記の退会や除名と同じ契約の終了事由として規定されたものか、それとも会員権の譲渡と同じ会員の資格を失うという当然のことを規定したものか、会則の体裁だけでは判別できないのである。

(2) 相続性に関する判例

　最判昭53・6・16（判時897号62頁）は、会員が死亡したときはその資格を失う旨の会則がある預託金制ゴルフクラブの会員権について、ゴルフクラブの会員たる地位は一身専属的なもので相続の対象となり得ないと判示して、除名処分を争っていた会員の死亡による会員の地位の確認訴訟の終了を宣言している。会員権が相続の対象となったとしても、施設経営企業に対する効力はクラブ理事会の承認が要件となっているのであるから、死亡した会員の地位確認訴訟を会員の相続人が当然に承継できるものではなく、会員権を施設経営企業の承認を要件とする会員の地位と考えると、会員権の相続性の有無を問わず訴訟終了宣言はやむを得ないところであろう。この判決が、このような会員権の相続性までも否定したものかどうかは判決自体からは明瞭ではない。

　上記のような死亡を資格喪失事由とする会則を持つクラブの会員権の相続性の解釈については、学説は、本来的にクラブの会員の地位は一身専属的で相続の対象とならないとする見解（今中利昭・自由と正義41巻7号36頁ほか）と、上記の判決に批判的な見解（久保井一匡「判例・先例金融取引法」312頁ほか）があった。

　前記の最高裁判決後は下級審は原則否定説に立つものが多かった（東京地判平元・10・31金商846号37頁など）が、相続性を認める判例（東京高判平3・2・4判時1384号51頁など）もあった。

　その後、最判平9・3・25（判時1599号75頁、ゴルフ法判例72[54]）は、会員が死亡した場合について会則等の定めはないが、会員権の譲渡についてはゴルフ場会社の承認を得て譲渡を認める旨の細則を有する預託金制ゴルフクラブの会員権の相続性について、譲渡を認める以上会員の固定性は放棄されており、会則等の趣旨は譲渡のときに準じて相続人が地位の承継を希望する場合は譲渡の承認手続に準じて承認を得た場合には確定的に会員の地位を取得するところにあると解すべきであるとして、クラブ理事会の承認を条件とする会員としての地位の確認請求を認めた原審の判断を是認し、会員権の相続

性を認めた。この判決は、前記の昭和53年の最高裁判決とは事案を異にすると述べているが、その理由は示されていない。この判決は、前記の昭和53年の最高裁判決は、施設経営企業の承認を要件とする会員契約上の地位の相続性をも否定したものではないと考えたのかも知れない。

　また、最判平9・12・16（判時1629号53頁、ゴルフ法判例72[56]）は、会員の死亡を資格喪失事由としながら相続による名義変更手続がある会則を有する預託金制ゴルフクラブの会員契約について、会員の死亡を会員資格の喪失事由と定めた趣旨は、ゴルフ場施設を利用できるゴルフクラブの会員たる資格は一身専属的な性質を有しているから相続の対象にならないものであり、それを定めたものであるとして、相続の承認手続を経ずに直ちに預託金の返還を求めた相続人の請求を棄却している。

　この判決は、続けて、当該クラブでは会員契約上の地位に相続性が認められているから、会員が死亡した場合は、施設利用権を含む会員契約上の債権的な法律関係が一体としてその相続人に承継され、相続人は入会承認を得ることを条件として会員となることのできる地位を取得する、と判示しているので、この「ゴルフ場施設を利用できるゴルフクラブの会員たる資格」は施設利用権のことをいっているのではなさそうで、施設利用権が一身専属的なものであり相続の対象とならないといっているのではない。施設利用権は、クラブの相続の承認によって相続人に新たに与えられるような性質のものではないからである。そうすると、この「会員たる資格」とは、相続人といえどもクラブから会員として承認を受けなければその相続の効果をクラブに主張できないことを前提に、クラブから会員として処遇される資格をいうことになる。そうだとすると、この資格は死亡によってなくなることは当然のことであるから、譲渡の場合と同じであり、あえて「一身専属的」という必要性があるとは思えない。この判決は、前記の昭和53年の最高裁判決と整合性をもたせるために一身専属的と表現したのかも知れない。なお、賃借権の相続の場合は、このような賃借人たる資格というようなことが考えられないことは既に述べたとおりである。

(3) 相続性の有無に関する意思解釈の基準

　相続性の可否に関する明示的な合意がない場合の相続性の有無に関する合意の意思解釈は、相続に関する会則等の記載内容、他の会則規定との整合性、募集要項や入会時のパンフレットの記載内容、入会時の施設経営企業の口頭による説明、その後の事実上の取扱い、会則や取扱いの変更があった場合には被相続人のそれに対する対応等、諸般の事情を勘案して合理的に解釈すべきものである。前記の各最高裁の意思解釈に関する判決でこれらの解釈の指針が全部示されているとは思えないが、これらの判決を前提に会則等の記載を基準にして相続性の可否に関する意思解釈をすると次のようになると思われる。

(イ) **会員の死亡や相続に関する会則等の規定がない場合**　　事実上の取扱いとして相続を認めていれば、相続性は認められる。

　また、会則等の規定上あるいは事実上の取り扱いとして譲渡を認めていれば相続を認めたものと意思解釈すべきである。相続を認めて譲渡を認めないという権利は社会保障請求権などに存在するが、譲渡を認めて相続を認めないというような権利は一般的に考えられないからである。

　事実上の取扱いとしても相続も譲渡も認めていなければ、どのように解釈すべきかは問題である。本来的に相続は自由であるから、相続禁止の明示的合意がない限り相続を認めたものと意思解釈すべきであるとまではいえないものである。最判平7・1・20（判時1520号87頁）も、預託金制のゴルフ会員権はその性質上譲渡が許されないものではなく、これを譲渡禁止とするかどうかは入会契約の当事者の合意にゆだねられているとして、譲渡の可否に関する明示の会則等がない場合に譲渡禁止の特約があったものと意思解釈している。したがって、相続の可否に関しても、事実上の取扱いとして相続も譲渡も認めていない場合は、相続人がこの取扱いに異議を唱えたという特別の事情でもない限り、相続を禁止する合意がなされていたと意思解釈すべきであろう。

(ロ) **死亡を会員の資格喪失事由とする会則等の規定がある場合**　　会則等の規

定あるいは事実上の取扱いで相続手続を認めている場合は、相続を認める合意があったものと解釈すべきである。また、会則等の規定あるいは事実上の取扱いとして譲渡を認めていれば相続を認めたものと意思解釈すべきである。

事実上の取扱いとしても相続も譲渡も認めていなければ、当該死亡会員に特別に相続を認めたという特別の事情でもない限り、会則等の規定は死亡を会員契約終了事由とする合意があったものと解釈し相続性は認められないであろう。

(ハ) **相続ができないとの会則等の規定がある場合** 他の規定や取扱いで相続を認めたという特別の事情でもない限り、明示的な相続禁止の合意（死亡を契約終了事由とする合意）があったものと解釈すべきである。

3 相続に関する手続

相続が認められる会員権については、定款や会則等の規定に従って相続手続を行って、施設経営企業（クラブ理事会）の承認を受けることになる。この相続の承認に関する手続も名義書換手続と呼んでいる。

単独相続の場合は、会則等の規定に従い、戸籍謄本等で相続の事実を証明し、相続人が名義書換の請求を行うことになる。

共同相続の場合は遺産分割協議等で1名の相続人を決めて、当該相続人が会則等の規定に従い、戸籍謄本や遺産分割協議書等で相続の事実を証明し名義書換の請求を行うことになる。なお、預託金制ゴルフクラブの規則で会員の死亡後6カ月以内に届出をした相続人が会員の地位を承継しうるという趣旨の定めがある場合に、その届出期間は遺産分割協議が成立した時から起算すべきであるとした判例（最判平9・5・27判時1608号104頁、ゴルフ法判例72 55）がある。

名義書換に関しては名義書換料の支払義務がある場合が多い。名義書換料の金額は譲渡の場合に比較して低額である場合が通例である。

なお、譲渡を認められている会員権の場合は、相続人が名義書換を望まないときは、名義書換手続を行わないで、そのまま会員権を他に譲渡すること

も可能である。共同相続の場合も共同相続人が遺産分割協議等を経ることなく他に譲渡することも可能である。

4 相続に関するその他の問題

(1) 名義書換を拒否された場合

　最初に施設経営企業に相続の承認をする義務が一般的にあるかどうかが問題となるが、これは譲渡承認の場合と同様に考えるべきものである（その詳細は32 3を参照）。会員契約は人的な要素を基礎とする信頼関係を前提とする継続的契約関係であるから、その相続の承認も意思表示であり基本的には施設経営企業（クラブ理事会）の任意であるが、予め承認要件が定めている場合は、特別の事情のない限り承認要件に合致する場合は相続人に対して相続の承認を行うとの合意が予めなされていたものとして、施設経営企業には承認をする義務があるものと考えるべきものである。

　名義書換が適法に拒否されたときは、譲渡が認められていない会員権については、相続が認められない会員権と同様に会員の死亡によって会員契約が終了した場合と同様の結果になる。

　また、譲渡が認められている会員権について名義書換が拒否された場合は、会則等に特別の定めがない限り当該相続人は会員権を第三者に譲渡することが可能である。

(2) 相続人は預託金の返還請求を直ちにできるか

　預託金制クラブの場合は、相続人は相続の承認を受けた（名義書換を完了した）後に退会すれば、預託金の返還が受けられることは当然である。

　これに対して、会員の相続人が会員権の相続を望まず名義書換手続を踏まないで、相続を理由に直ちに預託金の返還を請求できるかどうかが問題となる。相続人が名義書換を拒否された場合に、預託金の返還を請求できるかどうかという問題も法的には同じ問題となろう。

　会則等で、会員の相続人は名義書換を行わなくとも預託金の返還が受けられる、あるいは相続人が名義書換を拒否された場合は預託金の返還が受けら

れるという規定がある場合や、そのような取り扱いがされていた場合は、そのような合意があったものとして預託金の返還請求が可能となる。

　これに対して、そのような特別の合意がない場合が問題である。預託金返還請求権は退会（会員の約定解除権の行使）によって行使できる権利であるが、相続人が名義書換を行わないときや名義書換が拒否されたときは、会員契約の相続の効力は施設経営企業に及ばないから、約定解除権である退会の権利も施設経営企業に対する関係では相続人に移転していないと考えれば、退会の請求ができない以上、預託金の返還請求ができないことになる。

　前記最判平9・12・16は、会員が死亡した場合には会則上保証金（預託金）の返還を求める旨が規定されていない限り、その相続人は会員の死亡を理由に直ちに債権的法律関係の中から保証金返還請求権だけを行使することができないとしながら、一方では、仮に相続人らの保証金返還の申し出を退会の意思表示とみても据置期間が満了していないと判示している。判文からみる限り、相続人は名義書換手続をとらないでも退会は可能であることを前提としているようにみえる。

　会員権の相続について施設経営企業の承諾を要するとする趣旨は、上に述べたように会員契約が人的信頼関係を前提とする継続的契約であり、その人的適格性の判断権を契約相手方に留保することにあると考えられるのである。そして、その適格性は施設利用に関するものが中核になるものであり、預託金返還請求権の行使要件である退会は会員契約上の約定解除権の行使であり施設利用権の消滅を意味するから、退会の権利を相続人が行使しようとするときは施設経営企業の承認なく相続人にその権利を承継させても施設経営企業に不利益はないことになる。預託金返還請求権は通常の金銭債権であり当然に相続の対象となるものであり、その要件である退会の権利（約定解除権）もその行使を前提とする場合には預託金返還請求権と一体的な権利として施設経営企業の承諾がなくとも当然に相続の対象となるものと考えるべきものであろう。また、名義書換料が必要な場合は預託金の返還を求める相続人にそのような負担をさせることは妥当とはいえないし、譲渡が可能な会員権の

場合には預託金返還の方を求める相続人に譲渡を強制することにもなり妥当とはいえない。このよう考えれば会員の相続人は名義書換手続を踏むことなく、また名義書換を拒否された場合も預託金の返還を請求できることになる。

この点に関し、預託金の返還を求める相続人は理事会の入会承諾がなくても会員契約上の地位を取得し、退会により預託金の返還を求めることができるものと解されるとし、退会は会員契約上の地位の承継を前提とするから、相続人が退会の意思表示を行うときは同時に会員契約上の地位は理事会の承諾なくして相続人に承継されると解するほかなかろう、とする見解（高山征治郎＝亀井美智子・判時1646号212頁）がある。契約解除権の承継は契約の承継を前提とするということは、その指摘のとおりであるが、一方では、退会の権利を預託金返還請求権との関係でみると、預託金返還請求権に付着して一体となった権利で、その行使を前提とする場合は預託金返還請求権と一体として当然に相続できると考えた方がよいように思われる。会員契約が終了しない限り退会の権利が付着しない預託金返還請求権は永久に行使できない権利であり、預託金返還請求権と退会の権利が分離することは無意味だと考えられるからである。

29 会員権の譲渡・相続不能

1 会員権の相続・譲渡禁止

会員権は会員契約上の会員の地位をいうが、会員権が一身専属的であるのかどうか、会員権の相続性・譲渡性を合意によって奪うことが可能かどうか、明確な合意がない場合はどのように会員契約を意思解釈すべきであるという問題がある。この問題の詳細は27・28で述べているので、ここでは簡略に述べる。

社団法人制クラブの会員権は社員権であり、原則的には一身専属的なもの

であるから、相続も譲渡もできないものである。ただし、社員の資格の得喪は定款で定めなければならない事項（民法37条）で、定款で相続または譲渡を認めるときは相続、譲渡が可能である。ゴルフ会員権の場合は譲渡、相続を認めるクラブも多いし、譲渡を認めない場合も相続は認めるクラブが多い。

株主制会員権は、株主を会員の要件とする会員権である。株式は譲渡が自由である（商法204条）から、譲渡性や相続性があることになる。しかし、会員契約で会員権の相続性や譲渡性を奪う合意をすることも可能である。株主制会員権は譲渡、相続を認めるものが一般であるが、中には譲渡を禁止しているクラブもないわけではない。相続を禁止している場合は、会員の死亡が会員契約の終了事由とする合意がなされたということである。

施設共有制会員権は、施設の共有持分を要件とする会員権である。共有持分は不動産物権であり当然に譲渡性、相続性が認められることから、譲渡、相続を認めているのが常である。

預託金制会員権は、預託金の預託を要件とする会員権である。預託金返還請求権は通常の金銭債権であるから、譲渡性や相続性が認められる。譲渡や相続を認める場合が多いが中には譲渡を認めないとするクラブも存在している。預託金制会員権はその全部が債権的な法律関係であるから、合意によって譲渡性、相続性を奪うことも可能である。相続を禁止する場合は、会員の死亡を会員契約の終了事由にしているということである。

2 会員権の相続が認められないクラブの場合の相続

社団法人制の場合は、会員の死亡によって社員権が消滅するから、相続人には相続すべき権利がないことになる。クラブによっては弔慰金と称して入会金の何割かの金額を遺族に支払う場合もある。この弔慰金支払請求権が相続財産であるか、遺族が直接取得する債権であるかは、定款等の解釈にかかる。

株主会員制の場合は、会員契約は会員の死亡によって終了するから施設利用権は消滅し、株式が相続の対象となる。株式は会員権そのものではないか

ら株式が相続したからといって会員権が相続されたことにならないのは当然である。未払い会費がある場合は、その債務は具体的な金銭債務であるから相続の対象となる。相続人は株式をクラブが指示する方法で他に譲渡するという規定等がある場合は、その規定等に相続人は拘束される。このような規定等がない場合は、相続人は施設経営企業の単なる株主となるだけである。

　預託金制の場合は、会員契約は会員の死亡によって終了するから施設利用権は消滅し、預託金返還請求権だけが相続の対象となる。会則等で預託金の返還事由に会員の死亡が規定されていない場合も、合意で会員の死亡を契約終了事由とした以上、死亡も退会と同様に預託金の返還事由とする合意があったものと意思解釈すべきである。また、会員が預託金据置期間中に死亡した場合、相続人は直ちに預託金の返還が請求できるかどうかは会則等の規定による。このような規定がない場合は意思解釈をしなければならないが、預託金の据置期間は施設経営企業に与えられた預託金返還請求権に対する期限の利益であり、この利益は会員の死亡という偶然に事実によって奪われるいわれはないから、施設経営企業は据置期間経過後に相続人に支払えばよいことになると解釈すべきである。

3　会員権の譲渡が禁止されているクラブの会員権の譲渡・執行

　会員権の譲渡が会則等で禁止されているクラブについては、そもそも会員権の譲渡禁止条項を含んだ会員契約がなされているわけである。

　債権の譲渡禁止の特約（民法466条2項）は物権的効力を有するものとして、原則として当事者間でも無効とされている（通説・判例）。会員権の譲渡もこの債権譲渡に関する規定に準じて、譲渡禁止の特約をした場合は、譲渡当事者間でも無効と解することになろう。

　次に会員権の譲受人が譲渡禁止について善意（同条2項但書）の場合が問題となるが、会員権の購入に際して会則等を調査しないことは重過失ありとされるべきであり、民法466条2項但書の「善意の第三者」は無重過失であ

ることを要するとするのが判例（最判昭46・4・23民集27巻7号823頁）であることを考えると、譲渡は無効とされるべきであろう。

　さらに、会員権の譲渡が禁止されているクラブの会員権に対して強制執行や保全処分ができるかどうかが問題となる。性質上の一身専属的な社団法人制会員権の場合は、その性質上執行対象性を欠くことになる。譲渡禁止特約のある会員権の場合の執行適格性に関しては積極、消極、折衷の3説が考えられるが消極説が妥当である（その詳細は今中＝今泉・債権管理57号35頁以下参照）。債権の場合は譲渡禁止特約は強制執行までをも排除し得ないと解するのが通説・判例（最判昭45・4・10民集24巻4号240頁参照）であり、契約上の地位である会員権も債権に準じるものであるとする積極説（本書旧版179頁）にも理由があるが、換価自体が実際上不可能で執行の意味がなく、会員権は会員契約上の地位であり、債権そのものではなく、会員契約は信頼関係を基礎とする継続的契約であり、譲渡禁止はその会員の地位の内容であるから執行の対象とならないと考えるべきであるからである。いずれにしても、現実的には、このような会員権は換価ができないから執行の対象とするのは不適格である。

4　会員権の譲渡担保設定の禁止

　会員権の担保設定を禁止する場合も相当見受けられる。

　会員権の担保の法的構成としては、譲渡担保、代物弁済予約、債権質のいずれかが考えられるが、実務上はほとんど譲渡担保の形式がとられているので、ここで問題となるのは、譲渡担保の禁止である。

　会員権の譲渡を認めるクラブに関しては、譲渡担保設定契約は理事会の承認を得る前であっても有効である（最判昭50・7・25民集29巻6号1147頁、ゴルフ法判例72[22]）が、前記のように会員権の譲渡が禁止されているクラブに関しては、会員権の譲渡は当事者間でも無効である以上、譲渡担保についても譲渡と同様に処分の一種であるから、担保設定を特約で禁止することは可能であり、その場合もその処分制限の効果は物権的であると考えられる（権

利質について大判大13・6・12民集3巻272頁）から、譲渡担保契約は無効ということになろう。

30 会員権の譲渡人の名義書換協力義務

1 会員権の譲渡と名義書換

　会員権譲渡は、会員契約上の会員の地位の譲渡であり、この契約上の地位の譲渡については必ずしも譲渡人、譲受人、原契約の相手方である施設経営企業間の三面契約を締結することを要せず、譲渡禁止の特約の存しない以上これを自由に譲渡することができ、会員権譲渡の当事者間では、譲渡により会員権移転の効力を生ずるものとされている。

　会員権の譲渡は契約で行われるもので、売買契約の場合が通例であるが、贈与契約や交換契約等の他、譲渡担保契約やその実行として行われることもある。

　ただし、会員権の譲渡の効力を施設経営企業に主張するためには、会員契約の相手方である施設経営企業（クラブ理事会）の承認が必要で、この承認のない限り会員契約の効力は施設経営企業に及ばないものである。この譲渡の承認手続を名義書換と呼んでいる。

　会員権の名義書換の手続は会則等で定められているのが通例であるが、一般的には、会員権の譲渡当事者間の双方申請の形式をとり、双方連名の名義変更申請書に会員権証書、譲渡人の退会届およびその印鑑証明書（各クラブの会則等により、その発行期限が定められている場合が多い）を添付して施設経営企業の代行機関たるクラブ理事会に名義書換の申請をなし、面接等の資格審査手続を経て理事会の承認を得、所定の名義変更料を施設経営企業に納付した後、施設経営企業による会員名義の書換え（また、会員名簿を発行している場合にはその記載の変更）を経て行われる。

また、株主会員制クラブにあっては、施設経営企業の株券の提出をも義務付けられることとなろう。

したがって、会員権を譲り受けた者が名義変更を希望する場合には、旧会員から会員権証書（株主会員制の場合は、さらに株券）の引渡しを受け、また、同人作成の退会届、印鑑証明書等の必要書類の交付を受ける必要がある。

このように、会員権譲渡を施設経営企業に対抗し、会員としての権利を行使させるためには、名義書換のための前記必要書類の交付および譲受人自身による所要の届出等が必須であり、これが名義書換手続の内容である。上に述べたように名義書換の請求手続は双方申請の形式をとっているが、実際上は譲渡人が名義書換請求に要する書類に署名する等必要な処理を行って必要書類を譲受人に交付することによって行われている。

2　名義書換協力義務の法的性質

会員権譲渡の譲受人の契約締結の目的は、一般的には施設経営企業の譲渡承認を得て会員として処遇されることにあり、会員として処遇されるためには、クラブの会則等に定める書換手続が必要で、名義書換は譲受人単独でできる形式になっているものではないから、会員権譲渡契約における譲渡人の義務のひとつに名義書換協力義務を認めることができる。会員権譲渡契約上、譲渡人に名義書換協力義務があることには異論がなさそうである。

この名義書換協力義務を、売買契約上の付随義務とする見解（井上利之「ゴルフクラブ等会員契約の法律相談」168頁）もあるが、この名義書換協力義務は譲受人が名義書換手続を望まないという特別の事情（たとえば譲渡担保や転売目的の場合）でもない限り、会員権譲渡契約上の要素たる債務と考えるべきものである。この義務の履行がなければ少なくとも施設経営企業の譲渡承認を受けることが手続面で不可能となり、この不履行によって会員権譲渡契約の目的を達することができなくなるからである。会員権の譲渡が処分清算型の譲渡担保等で、担保権者が自己への名義書換を望まないというような場合や転売目的の場合は、譲渡人は譲受人に対しては直接の名義書換協力

義務を負担しないが、最終的な取得者(転得者)に対しては直接に名義書換の協力義務を負担することを予め承諾していたものと考えるべきであろう。譲渡担保に関して最判昭50・7・25(民集29巻6号1147頁、ゴルフ法判例72[22])はこのような判断している。

この名義書換協力義務は会員権譲渡契約上の債務であるから、譲渡契約が売買等の双務契約の場合は、特約のない限り、譲渡人の債務(売買の場合は代金の支払い)の履行とは牽連関係があるので同時履行の関係にある(民法533条)。

この同時履行の抗弁権は、第三者に対しても対抗することができ、会員権の転得者等の第三者に対しても、その債務を履行するのと引き換えに自己の債務を履行する抗弁権を行使できるとするのが通説・判例(大判大6・11・10民録23号1960頁)である。しかし、上記最高裁判決は、譲渡担保設定者は譲渡担保権者に対する清算金支払義務と名義書換協力義務との同時履行の抗弁権を処分清算型の譲渡担保権の実行によって会員権を取得した第三者に対して行使することができないものとしている。処分清算型の合意をしている場合は清算金支払請求権と名義書換手続協力請求権との間に牽連関係を認めることができないとしたものと思われる。

3 会員権の譲渡人が名義書換に協力しない場合の対処方法

会員権の譲渡人に名義書換協力義務があるのに、この義務を履行しない場合は、会員権の譲受人はどのような対処をすればよいか。

どのような場合に名義書換協力義務の不履行があるかということは、施設経営企業が定める名義書換手続の内容によって異なることになるが、一般的な不履行の形態としては、会員権証書を引き渡さない、実印を押捺した退会届を作成しない、印鑑証明書を添付しない等従前の会員に要求される名義書換に関する書類を引き渡さないといったことが考えられる。

(1) 名義書換手続協力義務の履行の請求

　会員権の譲受人が名義書換手続を望む場合は、会員権譲受の事実を証明すれば、施設経営企業が譲渡人の作成すべき書類や会員権証書の提出がなくとも会員権の譲受人が譲渡承認の基準さえ満たしていれば名義書換を認める（譲渡の承認をする）という取扱いをしてくれれば問題はない（ただし、どのような証拠で会員権移転の事実を証明するかという問題はあるが）が、実務上は施設経営企業が要求する手続を履践しない限り、施設経営企業は名義書換手続に応じないであろう。

　このような場合に、どのような法的手続をとればよいかが問題となる。

　会員権の譲受人は譲渡人に会員権証書の引渡しを裁判上請求できるが、これを認める判決がなされても、この判決に従わない譲渡人に対して強制執行をすることが実際は非常に困難である（民事執行法169条、当該証書を発見できなければ執行は不能になる）し、仮に強制執行によって会員権証書の引渡しを受けてもこれだけでは名義書換に要する書類が完備できない。そこで、会員権の譲受人は譲渡人に名義書換に協力せよとの訴訟を起こすことが考えられる。このような請求を認めるのが一般的見解であるが、これを認容する判決によってどのような強制執行ができるかが判然としていない。

　名義書換手続協力義務は不代替的作為義務で、間接強制（民事執行法172条）によらなければならないとの見解も考えられるが、名義書換手続とは、会員契約上の地位の譲渡があった場合に原契約の相手方当事者である施設経営企業がその譲渡を承認する手続にほかならないから、その譲渡承認を求める手続が名義書換申請であり、この手続に譲受人と譲渡人の双方の申請を形式上要求している実務を前提にして、このような名義書換申請が譲渡承認を受けるための必須の手続であると考えると、この名義書換申請協力義務は譲渡承認という施設経営企業の意思表示を求める申込み（意思表示）を行う義務もしくは承認を求める催告（契約が無権代理によるときは、契約の効力は本人が追認しない限り本人に及ばないが契約の相手方は追認をするかどうかの催告権が民法114条で認められているし、催告は準法律行為である意思の通知である）

義務を負担しないが、最終的な取得者（転得者）に対しては直接に名義書換の協力義務を負担することを予め承諾していたものと考えるべきであろう。譲渡担保に関して最判昭50・7・25（民集29巻6号1147頁、ゴルフ法判例72[22]）はこのような判断している。

　この名義書換協力義務は会員権譲渡契約上の債務であるから、譲渡契約が売買等の双務契約の場合は、特約のない限り、譲渡人の債務（売買の場合は代金の支払い）の履行とは牽連関係があるので同時履行の関係にある（民法533条）。

　この同時履行の抗弁権は、第三者に対しても対抗することができ、会員権の転得者等の第三者に対しても、その債務を履行するのと引き換えに自己の債務を履行する抗弁権を行使できるとするのが通説・判例（大判大6・11・10民録23号1960頁）である。しかし、上記最高裁判決は、譲渡担保設定者は譲渡担保権者に対する清算金支払義務と名義書換協力義務との同時履行の抗弁権を処分清算型の譲渡担保権の実行によって会員権を取得した第三者に対して行使することができないものとしている。処分清算型の合意をしている場合は清算金支払請求権と名義書換手続協力請求権との間に牽連関係を認めることができないとしたものと思われる。

3　会員権の譲渡人が名義書換に協力しない場合の対処方法

　会員権の譲渡人に名義書換協力義務があるのに、この義務を履行しない場合は、会員権の譲受人はどのような対処をすればよいか。

　どのような場合に名義書換協力義務の不履行があるかということは、施設経営企業が定める名義書換手続の内容によって異なることになるが、一般的な不履行の形態としては、会員権証書を引き渡さない、実印を押捺した退会届を作成しない、印鑑証明書を添付しない等従前の会員に要求される名義書換に関する書類を引き渡さないといったことが考えられる。

(1) 名義書換手続協力義務の履行の請求

　会員権の譲受人が名義書換手続を望む場合は、会員権譲受の事実を証明すれば、施設経営企業が譲渡人の作成すべき書類や会員権証書の提出がなくとも会員権の譲受人が譲渡承認の基準さえ満たしていれば名義書換を認める（譲渡の承認をする）という取扱いをしてくれれば問題はない（ただし、どのような証拠で会員権移転の事実を証明するかという問題はあるが）が、実務上は施設経営企業が要求する手続を履践しない限り、施設経営企業は名義書換手続に応じないであろう。

　このような場合に、どのような法的手続をとればよいかが問題となる。

　会員権の譲受人は譲渡人に会員権証書の引渡しを裁判上請求できるが、これを認める判決がなされても、この判決に従わない譲渡人に対して強制執行をすることが実際は非常に困難である（民事執行法169条、当該証書を発見できなければ執行は不能になる）し、仮に強制執行によって会員権証書の引渡しを受けてもこれだけでは名義書換に要する書類が完備できない。そこで、会員権の譲受人は譲渡人に名義書換に協力せよとの訴訟を起こすことが考えられる。このような請求を認めるのが一般的見解であるが、これを認容する判決によってどのような強制執行ができるかが判然としていない。

　名義書換手続協力義務は不代替的作為義務で、間接強制（民事執行法172条）によらなければならないとの見解も考えられるが、名義書換手続とは、会員契約上の地位の譲渡があった場合に原契約の相手方当事者である施設経営企業がその譲渡を承認する手続にほかならないから、その譲渡承認を求める手続が名義書換申請であり、この手続に譲受人と譲渡人の双方の申請を形式上要求している実務を前提にして、このような名義書換申請が譲渡承認を受けるための必須の手続であると考えると、この名義書換申請協力義務は譲渡承認という施設経営企業の意思表示を求める申込み（意思表示）を行う義務もしくは承認を求める催告（契約が無権代理によるときは、契約の効力は本人が追認しない限り本人に及ばないが契約の相手方は追認をするかどうかの催告権が民法114条で認められているし、催告は準法律行為である意思の通知である）

をする義務と考えられよう。

　このように考えれば、名義書換に協力することを命じる判決は意思表示を命じる判決（もしくは準法律行為である催告を命じる判決）であり、その判決の確定によって意思表示がなされたものと擬制されることになる（民事執行法173条、なお準法律行為の場合も同条の適用があると解釈されている）から、譲渡人に対して名義書換手続に協力せよとの訴訟を起こして、この認容判決が確定した場合は、会員権譲受人は、この確定判決の正本を、会員権譲渡人に要求される名義書換関係書類に代えて提出して、施設経営企業に譲渡承認を求めるという方法が考えられる。

　前もって施設経営企業の譲渡承認拒否が明白である場合は、譲受人に対する請求と併合して、施設経営企業に対して譲渡人に対する名義書換協力を命じる判決の確定を条件とする譲渡承認の請求訴訟（これも意思表示を求める訴えであると考えられる）を提起することも考えられる。この場合は名義書換手続上、譲受人に要求されている資格を満たす必要があることは当然の前提となる。

　譲渡承認に名義書換の申請手続が必須の要件であるとする考え方に対して、会員権譲渡の承認は契約上の地位の移転に対する契約相手方の承諾のことであり、この承諾があった場合は契約上の地位（会員権）は同一性をもって譲受人に移転し、譲渡人は契約関係から当然に脱退することになるから、会員権譲渡による名義書換手続において譲渡人に退会届を求めることは法律上は無意味なことであることを考えれば、名義書換手続は施設経営企業の譲渡承認に関しては特に必要な手続とはいえない、と考えることも可能である。

　このように承認手続に名義書換申請手続は不要であると考えると、会員権の譲渡人に要求されている名義書換関係書類の提出がないことを理由として譲渡承認を拒否された場合は、施設経営企業を被告として譲渡承認の請求訴訟を提起し、この訴訟手続内で会員権譲渡が有効になされたことを証明すればよいことになろう。

　判例には、所定の書類をクラブに提出して入会手続をしたうえでないかぎ

り会員権譲渡の承認を訴求することができないとして、会員権取得者の譲渡承認請求を却下したもの（千葉地判昭63・6・10判時1296号113頁）と、会員権の譲渡を受けた者が名義書換手続に会員権証書を提出できなかった事案で、名義書換承認の審査を行うべきであるとして、理事会の承認を条件とする会員の地位の確認請求を認容するもの（水戸地判平6・1・25判タ876号200頁）がある。

この2つの考え方の違いは、要するに、譲渡承認手続を契約（名義書換請求が申込みでその手続に応じることが承諾ということになる）と考えるか、単独行為（譲渡承認）と考えるかの違いである。

実務的には、譲渡人に名義書換請求の訴訟を提起するという前者の考え方で処理する方が無難であろう。

なお、訴訟法的には、上記の水戸地判は、原告の訴えを不適法として却下しているが、原告の訴えは施設経営企業である被告に対する譲渡承認の意思表示を求める給付訴訟であり、これを認めないとする理由は、承認の前提となる実体的手続要件が欠けていることであるから、このような入会手続の欠缺という手続上の要件は意思表示という作為義務を発生させないという実体的な要件にすぎないもので、このような手続の具備は訴訟要件ではない。したがって、このような理由によって訴えを不適法として却下することは不相当で、請求を棄却すべきものである。

(2) 譲渡契約の解除

名義書換手続協力義務が譲渡契約上の付随的義務だと考えると、付随的義務の不履行では契約解除ができないことになる（大判昭13・9・30民集17巻1775頁）ので、この名義書換手続義務不履行を理由に会員権譲渡契約は解除できないことになる。しかし、名義書換手続協力義務が要素たる債務であると考えるべきであることは既に述べたとおりである。したがって、会員権の譲渡人がこの義務を履行しないときは会員権譲渡契約の目的を達することができなくなるから、譲受人はその履行の催告をしたうえ、会員権譲渡契約を解除できるものというべきである。ただ、この付随的債務と要素たる債務の

区別は相対的なものであり、解除の可否は当該債務の不履行によって契約の目的を達することができなくなったかどうかで判断されるべきであると考える（このように考える見解が多くなってきており、大阪高判平9・9・25判時1633号97頁は、ゴルフ会員権の売主は譲渡承認を得る債務があるとし、この債務の不履行は付随的債務の不履行であるが、会員権売買契約の目的が達せられないとして契約解除事由となると判断している）と、名義書換手続協力義務が付随的債務であるのか要素たる債務であるかのかどうかを判断する必要は余りないことになる。

31 名義書換停止

1 名義書換とその停止

会員権の譲渡が認められる場合は、施設経営企業（クラブ理事会）の承諾がなくとも会員権の譲渡は譲渡当事者間では常に有効である。しかし、会員権譲渡の効力を施設経営企業に主張するためには、施設経営企業（クラブ理事会）の譲渡承認が必要である。この譲渡承認手続を名義書換と呼んでいる。

このような名義書換が停止されることがあるが、その理由の多くは、新規または追加会員の募集である。すなわち、コース増設などの場合、その土地の買収や造成資金を調達するために会員募集を行うのが通常であるが、一定の募集金額を決めて募集中、既存の会員権がそれより低い価額で売買譲渡されるのであれば、会員募集は困難となり、予定した資金調達はできなくなるので、そのような相場の低落を防ぐために、募集期間中は、既存会員権の名義書換を停止し、会員権の売買譲渡を不可能にしようとするのである。クラブの中には、意味もなく開設以来名義変更停止措置を続けている例もまま見受けられる。

2　名義変更停止の合理性

　名義書換停止とは、停止期間中は譲渡承認を一切行わないということを前もって定めることに他ならない。施設経営企業が、会員権の譲渡を認めながら名義書換停止の措置をとっている場合の合理性、有効性に関しては次のように考えるべきであろう。

　第1は、会則等に名義書換停止措置を施設経営企業がとりうることを定めている場合である。会則等で停止期間が定められている場合は、その間は会員権の譲渡は施設経営企業との関係では制限されるという合意が入会時になされたものであるから、停止期間が長期間で実質上会員権の譲渡を認めないに等しいものでない限り、このような合意も公序良俗に反しないものとして有効である。預託金制クラブの場合、会員としては投下資本の回収方法は預託金据置期間経過後の退会による以外は、会員権譲渡の方法しかないことを考えると預託金据置期間を超える期間を名義変更停止期間とすることは許されないものと考えるべきであろう。

　会則等で適宜停止期間を定めることができるとされている場合は、停止期間に関する確定的な合意がなされていなかったのであるから、明示的な契約内容になっていないのである。したがって、とられた名義変更停止措置について、そのとられた理由と期間を考慮して、それが会員権の譲渡性を著しく侵害しない場合は有効と考えるべきであろう。停止の理由が新規会員の募集等で資金調達の必要性があり、またその期間が長期間（それがどの程度かは、施設経営企業の停止の必要性との関連で決められるものであるが1年を超えることは不相当である）にわたらないことが必要であり、その有効性については、施設経営企業が合理的な期間は名義書換停止措置をとりうることを会員は承諾するという合意が入会時になされていたと意思解釈すべきことになろう。

　第2は、会則等に定めがない場合である。この場合も会則等で適宜停止期間を定めることができるとされている場合と同様に考えるべきで、有効性の根拠は黙示の合意があったものとして意思解釈をすべきものである。

後に会則等を改正して名義書換停止期間の定めをおいても、会員を拘束しないものと考えるべきであろう。会員権の譲渡を認める以上、会員権の譲渡の特約は会員契約上の合意内容となっており、会員権を譲渡できる権利は、会員契約上の会員の基本的な権利だと考えるべきで、施設経営企業が一方的にこれを変更することはできないものである。

3　名義書換停止措置が不合理な場合の譲渡承認請求

施設経営企業がとった名義書換停止措置が長期間にわたり不合理な場合は、会員契約上の施設経営企業の債務不履行であるから、会員はこれを無視して会員権を譲渡し、会員権の譲受人は施設経営企業に対して譲渡承認の請求（名義書換の請求）が可能となる。施設経営企業は名義書換停止期間中であることを理由に譲渡承認を拒否することができないと考えられるからである。譲渡承認を施設経営企業が拒否する場合は、訴訟で譲渡承認を求めることができることになる。この結論には異論はなさそうである。

譲渡承認は、施設経営企業の意思表示であると考えられるから、譲渡承認の請求は意思表示を求める請求で、認容判決の確定により譲渡承認が擬制されることになる（民事執行法173条、なお譲渡承認の法的性質を民法467条の承諾と同様に観念の通知と考えても準法律行為を命じる判決には民事執行法173条の適用があると考えられているから結論は同じになる）。しかし、この判決が確定しても施設経営企業が譲受人の施設利用に具体的に応じない場合は、さらに施設利用に関する訴訟が必要になる。

したがって、このような訴訟手続をとるリスクを覚悟してまで会員権を譲り受ける者はないのが実情である。

4　名義変更停止措置が不合理な場合の会員契約の解除

施設経営企業の名義書換停止が不合理である場合は、会員契約上の会員の会員権を譲渡しうるという基本的な権利に対する侵害で、会員契約上の施設経営企業の債務不履行であり、会員はこの債務不履行を理由として会員契約

を解除できるものと考えるべきである。

この会員契約解除の可否については、2通りの考え方がある。

第1は、積極説で、会員権の譲渡の権利は会員契約上の基本的な権利で、それに対応する施設経営企業の債務は会員契約上の債務であり、その不履行により会員契約締結の目的を達することができないものとして、会員契約解除の原因となるとの考え方である。

第2は、消極説で、会員権の本質的権利は施設利用権であり会員権譲渡の権利は会員契約の本質的な権利でなく、名義書換停止措置がとられても念書売買が可能で、その措置が不合理である場合は、会員権の譲受人は施設経営企業に譲渡承認を請求して会員となることができるから会員権の譲渡が可能であり、名義書換停止は施設利用権の侵害になるものではないから、会員契約の解除はできないとの考え方である。この考え方は、会員譲渡に対する施設経営企業の債務を会員契約上の付随的な債務でその不履行では契約を解除できないとの考え方を前提としているものと考えられる。

東京地判平6・9・8（判時1542号80頁）は、11年間名義変更停止措置をとっていたゴルフ場に関して、この措置は会員契約の債務不履行であるとしたが、名義書換に応じないことを理由に会員契約を解除するためには名義書換に応じるように催告をすることが必要であるが、会員はこの催告をしていないと認定して、会員側の契約解除を否定している。上の積極説に立つ判例と評価できよう。積極説に立つ場合も、当該債務の不履行は履行不能ではないから、契約解除には催告が必要であることは当然である（民法541条）。ただし、この催告の内容は名義変更停止措置を解除せよという内容で足り、具体的な譲受人への名義変更をせよという内容でなくともかまわないものと考えるべきであろう。

これに対して、大阪地判平10・2・26（判タ998号207頁、ゴルフ法判例72［52］）は消極説で、前記の内容（ただし、付随的な債務であるとはいっていない）の判断をしている。この判決は、念書売買のリスクによる譲渡対価の減額や既に述べたように実際上訴訟のリスクを冒してまで会員権を譲り受ける者が

ないこと、入会者にとって会員権の譲渡の可否は募集に応じて入会するどうかを判断する際の重要な考慮事由になっていること等を看過した考え方であり賛成できない。

　解除の可否について詳細に論及した学説はなさそうである（積極に解するのは、本書旧版192頁と徳嶺和彦「ゴルフクラブ等会員契約の法律相談」162頁が見受けられるだけである）。

5　念書売買

(1)　念書売買の内容

　そこで、名義変更停止の期間中、会員の中には譲渡の必要に迫られる者も出てくる一方、将来名義変更停止措置が解かれれば（これを名変解除と呼んでいるが、この解除は民法上の解除ではないことは勿論である）会員になれるとの期待で、多少価格が安ければ名義変更停止中でも譲り受けたいという者が存在する。このような希望者間に会員権業者が介在して、売主が名義変更停止が解除されたときには名義書換手続に協力するとの趣旨の念書を差し入れて会員権を売買する取引形態が生まれ、現実にはかなり広く行われているのが実情である。これは念書売買と呼ばれている。

　念書売買の際、譲渡人から会員権業者または譲渡人から譲受人に対して、念書とともに交付する書類は、通常の会員権譲渡手続の必要書類と同じである。

　すなわち、名義書換手続に必要な書類の中に、売主の印鑑証明書（その他、売主の戸籍謄本や売主の住民票もあり得る）といった有効期間の定められているものがあるため、実際の念書売買の契約日に交付を受けても、将来名義書換が可能となった時期には有効期間が経過していることになるので、このような事態に対処するため、念書を付することが必要となってくるのである。

　念書売買も会員権譲渡の一場合であり売買当事者間では有効であるが、会員権の移転を施設経営企業に対抗できない。

(2) 念書売買の危険性

念書売買においても、売買当事者が特定し、買主がそのまま名義変更開始まで待っているときは問題は少ない。

しかし、名義変更停止が解除された場合に、確実に売主が名義書換手続に協力してくれるかどうかは保証の限りでないし、売主が会員権を二重譲渡したり、会員の債権者から差押えがなされたり、会員が破産宣告を受けたりした場合は、譲渡の効力を差押債権者や破産管財人に対抗できなくなるという問題もある。

また、売主が念書売買後死亡したようなときは、何も知らない相続人全員の承諾を得る必要もあり、面倒な事態となることもありうる。

念書売買は、名義書換手続協力請求権の行使が、将来の名義書換停止の解除という不確定期限にかかるものであり、その履行の保障もないことから、このような種々の危険性があることになり、買主には余り勧められる会員権の購入方法ではない。

しかし、念書売買を投資という観点からみてみると、このような危険は投資に通常伴うものである。この点を理由に、名義変更停止期間中のゴルフ会員権の念書売買に関する勧誘行為を違法ではないとした例（名古屋地判平7・9・7金商1006号28頁）がある。

32 名義書換の拒否

1 会員権の譲渡と名義書換

会員権の法的性質は会員契約上の会員の地位であるとされており、会員権の譲渡については、法的には契約上の地位の譲渡であるとされ、この譲渡の効力を施設経営企業に主張するためにはその承認が必要であるとされている。

この会員権の譲渡の効力を施設経営企業に及ぼすための方法として、要求

されるのがクラブ理事会の承認であり、この譲渡承認手続を名義書換と呼んでいる。

2　理事会の譲渡承認

　理事会の承認基準については、たとえば、会員2名の紹介、連帯保証、クラブ役員の紹介、ゴルフ連盟加入クラブの会員であること等の要件を加えるものが増えており、ますます厳格となる傾向にある。

　この理事会の承認手続については、譲渡人と譲受人の双方申請を要するとするのが実務では一般である。すなわち、会員証書と譲渡人の印鑑証明書を添えて会員権の譲渡書に譲渡人が実印を押捺し、譲受人より当該施設経営企業と当該クラブ理事会に対し譲受人の住民票抄本を添付した会員権譲渡承認願を提出させ、同承認願には、当該クラブの会員の1名ないし2名の推薦または保証を要求している例が多い。

　また、会員権譲渡契約には、当然に、譲渡人の名義書換・理事会の承認手続協力義務が含まれているものと解されている。

　上記のような提出書類の不備等で承認申請手続を欠いた場合には名義書換を拒否されることになるが、そのような手続不備を理由に名義書換を拒否することが妥当かどうかについて理論的には問題もある。判例は、入会手続を欠いた承認請求の訴えを不適法として却下したもの（千葉地判昭63・6・10判時1296号113頁）と、承認申請に会員権証書の提出がなかった場合にもクラブ理事会は承認の審査をするべき義務があるとしたもの（水戸地判平6・1・25判タ876号200頁）がある（これらの問題の詳細については30を参照）。

　クラブ理事会は、譲渡承認の拒否に対する譲受人の対処については、譲渡承認を施設経営企業に対して法律上請求することが可能かどうか、譲渡承認を拒否されたことを理由に会員権の譲渡契約を解除できるかどうか、譲渡承認を拒否された場合に預託金の返還を請求できるかどうかが問題となる。

3　施設経営企業に対する譲渡承認請求の可否

　譲渡承認を拒否された場合に、譲受人は施設経営企業に対して法律上、譲渡承認を請求することができるかどうかの問題であるが、これは施設経営企業（その代行機関としてのクラブ理事会）に譲渡承認をすべき義務があるかどうかの問題が前提となる。

(1)　譲渡承認義務

　判例は、この承認義務の考え方については様々である。①預託金制ゴルフクラブの会員権は、クラブによる団体規制または会員相互の個人的結合の色彩が希薄であり、画一的な内容の権利義務を包括する契約上の地位であるから、ゴルフ場経営者は、会員（または譲受人）から会員権の譲渡の承諾を求められた場合は、特段の事情のないかぎりその承諾をする義務があるとするもの（東京地判昭57・4・26判タ481号89頁）がある一方、②預託金制ゴルフクラブへの入会契約は継続的であり、契約当事者の信頼関係が重視されるものであるから、会員権の譲渡の承認は原則として理事会の裁量に委ねられているが、例外的に入会契約締結時における資格審査の方法・内容・預託金の返還時期、その後の承認事例の内容、クラブ運営の実情、その他諸般の事情を総合考慮してその拒絶が信義則に反する場合に限り、承認を拒否できないとするもの（東京地判昭63・7・19判タ684号216頁、この控訴審判決である東京高判平3・12・16判時1411号69頁も同旨）や、③預託金制ゴルフ会員権は、契約上の地位であるが入会者の人的特性が重要な要素をなすから、ゴルフ場経営者は会員権譲渡の承認については一定の裁量権があるが、特に問題のある者以外は原則として入会を認めていた事情からすると、当該譲渡承認の拒絶は裁量権の濫用にあたり許されないので承認があったものとして取り扱うことになるとするもの（東京地判平元・10・17金商846号33頁）がある。

　学説は、譲受人が客観的にみて不適格であると判断される場合以外は承認をすべき義務があるとする見解（米倉明・法協94巻1号154頁、須藤正彦・判タ366号42頁等）が有力である。

既に述べたように、クラブは譲渡承認基準を定めているのが通常で、その内容は理事会に大幅な裁量を認めているものから、一定の要件を具体的に定めているものまで様々である。この基準は施設経営企業がクラブの運営方針をどのようにするかによって決められることになろう。

　この問題を考えるにあたっては、まず譲渡承認をする義務があるとするならば、その義務の法的性質を考えなければならない。譲渡承認は意思表示であると考えられるから、この義務は作為義務で、この請求権は会員権という権利から準物権的に発生するような請求権といえないし、これを法律上発生させるような特別の法律の規定もない。したがって、この請求権は契約（合意）によって発生する債権であるということができる。したがって、前記③判決のように譲渡承認に裁量権を認めて裁量権の濫用というような論理には賛成できない。裁量権とか裁量権の濫用とかは行政処分的な発想で、契約法理にはなじまないと考えられる。

　譲渡承認は会員権の譲受人と契約関係に入るという意思表示であり、クラブに加入する目的はいわゆる趣味の世界のことで、会員契約には私的自治の原則、契約自由の原則がよりよく妥当するものであるし、会員契約は人的要素を基礎とする信頼関係を前提とする継続的契約であることから、会員権の譲渡承認の意思表示も本来的に施設経営企業（クラブ理事会）の任意である。このように考えれば、理論的には、この請求権の発生根拠は会員契約における合意内容に関する解釈に求められるべきものである。

　その合意内容の意思解釈については、前記①判決や有力説がいうような、譲渡を認める以上は会員として客観的にみて不適格でない限り、あるいは特別の事情のない限り会員権の譲受人に譲渡承認を行うことを施設経営企業が予め承諾していたとまでは解釈できないものというべきである。会員権譲渡時に譲渡承認基準を定めた会則等がある場合や会則等の規定がないときでも一定の基準により譲渡を承認していたような場合は、そのような譲渡承認基準を満たすようなときは特別の事情のないかぎり会員権の譲受人に対して譲渡承認を行うことを予め施設経営企業が承諾していたものとして、譲受人に

対する譲渡承認請求権を認めるべきものであると考える。譲渡時の取扱いを意思解釈時点とするのは、会員権の譲受人は承認基準を予め調査したうえで(ゴルフ会員権の譲渡承認基準は、会員権の仲介業者に問い合わせれば容易に判明する)会員権を譲り受けるのが通例だからである。

そして、前記②判決のように、全面的に譲渡承認を任意としながら一定の場合に信義則違反を認めるという論理にも賛成できないものである。意思表示の解釈問題としてとらえてしまえば、一義的に譲渡承認は任意として一般条項である信義則でこれを限定解釈する必要はないからである。

(2) 訴訟による譲渡承認請求

施設経営企業に訴訟を提起する方法については、商法204条ノ5を類推適用して、施設経営企業を被告に承認および名義書換を求める訴訟を提起し、その判決の執行は株式名義書換(株式名簿および株券への記載)を命ずる判決と同様に間接強制によるべきだとする見解(米倉明・法学協会雑誌94巻1号154頁)がある。

しかし、会員権の名義書換手続は株式の名義書換手続を模したものではあるが、会員名簿への登載や会員権証書の記載は会員契約上の会員権の行使要件ではなく、名義書換手続とは譲渡承認手続で単なる手続であり譲渡の承認の可否が問題であるから、承認申請を行っている以上、施設経営企業に対して譲渡承認を求めれば足り、名義書換手続を訴求する意味はないものである。そして、譲渡承認は、観念の通知とされる債権譲渡の承諾とは異なり、契約関係に入る意思表示であると考えるべきであり、これを認容する判決が確定すれば、譲渡承認の意思表示が擬制されその意思表示があったものとされる(民事執行法173条、なお観念の通知のような準法律行為の場合もこの規定が適用されると解されている)から、間接強制という迂遠な方法による必要はないものと考えるべきである。

譲渡承認を得ることによって初めて施設経営企業に会員契約の効力が及ぶことになるから、会員の地位の確認を請求してもその請求は認められないことになる。譲渡承認を条件とする会員の地位が認められることはあるが、譲

渡承認を争う以上訴訟の意味がない。

4 会員権譲渡契約解除の可否

譲渡承認の拒否を理由とする会員権譲渡契約の可否については、2点が考えられる。債務不履行による解除と瑕疵担保責任による解除である。

なお、譲渡当事者間で移転される会員権は、施設経営企業の承認を停止条件とする権利であり期待権であると説明する判決や学説が多いが、停止条件は権利に附着するものではなく意思表示の附款であり、停止条件付権利とは権利発生にかかる法律行為に停止条件が附着している場合をいうのであって、それを会員権に当てはめると、譲渡承認を会員権譲渡契約における意思表示の附款である停止条件（民法127条1項）であると考える以外にはないことになる。そうすると、譲渡承認を得られなかったときは停止条件の不成就によって会員権譲渡契約の効力が発生しないことになり譲渡契約は不成立に帰することになる。譲渡当事者間の意思からみて、このような結論は到底支持できないことは明白であるから、上記のような会員権の説明は不正確な説明である（この詳細は27 3参照）。

(1) 債務不履行解除権の可否

これは、譲渡承認を取り付ける義務が会員権の譲渡人が会員権譲渡契約上認められるかどうか、認められるとして、その不履行は会員権譲渡契約の目的を達成できないものとして、譲受人は契約全体の解除が認められるかどうかの問題である。

判例には、ゴルフ会員権の売主は買主に対し特段の事情のない限り買主が希望するなら同人が入会承認を得て確定的に会員なることを保証するという趣旨の義務を売買契約の付随的義務として負担しているというべきで、譲渡承認を得られなかったときは、この付随的義務の不履行であるが、この不履行（履行不能）により売買契約の目的を達することができなかったとして、ゴルフ会員権の売買契約を解除できるとするものがある（大阪高判平9・9・25判時1633号97頁、ゴルフ法判例72 69）、もっとも判決は権利濫用・信義則違

反として解除権の行使を認めていない)。

　賃借権の譲渡の場合は、特段の事情がない限り譲渡人は賃貸人の譲渡承諾を取り付ける義務があるとするのが最高裁の判例(最判昭47・3・9民集26巻2号213頁)であるから、会員権譲渡と賃借権譲渡を同様に考えればこの判決の結論になろう。

　しかしながら、この判決には賛成できない。ゴルフ会員権の譲渡は通常は会員権業者を通じて行われ、譲受人は譲渡承認要件を予め調査した後、入会が可能であると判断して会員権を購入するのが通例であり、会員権の譲渡人は譲受人と面識がない場合が通常である。入会に他の会員の保証を要件とするような場合も、譲受人がこれを探すか、場合によれば仲介業者が紹介している。譲渡承認の要件は、譲渡人とは無関係に譲受人の人的要素によって決められているものである。また譲渡承認の可否は、施設経営企業の判断によるもので譲渡承認を拒否されたとしてもそれは譲渡人に原因があるものではない。このような取引の実態に加え、譲渡承認が拒否が不当なものであれば、譲受人は前記のとおり施設経営企業に譲渡承認を請求できることや譲渡承認を拒否されても譲受人は会員権を他に譲渡することによって財産的な損失を回復できることを考えれば、譲渡承認を拒否される危険は本来会員権の譲受人が負担すべきもので、会員権の譲渡人は、会員権譲渡契約上、譲渡承認手続に協力する義務はあっても、譲渡承認を譲渡人が取り付けるというような特別の合意でもない限り、譲渡承認を施設経営企業から取り付ける債務や譲渡承認を受けられることを保証する債務を負担しないものというべきである。

　したがって、名義書換拒否を理由とする譲受人の会員権譲渡契約の解除は原則として認められないものというべきである。

(2)　担保責任による解除の可否

　次に、施設経営企業の譲渡承認拒否が会員権の譲渡人の債務不履行にならないとしても、当該譲渡契約が売買等の有償契約である場合、譲渡承認拒否が契約の目的物である会員権の隠れた瑕疵と同視して、民法570条、566条の規定を類推適用して譲渡契約を解除できるかどうかも問題となる。

前記のように、譲渡承認拒否の危険は本来譲受人が負担すべきことを考えれば、譲渡承認の拒否は隠れた瑕疵と同視することはできず、その他の担保責任も負担しないものというべきであるから、担保責任を理由とする譲渡契約の解除もできないと考えるべきである。

5　譲渡承認の拒否を理由とする預託金返還請求の可否

　預託金制会員契約における預託金返還請求権は、会員契約上の会員の約定解除権の行使である退会によって行使できる請求権である。

　譲渡承認が拒否された場合、直ちに預託金返還が可能とする会則等の規定があれば、そのような合意があったものとして、直ちに預託金の返還請求ができることになるが、そのような規定等をおくクラブはほとんどないようである。

　退会は約定解除権の行使のことであるから、契約上の地位の移転の効力が契約相手方の施設経営企業の譲渡承認によって施設経営企業に及ばない限り、契約の解除権の行使ができないのではないか、退会の権利が譲渡承認のない限り譲受人は行使できない以上預託金返還請求権も行使できないのではないかという問題である。

　この譲渡承認拒否と預託金返還の問題は、相続の場合と同様に会員権の譲受人は原契約の相手方である施設経営企業の譲渡承認がなくても預託金返還請求権と退会の権利を譲り受けこれを行使できるかという問題の一適用例である。

　古い判例には、取消権、解除権、買戻権等の形成権も民法の債権譲渡の規定によって譲渡しうるとする例が多い（解除権について、朝高判昭15・5・31評論29民958、買戻権について、大判明34・9・14民録7・8・5等）が、学説上は、譲渡人が契約の当事者として有する取消権、解除権のような権利は、契約上の地位の移転が認められない限り譲受人に移転しないとされている。

　預託金返還請求権に関しては、下級審の判例は、譲受人の預託金返還請求に施設経営企業の譲渡承認は不要とするものと、譲渡承認が必要とするもの

(大阪高判平11・2・24金商1063号25頁・ゴルフ法判例72[59]）に分かれている（その詳細については、高山征治郎＝亀井美智子・判時1646号213頁参照）。

　これに関する法律上の問題は、相続の場合にも生じるが、相続と異なる点は、譲渡の場合は譲渡人が独立の法主体として別に存在すること、債権譲渡として債務者対抗要件が必要であることである。債務者対抗要件は施設経営企業に対する譲渡通知（民法467条１項）であるが、名義書換請求は譲渡当事者から連名でなされるものであるから、その中に譲渡人からの預託金返還請求権の譲渡通知が含まれていると解すべきである。

　譲渡承認を拒否された場合は、会員権の譲受人は譲渡承認がなくとも預託金返還請求権の行使が可能であると考えるべきである。その詳細は[28]に述べたのでそれに譲るが、譲渡承認を拒否されて他への譲渡ではなく退会を選択する場合は、退会権（約定解除権）は預託金返還請求権と不可分一体のものとして、もしくは預託金返還請求権に付着するものとして、譲渡承認がなくとも行使できるものと考えるべきである。

6　預託金返還請求を目的とした会員権譲渡の可否

　これに対して、預託金返還請求を目的として会員権を譲り受けた者が名義書換手続を踏まないで預託金返還請求を行えるかどうかが問題となる。

　退会権は譲渡承認がなければこれを行使しえないとする見解ではこのような請求は認めないことになるのであるが、名義書換を拒否された場合には預託金返還請求を行えると考えた場合は、名義書換手続を行わない場合も同様の結論になるのではないかという点が問題となる。

　上記のような預託金返還を目的とする会員権の譲渡は、その実質は預託金返還請求のみの譲渡であり、相続の場合は会員権は相続により一体的に相続人に移転しているから、この点が相続の場合と異なることになる。

　この問題は、会員権の一体性の問題であり、その詳細は[6]で述べたように、会員権の中から預託金返還請求権のみを取り出して譲渡することはできないものと解すべきであるから、上記のような譲渡自体が無効であると解するべ

きである。

東京地判平12・3・29（金商1090号40頁、ゴルフ法判例72[26]）は、このような事案で、クラブ理事会の承認を受けず、名義書換の手続もしない段階での預託金返還請求を否定している。この判決は、原告は、訴訟等の手段によってまでは預託金の返還請求を行うことに躊躇した会員から、自らが当事者になって訴訟により預託金の返還を請求して利益を得るため、業として会員権の譲渡を受け訴訟を提起したとして、会員権の譲受自体を弁護士法73条に違反しているとして無効としている。

弁護士法違反の点はともかく、このような実質的な預託金返還請求権のみの譲渡はそれ自体が無効であると解するべきであるから、この判決の判断には賛成しがたい。

なお、会員が退会をした場合は預託金の返還が請求できるから、退会後に預託金返還請求権を譲渡することは自由である。

33 名義書換料の変更・追加預託金

1 名義書換料の意義

会員権の譲渡や相続が認められる場合でも、その譲渡や相続には名義書換が必要であり、この名義書換には名義書換料（名変料とか登録料と呼ばれる場合もある）と称する金銭を施設経営企業に支払うことが通例である。また、法人会員で記名会員（実際に施設利用を行う者）の変更があった場合も名義書換料が課される場合が多い。

名義書換に名義書換料の支払いを要することは、会則等で定められていることが通常であるが、金額については会則等に明示されている場合と、別に施設経営企業が定める名義書換料を支払うとして会則等に明示されない場合がある。

ゴルフクラブの場合は譲渡に関する名義書換料の金額は、バブル期に会員権の相場が高騰したことから値上げされ、現在は50万円から100万円程度のものが多くなっており、バブル崩壊後の施設経営企業の経営悪化を反映してさらに値上げされる傾向にあるといわれている。名義書換料は、施設経営企業の収入源のひとつであり、通産省編「平成9年特定サービス産業実態調査報告書ゴルフ場編」によると、年間売上高の3.8％を占めている。

名義書換料の金額は、会員権相場の10％程度が適正金額で20％を超える名義書換料は妥当ではないといわれており、バブル期には会員権相場の5％程度に収まっていたが、バブル崩壊後の会員権の値下がりにより、現在では会員権価格を超えるクラブもあるようになっている。

2　名義書換料の法的性質

名義書換料の法的性質に関して、株主名簿の名義書換手数料等と比較して金額が相当高額であることから（株主名簿の名義書換料は実質においても手数料である）、その法的性質が問題となる。

本来、名義書換料とは会員の名義の変更に伴って施設経営企業、クラブに発生する諸費用、すなわち会員名簿への登録、新会員証・ネームプレートの発行費用、通信連絡費その他の実費並びに手数料を意味したことから、上記名義書換料についても、書換手数料と理解する考えもあるが、名義書換料の金額からみてもそのような実費の額をはるかに超えている実情を説明することができない。

施設経営企業と会員の関係は、信頼関係を基礎とする継続的契約関係にあるから、同じく継続的契約関係で同様の法的性質を有する賃貸借における借地権譲渡、転貸の場合の承諾料と同じように、新しく会員となろうとする者との継続的信頼関係に入ることへの承諾料の性質を有しているものと考えられる。

名義書換料は、会員権譲渡や相続の場合は譲渡や相続の承認の対価と解すべきであり、通常は名義書換料は譲受人や相続人が支払うものとされている。

譲渡承認後に支払うものとされている場合は、会員権の移転の効力は譲渡承認によって発生し、譲受人や相続人に名義書換料の支払義務が発生することになる。名義書換料の支払いが譲渡承認の要件とされている場合は、施設経営企業の譲渡承認の意思表示は、譲受人や相続人が名義書換料を支払うことを停止条件とする会員契約移転に対する承諾の意思表示と考えられる。このことを考えると、いずれにしても、名義書換料の支払義務は会員契約上の会員の義務ではないことになる。

また、法人会員の記名会員の変更の場合の名義書換料は実際の施設利用権行使者の変更に対する承諾料で、変更承諾の対価である。この場合は、支払義務者は会員としての当該法人であるから、この名義書換料支払義務は会員契約上の特約に基づく法人たる会員の金銭債務ということになる。

3　名義書換料の増額

施設経営企業は、名義書換料を会員の同意なくして一方的に増額することができるかどうかが問題となる。

この点に関して、判例（大阪地判昭60・10・7藤井＝古賀294頁および控訴審である大阪高判昭63・5・31判時1296号63頁、ゴルフ法判例72[45]）は、名義書換料は非会員が譲渡承認・名義書換を求める承諾料の性質をもつものであって、会員の控訴会社との契約関係にかかわるものではないと解すべきで、名義書換料の金額の決定はゴルフ場の施設・経営・機構の管理運営にかかる事項に属するものというべきであるから、ゴルフ場会社は会員の意思を確かめることなく規約上の手続に従って改訂増額することができ、その拘束を受ける会員の契約上の地位、つまり会員権の譲受人は改訂増額された名義書換料を納入する立場にあるとしている。

学説は、名義書換料の増額は、会員権の相場の変動に比して妥当な額の範囲においてはクラブの運営管理に関する事項としてクラブ理事会の決議によってなしうるとするもの（藤井＝古賀94頁）と、名義書換料は会員の権利義務に関する事項であり、会員の承諾なくして合理的な範囲を超えて一方的に

増額できないとするとするもの（服部185頁）がある。この両説は理論構成が異なるだけで、合理的な範囲の増額はできるがこれを超えるような増額はできないという結論自体には差異がないようである。

　既に述べたように、名義書換料は承諾料の性質を有するもので、これを負担するのは会員権の譲受人や相続人であり、その支払義務自体は会員契約上の会員の債務ではない。この点だけをとらえれば、施設経営企業（クラブ理事会）が会員の個々の同意がなくても任意に名義書換料を設定できるものとも考えられる。このように考えると名義書換料の増額が会則等の変更を伴う場合は、規定上の手続を踏めばよいということになる。上記大阪高判は、規定変更に関しては東京高判昭49・12・20（判時774号217頁）で示されたいわゆる二分類説（会則等の規定は会員の権利義務に関する規定とクラブの管理・運営に関する規定があり、前者の規定は個々の会員の同意のない限り不利益変更は許されないが後者の規定は施設経営企業が単独で変更できるという見解で、そのような解釈が妥当といえないことは㉒2(4)を参照）を踏襲している。

　名義書換料を会員権の相場との関係から考えると、会員権の相場はクラブの会員としての経済的な評価であり、その額はクラブの良否、立地条件、経済情勢、需要と供給等によって定まるもので、施設経営企業は、経済的には会員権の高騰や下落によって直接の影響を受けず、預託金制クラブの場合は会員権の相場によって新規募集の預託金額が影響を受けることはあるものの、会員権が高騰していたとしても会員権譲渡に伴う収入は名義書換料しかないのであり、その反面、施設経営企業には会員権相場の下落を防止するような会員権価格維持義務も会員契約上ないものと考えられるから、この点からみても、施設経営企業は、個々の会員の承諾がなくとも名義書換料を自由に定め得るものと考えられることになる。

　しかし、一方では、名義書換料の増額は、実質的には会員権の財産的価値を減殺するものであり、場合によっては会員権の譲渡を困難にすることもある。とりわけ会員権の投資価値、財産価値が重視される現状を鑑みると、会員権の価値を会員の意思と無関係に合理的な範囲を超えて減殺するような行

為は、不適切で不当である。

　以上の点を勘案すると、名義書換料の増額の可否の問題は、第1に施設経営企業と会員との関係では、譲渡を認めるとする場合に、会員契約上、施設経営企業は会員の会員権の譲渡を阻害しない債務を会員に対して負うことになるが、名義書換料の増額はこの債務の不履行になるのかどうかであり、譲渡は施設経営企業の承諾を要するとするのが常であり名義書換料は承諾料の性質を持つことを加味して考えるべき問題で、第2に施設経営企業と会員権の譲受人、相続人との関係では、譲渡承認の条件の変更の問題として捉えるべきものではないかと考える。

　第1の問題は会員契約上の権利義務に関する解釈の問題で、その権利義務の内容は合理的意思解釈の問題としてとらえるべきものである。譲渡を認める会員契約がある場合は、譲渡をする権利は会員契約上の重要な会員の権利で、譲渡を阻害しない義務は、施設経営企業の会員契約上の要素たる債務であると考えるべきである。一方では譲渡は施設経営企業の承諾を要するとする会員契約上の合意があり、その譲渡承認の要件として合理的な範囲の名義書換料を譲受人に課することが会員契約上の合意事項となっているものとみられる。この両面から考えると、名義書換料の増額が合理的な範囲内にとどまる場合は、会員契約上は合意の範囲内であり会員契約上の債務不履行とならないが、その増額が合理的な範囲を超えて会員権の譲渡を不可能もしくは著しく困難とするような場合は、会員契約上の会員の譲渡を行う権利を著しく侵害したものとして施設経営企業の譲渡を阻害しない債務の不履行であり、会員はその不履行により会員契約の目的を達成することができないときは会員契約を解除することができるものと考えるべきである。

　理論的にはこのようにいってみても、どの程度の増額であれば合理的な範囲であるかは困難な問題である。既に述べたように名義書換料は会員権相場の20％を超えるような場合は妥当ではないといわれているが、これには特に根拠があるわけではない。借地権の譲渡許可にかかる承諾料（借地借家法19条1項）の相場は土地価格の10％程度である場合が多く、その2倍程度が会

員権の譲渡の承諾料の上限とされているのかも知れない。しかし、借地の場合は土地価格が上昇すれば、賃貸人である地主も当該土地を処分すれば土地価格の上昇分の利益は割合的に受けることになるが、施設経営企業は会員権の価格が上昇しても会員権譲渡に関する収入は定額的な名義書換料だけであり、会員権価格の高騰による恩恵もない（新規会員を募集する場合は募集価格には影響もある）代わり、会員権が下落しても譲渡に関しては損失もない。このようなことから考えると、施設経営企業には会員契約上、譲渡を阻害しない義務があり、それには自己の行為によって会員権の価格を下落させ実質的に譲渡を困難にさせないような義務も含むものと考えられるが、一般的な会員権価格の下落を防止する会員権価格維持義務まではないものと考えられる（大阪地判平10・2・26判タ998号207頁）。したがって、名義書換料を会員権価格との割合で考えることの妥当性は借地権譲渡の場合とは異なり余りないものといえよう。名義書換料の増額による会員権の譲渡の困難性から考えると、名義書換料の増額分が会員権価格の50％を超えるような場合は会員権の譲渡を著しく困難にさせるものとして、そのような増額は合理性の範囲を超えるものと評価すべきであろう。

　次に、第2の問題については、会員権の譲受人や相続人は名義書換料の増額を無効として譲渡承認を請求できるかどうかという点が問題となる。この問題も意思解釈の問題としてとらえるべきものである。増額の時期を、①譲渡や相続があった時点より前、②譲渡や相続があった後で譲渡承認前、③譲渡承認後の3通りに分けて考えてみる。

　①の場合は、譲受人や相続人に対して名義書換料を従前のままで譲渡や相続による名義書換を認めるという予めの承諾を施設経営企業がしていた（この場合は譲受人との関係では第三者のためにする契約として性質がある）というような特別の事情でもない限り、施設経営企業は名義書換料の増額が可能である。実際上も、会員権の譲受人や相続人は名義書換料の額を予め知ることができ、譲渡の場合は名義書換料の額も勘案して会員権を譲り受けることが常態であるし、相続の場合は名義書換を行うか相続にかかる会員権を他に譲

渡するかは相続人が任意に選択することができるのである。したがって、会員権の譲受人や相続人は、名義書換料の増額部分を無効として増額前の名義書換料の支払いだけで譲渡承認を請求することは原則としてできないものというべきである。

②の場合についても、譲渡や相続の事実があったとしても会員権の移転は施設経営企業の承諾によってその効力が施設経営企業に及ぶものであるし、施設経営企業は譲渡承認の請求があって初めて譲渡や相続の事実を知ることが通常であることを考えると、①と同じ結論になる。

③の場合は、譲受人や相続人に対して譲渡承認の意思表示をした以上、承諾後に承認時の名義書換料を施設経営企業が自由に増額することはできない。譲渡承認を名義書換料の支払いを停止条件とする意思表示と考えると、民法128条、130条の法意からみて一方的な名義書換料の増額は無効ということになる。したがって、会員権の譲受人や相続人は増額前の名義書換料の支払いによる譲渡承認を請求できるものというべきである。

4　追加預託金制度の新設

預託金制クラブの中には、譲渡承認に際して名義書換料以外に追加の預託金を会員権の譲受人に要求するものが散見される。

このような追加預託金制度の新設の有効性が争われた例がある。判例（前記大阪高判昭63・5・31判時1296号63頁）は、前記の二分類説に立ち、名義書換預託金制度の新設が会員権の譲渡性を喪失させ、あるいはそれに準じる事態に立ち至る蓋然性が高いなど特段の事情のないかぎり、この名義書換預託金制度の新設は、組織や機構の管理運営にかかる事項でありクラブ理事会は一方的に会則等を改正できるとして、名義書換預託金は本質的には追加入会金であり、会員の権利を侵害するものであるから、理事会は、名義書換預託金制度を新設するには各会員の同意を得、また適正手続を経なければなし得ないとした原審（大阪地判昭60・10・7、その概要は藤井＝古賀150頁・294頁）を取り消している。この判例の立論に対して、追加預託金の新設も会員の権

利義務に関する事項であるとして反対する見解（服部188頁）がある。

　追加預託金の新設は、会員権の相場の下落要因となり譲渡を困難とさせる要因になるが、追加預託金の法的性質は会員に課せられる会員契約上の債務ではなく、施設経営企業の承諾に要する金員の預託という性質を有するものである。追加預託金は会員権の譲受人が支払うものであり、会員権の譲受人は承継する預託金返還請求権以外に追加の預託金返還請求権を有することになる。したがって、追加預託金を伴う名義変更手続は、従前の会員契約の移転の承諾と譲受人との間の新たな預託金に関する合意（その点では会員契約の変更）であると考えられる。

　追加預託金の法的性質は名義書換料と同様に考えられるから、追加預託金新設の可否は名義書換料の増額の可否と全く同じ問題であるといえる。

　したがって、追加預託金新設による会員の会員契約解除の可否や、追加預託金の新設と会員権の譲受人の譲渡承認請求の可否については、名義書換料の増額に関する結論がそのまま当てはまるものである。

　ただ、追加預託金の場合は預託金自体は退会で返還される性質のものであるところから、会員の会員権を譲渡する権利を著しく侵害するような合理的な範囲の判断はさらに困難である。この合理性の判定根拠の基準を会員権の譲渡益に求める見解（服部190頁）があるが、現今のバブル経済崩壊後の会員権相場の下落状況から考えると、会員権の譲渡損が発生する場合も多く、譲渡益を判定根拠とすることは困難であろう。譲渡の困難性の観点からは、追加預託金は法律上返還されるものではあるが、通常は10年間程度の据置期間が定められることを勘案すれば、会員権の相場を超える額の追加預託金を課するような制度の新設は、合理的な範囲を超えるものというべきであろう。

34 会員権の二重譲渡

1 会員権譲渡と対抗要件

　会員権は会員契約上の会員の地位であり、この会員権が譲渡された場合に、その譲渡の効果を主張できる要件は施設経営企業に対するものと、施設経営企業以外の第三者に対するものに分けられる。

　そのうち、施設経営企業に効力が及ぶ要件は、施設経営企業（クラブ理事会）の譲渡承認で、この手続は名義書換手続と呼ばれている。施設経営企業の譲渡承認は、原契約の相手方である施設経営企業の契約関係に入る承諾の意思表示であり、会員権の効果を施設経営企業に及ぼす要件であるから、指名債権譲渡の場合の譲渡の承諾（これは準法律行為である観念の通知と呼ばれていて意思表示とは異なる）のような債務者対抗要件とは異なる法的性質を持つものである。なお、施設経営企業に対して会員権譲渡の通知をした（指名債権譲渡の場合は、民法467条1項で通知が債務者に対する対抗要件と規定されている）ことをもって、施設経営企業に契約上の地位である会員権の移転の効力が及ぶとは誰も考えていない。

　これに対して、施設経営企業以外の第三者に対する対抗要件とは、会員権の帰属や会員権に対する担保権等の権利を争う場合に必要となる要件である。そして、この場合の会員権とは施設経営企業の譲渡承認を要件とする権利（停止条件付権利とか期待権と呼ばれることもある）である。このような対抗要件を第三者対抗要件と呼ぶことにする。

　第三者対抗要件は、不動産に関する物権の得喪、変更についてはその旨の登記（民法177条）、動産に対する物権の譲渡に関しては占有（民法178条）、指名債権の譲渡については確定日付ある証書による通知や承諾（民法467条2項）など、法律に規定されているが、契約上の地位に関しては不動産賃借権には規定があるが（民法605条、借地借家法10条1項、31条1項）、会員権には

特別の規定はない。

　また、第三者とは、会員権の譲受人等の地位と両立しえない法律的地位を取得した第三者をいうものであり、会員権の二重譲受人が典型例であるが、譲渡人の債権者で当該会員権を差し押さえた者なども第三者に該当する。

　会員権といっても、社団法人制、株主制、施設共有制、預託金制があり、その会員権の内容も異なることになるので、第三者対抗要件が何であるかについても、その種別によって異なることになる。

2　預託金制会員権の第三者対抗要件

　預託金制会員権は、施設利用権、預託金返還請求権、会費支払義務等を含む契約上の地位であり、会員権を構成する諸権利と債務はいずれも指名債権である。この権利の面に着目し、債務については会費は預託金額に比較して微少である点を考えると、預託金制会員権の第三者対抗要件は、指名債権譲渡の第三者対抗要件の規定（民法467条2項）に準じて、会員権の譲渡人の確定日付ある証書による会員権の譲渡通知、または施設経営企業の確定日付ある証書による譲渡承諾と考えることができる。対抗要件の具体例としては、内容証明郵便による通知、内容証明郵便による承諾、施設経営企業の譲渡承諾文書に公証人の確定日付を受けるといったことがあげられる。民法467条2項は強行規定であると解釈されているから、会員権譲渡を指名債権譲渡に準じるものとした場合に強行規定性にも準じるということになれば、この方法以外に他の対抗要件を考えることが困難であるということになる。

　しかし、ゴルフ会員権の譲渡の場合は、社団法人制、株主制の場合も含めて、このような対抗要件はとられることがほとんどなかった。その理由として考えられるのは、①我が国のゴルフクラブも一部特権階級のゴルフプレーという遊戯を媒介とする閉鎖的な社交団体として発祥したが、その後の会員制事業もこれを模倣した形態となっており、会員権の譲渡においても本来のクラブ会員として相応しい者への移転として譲渡承認の可否の方が重要で、会員の倒産とか二重譲渡というような異常な事態を余り考えていなかったこ

と、②ゴルフクラブの発展過程では、会員権の譲渡を認めることによって出資者が資金を容易に回収できることとした方がゴルフ場開設資金を調達しやすいことから、株主会員制が考案され、これが預託金制になった後も株券に類似した証書として預託金証書（会員権証書）が発行されるようになり、施設経営企業は預託金証書を所持する者しか会員として認めないという傾向があり、預託金証書の移転で第三者対抗要件は十分だと考えられていたこと、③会員権についての法的解明が余り進まず、施設経営企業にも会員権譲渡を扱う会員権取引業者にも、このような法的知識が欠如していたこと、④譲渡通知を出した場合は名義書換手続をとることになるが名義書換料が高額であるところから対抗要件を留保して転売を図るという場合もあり、会員権の譲渡担保の場合は通常はこのような対抗要件の具備を留保する方法が一般的であること、などである。

　預託金制ゴルフ会員権の第三者対抗要件についての学説は、①民法467条2項に準じて確定日付ある証書による通知承諾とする見解（杉田雅彦・判タ882号64頁）もあったが、上記のような取引の実情を勘案して、必ずしも確定日付ある通知承諾を要しないとするものが多く、それは、②施設経営企業の承認を対抗要件とする見解（今中利昭・自由と正義41巻7号36頁、藤井一男・同61頁、服部264頁）と、③名義書換前には確定日付ある証書による通知承諾が必要であるが、譲渡承認後はこのような通知承諾を要することなく第三者に対抗できるとする見解（野村豊弘・金法1442号20頁、池田真朗・判時1558号196頁、今泉純一「現代倒産法・会社法をめぐる諸問題」46頁など）とに大別され、それ以外に④預託金証書を有価証券であるとして対抗要件は証書の交付であるとする見解（須藤正彦・判タ350号158頁など）等もあった。②、③の見解は、契約上の地位の移転は指名債権の譲渡ではないので必ずしも対抗要件は指名債権譲渡に準じる必要はないことや、民法467条2項によった場合の不都合等をその理由にしている（その詳細は、今中＝今泉・債権管理45号31頁参照）。

　判例は、下級審では確定日付ある証書による通知承諾が対抗要件であると

するものが大半（名古屋地裁岡崎支部判昭63・7・21判時1060号114頁、東京高判平5・12・22判時1482号104頁ほか）であるが、前記③の見解に立つものもあった（大阪地判平5・7・23判タ832号130頁）。

　このような中、最高裁は、大半の下級審判決と同様に、「会員権の譲渡をゴルフ場会社以外の第三者に対抗するには、指名債権の譲渡の場合に準じて譲渡人が確定日付のある証書によりこれをゴルフ場会社に通知し、又はゴルフ場会社が確定日付のある証書によりこれを承諾することを要し、かつそのことをもって足りるものと解するのが相当である」と判示した（最判平8・7・12民集50巻7号1918頁、ゴルフ法判例72[58]）。

　また、従来このような手続がとられていなかった実情を勘案して、この判決は、「現在までに会員権を譲り受け、既に名義書換えを完了してゴルフクラブにおいて会員として処遇されている者については、その後に当該会員権を二重に譲り受けた者や差押債権者等が、当該会員が右のような対抗要件具備の手続を経ていないことを理由としてその権利取得を否定することが、信義則上許されない場合があり得るというべきである」としているが、この判決には、この信義則上許されない場合に広く認めるべきであるとする補足意見（福田裁判官）と前記③の見解に立つ反対意見（河合裁判官）がある。

　この最高裁判決により、実務的には、第三者対抗要件の問題には理論上の決着がついたものであるが、今後は、上記の信義則上許されない場合として、どのような具体的事情があることが必要になるかについては、判例が積み重ねられていくことになると思われる（福田補足意見は、信義則上許されない場合をある程度広く認める必要があることを強調する）。

　この最高裁判決が出される以前から、大半の下級審判決の見解に従って会員権の譲受人に施設経営企業に対する会員権譲渡通知を作成させる取扱いをする会員権業者も増えていたという実情もあり、今後はこの最高裁判決が周知されることにより、さらにこの取扱いが増加することになると思われる。

　この最高裁の判示の多数意見によれば、信義則による保護を受ける者は、名義書換を完了して会員としての処遇を受けていることが必要であるように

読め、名義書換を完了していない者は全く保護を受けられないのか、それとも、このような者についても物権譲渡の場合と同様に、背信的悪意者排除論の適用があるのかが問題となる。会員権譲渡の場合は背信的悪意者排除論は適用されるのかどうかについては、この判決は言及してないのでよくわからない。

この最高裁判決以前にも預託金制ゴルフ会員権の二重譲渡（一方は通常の譲受人で他方は譲渡担保権者のようである）について、確定日付ある証書による通知承諾が第三者対抗要件であることを前提にして対抗要件を具備した者を背信的悪意者と認定し、対抗要件を具備していないことを主張する法律上正当な利益を有する者ではないとした判例（東京地判平5・12・16判時1506号119頁）があるが、この事案は背信的悪意者排除論によって保護を受ける者（譲渡担保権者）は名義書換手続を行っていない。このような者もこの最高裁の判決の結論からは保護を受けられるのかどうかはわからないのである。

次に、この最高裁判決を前提にして、対抗要件を具備しないまま名義書換手続を完了し会員として処遇されている者がある場合の対抗関係について考えてみよう。対抗関係に入る第三者は二重譲受人、会員権の譲渡人の譲渡担保権者や差押債権者、譲渡人が破産宣告を受けた場合の破産管財人等が考えられる。

会員権の二重譲渡の場合は、後の譲受人が既に当該会員権を譲り受けた者があり既に名義書換手続を受けていることを知りながら（施設経営企業に問い合わせれば判明する）、あえて二重に会員権を譲り受け対抗要件を具備した場合はどうであろうか。第1譲受人の権利取得を否定することは信義則上許されないというためには、単純にこの名義書換済みの事実を知っていれば足りるのか、それとも、それ以外に譲渡人から廉価に取得したり第1譲受人が第三者対抗要件を具備していないことを奇貨として不当な利益を得る目的で第三者対抗要件を具備したというような付加事情が必要であるかどうかは、今後の判決次第である。これは、最高裁判決が周知され会員権取引の常識となるにつれて、このような付加要件を要すると考えやすくなるとは思われる

が、当面の間はこのような付加事情は不必要であると考えるべきであろう。

また、第2譲受人が譲受時に第1譲受人があることを知っていたが名義書換が既にされていることを知らなかった場合や、第2譲受人が譲受時に第1譲受人がいることは知っており名義書換が未了であったが、対抗要件具備時には第1譲受人に名義書換がされた場合にはどのようになるのかは、知不知は信義則の判断の重要な要素となるものとみられ、またこの付加事情とのバランスで判断されるように思われるが、今後の判例の積み重ねによることになろう。この場合に、第2譲受人が預託金証書の交付を受けていたかどうかも重要な事情になるかも知れない。福田補足意見は、預託金証書の交付を受けていない者を背信的悪意者にあたるとすべきとの意見を述べている。

譲渡担保権者の場合も上に述べた第2譲受人と同様に考えればよいことになろう。

差押債権者の場合は、二重譲渡と同列には論じられないと思われる。差押債権者が、差押の目的である会員権が債務者から既に他に譲渡され譲受人に名義書換手続を完了していることを知りながら会員権の差押えの申立てをしたという事情でもない限り、譲受人の権利取得を否定しうることになるのではないかと思われる。

破産管財人の場合は、上に述べた付加事情や知不知の点を考える必要はないから、破産宣告前に破産者から譲り受けた者が名義書換が完了していた場合以外は会員権の譲受人は権利取得を管財人に主張できないことになるのではないかと思われる。

この信義則に関する問題は預託金制以外の会員権の場合にも当てはまることである。

3 社団法人制会員権の第三者対抗要件

この会員権は社団法人の社員権であると考えられているから、社団法人の社員権の第三者対抗要件が何であるかということになる。社団法人の社員権の第三者対抗要件についても法律上の規定はない。社団法人の社員の地位は

一身専属性があるものとされているので、本来的には社員権の譲渡はできず社員権の帰属を争うというような事態は起こらないから、第三者対抗要件を考える必要もない。しかし、社員の地位は定款で譲渡が認められる場合は譲渡が可能と考えられており、ゴルフクラブの場合は譲渡を認める会員権もあるので、預託金制会員権と同様な問題が起きることになる。

　社員権という範疇では、株主の場合は会社に対する株主権移転の対抗要件は株主名簿の名義書換である（商法206条）が、第三者対抗要件は有価証券としての株券が発行されているので株券の所持である。有限会社の持分の移転の対抗要件は会社に対するものも会社以外の第三者に対するものも同じく社員名簿の名義書換（有限会社法20条）となっており、合名会社の社員の持分の移転の第三者対抗要件は社員の変更を生じるときは社員の氏名と住所が定款の絶対的記載事項であり登記事項である（商法63条3項、64条1項、67条）から、登記が第三者対抗要件であると考えられる。その他、中小企業協同組合法の組合員の持分の譲渡は一定の要件で認められている（中小企業協同組合法17条）が、譲渡の第三者対抗要件については規定がない。

　社団法人制会員権も社団への入社は契約であると考えられているから、社員契約上の地位である。

　そこで、法律に規定のない社団法人の社員権の移転の第三者対抗要件は、何に準じて考えることが妥当かというになる。この問題は従来から議論がほとんどされていないようである。

　社団法人の社員権の場合は、株主のように有価証券が発行されるものではなく、社団法人の社員の氏名等は定款の絶対的記載事項でもなければ登記事項でもない。また、社団法人制クラブの場合は、通常は会員名簿が備えられているから、有限会社の社員の持分の場合に準じて会員名簿の名義書換が第三者対抗要件と考えることは十分に可能である。しかし、社団法人制会員権のうち基本的な権利である施設利用権は社員権のうちの自益権と考えられているが、抽象的な施設利用権はそうであるとしても、具体的な施設利用に関する権利義務は契約法理の適用も受けるものと考えられ（中小企業等協同組

合の組合員の施設等の具体的な利用関係については、個人法的契約法理の適用をも受けるとするのが最判平4・12・15民集46巻9号2787頁)、この具体的な施設利用権は他の種類の会員権におけるのと同様の指名債権であると思われる。

　社団法人制クラブの場合も会員の会員契約の目的は施設利用であるところから、社団法人制会員権における会員の権利の中核は議決権等の共益権ではなく施設利用権であると考えられ、これらのことを考えると、社団法人制会員権の移転も指名債権譲渡に準じてその第三者対抗要件は、預託金制会員権の場合と同様に確定日付ある証書による通知承諾であると解するのが妥当であろう。

4　株主制会員権の第三者対抗要件

　株主制会員権は、施設経営企業の株式を有することを要件とする会員契約上の地位である。株主制会員権の場合は株券が発行されているが、株券は施設利用権を表章するものではないことは当然で、施設利用権は株主権とは別個の指名債権である。

　株主制会員権の譲渡は、譲渡契約において株式の譲渡も包含するから株券の交付が必要（商法205条）である。株式譲渡は譲渡の意思表示によってなされるが、株券の交付が譲渡当事者間でもその効力要件であり、株券の所持は会社以外の第三者に対する対抗要件となる。それ以外の会員契約上の債権債務は預託金制と同様である（株主株主会員制の場合は預託金がない場合が多い）。

　そこで、株主制会員権の移転の第三者対抗要件は、株券の交付だけで足りるのか、株券の交付に加えて指名債権譲渡の場合に準じて確定日付ある証書による通知承諾をも要するのかが問題となる（その他に株券の交付なくして確定日付ある証書による通知承諾で足りるとすることは、株券の交付が株式譲渡の効力要件であるところから考え方として無理がある）。

　この点に関し、東京地判平7・12・1（判時1578号67頁）は、株券の交付の他に確定日付ある証書による通知承諾が必要であるとしている。また、名

古屋高判昭52・5・30（判時867号108頁）も同趣旨のようである（ただし、この両判決にかかる会員制ゴルフクラブは株式と預託金の預託の双方が必要な会員権のようである）。

　この東京地判は、会員権の譲渡担保権者と差押債権者の対抗関係の事案であるが、株主制ゴルフ会員権を株式を含む一体的な契約上の地位と考えているのか、それとも株式と会員契約との複合的な形態と考えているのかどうかが、はっきりしない。この判決は、「株券とともに会員権を転売して」といったり「株主会員制ゴルフ会員権の譲渡担保の設定は株券の交付をもって足りる」といったり、「株券は会員となる資格を有することになる」といったりして、株主制会員権をどのような考えているかわからない。

　名古屋高判は、会員権の譲受人と譲渡人の破産管財人との対抗関係の事案であるが、この判決の判決文からは、株主制会員権は株式と会員契約の複合的な形態と考えているように読める。

　会員権の一体化の観点からは、株主制会員権は、株式を含む会員契約上の地位であり、株式と株式以外の会員契約の複合形態であると考えるべきではない。そう考えなければ、二重譲渡があり、一方が株券を所持し、他方が確定日付ある証書による承諾承諾という対抗要件を具備した場合は、会員権の分解が起こり収拾がつかないことになる。したがって、株主制会員権の譲渡には株券の交付が必要で、これがない限り会員権譲渡の効力は当事者間でも生じない（株式以外の債権部分の移転の効力も当事者間で生じない）と解するべきである。さらに、会員権移転（株券の交付が前提である）の第三者対抗要件は施設利用権が中核的権利であることを考えれば、指名債権譲渡に準じて確定日付ある証書による通知承諾であると解することが妥当である。

　このように考えれば、株主制会員権の場合は二重譲渡は実際上不可能で、対抗関係に入る例をほとんど考えることができなくなる。また、株主制会員権の差押えの効力は株券の取上げをしない限り発生しないと考えると差押債権者との対抗関係も考えられなくなる。そして、このような結果は、株主制会員権の第三者対抗要件は株券の所持であると考えた場合とほとんど異なら

ないことになろう。

5 所有権付（施設共有制）会員権の第三者対抗要件

　所有権付（施設共有制）会員権は、施設の共有持分を有することを要件とする会員契約上の地位である。

　施設共有制の場合は、一体化の観点から、施設の共有持分（その他に預託金の返還請求権がある場合が通例である）、施設利用権、会費支払義務等を包含する契約上の地位であると考えるべきである。

　施設の共有持分は不動産物権であり、その移転は当事者間の合意による（民法176条）が、第三者対抗要件は移転登記である（民法177条）。それ以外の構成部分は債権でありその構成部分についての第三者対抗要件は確定日付ある証書による通知承諾である。

　施設共有制会員権の第三者対抗要件は、共有持分の移転登記と確定日付ある証書による通知承諾になると考えられる。株主制会員権と異なる点は、株主制の場合は株券の交付が譲渡当事者間でも譲渡の効力要件とされているが、施設共有制の場合は移転登記は単なる対抗要件に過ぎないという点である。

6 会員権の譲渡人の第三者対抗要件具備義務

　会員権譲渡契約上、会員権の譲渡人は完全な権利を譲受人に取得させる義務を負担するから、譲受人に第三者対抗要件を具備させる債務を負担することになり、この点については異論はなさそうである。当該会員権の譲渡が担保目的であったり譲受人が転売目的である等の理由で第三者対抗要件の具備を望まない場合は最終的な取得者に対して対抗要件を具備させることを予め承諾していたと解釈すべきであり、この点は名義書換手続協力義務の場合と異ならないことになる。

　したがって、第三者対抗要件を具備しない状態で対抗要件なくして対抗できない第三者が出現した結果、譲受人が権利取得を否定された場合は、譲受人は、会員権譲渡契約の目的を達成できないものとして、会員権譲渡契約を

債務不履行を理由に解除することができ、売買代金の返還等の原状回復や損害賠償の請求を会員権の譲渡人にできることになる。

7　第三者対抗要件の有無と施設経営企業の対応

施設経営企業が名義書換を行うにあたって第三者対抗要件の具備については、いくつかの問題が考えられる。

(1)　第三者対抗要件を具備しないまま名義書換請求がされた場合

施設経営企業は、会員権の帰属等の紛争に巻き込まれないためには、名義書換の請求があった場合は、第三者対抗要件を具備するように会員権の譲受人に要請することが肝要である。しかし、第三者対抗要件が具備されていない名義書換請求に対して、この要件を欠くことを理由に名義書換（譲渡承認）を拒否できるかどうかは別の問題である。この問題は議論されていないようである。

単純な指名債権譲渡の場合は、確定日付のない証書で譲渡の通知があった場合でも債務者に対する対抗要件となる（民法467条1項）から、第三者対抗要件の具備がないことを理由に債務者が弁済を拒絶できないことは当然であるが、会員権譲渡の場合は譲渡人から単なる通知がなされても会員契約の効力は施設経営企業に及ばないし、前記の名義書換を第三者対抗要件とはしない最高裁の判例の結論と早晩この判例が会員権取引に周知されることからみて、施設経営企業は第三者対抗要件が具備されていないことを理由に名義書換を拒否してもよいと考えるべきである。もっとも、この結論に対しては、大半の譲渡の場合は対抗関係にならずに、つまり第三者対抗要件の具備が問題とならないで平穏に行われており、名義書換の請求には第三者対抗要件を具備したことを証する書類の添付を要求されていないのが一般であるし、施設経営企業は第三者対抗要件の具備を巡る紛争に巻き込まれることを避けるためには譲渡承認を内容証明ですればよいのであるから、二重譲渡等で第三者対抗要件の具備が必要な事実でもない限り第三者対抗要件を具備しないことを理由に名義書換を拒否することは不当であると考えることも可能である。

会員権の二重譲渡等があった場合は、施設経営企業は第三者対抗要件を具備した者だけを名義書換の対象とすべきであり、これをもって足りるものである。

(2) **第三者対抗要件を具備しない名義書換に応じた後に第三者対抗要件を具備した第三者が出現した場合**

第三者対抗要件の不具備を理由とする名義書換の拒否はできないと考えた場合は勿論のこと、名義書換を拒否できると考えたときも施設経営企業は第三者対抗要件を具備しない名義書換に応じることもできるから、このような名義書換の後に第三者対抗要件を具備した者が出現した場合はどのような法律関係になるかという点が問題となる。

第1に、施設経営企業は既に他人の名義書換に応じていることを理由に第三者対抗要件を具備した第三者からの名義書換を拒否できるかどうかという問題と、第2に、反対に第三者対抗要件を具備した者が出現したことを理由に従前の譲受人に対してその者への名義書換の効力を否定できるか、という問題である。この問題もあまり議論されていない（今中＝今泉・債権管理45号34頁参照）。

これらの問題については、指名債権の譲渡の第三者対抗要件（民法467条2項）と指名債権譲渡に関する債務者の承諾の効果（民法468条）の解釈に準じて考えればよいと思われる。指名債権の譲渡や承諾に関する通説・判例の理解を会員権の移転に当てはめると、会員権の移転等によって対抗関係が生じた場合は、その権利（施設経営企業の譲渡承認を要件ないしは条件とする会員権）は第三者対抗要件を具備したものに帰属することが確定し、その結果第三者対抗要件を具備しなかった名義書換済みの譲受人には遡ってこのような権利がなかったものとされる一方、指名債権譲渡に対する債務者の異議をとどめない承諾の効力は債権の帰属には及ばないとされることに準じて施設経営企業の譲渡承認の効力は会員権の帰属には及ばないものであると考えることになろう。

したがって、施設経営企業は第三者対抗要件を具備した会員権の譲受人が

出現した場合は先に他人への名義書換が完了したことを理由とする名義書換の拒否はできないものであるし、第三者対抗要件を具備した者が出現し名義書換を要求してきた場合は、譲渡承認の効力は会員権の帰属には及ばないものとして、従前の名義書換の効力を否定できることになる。もっとも、預託金制会員権で第三者対抗要件が具備される前に名義書換を行った者が退会しその者へ預託金の返還を既に行っていた場合は、このような弁済は債権の準占有者への弁済（民法478条）として有効であり、第三者対抗要件を具備した者は施設経営企業に対して会員権の帰属を主張し得ないことになる。

(3) 第三者対抗要件の有無と施設経営企業の対応

以上の点から、施設経営企業の対応をまとめると次のようになる。

施設経営企業は、会員権の帰属等を巡る紛争に巻き込まれないようにするためには、今後は、第三者対抗要件を具備した者しか名義書換の対象としないようにすることが重要である。第三者対抗要件を具備していない状態で名義書換を認めなければならないような特別の事情でもある場合は譲渡承認通知書を内容証明郵便で譲受人に送付することである。

確定日付ある証書（内容証明郵便）で会員権譲渡の通知を受け取ったときは、当該譲受人から名義書換の請求がない限り、それを放置しておいても特に問題はなく、譲渡人を従前の会員を会員として扱えばよい。譲渡承認をしない限り会員権移転の効力は施設経営企業に及ばないからである。この状態で第三者から名義書換の請求があった場合は、先に第三者対抗要件を具備した者がいることを理由に名義書換を拒否してよい。譲渡承認の効力は会員権（これは施設経営企業の譲渡承認を要件とする権利である）の帰属に及ばないとしても、施設経営企業の方から会員権が他に帰属することを理由として譲渡承認を拒否することは可能だと考えられるからである。

35 会員権の譲渡と税務申告

1 譲渡所得に対する課税

(1) 課税所得の種類

ゴルフ会員権の譲渡所得は、給与所得や事業所得と合計して課税される総合譲渡所得になる。

(2) ゴルフ会員権

① 株式形態の会員権　　ゴルフ場の所有または経営を行う法人の株式または出資を所有することによりゴルフ場施設の優先的利用権を有するもの。

② 預託金形態の会員権　　金銭を預託することによりゴルフ場施設の優先利用権を有するもの。

(3) 譲渡の意義

譲渡には通常の売買のほか交換、競売、代物弁済、財産分与、法人に対する現物出資、代償分割の他、次の場合も譲渡があったものとみなされる。

① 法人に対する贈与や低額譲渡の場合　　時価で譲渡があったものとみなす（所法59条）。

② 相続（限定承認に係るものに限る）　　①と同じく時価譲渡。

③ 遺贈（法人に対するもの、および個人に対する包括遺贈のうち限定承認に係るものに限る）　　①と同じく時価譲渡。

　　（注）　低額譲渡とは時価の2分の1より低い価額での譲渡をいうが、たとえ2分の1以上の対価による法人への譲渡であっても、同族会社の行為計算否認の規定（所法157条）に該当するときは時価による譲渡とみなされる。

　　　　なお、個人間の低額譲渡の場合には、譲渡者において時価によるみなし譲渡は生じないが、譲受者において時価との差額に対し

贈与税が課税される。

　　低額譲渡によって譲渡損失（低額譲渡額－その資産の取得額）が生じても譲渡損失はなかったものとみなすことに留意（所法59条2項）。

(4)　**非課税となる譲渡所得**

　資力を喪失して、債務を弁済することが著しく困難である場合における強制換価手続による資産の譲渡があったとき、または同様の状況にあってかつ強制換価手続執行されることが不可避と認められる場合の譲渡があったとき、その譲渡対価をもって債務の弁済をしたときは、その譲渡所得は非課税とされる（所法9条1項10号、所令26条、所基通9－12－2、4、5）。

(5)　**譲渡がなかったもの等としての取扱い**

① 　譲渡担保による移転　　債務者が債務の弁済の担保として会員権を譲渡した場合、その契約に次のすべての事項が明らかにしており、かつ、その譲渡が債権担保のみを目的として形式的にされたものである旨を債権者および債務者が連署して申立書を提出したときは譲渡がなかったものとして取り扱う（所基通33-2）。

　㋑　その担保に係る会員権を債務者が従来どおり使用収益すること。

　㋺　債務に係る通常の利子または担当する使用料の定めがあること。

②　保証債務履行の求償権行使不能　　保証債務を履行するため資産の譲渡があった場合において、求償権の行使ができなくなった部分の金額は回収不能とみなし、譲渡がなかったものとみなす（所法64条2項）。

　なお、保証債務の履行があった場合とは民法446条に規定する保証人の債務または同454条に規定する連帯保証人の債務の履行のほか、所基通64-4に列挙する場合もこれに該当する。また求償権が行使できなくなった事由および金額とは、求償の相手方である主たる債務者において、会社更生法等の法的整理または任務整理により切り捨てられることになった債務額や、債務超過の状態が相当期間（3年）継続し、その貸金等の弁済が受けられない場合に、相手方に対し書面でする債権放棄通知の

金額である。
　　イ　連帯保証人が主たる債務者に求償権を行使できなくなった場合でも、他の連帯保証人に求償権を行使できる場合には、その求償可能の金額はこの特例の適用はない。
　　ロ　新たに借入金の調達によって保証債務を履行し、その後概ね1年以内にその肩代り借入金の返済のため資産を譲渡したときも、その譲渡収入についてこの特例の適用はあるが、自己の預金等で先に保証債務を履行し、その後資産を譲渡してもこの特例の適用はない。
　③　資産の譲渡代金が回収不能　この場合も譲渡収入がなかったものとして取り扱う（所法64条1項、所令180条2項）。
　　この場合、次のいずれか低い金額に達するまでの金額は収入がなかったものとみなされる。
　　イ　貸倒れとなった金額。
　　ロ　回収不能前の総所得金額（申告分離課税の各種所得を含む）、山林所得および退職所得の金額の合計額。
　　ハ　ロの金額の計算の基礎になった譲渡所得の金額。
　(6)　**譲渡所得に含まれない譲渡**
　会員権業者が営利を目的として保有する販売用の会員権は棚卸資産に該当し、その継続的な売買は業者所得になる（所法33条2項1号、所令3条）。

2　譲渡所得の計算

(1)　**計算方法**

譲渡による収入－取得費（名変料を含む）－譲渡経費－特別控除50万円＝短期譲渡所得、長期譲渡所得＝短期譲渡所得÷2
　　（注）　保有期間（取得の日より譲渡の日までの期間）が5年以内（応当日の前日）の譲渡を短期譲渡所得、5年を超える譲渡を長期譲渡所得という。

(2) 収入金額と収入の時期

① 収入金額　収入金額とは、収入すべき権利の確定した金額であり、金銭以外の物または権利その経済的利益をもって収入する場合には、それらの物または権利を取得するときの時価、経済的利益はそれを享受するときの時価をもって対価とする（所法36条2項）。

② 収入すべき時期（譲渡の時期）　譲渡の時期（日）とは、譲渡資産の引渡しがあった日を原則とし、譲渡に関する契約の効力発生の日として申告があったときはこれを認める（所基通36−12）。

(3) 取得費と取得の時期

① 取得費　取得費は原則として会員権の購入代金に名変料を加えた金額をいう。なお、取得に関し争いのある場合で所有権等を確保するために直接要した訴訟費用、和解費用は取得原価に算入される（所基通38−2）。

　　ここに会員権の購入代金とは、ⓐ新設ゴルフ場の預託金形態の会員権にあっては入会金と預り保証金の返還請求権から成り、ⓑ既設の同形態の会員権にあっては裏書譲渡された預託金証書（返還請求の移転）と入会金の対価として売主に支払った金額に名変料を加算した合計金額をいう。

　　なお、約款に定める預かり保証金の預託期間が満了したあと返還請求によりゴルフ場から払戻しを受けたときは、預託金返還請求権の消滅の対価であり、譲渡所得ではない。

② 取得の時期　長期譲渡所得は短期譲渡所得の2分の1課税の取扱いとなるため、長短区分の5年保有を判定するうえで取得時期は重要となる。

③ 購入の場合の取得時期　原則として会員権の引渡しを受けた日によるが、その会員権の譲渡契約の効力発生の日を取得の日として申告があったときは、これを認める。

(4) 相続、遺贈、個人贈与による場合の取得時期と取得価額

① 昭和48年1月1日以降取得分　相続、遺贈、他人からの贈与により取得した会員権の取得時期は、その被相続人、遺贈者または贈与者が取得した時となり、保有期間を引き継ぎ、取得価額も被相続人等が取得した価額を引き継ぐものとする。ただし、限定承認による相続および限定承認した包括遺贈によって取得した場合の取得時期は、その取得の日とし、取得価額はその時の価額とする。

② 昭和47年12月31日以前取得分　相続や包括遺贈、相続人に対する特定遺贈または死因贈与により取得した場合は、①と同様の取扱いとなり、それ以外の場合は相続や遺贈、贈与を受けた時にその資産を時価により取得したことになる。

③ 低額譲渡による場合の取得時期と取得価格　時価の2分の1未満の価額で譲り受けた資産で、ⓐその対価が譲渡者の取得価額と譲渡費用の合計額に満たない場合は、譲渡者が保有していた期間を含めて引き続き所有していたものとみなされるので、譲渡者がその資産を取得した日とその取得価額が引き継がれ、ⓑそれ以外の場合はその低額譲渡対価とその譲渡日が取得価額と取得日になる（所法60条1項）。

なお、時価と低額譲渡との差額に対し、譲受者に贈与税の課税がある。
以上、各項については末尾記載の「贈与等による場合の取得時期一覧表」参照。

④ 財産分与による場合の取得時期と取得価額　民法768条の規定の財産分与により取得したときは、財産分与を受けた時にその時価で取得したものとする（所基通38-6）。

⑤ 代償分割に係る取得時期と取得価額

　㋑ 代償分割により、他の共同相続人に対して債務を負担した特定の者から、その債務の履行として取得した資産は、その日にその時価で取得したものとする（所基通38-7。自己所有の資産で債務の履行した者はその時に時価で譲渡したものとする）。

㋺　なお、この特定の者が金銭で債務の履行をした場合、この債務は相続税の課税価額の計算上控除されるべきものであり、特定の者が相続により取得した資産の取得費を構成するものではないことに留意（所基通38－7－①）。
⑥　代物弁済による場合の取得時期と取得価額　代物弁済によって取得した時に、その資産の時価が取得価額となる（債務の金額ではない）。

3　事例Q&A

〔Q1〕　オーナーである私は、会社の資金繰りのため私名義の会員権（時価1,000万円、取得費200万円、昭和55年購入）を700万円で会社へ譲渡し、会社はこれを他に売却しました。税金はどうなるでしょうか。

〔A〕　法人に対する低額譲渡（時価の2分の1未満）は、時価によるみなし譲渡とされますが、同族会社が相手の取引は2分の1以上であっても、同族会社の行為計算否認規定（所法157条）に該当すれば時価によるみなし譲渡とされます。あなたの譲渡は長期譲渡所得となり、（1,000万円－200万円－50万円）×1／2＝375万円となります。

また、会社は1,000万－700万＝300万円の受贈益を計上しなければなりません。

なお、会社の資金繰りのため、同じ会員権を会社へ贈与し、会社が相場で第三者に売却した場合、

あなたは（1,000万円－200万円－50万円）×1／2＝375万円の譲渡所得

会社は1000万円の受贈益を計上しなければなりませんが、これを第三者に譲渡したときは（1,000万円－1,000万円－0）、譲渡所得は発生しません。

〔Q2〕　私は借入金1,500万円の担保に差し入れていた会員権（相場1,000万円、取得費200万円、昭和55年購入）を代物弁済で借金を棒引にしてもらいました。税金はどうなりますか。

〔A〕　会員権を売って借金を返済したことと変わりませんので次のようになります。

(1,000万円−200万円−50万円)×1/2＝375万円

なお、借入1,500万円との差額500万円は債務免除を受けたことになります。

〔Q3〕 私は妻と離婚し、家裁調停により私所有の会員権を（相場1000万円、取得費200万円、昭和55年取得）を別れた妻に分与いたしました。また妻は、その会員権を第三者に1,200万円で転売したそうです。私と別れた妻の税金はどうなりますか。

〔A〕 あなたはQ2の方と同様、会員権を売って現金を分与したと同じことですから（1,000万円−200万円−50万円）×1/2＝375万円の課税所得となります。

また別れた奥さんは、収入1,200万円−所得費1,000万円＝200万円の短期総合譲渡所得となります。

〔Q4〕 代償分割により負担することになった債務を自己所有の会員権で返済したときの課税はどうなりますか。

〔A〕 Q2、Q3と同様に会員権の代物弁済により債務を返済したことになり、相場（時価）で譲渡したことになります。

〔Q5〕 私は会員権（相場1,000万円、取得費200万円、昭和55年取得）を担保に1500万円の借入をしていますが、今度この会員権を子供に贈与し、その代りに借入金債務を引き受けさせようと考えています。課税関係はどうなりますか。

〔A〕 あなたは債務1,500万円の消滅によって得た経済的利益に対し、時価1,000万円の会員権を譲渡したことになり、（1,000万円−200万円−50万円）×1/2＝375万円の譲渡所得が生じます。

残りの500万円の経済的利益は子供から贈与を受けたことになり贈与税が課税されます。

1,500万円−1,000万円＝500万円に対しあなたに贈与税がかかります。

〔Q6〕 私は、昭和55年に父から200万円で譲り受けた会員権（その時の相場は600万円、父が昭和50年に購入した取得価額は450万でした）をこの度1,000万円で他に売却しました。課税はどのようになるでしょうか。

〔A〕 お父さんの低額譲渡損失（200万円－450万円）は譲渡所得の計算上、なかったものとみなし（所法59条2項）、譲受者のあなたがお父さんの取得時期と取得価額を引き継ぐ（所法60条1項）ことになるので、あなたは昭和50年に450万円で取得した会員権を1,000万円で譲渡したことになります。

（1,000万円－450万円－50万円）×1／2＝250万円が課税所得となります。

〔Q7〕 私が購入した預託金形式の会員権のゴルフ場がオープン前に倒産してしまいました。この損失は他の給与所得と損益通算できますか。

〔A〕 譲渡所得の基因となるゴルフ会員権は、ゴルフ場施設優先利用権と預託金返還請求権が一体となった事実上の権利とされています。ゴルフ場施設優先利用権を伴わない預託金債権は単なる金銭債権であり、その消滅は譲渡所得になりませんので、税務上控除される規定はありません。また、事業関連性もないので事業上の貸倒損失にもなりません。

〔Q8〕 私が加入していた預託金形態のゴルフ場が和議の申立てを行い、今度、①預託金の返還は10年間据置き、その時点で返還請求者に対し抽選により順次返還する、②施設優先利用権は存続しプレイはメンバー優遇を継続する、との開始決定がありました。

私は、この会員権を1,000万円で購入していましたが、現在の相場50万円で第三者に売却したいと考えています。この損は税務上どうなりますか。

〔A〕 預託金返還請求権とゴルフ場施設優先利用権が一体となった事実上の権利が会員権でありますから、その両方を具備している今回の和議条件での会員権の譲渡は譲渡所得となり、損失が発生すれば他の所得と損益通算はできます。

〔Q9〕 私の加入しているゴルフ場が倒産し、別のゴルフ事業者にそのゴルフ場を譲渡しました。新事業者は追加拠出金300万円を出せば旧会員の権利を認めるが預託金返還は10年間据え置くこと、また追加拠出金を出さない人は旧会員の一切の権利はなくなると通知してきました。

追加拠出に応じない場合の旧会員権の損失は税務上どうなりますか。

〔A〕 会員権の権利の喪失は、預託金返還請求権と施設優先利用権の両

第4章　会員権の移転

方を失うことであり、譲渡所得の基因でもなくまた貸倒損失（事業のための必要経費）にもなりませんので、単なる損失となり、他の所得との損益通算はできません。

〔Q10〕　上記の各事例において会員権が株式形態のときはどうなりますか。

〔A〕　預託金形態のものと同様の税務取扱いとなります。

〔略称〕　所法＝所得税法　　所令＝所得税法施行令　　所基通＝所得税基本通達

35 会員権の譲渡と税務申告

【表】贈与等による場合の所得時期一覧表

贈与等の区分		贈与時の時期	昭25.4.1〜昭26.12.31	昭27.1.1〜昭28.12.31	昭29.1.1〜昭32.12.31	昭33.1.1〜昭36.12.31	昭37.1.1〜昭40.3.31	昭40.4.1〜昭47.12.31	昭48.1.1〜
贈与	①	被相続人からの死因贈与	═══	═══	═══	═══			
	②	①以外の贈与	═══	═══	═══	═══	有	有	
							無	無	
相続	③	限定承認に係る相続						有	
								無	
	④	③以外の相続							
遺贈	包括遺贈 ⑤	限定承認に係る包括遺贈						有	
								無	
	⑥	⑤以外の包括遺贈							
	特定遺贈 ⑦	被相続人からの特定遺贈	═══	═══	═══	═══			
	⑧	⑦以外の特定遺贈					有	有	
							無	無	
低額譲渡	譲渡の対価が取得費・譲渡費用の合計額以上のもの						有	有	
							無	無	
	譲渡の対価が所得費・譲渡費用の合計額未満のもの						有	有	
							無	無	

(注1)　═══の期間内に取得した資産は、その取得の時価に相当する金額により、当該取得の時において取得したものとみなされることを示します。

　　　………の期間内に取得した資産は、贈与者等がその資産を保有していた期間を含めて引き続き所有していたとみなされることを示します。

第4章　会員権の移転

〰〰〰の期間内に取得した資産は、実際の譲受けの対価をもって、当該取得の時において取得したものとされることを示します。

（注2）　「㈲」は、贈与者等について、所得税法の一部を改正する法律（昭和48年法律第8号）による改正前の所得税法59条1項《みなし譲渡課税》の規定の適用があったことを示します。「㈱」は、同条2項の規定による書面《贈与等に関する明細書》を提出したことにより、贈与者等について、同条1項の規定の適用がなかったとを示します。

第 5 章

会員権の消滅

36 会員契約の終了事由

1 会員契約の終了

　会員契約は継続的契約であるが、一定の事由があるときは終了する。会員契約の終了事由は、契約期間の到来、約定解約権の行使、契約当事者の債務不履行による法定解除等がある。会員契約は継続的契約であるから、債務不履行解除の場合も解除の効力は遡及せず、将来に向かって効力を生じることになるから、契約の終了事由となる。継続的契約の場合でも、原始的債務の不履行のよる給付未開始時点での契約解除は、解除の効力が遡及するとされている。したがって、原始的な債務の不履行は会員契約の終了事由とはいえないが、便宜上ここで説明することにしたい。

　会員契約上の地位である会員権は、会員契約の終了によって消滅するが、会員権を構成する全部の権利が会員契約の終了によって消滅するとは必ずしもいえない。施設利用権は、会員契約の終了によって消滅するが、預託金返還請求権等は残存することになる。しかし、会員権の本体が施設利用権であるところから、一体としての会員権は消滅することになるのである。

　会員契約の終了の原因は、一定の事実の発生によるもの、約定解除権の行使、債務不履行解除権の行使、その他に分けられる。

2 一定の事実の発生

　これは、ある事実が発生したことを会員契約の終了原因とするものである。会員契約上、一定の事実の発生を終了原因とする合意があった場合や施設提供義務の後発的な履行不能の場合がこれに該当する。

(1) 契約期間の到来

　会員契約は期限を定めない契約として締結されることが多いが、預託制会員契約の一部や会費制会員権の大半は契約期間が定められている。このよう

な期間の定めのあるときは、期間が満了すれば、会員契約は終了することになる。

期間が定められていない場合は、施設経営企業は半永久的に会員に施設利用を認めたものと考えられ、施設経営企業は契約を継続できないようなやむを得ない重大な事由でもない限り会員契約を解除できないと考えるべきである。

なお、預託金制の場合の預託金据置期間の定めは、契約期間の定めではないと解するべきである。

(2) **会員の死亡**

個人会員の場合、会員権の相続を認めるクラブが大半であるが、なかには会員権の相続を認めないものもある。会員権の相続が認められない場合は、会員の死亡を会員契約終了事由とする合意があったとするもので、会員契約は会員の死亡によって終了することになる。もっとも、この合意が明瞭でない場合が多い。会則で会員の死亡を会員資格の喪失事由とする会則を有するクラブも多いし、会員権の相続性の有無を巡って議論のあるところである（その詳細は㉘、㉙を参照）。

(3) **消滅時効**

会員が通常の施設利用を継続し会費の支払い等の義務を履行している場合は、会員権の消滅時効を考える必要はないが、会員権が時効により消滅することはある。この点には従来議論があったが、最判平7・9・5（民集49巻8号2733頁、ゴルフ法判例72㊵）は、預託金制ゴルフ会員権について、施設利用権の消滅時効は施設利用をしないというだけでは進行しないが、ゴルフ場会社が会員に対してその資格を否定して施設利用を拒絶し、あるいは会員の利用を不可能な状態にしたような場合には消滅時効が進行し、施設利用権が時効消滅した場合はゴルフ会員権は包括的な権利として存続しえないとしている（詳細は㊴参照）。

(4) **施設提供義務の後発的履行不能**

会員契約は継続的契約であるから、後発的な事由で施設経営企業の施設提

供義務の履行が不能となった場合は会員契約は終了する。たとえば、利用の目的とされた施設が火災で全焼し物理的に滅失した場合や、施設を他に売却したり担保権の実行や強制執行で換価されたり公法上の事由で収用されたりして施設経営企業が当該施設を取得者に引き渡した場合は、会員は会員権を施設の取得者に主張し得ないから、施設提供義務は爾後の履行が不能となり会員契約が終了することになるし、施設やその敷地が賃借物でありその賃貸借契約が債務不履行等の事由で解除され、施設経営企業が賃貸人に施設やその敷地を返還した場合も同様に会員契約が終了することになる。

会員契約については、このような後発的な全部の履行不能による契約の終了が問題となった判例もこの点に論及した学説も見当たらないが、賃貸借契約に関しては、賃貸人の使用収益させる債務の後発的な全部履行不能を契約終了事由とする多くの判例があり（大判昭10・4・13民集14巻556頁、最判平9・2・25民集51巻2号398頁等）、会員契約においても同様に考えるべきである。

施設提供義務がどの時点で履行不能となったと考えるかが問題となるが、会員契約上の施設利用権は賃借権とは異なり、施設を直接占有する権利ではないから、施設の取得者や賃貸人等が会員に施設の引渡しを請求するというようなことは考えられないから、施設の引渡し返還の時点で施設経営企業の施設提供義務が履行不能になったものと解するべきであろう。

このような場合は会員契約は当然に終了するから、施設経営企業の履行不能を理由とする会員契約の解除の余地はない。

もっとも、履行不能となったことについて、施設経営企業の責めに帰すべき事由がある場合は、会員は施設経営企業に損害賠償の請求ができることは当然である。

3　約定解除権の行使

会員契約上、解除権を契約当事者に留保した場合で、これは会員側に解除権を留保した退会と、施設経営企業側に解除権を留保した会員の破産や法人

会員の解散を理由とする解除等がある。

(1) 退　会

　社団法人制クラブの場合は、退会とは、社員（会員）からの請求による社団法人からの脱退のことであり、この手続は、定款（民法37条6号）とこれに基づく細則等に定められている（クラブが権利能力なき社団の場合もこれに準じる）。

　クラブが社団の実体を有しない場合は、退会は、会員側からする当該クラブからの脱退であり、施設経営企業との間の会員契約の解約ということになる。会則で手続を定めているのが一般である。

　クラブが社団の実体を有する場合は、社員は脱退の権利があり、これを排除することはできないと解されており、その他の場合は会員契約は期間を定めない継続的契約であり、原則として利用権者たる会員において随時に解約できるものというべきであるから、退会は、会員に会員契約の解除権を留保する旨の合意を前提とした契約解除権の行使であり、どのようなクラブにあっても会員は任意に退会をすることができるものである。

　会則の中には退会にはクラブ理事会（あるいは施設経営企業）の承諾を要するとするものもあるが、退会には、このような承諾は不要であると解すべきである（東京地判平10・8・31判タ1044号116頁など）。

　なお、会員権の譲渡を認めるクラブでは、名義書換に際して譲渡人のクラブからの退会と譲受人のクラブへの入会という手続がとられることが多いが、会員権の譲渡の場合は会員契約上の会員の地位が譲受人に承継され、その結果契約関係から譲渡人が脱退するだけで、従前の会員との会員契約が終了し譲受人との間に新たな会員契約が締結されるわけではないから、このような手続は法律的には無意味で、会員権譲渡に伴う退会は会員契約の終了事由になるわけでない。

(2) **会員の破産、法人会員の解散**

　クラブ会則のなかには、会員の破産その他これに準じる場合や法人会員の解散を会員資格の喪失事由とするものもある。この場合は意思解釈にかかる

が、これらの事由を会員契約の終了事由としたというより、約定解除権の行使事由としたものと考えることができよう。賃借人の破産が解約申入事由になっており（民法621条）、このような会則も有効であると考えられるが、これらは継続的契約の信頼関係を破壊する事由であるとまでは言い難いものがあり、会員権の譲渡を認めるクラブで、会員権の相場が預託金額（預託金制クラブ）、株式の時価（株主会員制クラブ）、持分権の時価（所有権付与制クラブ）を著しく上回っている場合には、会員に会員権の譲渡をさせる等の措置を講じないでこの会則の規定によって直ちに会員契約を終了させることは、権利の濫用とされることがあると解するべきである。

4　債務不履行解除権の行使

会員契約の債務不履行解除は、解除原因が会員側にある場合と施設経営企業側にある場合がある。

(1) 会員の債務不履行による解除

除名は、会員の義務の不履行に対してなされるクラブからの会員資格の剥奪処分である。

除名事由と除名手続は、社団法人制クラブでは、定款やその細則で、社団法人制クラブ以外のクラブでは会則等でそれぞれ定められている。一般には、会則等で定められた会員の義務に違反した場合とクラブの秩序を乱し名誉を毀損する行為を除名事由としている。預託金制クラブの中には、会費支払義務の不履行をクラブからの除名事由とせず会員契約の解除事由としている例も見受けられる。

除名は、社団性を有するクラブ（社団法人と権利能力無き社団の場合）では社団がなす社員を社団から脱退させる処分で団体法理の適用があるが、クラブが社団の実態を有せず施設経営企業の機関に過ぎない場合は、クラブの除名行為は施設経営企業の会員契約の解除行為である（詳細は**37**参照）。

(2) 施設経営企業に債務不履行による解除

施設経営企業に会員契約上の債務不履行があり、その債務不履行の結果会

員契約の目的が達成できない場合は、会員は会員契約の解除が可能である。このような施設経営企業の債務不履行として、施設開場遅滞・不能、名義書換停止、適正施設の提供不能、施設経営企業の倒産等が考えられる（詳細は38参照）。

5　その他の解除

その他の会員契約の終了事由として、会員との間の会員契約の合意解約、会員契約締結後の事情の変更等のやむを得ない事情による解除、倒産法上の特別の規定による解除がある。

(1)　合意解除

会員契約を会員と施設経営企業との合意で終了させることは可能であり、実際上も行われている。除名等の契約終了事由を巡る紛争を解決することや、預託金据置期間中の返還の要求に対応する目的等で行われている。

(2)　継続的契約を存続することが不可能になったことを理由とする解除

このような場合として、事情変更の原則による解除と、継続的契約を存続させることを期待し得ないような重大な事由が発生した場合の解除が考えられる。

前者の例として、東京高決昭52・4・20（判タ356号246頁）は、河川敷を国の占用許可を受けてゴルフ場を経営していた施設経営企業が、国の占用許可をしない方針に変更したことを理由に会員契約を解除したことについて、事情変更の原則により会員契約の解除は有効としているが、最判平9・7・1（民集51巻6号2452頁、ゴルフ法判例72[53]）は、自然の地形を変更して造成したゴルフ場ののり面が崩壊した場合について、ゴルフ場会社にその予見可能性および帰責事由がなかったとはいえず、事情変更の原則を適用できないとしている。

後者の例として、東京地判平4・12・25（判時1472号79頁）は、ラケットボールクラブを経営上の事由で閉鎖し、会員契約を解除した事案で、経営努力にもかかわらず毎年巨額の赤字を出しこれを打開する有効な策も考えられ

ないことを理由に、会員契約を継続しがたい重大な事由があるとし契約の解約の有効性を肯定している。また、東京高判平12・8・30（金商1108号27頁、ゴルフ法判例72⑾）も直接には会員契約の解除が争点とはなっていないが、クラブの運営上やむを得ない事情がある場合はクラブを解散することができるという会則の定めがある預託金制ゴルフクラブについて、経営の悪化を解散事由と認定し契約解除を前提として会員からの不返還の合意のある入会金の返還請求を棄却している。東京高判平12・3・30（判時1709号30頁、ゴルフ法判例72㊸）も同様の事案でこれと同じ判断をしている。

これに対して、東京地判平4・12・8（判時1471号98頁）は、契約の存続を著しく困難とするやむを得ない事情に該当しないとして、会員制のゴルフ場の利用の斡旋業者と平日の施設利用を認める裁判上の和解をしたゴルフ場会社の契約解除を認めなかった。

この継続的契約解除の可否については、契約の存続期間、解除事由の重大性、契約解除の当事者に対する影響等を総合勘案して決せられる問題である。これらの判決をみる限り、施設経営企業の業績の悪化によって、これ以上会員制事業を継続させた場合は施設経営企業を破綻させることになるような場合は、その破綻の原因が経営者の放漫経営等の特別の事情でもない限り、施設経営企業の犠牲において会員契約を維持させる必要はないと考えているようであり、会員の施設利用権を消滅させることには躊躇していないようにみえる。

近時の預託金制クラブの中には、上記の2件の東京高判の事案のような施設経営企業の施設経営が困難もしくは不可能とみられる場合には、クラブを解散し会員契約を施設経営企業において解除することができるとする旨の会則規定を有するものもあるが、この規定は、上記の継続的契約の維持を著しく困難にするやむを得ない事由に該当する事情がある場合に限って解除権を施設経営企業に留保したものであると解釈すべきであろう。ただし、このような契約解除を正当とするような事情がある場合は、会則のあるなしにかかわらず、施設経営企業は会員契約を解除できるものと考えれば、このような

会則の規定は余り意味のないものと考えられよう。

　なお、このような会則がある場合のクラブの解散とは何を意味するかが問題となるが、クラブには法主体性がないし、施設経営企業の解散（民法68条、商法404条等）をいうのでもなさそうで、クラブ理事会の解散決議に基づく会員への解散通知が会員契約解除の意思表示だと考えるのが自然な解釈であろう。クラブ理事会は施設経営企業の機関であるから、クラブ理事会の解散決議を契約終了事由とする合意があったものとは解釈することはできない。

　ちなみに、クラブが社団法人等で法主体性がある場合は、クラブの解散は文字どおり民法68条の解散であり、それは総会の決議で行うことが可能である（民法68条2項1号）から、解散決議があった場合は清算法人となり、会員の地位もその清算の範囲（民法73条）で変更されることになる。

(5)　**倒産法上の特別の解除権**

　会員契約は双務契約であり会費支払義務がある場合は、法的な倒産手続開始の時点では双方の債務が未履行の状態にある。このような場合、破産、会社更生、民事再生では、管財人（民事再生の場合は管理命令がないときは債務者）に双務契約の解除と継続との選択を認めている（破産法59条、会社更生法103条、民事再生法49条）ので、管財人等は会員契約をこの規定によって解除できるかどうかが問題となる。

　最高裁は、預託金制ゴルフクラブの会員契約について預託金据置期間前の会員の破産による破産管財人の解除権を認めていない（最判平12・2・29判時1705号58頁、ゴルフ法判例72[67]）。したがって、会員の法的整理による管財人等の預託金制会員契約の解除は認められないことになる。このようなことが問題となるのは、預託金据置期間中に解除権を認めると解除のよる原状回復として預託した金員の返還を直ちに受けられることになるからである。上の最高裁判決は、双方未履行の双務契約の場合であっても契約を解除することによって相手方に著しく不公平な状況が生じるようなときは解除権の行使ができないとしている。預託金据置期間満了後にこのような管財人等による解除が可能かどうかは、上記の最高裁の触れるところではないが、管財人は

退会すれば預託金の返還を請求することができることになるから、入会金相当額の返還の可否という問題を除けば、実際上は議論の実益はなさそうである（詳細は**45**参照）。また、預託金制以外の会員契約で会費支払義務がある場合は、会員の倒産により管財人等は会員契約を解除できるものというべきである。この最高裁判決のいうような不利益は施設経営企業に生じないからである。

37 会員の除名

1 除名とは何か

除名とは、会員が会則等の会員の義務に違反した場合に、クラブが当該会員に対して行う懲戒処分の一種であるとされている。懲戒処分は除名、資格停止が規定されている場合が多い。

クラブが行う懲戒の事由は予め、定款や会則で規定されており、それは、①会費等の滞納、②会員として品位を汚し義務に違反すること、③クラブの名誉を毀損し秩序を乱す行為をすることが懲戒事由とされるのが通例である。

除名手続は会則等で定められることが多く、クラブ理事会の権限であるとされている。

2 除名の法的性質

懲戒処分は、本来自律性を有する団体が、団体の目的を侵害したり、団体の規律秩序を乱した構成員に対し、その規律、秩序遵守を喚起させ、あるいはこれが不可能な場合に団体から排除する制裁措置としての意味を有する。会員制クラブも一般に特定施設を利用しながら会員相互の親睦を図ることを目的とする団体であることから、このような懲戒処分を予定している。

しかし、団体としてのクラブの法的性質は一律ではないので、懲戒処分も

クラブの法的性質によって異なることになる。

　クラブが社団法人として法人格を有する場合に行う懲戒処分は、団体としての自治権に基づく制裁措置として意義を有する。したがって、除名（民法37条6号）という処分で社員権が消滅し会員としての地位を失うことになる。また、クラブが権利能力なき社団の実態をもつ場合も権利能力なき社団についても民法の社団法人規定を類推適用すべきものとされているから、社団法人の場合と同じである。

　このような社団の懲戒処分は、自立的な法規範をもつ団体内部の規律の問題であるから、この違法適法を訴訟で争うことができるかどうかが問題となる。この懲戒処分を巡る紛争が裁判所法3条の「法律上の争訟」に該当するかどうかの解釈問題である。

　この点に関しては、団体内部の事柄は原則としてその自治と自律に委ねるべきであり、司法審査の対象とならないが、会員としての地位を奪う団体の決議がその会員としての社会生活上の権利を奪うことになるような場合は法律上の争訟として司法審査の対象となるとの見解に立つ判例（東京地判平4・6・4判時1436号65頁は権利能力なき社団の資格停止の事案、東京地判平5・2・2判時1493号102頁は社団法人の資格停止の事案）もあれば、法律上の争訟性を問題にしないで、当然に司法審査の対象となるものとして、懲戒処分の違法性の有無について判断している判例（東京地判昭28・1・26判タ27号71頁は社団法人の会費滞納会員の資格喪失を認めた例、横浜地判昭63・2・24判時1299号114頁は権利能力なき社団の除名処分を社会通念上相当でないとして無効とした例）もある。

　最判平12・10・20（判時1730号26頁、ゴルフ法判例72[24]）は、権利能力のない社団である株主制ゴルフクラブの総会で多数決によってした構成員の資格要件を定める規約の改正の効力は改正に反対する構成員にも及ぶとして、改正により資格要件を欠くに至った構成員の会員権の喪失を認定している。この判例は、団体法理による処理を明らかにしたものとして当然の結論であると考えられるが、その前提として団体内部の事柄を司法審査の対象としてい

281

るものとみられる。

　原則として司法審査の対象とならないという見解に立つと、会員としての地位を失ったとしても社会生活上の権利を奪われたとまでは評価しえないので、当該社員権が譲渡を認めるものでその相場も高額であるというような特別の事情（除名によって重要な資産を失うことになる）でもない限り、除名処分の適否を訴訟で争うことはできないものと考えることになる。しかし、クラブライフは基本的に趣味や余暇利用の次元であり、団体内部の事柄には司法は介入しないとしてまでその団体の自主性を尊重する必要もないものと思われるから、クラブの懲戒の可否は司法審査の対象となる法律上の争訟性を有するものと考えるべきであろう。

　これに対して、ほとんどのクラブは会員を構成員とする団体の体裁をとっているが、クラブ自体は法人格を有さず、クラブ理事会が施設経営企業の機関に過ぎないものである。このような場合は、除名は懲戒処分のような様相を呈しているが、施設経営企業の行う会員の義務違反に基づく会員契約の解除行為と解することになる。

　この解除の可否に関する紛争は法律上の争訟であるから、訴訟で契約解除を争うことができることは当然である。

3　除名事由と除名の可否

　除名事由と除名の可否については、**17**・**18**で詳細に述べているので、ここでは簡潔に述べる。

　クラブが社団の実態を有する場合は団体法理で、クラブが社団性を有しない場合は契約法理で考える問題である。

　クラブが社団性を有しない大半の場合は、除名の可否は継続的契約である会員契約上の債務不履行による解除の問題である。

　会員契約は継続的契約で信頼関係を基礎とする契約であることを考えれば、賃貸借契約の解除に関する信頼関係破壊の法理を当てはめることも可能であるし、特にこの理論を持ち出さなくとも除名が不相当な場合は権利の濫用と

して無効と考えることも可能であるが、その相当性の判断は、除名事由の具体的内容、除名事由に関する合意の有無、除名の結果失う施設利用権が会員の重要な契約上の権利であること、除名の結果会員権は分解して預託金制の場合は預託金返還請求権の価格、株主制の場合は株式の価値、施設共有制の場合は共有持分までその価値が下落すること、会員を契約関係から離脱させることは会員権の譲渡を認める場合は譲渡させること（退会勧告）によってもその目的を達することができること等を総合勘案してなされるべきである。

(1) 会費の滞納

クラブが社団の実態を有するものに関しては判例はなさそうであるが、前掲の東京地判昭28・1・26は会費滞納の例である。

クラブが社団の実態を有しないゴルフクラブについての会費滞納に対する施設経営企業の除名処分の有効性については、会費が年1回払いで、18カ月以上会費を滞納した会員に対して除名ができる旨の規約（会則）を有する預託金制ゴルフクラブで、施設経営企業が2年ないし3年分の会費の支払いを滞納した会員に支払いを催告したが、支払いがなかったのでした除名を有効としたもの（神戸地判昭60・1・22判タ552号212頁）、年会費未納を除名事由とする会則を有する預託金制ゴルフクラブで、6年分の年会費を支払わなかった会員を催告のうえした除名を有効としたもの（東京地判昭63・3・11判時1301号119頁）、諸支払いを3カ月以上怠ったときは理事会の決議で会員を除名することができるとする会則を有する預託金制ゴルフクラブで会員が6年間年会費の支払いを怠ったことを理由に無催告で除名処分がなされた事案で会則で無催告の除名を可能とする規定がない限り催告なくして除名処分ができないとして、除名処分を無効としたもの（東京地判平3・10・15判時1434号85頁）、預託金制ゴルフ会員契約について信頼関係破壊の原則を適用して、具体的事情を勘案して2年分の年会費滞納の会員に対する除名を無効としたもの（神戸地伊丹支判平3・10・31公刊物未搭載）などがある。

上記判例の結論を総合すると、無催告除名を可能とする会則（合意）のない限り、支払催告が必要で催告なしでした除名を無効であり、催告をしても

支払わない会員に対しては、年会費を2年分以上滞納している会員については、一定期間の滞納を除名事由としないというような取扱いがあった等特別の事情がない限り除名が可能とされる例が多いと思われる。

そして、会費滞納を理由とする除名手続では、他の除名事由の場合と異なり、会員に弁明をする機会を与える必要はないものと思われる。会費支払義務は財産的給付義務であり通常はその不履行に弁明の余地はないからである。

(2) 会費滞納以外の懲戒事由

会費滞納以外の懲戒事由としては既に述べたように、①会員として品位を汚し、義務に違反すること、②クラブの名誉を毀損し秩序を乱す行為をすること、が懲戒事由とされるのが通例である。

このような会員の非違行為に対する懲戒の可否が問題となる事例は、施設の利用に直接または間接的に関係がある場合と、施設利用に関係がない場合である。

法主体性を有するクラブの場合は、クラブ自体に団体としての秩序を維持する必要があり、またクラブ自体に法主体としての社会的信用や名誉があるわけであるから、これを保護する必要もあるから、不適当な構成員を団体から排除したりその他の不利益処分をする必要があることになる。

権利能力なき社団である乗馬倶楽部の会員が、他の会員に対して私的感情から暴行をしたことを理由とする除名処分は社会的相当性を欠くとして無効とした判例（前掲横浜地判63・2・24）がある。

これに対してクラブが法主体性を有しない場合は、クラブが法主体ではないからクラブ自体には法的に保護すべき名誉や秩序があるとはいえない。しかし、会員契約の相手方である会員の集団は、その構成員（会員）の資質の高低等によって、施設の適否等とも相まって一定の社会的評価を受けていることも事実であり、このような会員と会員契約をしているということを前提とする施設経営企業の名誉は保護されるべきであり（最判昭39・1・28民集18巻1号136頁は法人の名誉権を認める）、法人格はないもののクラブは会員の団体であるから、一定の秩序は必要であり、この秩序違反者には施設経営企

業が契約法理に基づく債務不履行を理由とする解除が可能である。

　会費滞納以外の義務違反者に対する懲戒（除名）の例は実際には多いと思われるが、これが紛争となって判例に現れる例は多くない。

　前記の分類では施設利用に間接的に関係がある例で、いずれも増設（新設）コースについても施設利用権を有すると主張する既設コースの会員が施設経営企業の経営方針等に反対し、他の会員を組織、扇動して反対運動を展開して除名されたり、会員契約を解除されたりした例（東京高判昭49・12・20判時774号56頁、東京高判昭63・8・22判時1287号75頁）でいずれも除名、契約解除を有効と判断している。

　次に前記の分類では施設利用に関係のない会員の非行の例に関する判例がある。これはクラブが法主体性を有しない株主制会員の脱税による実刑判決の確定とその執行を免れるための逃亡、所在不明が除名事由にあたるかどうか争われた事案である。第一審（横浜地判昭62・2・30判タ650号193頁）は除名を有効としたが、控訴審（東京高判平2・10・17判時1367号29頁）は信頼関係破壊の理論を用いて脱税犯は法定犯で社会一般の評価は自然犯とは異なることなどを理由に除名を無効としている。

　このような非違行為の種類によって、懲戒の可否も異なることになると考えられる。

　第1に、施設利用に直接関係する場合は、直接的な会員の義務違反として懲戒になじみやすいといえよう。たとえば、利用施設を正当な理由もなく毀損した場合とか、施設従業員に施設利用に関して暴行を加えたり、暴言を吐くような言動を繰り返すような場合である。

　第2に、施設利用に間接的に関係する場合は上の判例で明らかなように、施設経営企業の経営に対し、不相当な方法で反対運動をした場合は除名、契約解除が認められている。

　第3に、施設利用と直接関係のない非行の場合は、懲戒は施設利用とは関係のない事由をその理由にすることになるから、制限的に解釈されている。

　除名をするためには、継続される非違行為に対しては警告を発し、また弁

4 除名の効果

除名が有効であれば、除名によって会員契約は終了することになる。継続的契約である会員契約の効力は将来に向かって消滅する。会員権は分解することになる。

年会費滞納を理由にする除名によっても、既に発生している未払債務は消滅しないが除名後の会費支払義務は消滅する。

除名の原因となる行為（非違行為）によって施設経営企業が損害を受けた場合は、債務不履行による、あるいは不法行為による損害賠償の請求ができることは当然である。

(1) 入会金の返還

不返還の合意のある入会金は、基本的には施設利用権設定の対価としての性質を有するものとみられるものである。除名の場合に入会金を返還しなければならないかどうかは、賃貸借における支払済みの権利金の中途解約に場合の返還の要否と似たような問題であり、施設経営企業の債務不履行による会員からの会員契約解除の場合にも同じ問題が生じる。会則等に返還に関する特約がある場合はそれに従うが、会則等に規定がない場合は会員に責任がある場合であるから、返還は不要と考えるべきである。

(2) 預託金の返還

預託金については除名を理由に返還すべきであるが、預託金据置期間中でもそれを返還する旨の会則や据置期間満了までは返還しない旨の会則等の定めがあるときはそれに従うことになる。預託金据置期間中の除名の場合に、直ちに返還するかどうかの明瞭な合意が会則等で判明しない場合は意思解釈を行わなければならない。除名は施設経営企業の解除権の行使によって会員契約を終了させることではあるが、その原因は会員側の義務違反によるものであり、預託金の据置による施設経営企業の利益はこのような場合も保護されるべきであるから、据置期間が満了するまで返還を受けられないという合

意があったものと意思解釈すべきである。

　除名の場合に預託金を没収ないしは返還しない旨の会則等の定めがあるときは、これを違約金を定めたものとして有効とする考えもあり得るが、預託金は高額であり、除名という処分に伴っての財産権剥奪の合意には必然性がなく、このような合意は公序良俗に反するものとして無効とすべきであろう（今中118頁）。

(3) その他の処理

　株主会員制の場合は、除名された会員はその株式をクラブもしくは会社の指定する者に譲渡するとの会則等の定めがあるときは、これに従うことになる。このような会則等がない場合は除名された会員は株主としての地位だけが残存することになる。

　施設共有制の場合における除名の場合に、会員はその共有持分を施設経営企業またはその指定する者に対して、入会時または退会時の共有持分価格による譲渡義務を負う旨の会則等の定めがあるときはこれによることになる。このような定めがないときは譲渡義務がないと解しても、所有者には施設利用権は消滅し持分に対する公租公課などの負担だけが残ることになって極めて不利益であるから譲渡義務を認めるべきであろう。管理組合からの脱退およびそれに伴う持分の払戻請求についても同様である。このように会員の保護を考えるときは、施設経営企業にも譲受義務を認めるべきであろう。

5　除名処分を争う方法

　会員が除名処分を不当とするときは、自己の行為の正当性を主張して、除名処分の取消を求めることになろう。

　しかしながら、処分が取り消されないときは、会員は、会員であることの地位の確認を求めるなど本案訴訟を提起し、場合によっては仮処分の申立てをすることになる。

　仮処分に関する裁判例としては、ゴルフクラブ会員権に基づき施設利用権を有する仮の地位を定める仮処分が認められ、そこで債権者がゴルフ場に利

用申込みをしたところ受付を拒否された場合に、この仮に定められた会員としての地位に基づき、ゴルフ場でプレーすることを拒絶してはならないとの仮処分が認められた事例がある（東京高決昭58・4・20判時1079号50頁、ゴルフ法判例72⒃）。

　前者の仮処分は、施設経営企業の任意の履行を期待するものであるが、企業によってこれが無視されたときは、債権者は現実にゴルフ場の利用ができず著しい損害を被ることになり、前者の仮処分は実効性のないものになる。そこで、後者の仮処分が認められるのである。

38 会員による会員契約の解除

1 施設経営企業の債務不履行と解除

　一般的にいうと、会員契約上の施設経営企業の債務の不履行があり、その債務不履行によって会員が会員契約を締結した目的を達することができなくなったときは、会員は会員契約を解除することができるということになる。

　施設経営企業の債務不履行に基づく解除が可能であるためには、①施設経営企業が会員契約上の債務を負担し、②施設経営企業の行為がその債務の不履行に該当し、③当該債務不履行によって会員が会員契約の目的を達成することができない、という要件が必要となる。

　会員契約は会員と施設経営企業の間の契約であるが、文書で会員契約が締結されることがほとんどなく、会員契約上どのような権利義務があるのかは、募集要項、パンフレット、会則等を資料にしてどのような合意がなされたかを解釈しなければならず、この債務の内容との関係で債務不履行かどうかが判断され、その債務の重要度と不履行の内容との関係で契約の目的が達成できないかどうかが判断されるということになり、上記の①、②、③の要件は相互に関連していることになる。当該債務が契約の要素たる債務である場合

は、その不履行で契約を解除することができるが、当該債務が付随的債務の場合はその不履行で損害賠償は可能ではあるが契約の解除はできないとするのが伝統的な解釈であるが、要素たる債務と付随的債務とは、その区分は多分に相対的なものであるから、この分類は余り意味がなく、解除の可否はその不履行で契約の目的を達成できないかどうかによって決せられるものであるとする見解も強い。もちろん、この債務の発生原因である合意内容は個々の会員と施設経営企業との個別的合意として判断されるものである。

　施設経営企業の会員契約上の債務と解除に関する詳細は**13**ないし**16**、**22**等で述べているので、ここでは、これらを簡単に整理して説明する。

　施設経営企業の債務不履行を理由とする会員の契約解除の可否が争われた例は多く、この点に関する判例も多く公表されている。これらは個別事案に関するいわゆる事例判決であるが、会員契約の意思解釈の手がかりとなるものである。会員の施設利用に関するものと会員権の譲渡制限に関するものがある。

(1) 原始的な施設提供義務の不履行

(イ) **開場不能・開場遅延**　会員の会員契約の目的は施設利用を行うことであるから、まず利用の対象となる施設が開設されなければならない。会員契約適正化法が施行される前は、施設が完成する前に会員契約が締結されることも多く、施設経営企業が施設の開設に失敗したり、完成が遅延したりする場合もあり会員契約の解除が紛争の対象となった例は多い。

　施設が開設される前になされた会員契約は、契約上、施設経営企業に施設提供義務の前提的な義務として施設開設義務があることは明らかである。

　施設の開設の時期が、会員契約上の施設経営企業の義務として明示されることはほとんどなく、開設の予定時期がパンフレットや募集要項等に記載されることがあるだけであるから、この施設経営企業の施設開設義務の履行期はどのようなものであるかが問題となる。

　最高裁は、この施設開設義務の履行期は、完成予定とされた時期から工事の進捗状況および社会経済状況に照らして予想される合理的な工事遅延期間

が経過した時までの不確定期限とみるべきであるとしている（最判平9・10・14判タ947号147頁、ゴルフ法判例72〔47〕）。最高裁のこの考え方によると、会員契約の合理的な意思解釈として、施設開設義務は上のような不確定期限付の債務であるとしているのであり、この不確定期限を徒過した場合は履行遅滞になり、この履行遅滞により会員は会員契約の目的を達成できないものとして会員契約の解除ができるということになろう。上記の工事の遅延期間は従前は2年程度とされる例が多かったが、バブル経済の崩壊後の景気の悪化や消費の低迷を勘案して遅延期間を長く判断する例が増えている（東京高判平12・7・18判時1720号148頁は、前記最高裁判例の考え方を前提に、約5年遅延した開場を債務の本旨に従った履行があったものと判断している）。

　工事の遅延期間中に施設経営企業が倒産する等して施設の開設が不可能になった場合は、その時点で施設開設義務の履行不能を理由に会員は会員契約を即時解除することができる。

　(ロ)　**開設された施設が不十分な場合**　　次に施設は開設されたものの、実際に開設された施設が会員の施設利用権からは不十分な場合がある。施設自体は当初の予定とは一部異なるものの一応開設はされているのであるから、実際に開設された施設が会員契約上の施設利用の対象として許容の範囲なのかどうかが問題となることになる。この問題は、施設開設義務の不完全履行の問題であるが、これを分析すると、劣悪な施設しか開設されなかったという質的な不足の問題と、開場予定の施設の一部しか開設されなかったという目的物の量的な不足の問題に分けられる。また、会員契約の解釈の観点からは、第1に不完全とされた質的または量的な部分の開設義務が会員契約上の債務となっていたかどうかの意思解釈と、第2にこれが会員契約上の債務であると肯定される場合にその不履行によって会員が施設利用の点から会員契約の目的を達成できなくなったかどうかの2段階の判断が必要となる。

　劣悪な施設しか提供されなかったとして争われたものにゴルフクラブのコースレイアウトの問題があるが、前記最判平9・10・14（判タ947号147頁）は、コースレイアウトは契約の内容とならないわけではないが、かなり大雑

把な内容の債務を負うにとどまるとして、当該施設はその債務の枠内にあると判断している。

施設の一部しか提供されなかった例としては、いくつかの判例が公表されている。

ゴルフ場に併設される予定のホテルの未開設の例では、契約解除を認めた判例と否定した判例に分かれている（いずれも同一ゴルフ場）が、最判平11・11・30（判時1701号69頁、ゴルフ法判例72[48]）は、会員募集時のパンフレット等で高級ホテルが併設されることが強調されていたこと等から、ホテルの提供が会員契約の重要な要素となっていたかどうかをさらに審理を尽くさせるために原審に差し戻している。

ゴルフ場に設置される予定であったテニスコート、プール、ロッジ、練習場の不設置の例については、いずれも、設置義務があったとしても付随的債務であり解除ができないとしたり（東京高判平9・7・22判時1628号23頁）、設置義務は付随的債務であり解除ができないとして（東京地判平7・11・21判タ915号143頁）、会員契約の解除を否定している。

預託金制スポーツ会員契約の例では、屋内プールの不設置を理由とする会員契約の解除が肯定されている（最判平8・11・12判時1585号21頁）。

(ハ) **大量会員**　施設経営企業が募集予定人員を大幅に超えて会員を入会させた場合は、会員は会員契約を解除することが可能となる。当該会員にとっては、会員契約の締結時に既に大量会員を入会させていた場合は事後的な施設提供義務の不履行の問題ではなく、原始的な債務不履行の問題となるが、会員契約締結後に施設経営企業が大量会員を募集し入会させた場合は事後的な債務不履行の問題となる。

募集予定数自体は会員契約上の具体的な内容とはならないと考えられている。しかし、この募集予定会員数は会員が会員契約を締結するかどうかの重要な判断要素の一であることも事実であるから、この募集予定会員数を大幅に超えた場合は、会員は会員契約の解除が可能となる。この場合の理論構成としては、会員契約上、募集予定数を大幅に上回らない範囲の数に会員数を

とどめることが施設経営企業の債務となっていて、この債務不履行理由に会員契約の解除が可能であると考える方法（東京地判平8・2・19判時1582号56頁）と、このような具体的な債務はないが、大量会員を入会させた場合は会員の施設利用権を侵害する債務不履行（この場合は施設提供義務の不完全履行と構成することになろう）で会員は会員契約を解除できると考える方法（東京地判平5・9・30判時1477号61頁）がある。一般論でいえば、施設が18ホールのゴルフ場の場合は1500名程度が適正会員数でその2倍を超えると施設利用が困難となると考えられる。

(2) 事後的な施設提供義務の不履行

(イ) **施設利用の範囲の一方的変更**　施設利用権の対象となる物的な範囲や時的な範囲を施設経営企業が会員契約締結後に一方的に変更する場合がある。この変更が会員契約上許されるものであれば、施設経営企業の債務不履行になることはないが、この変更が会員の個々の承諾のない限り許されないものであれば変更措置によって従来の施設提供義務を履行しなかったこととなるので会員の会員契約の可否の問題となる。施設利用の対象となる物的範囲や時的範囲は、会員契約上の具体的な権利義務の内容となっているものと考えられる。

(ロ) **物的範囲の変更**　物的な範囲の変更は原則として会員の個々の同意のない限り許されないから、施設経営企業がこれを一方的に変更して変更後の施設の提供を行わない場合は、会員は会員契約の解除ができる。

(ハ) **時的範囲の変更**　時的な範囲の変更については、どの程度の変更が許されるものとして会員契約が締結されたのかどうかの意思解釈上の微妙な問題がある。預託金制ゴルフクラブの平日会員について、定休日の変更が施設経営企業の債務不履行で当該会員契約の目的を達することができないとして会員からの会員契約の解除を認めた例（東京地判平6・10・24判時1543号142頁）がある。

(3) 会員権の譲渡制限

会員権の譲渡を認めるということは、会員の投下資本の回収を他に認める

ということに他ならない。会員権の譲渡が可能かどうかは会員契約を締結するする際の重要な考慮要素である。したがって、会員権の譲渡性は会員契約の合意内容となっており、会員権を譲渡しうる権利は会員契約上の会員の基本的な権利の一であると考えるべきである。

施設経営企業が名義書換停止期間を設定して長期間譲渡承認を行わないことは、譲渡を禁止したことに他ならないから、このような場合は会員は会員契約の解除が可能となる。

判例は、長期間の名義書換停止を解除事由となるとするもの（東京地判平6・9・8判時1542号80頁）と、会員権を譲渡する権利は会員契約上の本質的な権利ではない等の理由で会員契約の解除を否定したもの（大地判平10・2・26判タ998号207頁、ゴルフ法判例72[52]）がある。

2　会員契約解除の手続

施設経営企業の債務不履行があった場合、会員契約の解除に履行の催告が必要かどうかは、当該債務不履行の内容によって決まることになる。

一般的にいえば、履行不能の場合は催告は不要（民法543条）、履行遅滞の場合は相当期間を定めた履行の催告が必要（民法541条）、不完全履行（民法には規定がないが債務不履行の類型として認められている）の場合は追完が可能なときは相当期間を定めた催告が必要で追完が不可能なときは催告が不要ということになる。催告の際の相当期間とは、履行期限後の履行を完了するに必要な猶予期間であると考えればよく、債務者の主観的事情は考慮されない。

上記に述べた施設経営企業の債務不履行の内容は、どのような施設経営企業の債務の不履行であるかがはっきりしない場合もある。

開場前に施設経営企業が倒産して開場ができなくなったときは、開設義務の履行不能であるから催告は不要である。また、施設経営企業が倒産して施設の提供ができなくなったときは、施設提供義務の事後的な履行不能であるから催告は不要である。

施設の開設が遅延しているときは、開設義務の履行遅滞である。履行遅滞

の場合は相当期間を定めた催告が必要であるとするのが判例である。しかし、前記のとおり最高裁は開場義務の履行期を開場予定期間から合理的期間経過後までの不確定期限としているのであり、この合理的期間とは、期限経過後は履行を完了するのに必要な期間とされる「相当期間」をも考慮した期間であると考えるべきであるから、この期間経過後にさらに履行完了までの必要な期間を付加する必要はないものと思われるし、この期間を設定しても事柄上、直ちに施設の開設もできないから、解除のための催告は無意味で不要であると考えるべきである。

　施設の一部のしか開設されなかった場合は、不完全履行なのか履行遅滞なのかは、施設提供義務にどのような具体的な内容を考えるかによって結論は異なるが、催告の要否については開場遅延と同様に考えるべきである。

　大量会員の場合は、施設提供義務の不完全履行と考えられるが、この施設提供義務を履行するためには他の会員を適正数まで減少させなければならず、このようなことは事実上不可能であるから、追完不能として、催告は不要と考えるべきである。

　施設利用の内容の一方的変更や名義変更停止が履行遅滞か不完全履行かは、これに関する施設経営企業の債務の具体的内容をどのように考えるかによって結論は異なるが、催告の要否については、いずれも、原則として施設経営企業の行為によって是正が可能であるから、是正に長時間を要するとか過分の費用を要するとかの特別の事情でもない限り相当期間（是正手続に要する時間を考えても1カ月程度で十分であろう）を定めた催告が必要である。

3　契約解除の効果

　通説・判例が採用する直接効果説によると、一般的には契約解除によって、契約の効力は契約当初に遡及して消滅することになるとされる。契約解除によって当事者は初めから契約を結ばなかったことになるのである。

　しかし、継続的契約（会員契約も継続的契約の一である）の解除の場合は、その効力が将来に向かってのみ消滅するとされている（民法620条参照）。こ

のような継続的契約の解除は講学上、告知と呼ばれる。したがって、将来の会費支払義務は消滅するし、施設利用権も将来に向かって消滅することになる。もっとも、継続的契約の場合でも継続的給付未開始の場合は（例として開場不能）契約解除の効力は契約当初に遡及して消滅するとされている。

契約解除の効果は、原状回復義務が発生することである（民法545条1項本文）。一般的には、解除によって契約は遡及的に消滅するから、契約に基づいて既になされた給付は法律上の原因を失い、その受領者は不当利得としてこれを返還すべき義務を負担することになるが、この不当利得（民法703条で現存利益の返還で足りる）の特則として返還の範囲を原状回復まで拡大したものである。

継続的契約の場合は、債務不履行解除の場合も契約の終了原因のひとつで、原状に回復する義務が発生することは疑いがないが、この義務は上記の民法545条1項本文による原状回復義務として発生するのか、それとも当該継続的契約の終了の効果として契約に定められた効果として発生するのかが判然としない場合がある。

(1) 預託金の返還

預託金返還請求権は、会員契約上は会員の約定解除権である退会により、据置期間が満了している場合に行使が可能となる契約上の返還請求権である。施設経営企業の債務不履行により会員契約が解除された場合に返還するものとしては、会員契約上は合意されていない。したがって、施設経営企業の債務不履行による契約解除の場合は、原状回復義務として預託金相当額の金銭の返還義務が発生するものと考えるべきであろう。この返還請求権を預託金返還請求権と呼ぶかどうかは用語の問題である。

預託金は消費寄託としての法的性格を有するもので返還が予定されているものであるから、施設開場後の債務不履行による解除の場合はその効果は将来に向かって発生するから、会員契約上も施設経営企業の債務不履行の場合も含めて契約が終了した場合はその履行期が到来するものと合意されていたと考えても、預託金と同額の金銭の返還を要するという結論自体は変わらな

い。

　会員契約が、施設の開場不能、開場遅滞を原因として解除された場合は、施設経営企業の開場義務という原始的債務の不履行で、施設提供という継続的給付債務の未開始状態での解除であるから、契約解除の効力は契約当時に遡及することになる。この場合の預託金相当額の返還義務は、民法545条1項本文の原状回復請求権として発生すると考えられる。したがって、会員は施設開設義務の不履行を理由とする会員契約の解除の場合は、預託金相当額の返還請求の他、預託金の預託時からの利息の請求も可能である（民法545条2項）。この場合の利率は、会員契約が施設経営企業の商行為として行われたものであるから、商事法定利率である年6分である。

　これに対して、会員契約が施設開場後の施設経営企業の債務不履行により解除された場合は、原状回復にせよ、返還合意に基づくものにせよ、預託金（相当額）の返還請求権は契約解除により発生（もしくは履行期の到来）し、直ちに履行遅滞に陥るから、解除後は預託金（相当額）の返還債務という金銭債務に対する債務不履行による損害賠償として損害金の請求が可能であり（民法415条1項）、その率は上記と同様に年6分である。

　不完全な施設しか提供されなかった場合や大量会員等で、会員契約が解除された場合は微妙である。これらの債務不履行が、会員契約締結当初から施設利用が不可能もしくは著しく困難で施設提供という継続的給付の未開始と同視できるような場合は、契約解除の効力は契約当時に遡及するものとして、不完全履行ではあるが、施設利用が一定の範囲で可能であった場合は事後的な債務不履行として考えるべきであろう。

　これを整理すると、契約解除によって預託した金銭と同額の金銭の返還請求が可能となるが、付帯金である利息損害金は解除原因によって発生事由や発生時期が異なるということである。

(2) 入会金の返還

　ここでの入会金とは、返還しないことを合意して会員契約に際して支払われた金銭をいう。登録料という名称が付される場合もあるが、入会金の法的

な性質は、会員として会員名簿に登録するために要する費用としての性格もあるが、その額は50万円から100万円程度でさらに数百万円という高額なものもあり、本来的には、施設利用権設定の対価であると考えられる。また、会員は低料金で施設の利用が可能であるから、会費、預託金の金利相当分と並んで施設利用料金の一部前払いとしての性質も有していると考えられる。

(イ) **開場義務不履行と入会金返還の要否**　会員契約が、開場義務不履行によって解除された場合等で契約解除の効力が遡及する場合は、不返還の合意を含む会員契約が締結されかったこととなるから、民法545条1項本文の原状回復請求権として、入会金として支払った金銭の返還請求権が契約解除によって発生し、その支払額に対する支払い時から商事法定利率年6分の割合による利息の支払請求権も発生することになる（民法545条2項）。入会金は、本来的には施設利用権設定の対価であるから、施設提供義務が給付未開始の場合は施設利用権が取得できなかったのと同様であり、実質的にもこのような解除原因による会員契約解除の場合は入会金（相当額）の返還を認める必要があることになる。このような理論的な問題はともかく、開場不能・遅延を理由とする契約解除にあっては、判例も入会金（相当額）の返還を認めている。

(ロ) **事後的債務不履行と入会金返還の要否**　問題は、事後的な施設経営企業の債務不履行による会員契約解除の場合に入会金（相当額）の返還が請求できるかどうかである。

この点に関する判例は、2、3見受けられるが、結論は分かれている。①前記の休業日の変更を債務不履行とした東京地判平6・10・24（判時1543号142頁）は、施設経営企業の債務不履行による契約解除の場合は入会金不返還を定めた特約は適用されないとして入会金（相当額）の返還を認めているが、②前記の会員数を超える会員を入会させた場合に契約解除を認めた東京地判平8・2・19（判時1582号56頁）は、会員が解除に至るまで数年間はプレーができたことと、会員契約の解除の効力は将来に向かって発生することを理由に入会金（相当額）の返還は認められないとし、③東京地判平11・

10・6（判時1709号33頁）は、ゴルフ場が開場後に業績不振を理由としてクラブを解散したところ、預託金の返還を受けたが入会金の返還を受けられなかった会員から入会金（500万円）の返還請求がなされた事案であるが、この判決は、入会金は会員資格取得の対価であるが会員資格は相当期間優先的に施設の使用ができることを想定されたものであるとし、その期間を預託金据置期間である10年間と考え、入会金から入会の事務手続費用として50万円を控除し、その残額について契約終了時から預託金据置期間満了までの残存期間部分相当額の返還を認めている（なお、この判決の控訴審である東京高判平12・3・30判時1709号30頁は、会則によるクラブの解散は有効で債務不履行にならず不返還の合意も有効として原審を取り消している）。

　この問題に関する学説はほとんどない。わずかに、施設経営企業の債務不履行が著しいために、やむなく入会契約の解除を余儀なくされた場合であって、当該クラブの会員としての会員名簿に登録・登載されて、会員として利益をほとんど受けることがなかったような場合は暴利行為にあたると解し返還が請求できるとする見解（今中122頁）と、この問題は賃貸借契約終了時における既払い権利金の返還の可否と似た問題であるとして、開場後相当期間（10年程度）を経過した場合は返還の請求ができないとする見解（今泉純一・金法1442号60頁）がある程度である。

　この問題を預託金制クラブの入会金を念頭において、もう少し詳しく考察してみよう。

　入会金については、理由の如何を問わず返還しないという会則等の定めがあるのが通例である。これを施設経営企業の債務不履行による契約解除の場合も返還を要しないと合意したものとし、この合意が有効であれば、入会金の返還は要しないことになり問題は簡単である。

　しかし、自己の債務不履行の場合も返還を要しないと合意したものとすると、このような合意は暴利行為に該当し公序良俗に違反するものとしてその限度で無効と考えるべきであるから、会員契約の意思解釈上は、このような不変返還の特約は施設経営企業の債務不履行の場合を含んでいないものと解

釈すべきである。したがって、この不返還の特約は施設経営企業の債務不履行による契約解除の場合は適用されないということになる。

これを前提に単純に契約解除による原状回復義務を当てはめて、会員契約により入会金相当額の金銭の授受があったのであるからこれを原状に回復させることが必要であり、入会金相当額の返還義務が契約解除によって発生すると考えれば、返還を要するという前記①の判決の結論が導き出される。このような結論には債務不履行に対するペナルティーの意味もあるかも知れない。

ところで、会員契約は継続的契約であり、契約解除の効果は既往に遡らない。その不遡及の意味は、契約解除までの間に当事者間で給付が完了した部分はその返還を要しないということである。入会金の性質は基本的には施設利用権設定の対価であり、会員が契約解除までの間に施設利用権を行使し、あるいは行使する機会があった場合はその対価性は失なわれることになる。会員契約は期限を定めない契約であり、施設経営企業の方からは任意の解約権がないことを考えると、会員契約は半永久的な期間を定めた契約と同視できるとすると対価性の喪失は微々たるものであり、その全額の返還を請求できるということになるし、入会金の額に照らせば、その対価性は相当期間（数年程度）で喪失する考えれば前記②の判決の結論となるし、対価の喪失期間を預託金据置期間と同視して対価が定量的に徐々に減額するとすれば前記③の判決の結論になろう。

さらに、預託金据置期間経過後の退会による契約の終了の場合と比較してみると、預託金据置期間経過後は会員は退会によって会員契約を解除し預託金の返還が受けられるが、この場合は入会金は不返還の合意があるから返還を受けられないことになる。債務不履行による解除も契約終了事由としては退会と同様であり、退会の場合とのバランスを考える必要もある。

また、賃貸借における契約終了後の既払い権利金の返還請求の可否については、権利金が賃料前払いの性格を有する場合は賃貸借が前払い期間内に終了したときは残存期間部分の返還が認められるが期間の定めのないときは返

還が認められないとされ、権利金の性格が賃借権設定の対価である場合は期限の定めのないときは返還が認められないとされる（石外克喜「新版注釈民法15」339頁）。しかし、賃貸人の責めに帰すべき事由で賃貸借が終了した場合については判例はなく、学説も権利金が賃借権設定の対価である場合は期間の定めのない賃貸借契約でも権利金の返還が請求できるとの見解（薬師寺志光・日法3巻4号・昭和12年）があるだけである。

　これらを総合して考えると、前記の各判決にはそれぞれに根拠があり、判断に迷うところであるが、前記①の判決は契約解除の不遡及と入会金の対価性の観点からみると妥当とはいえず、前記③の判例は入会金の性質を利用料の前払いでかつ会員契約を預託金据置期間をその契約期間とする契約と同視するに等しくその点で妥当とはいえず、前記②の判例は対価の喪失期間が数年とする根拠は不明である点で妥当とはいえない。退会とのバランスから、据置期間と同一の期間の経過によって入会金はその支払いの目的を達しその対価性を喪失したものと割り切って、据置期間満了時までの解除では入会金相当額の返還が可能であるが据置期間満了後の解除では返還が請求できないと考えるのが妥当であろう。

　入会金相当額の返還ができる場合は、契約解除によりその請求権が発生するのと同時に遅滞に陥るから、これに対する解除後の商事法定利率年6分の割合による損害金の請求も可能である（民法419条1項）。

(3) 名義書換料の返還

　名義書換料は入会金と基本的には同様の性格を有するものであり、登録費用と将来の施設利用料の一部前払いの要素もあるが、本来的には会員権の譲渡の承諾料の性質を有するするものである。この性質上、規定がなくとも不返還の合意がなされているものと解釈すべきものである。

　会員契約解除に関する名義書換料の返還の可否に関する判例も学説も見当たらない。

　経済的には、施設経営企業は名義書換料を会員となるための拠出金と考える場合が多いことから、新規会員を募集した場合に設定する入会金の額と同

額程度とする場合が多いように思われる。このことと、名義書換料の法的性格を考え合わせると、返還の可否については入会金の返還の可否と同様に考えればよいと思われる。入会金の問題と異なるのは、会員権の譲渡ができる時期から考えて、開場遅延等の事由による契約解除は考えられないから契約解除は施設経営企業の事後的な債務不履行の場合に限られることと、返還の可否について考える際に預託金据置期間の問題は直接関係がないことである。

　会員契約解除に伴う名義書換料の返還の可否については、施設経営企業の事後的な債務不履行による入会金の返還の可否と同じように、①債務不履行の場合は全額の返還が可能である、②名義書換後一定の時期が過ぎれば返還の請求ができない、③名義書換後は預託金据置期間と同程度の期間を想定して解除後の残期間部分相当額の返還が請求できる等の色々な考え方が可能となるが、入会金の場合と同様に名義書換後、据置期間と同期間の経過により名義書換料はその支払いの目的を達成しその対価性を喪失したものとして、返還の可否を決するべきであろう。

(4) 年会費の返還

　施設が未開場の時点でなされた会員契約では、施設が開場するまでは会費支払義務がない場合が通常であるが、クラブの中には会費支払義務がある場合もある。施設が未開場の場合で会費を支払っていたときは、施設の開場不能・遅延を理由にする解除はその効果が契約時に遡及するので、会費支払い時から支払額に年6分の利息を付した返還請求が可能となる（民法545条1項本文、2項）。

　施設経営企業の後発的な債務不履行に基づく解除の場合は、契約の効力は将来に向かって消滅することになる（民法620条参照）から、解除時までの会費の支払いは有効で、その返還を請求することはできない。しかし、年会費は前払いであることが多く、年度の途中で契約を解除する場合は日割り計算で年会費の返還が請求できる。既払い会費は返還しないとする会則を有する例が多いが、このような特約があったとしても、契約解除により不返還特約を含んだ会員契約は将来に向かってその効力を失い、施設経営企業は解除後

の年会費相当額の利得を保持する法律上の原因を失っているから、その返還を請求できると考えるべきである。ただし、年会費の額は多いものではなく実務上はこのような請求がなされることはほとんどない。

(5) 株式の処理

株主制会員権で会員契約が株式の引受で行われた場合は、施設経営企業の会員契約上の債務不履行事由は株式引受契約上の債務不履行に該当しないから、株式引受契約自体を解除して払込金の返還を請求することはできない（なお、商法191条、290条ノ12で引受の無効、取消しの主張の制限がされている）。会員契約が株式の譲渡で行われた場合も、施設経営企業に自己株の買い取りを請求することもできない。会社の指定する者に売却する等の定めがあればこれに従うことになるが、施設経営企業の債務不履行解除の場合の措置について定めが置かれていることは考えられない。したがって、会員はそのまま株主にとどまるか株式を他に処分する以外に方法はなさそうである。

株主制会員権で預託金のない場合は、このようなことを考えると契約解除を行うよりは会員権を他に譲渡した方が有利である場合が多い。

(6) 共有持分の処理

施設共有制会員権の場合は、法形式上は共有持分の売買契約と会員契約の2個の契約が締結されるが、その目的は施設利用という1個の目的であり社会通念上会員契約上の債務不履行で会員契約の目的が達せられないときは共有持分の売買契約の目的も達することができないから、会員契約の解除とともに共有持分の売買契約の解除も併せて行うことができるものと考えられ（最判平8・11・12判時1585号21頁参照）、共有持分の売買代金相当額の返還を請求することができる。

4　損害賠償の請求

施設経営企業の債務不履行によって会員に損害が発生した場合は、会員は契約解除とは別に損害賠償の請求ができる。継続的給付未開始の場合は民法545条3項により損害賠償が可能であるとされているし、継続的契約の場合

も債務者に過失がある場合は損害賠償が可能である（民法620条但書参照）。これらの損害賠償は債務不履行によるものである（民法415条）から、損害賠償の範囲等については民法416条以下の規定によることになる。

　なお、預託金、入会金等の返還債務は金銭債権であるから、解除によりその効果が遡及する場合は原状回復の一環として支払い時からの利息相当額の請求が可能であり（民法545条2項）、解除の効果が遡及しない場合は解除による返還債務の不履行に対する損害金が請求できる（民法419条1項）ことについては既に述べたとおりである。

39　会員権の消滅時効

1　会員権と消滅時効

　会員が長期間会員としての権利を行使しない場合は、会員権や会員権を構成する権利が時効によって消滅することになるのかどうかが、ここでの問題である。

　会員権は会員契約上の会員の地位であるが、このような契約上の地位が時効によって消滅するのかどうか、会員権を構成する施設利用権、預託金返還請求権、社員権、株主権、施設の共有持分がそれぞれ時効によって消滅するのかどうかが問題となる。

　会員権ないしはそれを構成する諸権利が仮に消滅時効の対象となるとしても、会員が施設利用権を長期間にわたって行使しない場合でも、会員が会費の支払いをしあるいは会費の支払いを請求され、会員名簿に登載され、会報の送付がある等会員として処遇されている場合は、施設経営企業から会員権の承認があり消滅時効の中断がされているので、消滅時効の問題自体が発生しないから、実際には、会員権に関する消滅時効が問題となるのは、施設経営企業が会員を会員として処遇しなくなったという特別な場合だけである。

会員権の種類によって会員権とこれを構成する権利の内容が異なるので、その種別に分けて消滅時効の問題を考察する。

2　預託金制会員権の消滅時効

預託金制会員権は、施設利用権、預託金返還請求権、会費支払義務等を含む会員契約上の地位であるが、これらを構成する権利義務は、その全部が債権である。

預託金制ゴルフクラブの会員権の消滅時効に関しては、下級審の判例、学説上議論があったところである。下級審の判例は、預託金制ゴルフクラブの会員権は施設利用権と預託金返還請求権をその主たる内容とする契約上の権利であり、その全体が1個の債権として消滅時効にかかるとするもの（東京地判平元・9・26判タ718号127頁、東京地判平2・8・21判タ741号184頁）と、ゴルフ会員権は契約上の地位であるから一体的な権利としては消滅時効にかからないし施設利用権も消滅時効にかからないとするもの（東京高判平3・2・13判時1383号129頁、東京地判平3・10・15判時1434号85頁）に分かれ、学説は余りないが、そのいずれもが、理由付けは異なるものの結論は上記の消極説の判例と同様であった（松久三四彦・判時1412号158頁、出口正義・ジュリスト1047号119頁、今中利昭・手形研究475号68頁、本書旧版120頁）。

このような中、最判平7・9・5（民集49巻8号2733頁、ゴルフ法判例72[40]）（前記東京高判平3・2・13の上告審）は、次のように判断してこの問題に決着をつけた。

① 預託金制会員権は債権的契約関係であり、会員の施設利用権がその基本的な部分を構成するところ、会員は会員としての資格を有している限り会則に従ってゴルフ場施設を利用することができ、ゴルフ場会社は会員に対してゴルフ場施設を利用可能な状態に保持し会則に従ってこれを利用させる義務を負う。

② ゴルフ場会社が会員の資格を否定することなく、その利用が可能な状態に保持しているときは、施設利用権に対する債務を履行しているので

あるから、会員が施設を利用しないという状態が継続したとしても施設利用権について消滅時効は進行せず、契約関係に基づく包括的権利としてのゴルフ会員権が消滅することはない。

③　ゴルフ場会社が、会員に対して除名等を理由にその資格を否定してゴルフ場施設の利用を拒絶し、あるいはゴルフ場施設を閉鎖して会員による利用を不可能な状態としたようなときは債務の履行状態が消滅し、権利行使を妨げるべき事実が生じたもので、その時点から施設利用権の消滅時効が進行し、施設利用権が時効により消滅するとゴルフ会員権は包括的な権利としては存続しえない。

上記の②によって前記積極説を否定し、③によって前記消極説の施設利用権が消滅時効にかからないという見解も否定している。前記の否定説は施設利用権は指名債権であるから消滅時効の対象となることを前提に会員契約中は消滅時効にかからないとしているが、この最判は、継続して行使することが予定されている継続地役権の消滅時効の起算点を規定した民法291条と同様に、施設利用権の消滅時効の起算点を権利行使を妨げるべき事実が生じた時としたことに意義があり、このような考え方は継続して権利行使を行うことが予定されている他の権利の消滅時効を考えるうえでも参考になるものと思われる。

また、本件最判は、会員契約継続中であっても施設利用権は独立して消滅時効にかかるとし、施設利用権が時効消滅したときは会員契約が終了するという趣旨であると考えられる。もっとも、時効期間が経過しただけでは消滅の効果が確定的には生じず援用によってその効果が確定的に生じるとするのが通説・判例であるから、施設経営企業が消滅時効を援用した時に会員契約終了の効果が生じるということになろう。

(1)　施設利用権の消滅時効の起算点

本件最判では、施設利用権の行使を妨げるべき事実が発生した時点が消滅時効の起算点で、その妨げるべき事実の例として、施設経営企業が除名等を理由に会員の資格を否定して施設の利用を拒絶したり、施設を閉鎖して利用

を不可能な状態としたような場合をあげている。

懲戒処分である会員の一時的資格停止や施設の改修工事等で一時的に施設を閉鎖するような場合は、施設利用を妨げる事実に該当しないことは当然である。また、権利行使を妨げる事実は施設経営企業の行為に起因する必要があるから、施設経営企業以外の第三者によって利用ができないような状況が仮に生じても消滅時効の起算点となりえない。

施設が未開場の場合は施設利用権が行使できる状態にないのであるから、その消滅時効を論じる余地はないが、施設開場後は施設利用権の行使を妨げるべき事実が生じた場合は預託金の据置期間中でも消滅時効は進行することになる。

ここで注意しなければならないのは、施設利用を妨げるべき事実が会員契約終了事由となる場合は会員契約はその時点で終了し施設利用権は消滅しているから、施設利用権の消滅時効を論じる余地がないということである。たとえば、除名が有効な場合や施設の閉鎖が施設経営企業の後発的な施設利用権に対する債務である施設提供義務の全部履行不能である場合（詳細は❸❻ 2 (4)を参照）は会員契約はその時点で終了し施設利用権は消滅する。したがって、実体法上は、施設利用を妨げるべき事実が会員契約終了事由にならないことが施設利用権の消滅時効の起算点を考えるうえでの理論的前提となる。ただ、訴訟法的には、除名処分を受けた会員が長期間経過後に地位確認の訴訟を提起したような場合、裁判所は除名の可否を判断しないで施設利用権の消滅時効を認めてその請求を棄却することも可能である。地位確認の訴訟の提起は、除名が無効である場合は施設利用権の消滅時効の中断事由にもなるということになる。

(2) **消滅時効期間**

前記最判は施設利用権の消滅時効期間について判示していないが、施設利用権は通常の指名債権であるから、会員契約が商行為によるものである場合は商法522条により5年間、商行為でない場合は民法167条1項によって通常の債権の消滅時効期間である10年間ということになる。預託金制クラブは施

設経営企業が営利法人であるのが通例であるから、通常は商事債権として消滅時効期間は5年間ということになる。

(3) 施設利用権の時効消滅と預託金返還請求権・年会費支払義務の帰趨

前記最判の見解を前提とすると、施設利用権が時効消滅すると会員契約は終了することになるが、施設利用権の消滅の効果は起算点に遡ることになる（民法144条）。この場合に、会員契約終了の効果も施設利用権の消滅時効の起算時にまで遡ることになるのかどうかが問題である。①契約終了の効果は施設利用権の消滅時効起算時まで遡る、②契約終了の効果は消滅時効期間の満了時に発生する、③契約終了の効果は消滅時効援用時に発生するとの3種類の考え方が可能である（詳細は三村量一「最高裁判所判例解説平成7年度」870頁参照）。施設利用権の時効消滅の遡及効を会員契約の終了の効力発生時点に連動させる論理的必然性も実際上の必要性も見出し難いし、消滅時効の効果は援用によって確定的に発生する通説・判例の見解に従うと、会員契約終了の効果は援用時に発生し、その効果は遡及しないと考えるべきであろう。

預託金返還請求権は、通常は、据置期間経過後の退会によって行使しうるものと合意された預託金の返還請求権であり、会員契約上は会員契約が施設利用権の消滅時効により終了した場合にその請求ができるものとは会員契約上合意されていないが通常であるが、預託金は返還することを予め合意して預託された金銭であるから、退会以外の終了事由によっても返還の時期が到来したものと考えるべきである。預託金返還請求権は上記の会員契約終了によってその権利行使が可能となるから、会員契約終了時点（施設経営企業の施設利用権の消滅時効の援用時点）から消滅時効が進行するものと考えるべきで、預託金返還請求権は通常の金銭債権であるから、その時効期間は会員契約が商行為による場合は5年間、それ以外は10年間となる。

年会費支払義務の帰趨に関しては、施設利用権の時効消滅によってこれに対応する基本義務としての年会費支払義務も消滅するとし、その効果は施設利用権の時効期間起算日に遡る（民法144条）から、時効期間中に発生した具体的年会費支払義務（支分債務）も消滅することになるとする見解（三村量

一・前掲870頁）がある。年会費支払義務と施設利用権は対価関係に立つからその消滅も牽連性があるとする趣旨かと思われるが、賛成し難い。年会費支払義務は単純な金銭債権であり、施設利用権の消滅時効に連動させる必要は必ずしもなく、会員契約終了により将来に向かって消滅すると考えるべきであろう。ただし、このように考えても、施設利用権の消滅時効起算時以降、施設経営企業が年会費を受領したり会員に請求したりした場合は、そもそも施設利用権の承認があったものとして時効が中断されるし、施設経営企業が会員の資格を否定して施設利用を拒絶し施設を閉鎖する等の会員の施設利用権の行使を妨げるべき事実が生じたときには、施設経営企業はそれ以降の年会費の請求を行わず、施設利用権の消滅時効期間中の年会費の請求権を放棄したものとみることが可能であるから、議論の実益は余りなさそうである。

3　預託金制以外の会員権の消滅時効

　預託金制以外の会員権やそれを構成する諸権利の消滅時効に関する判例は見当たらないし、学説もほとんど見当たらない。前記の最判の判断を前提として考察してみる。

(1)　社団法人制会員権

　社団法人制クラブの会員権は社団法人の社員権であるとされている（詳細は❸参照）。会員の施設利用権は社員権の支分権である自益権であるとされている。

　この包括的な意味での社員権は、物権・債権等の財産権、身分権、人格権のいずれにも属しない特殊な権利であるとされている。民法には非財産的権利についての消滅時効に関する規定はないが、通説は非財産的権利が消滅時効にかかることには否定的である。

　したがって、包括的な権利としての社員権は消滅時効にかからないものと考えられるが、社団法人制会員権の場合、社員権の支分権である施設利用権は債権であり、預託金制の場合と同様に消滅時効にかかると考えるべきであろう。問題は、この支分権である自益権が時効消滅した場合に社員権も消滅

するのどうかである。会員権に限って考えてみると、社団法人制会員権の場合は施設利用権を有しない社員は存在しないし、社団法人制会員権の場合、施設利用権はその社員権の中核を占める権利であることを考えると、施設利用権の時効消滅によって社員権も消滅するものと考えるべきであろう。社員権のうち共益権のみを存続させても意味がないからである。

(2) **株主制会員権**

株主制クラブの会員権は株主であることを要件とする会員権であるが、会員は株主権以外に施設利用権を有し会費支払義務を負担している。

したがって、株主制会員権の場合は預託金制会員権の場合と同様に考えることができる。施設利用権が時効消滅したときに、会員契約が終了することになる。

株主権は施設利用権とは別個独立の権利であり、株主の全員が会員であるとは限らないし、株主権は前記の社員権の一種で特殊な権利であるから株主権自体は消滅時効にかからないものと考えるべきである（具体的な配当請求権は金銭債権であり消滅時効にかかることは当然である。なお、社債については商法316条に消滅時効の規定が置かれているが、株式については消滅時効の規定はない）。仮に、株主権も時効消滅するとし、会社が株主の権利行使を一般的に妨げるような事態が生じた時に株主権の消滅時効が進行すると解しても、施設利用権の行使を妨げるべき事実（施設利用を拒否ないしは不可能とする事実）と株主の権利の行使を妨げるべき事実（利益配当を個別に拒否するとか議決権を行使させないというような事実）は一致しないことになる。

施設利用権が時効消滅し会員契約が終了した場合の株式の帰趨は、会員契約の終了による一般的な問題として処理されるべきである（**37**を参照）。

(3) **所有権付（施設共有制）会員権**

施設共有制クラブの会員権は施設の共有持分を取得することを要件とする会員権であるが、会員は共有持分以外に施設利用権を有し会費支払義務を負担している。施設共有制の施設利用権は共有持分に基づく使用収益権ではなく、他の種類の会員権におけるのと同様の指名債権である。

施設共有制の場合も預託金制の場合と同様に考えることができる。施設利用権が時効消滅した時に会員契約が終了することになる。

　共有は所有の一形態であるから、施設の共有持分権は消滅時効にかからない。所有権はその絶対性ないしは永久性の理念から消滅時効にかからないとされている（民法167条2項）からである。

　施設利用権が時効消滅し会員契約が終了した場合の共有持分の帰趨は、会員契約の終了による一般的な問題として処理されるべきである（87を参照）。

第6章

会員権の担保と強制執行

40 会員権の担保

1 担保の適格性

　物的担保制度は、物（権利）によって被担保債権の履行を確保しようとする制度であるから、担保の対象となる物（権利）は、財産的価値を有する必要があり、財産的価値を有するというためには、換価が可能でなければならず、譲渡性がなければならないということになる。したがって、会員権を担保の目的とする場合は会員権に譲渡性があることが必要である。

　譲渡性の観点からは、名誉会員や特別会員等の一身専属的な会員権や、定款や会員契約で譲渡を禁止されている会員権は担保の適格性がないことになる。

　預託金制会員権は、通常は譲渡を認めているから担保の適格性がある。譲渡を禁止されている会員権は、譲渡禁止の特約のある会員権ということになる。債権譲渡における譲渡禁止特約は、物権的効力があり譲渡当事者においても無効とされており、会員権の場合もこれに準じて会員権の担保契約当事者間においても担保契約は無効であると考えるべきである。理論的な問題はともかく、実際上も譲渡禁止の会員権については施設経営企業はおよそ譲渡承認を行わないから担保の適格性がない。

　株主制会員権は、通常は譲渡が認めれているから担保の適格性がある。譲渡が禁止されている会員権の場合も預託金制会員権と同様に考えるべきである。

　社団法人制会員権や権利能力なき社団の実態を有するクラブの会員権については、定款や会則等で譲渡を認めている場合に限って担保の適格性があることになる。

　施設共有制会員権は譲渡を認めるのが常であるから、担保の適格性がある。

　なお、譲渡を認めながら長期間名義変更停止措置がとられているような会

員権は、理論的な問題（詳細は**21**を参照）はともかく、実際上譲渡が困難であるから担保の対象には適しない。

会員権を債権の担保とする法形式は、譲渡担保、質権、譲渡の予約（代物弁済の予約）等が考えられるが、実務上は、大半が譲渡担保形式をとっている。

2　譲渡担保

(1) 法的性質

譲渡担保とは、債権の担保として、設定者（債務者あるいは物上保証人）の有する財産上の権利を債権者に移転し、被担保債権が弁済されればその権利を設定者に返還するという担保契約をいう。法律上の規定はないが、その有効性については現在では異論がない。

譲渡担保の目的物は譲渡性のある財産であれば足りるから、不動産や動産以外に会員権という契約上の地位（権利）が譲渡担保の対象となることについても異論はない。

譲渡担保は、債権の担保を目的としながら、担保目的物の所有権等を債権者に移転するという法形式がその目的を超過していて、債権者にとっては非常に強力な担保の方法であること、目的物自体は通常は設定者の手許にとどめて質権のように債権者が管理する必要がないこと、抵当権、質権等の法定の担保物権に比較して担保権の実行方法も簡便であるといった理由から、実務上は非常に多く用いられる担保取得方法で、それが会員権の担保取得にも利用されている。

譲渡担保権の法的性質に関しては、契約どおりに担保目的物の権利（所有権）は譲渡担保契約によって担保権者に移転するという所有権的構成と、担保権者は被担保債権の限度で目的物を支配する担保権を有するにとどまり、残余価値は設定者に物権的に帰属し所有権は設定者に残っているという担保的構成に見解が分かれている。後者の考え方は、さらに、端的に抵当権と構成する見解、二段階の物権変動があると構成する見解、一種の制限物権と構

成する考え方等に分かれている。最高裁の判例は、目的物の所有権帰属の法的構成を明瞭にしていないが、明らかに所有権的構成を採用するものもある（最判昭62・11・10民集41巻8号1559頁、最判昭62・11・12判時1261号71頁等）。最高裁は、基本的には所有権的構成を採用しながら担保という実質に即した処理を行っているとされている。

会員権の譲渡担保は、会員契約の締結や会員権の購入にクレジット契約を利用する際にクレジット会社の会員に対する債権（それは融資であったり、債務保証による求償権であったり、クレジット契約によってその内容は異なる）の担保として、当該会員契約による会員権や購入にかかる会員権を担保とする場合と、金融機関等が通常の債権の担保として会員権に担保を取得する場合が大半である。

(2) **譲渡担保権の設定**

譲渡担保設定契約は、債権者と設定者（債務者と物上保証人）の間で行われる諾成・不要式の契約であり、権利質の設定契約とは異なり要物契約ではない。また、会員権証書は有価証券ではないとするのが通説・判例であるから、会員権証書の交付は、譲渡担保設定契約の要件でもない。もっとも、株主制会員権に関しては、株券の交付が譲渡担保設定契約の要件となる（商法205条1項）。

譲渡にクラブ理事会の承認を要する会員権の場合も、クラブ理事会の承認は譲渡担保設定の要件ではなく、譲渡承認のない譲渡担保も担保契約当事者間では当然に有効とされており、異論がなさそうである。したがって、譲渡担保の対象となる会員権は、会員権譲渡の場合と同様に、施設経営経営企業の譲渡承認を要件（条件）とする会員権ということになる。

実務上は、会員権の譲渡担保の設定に際して、設定者から担保権者に、預託金証書（株主制会員権の場合は株券、施設共有制の場合は共有持分の登記済権利書）、施設経営企業に対する譲渡承認に要する書類（譲渡承認申請書、退会届、印鑑証明書等）、対抗要件具備に必要な譲受人を空欄にした内容証明による譲渡通知書（施設共有会員権の場合は他に移転登記用委任状）等の譲渡に要

する書類が交付される。これは、譲渡担保権の設定とその実行による換価処分用の対抗要件等の書類を兼ねて予め取得しておくのである。

このような書類の交付が担保設定契約上の明示的な義務になっている場合もある。東京地判平5・8・26（判タ865号230頁）は、ゴルフ会員権販売業者がゴルフ会員権を顧客に販売するに際して提携ローンを利用させた例で、提携契約上、ローン業者が当該会員権を購入者に対する債権の担保とするために販売業者からローン業者へ当該会員権の譲渡に関する書類の交付が特約されていた場合に、販売業者にこの書類提出義務があるとして、その義務の履行をしなかった販売会社に対するローン業者の損害賠償を認めている。

上記の書類が担保権者に交付されるだけで、担保権者に名義書換することも、会員権の譲渡（担保）通知書を施設経営企業に発送することも行われていないのが通常であり、このような処理を行うことが譲渡担保契約の内容となっている。

その理由は、担保設定者としては担保設定を施設経営企業に知られることを好まず担保設定後も引き続き会員として施設利用を望むこと、担保権者にとっては施設利用が目的ではなく、名義書換を行えば名義書換料や会費支払いの負担があることや、設定者が個人で担保権者が法人の場合は譲渡承認が困難なこと、被担保債権が弁済されたら再度設定者に名義書換を行わなければならないが、クラブによっては一度退会した者への譲渡承認は行わない場合があること等である。上記の書類の交付を受ける譲渡担保権者の目的は、担保設定者の譲渡や二重の担保設定を事実上防止し、また施設経営企業やそれ以外の第三者に対する譲渡担保権の対抗要件や譲渡担保の実行（会員権の譲渡処分）による対抗要件を留保しながら、譲渡担保権の実行やその他の必要が生じた場合は直ちに対抗要件を具備するための書類を予め取得しておくことにである。

なお、譲渡担保権の第三者対抗要件は、会員権譲渡の対抗要件と同様であり、その詳細は34で述べているので、ここでは省略する。

(3) 担保設定後の法律関係

(イ) **譲渡担保契約当事者の関係**　担保設定契約上の契約当事者の権利義務は設定契約の内容により定まることになるが、一般的には、担保権者の権利としては目的物を拘束する権利、証書を留置する権利、担保権を実行して優先弁済を受ける権利等が、担保権者の義務としては目的物の保管および返還義務、清算義務等が、一方、設定者の権利としては目的物の受戻権があり、設定者の義務としては担保目的物の保存義務と担保権実行に協力する義務が考えられる（詳細は今中＝今泉・債権管理41号24頁以下参照）。

担保目的物の利用を誰が行うかは譲渡担保契約により定まる。上記のように会員権の譲渡担保契約の場合は、通常は会員としての地位は設定者に留保されるから、譲渡担保を設定しても、設定者は会員として施設利用権を行使することができ、会費支払義務を負うことになる。

譲渡担保の設定により、設定者は担保権者をして担保の目的を達することができるように担保の目的たる会員権を保存する義務を譲渡担保設定契約上負担するから、設定者は会費を滞納する等の除名処分を受けるような行為をしてはならないし、会員権の譲渡をしてはならない義務を負うことになる。会員権の譲渡担保の場合は対抗要件を留保する譲渡担保契約が通常であることから、担保権者に無断で会員権を譲渡するようなことも可能である。設定者がこの担保保存義務に違反して担保価値を毀損した結果、担保権者に損害が生じた場合は損害賠償義務を負担することになる。これは債務不履行による損害賠償であるが、譲渡担保権の侵害として不法行為責任によると考えることも可能である。

また、担保権者は担保目的物の保管義務があるから、担保目的物を滅失・毀損したり、譲渡担保権の実行前に第三者に会員権を処分する等、設定者の権利を害して、その結果設定者に損害が生じた場合は損害賠償義務を負う。実際上も、担保権者が譲渡担保の実行としてではなく、設定者から交付を受けた書類を利用して会員権を処分してしまうことも考えられる。これも譲渡担保契約による債務不履行責任であるが、設定者の実質的な所有権を喪失せ

しめた不法行為責任によると考えることも可能である。

　なお、譲渡担保権者は、譲渡担保権を被担保債権とともに第三者に譲渡できるし、転抵当（民法375条以下）と同様に第三者のために譲渡担保権を設定することも可能である。

　なお、設定者や担保権者の会員権の無断処分等の対外的な効力の問題は、一括して44で詳細に述べているのでここでは省略する。

　(ロ)　**設定者と施設経営企業との関係**　　会員の地位を設定者に留保する通常の譲渡担保の場合、施設経営企業は、設定者である会員に会費支払義務その他の債務不履行があったときは、除名や会員契約の解除が可能で、会員契約終了の効果を担保権者に対抗できる。施設経営企業が会員権が譲渡担保に供されていることを知っている場合も、除名や会員契約解除に際して担保権者に同意を受ける必要もないし、事前に譲渡担保権者に催告を行う必要もない。なお、譲渡担保権者が第三者として、設定者の意思に反しても未払い会費を施設経営企業に弁済することは可能である（民法474条）。

　また、上記の担保保存義務から、設定者は退会して会員契約を終了させることや、施設経営企業に債務不履行があっても会員契約を解除することは、担保権者の同意のない限りできないものと解するべきである（ゴルフ会員契約の解除について東京地判平8・1・23判タ918号146頁、ゴルフ法判例72⑫）。

　譲渡担保について所有権的構成をとると、譲渡担保契約によって管理処分権は担保権者に移転しているので、設定者は担保権者の同意なくして管理処分に属する会員契約の解除行為はなしえないと考えることができるし、譲渡担保について担保的構成をとっても、譲渡担保権者は会員権を担保価値の範囲で把握しているものであり、設定者はその範囲で管理処分権を制限されており、会員権の価値を損ねるような行為は担保権者の同意なくして行えないと考えることができ、同様の結論を導くことができる。

　設定者の会員契約解除と担保権者の同意の問題について、施設経営企業が譲渡担保権者であるという特殊な場合に、設定者である会員の会員契約解除に施設経営企業の譲渡担保権者としての同意が必要かどうかが問題となった

例があり、いずれも同一ゴルフ場に関するものである。事案としては、会員が預託金制ゴルフ場の会員契約を締結するに際し入会金や預託金の原資を金融機関から借り入れて支払ったが、その借入金についてゴルフ場会社が連帯保証し、求償権を被担保債権として当該会員権に譲渡担保権を設定していた場合に、会員がゴルフ場会社の開場義務の不履行を理由とする会員契約解除に譲渡担保権者であるゴルフ場会社の同意が必要かどうかが争われたものである。下級審の判断は分かれており、公表されている判例としては、東京地判平9・12・17（判タ980号201頁）は、ゴルフ場会社の開場義務の履行遅滞を解除事由と認定したうえで、債務不履行をしているゴルフ場会社が譲渡担保権者として解除の請求を拒むことは信義則に反する、と判断しているのに対して、東京地判平8・11・29（判時1612号80頁）は、ゴルフ場会社の開場遅延が会員契約解除事由となるかどうかの判断をせず、解除の同意をしていないことを理由に解除の無効を主張することは信義則違反にならないとしている。なお、東京地判平9・12・25（判タ1004号166頁）は、ゴルフ場の開場遅延は履行遅滞とまではいえないとして、ゴルフ場会社が会員の会員契約解除に同意を与えないことは信義則違反とはいえないとしているが、この判例は契約解除の可否と信義則の問題とを混同してしまっている。会員契約の解除事由とならないとする以上、信義則の適用の前提を欠くことになるからである。

　このような特殊な事例では、信義則の問題となってしまうのであるが、本件のような事案では、資金はゴルフ場会社に利得として留保されていること（金融機関から会員が借り入れてゴルフ場会社に支払われた預託金等が、ゴルフ場会社から当該金融機関の別途の借入金の返済に充てられたとしても同じである）、ゴルフ場会社の有する譲渡担保権の被担保債権は将来の求償権で、ゴルフ場会社は金融機関に実際に保証債務の履行をしていないこと、ゴルフ場会社に保証履行や預託金等を返還する資力がないことは容易に想像できること、会員には会員契約の解除による抗弁が金融機関からの借入金に対する抗弁とはならないこと（抗弁の接続の可否については⓭を参照）を考えれば、信義則違

反と考える方が妥当であろう。

(4) **担保権の実行**

被担保債権の弁済期が徒過して、債務不履行が生じたときは、譲渡担保権の実行ができるようになる。

譲渡担保権者は、目的物の価値を被担保債権の範囲内で支配している。この価値を被担保債権の債務不履行に際して取得することにより債権の満足を得ることになる。これを譲渡担保権の実行という。その実行方法については、抵当権等の法律上の根拠のある担保権のように法律上の規定があるわけではない。

譲渡担保権の実行方法は、目的物の処分権能を取得して、被担保債権に充当する私的実行が一般である。それ以外に、他の債権者による民事執行手続における優先弁済を受ける方法が議論されているが、会員権の譲渡担保の場合は通常は対抗要件を留保しているから、差押債権者と譲渡担保の対抗要件の問題となってしまう（この詳細は**43**で述べている）ので、ここでは私的実行について述べることにする。

(イ) **私的実行** 譲渡担保権実行の目的は、会員権の権利取得により目的価値を被担保債権の範囲で手中に収めることにあるから、目的価値と被担保債権の差額は設定者に返還しなければならない。これを清算義務と呼んでおり、譲渡担保権者にこの義務があることは学説・判例上異論のないところである。

その清算の方法としては、目的物（会員権）を第三者に処分し売買代金をもって被担保債権の弁済に充てるとともに残額を設定者に交付するという処分清算型と、目的物を適正に評価して評価額と債権額の差額を設定者に交付するが目的物は譲渡担保権者が取得するという帰属清算型の2種類がある。いずれの清算型をとるかは設定契約によって定まるが、会員権の場合は、実務では、処分清算型が原則となっている。

処分清算型の清算金は、会員権の処分代金から相当な換価費用と被担保債権額を控除した残額となるが、この場合の換価費用としては、対抗要件を具

備するための通知費用、会員権市場で会員権を売却するに際しての取引業者への仲介手数料、年会費の未払い分がこれに該当するが、名義書換料は譲受人が負担するものとされているから換価費用にはならないものと考えるべきである。

不動産の譲渡担保の実行方法については、設定者に対する実行通知の要否、仮登記担保法の類推適用の要否、所有権取得の時期等を巡って議論があるが、最高裁（昭62・2・12民集41巻1号67頁、平6・2・22判時1540号36頁等）は譲渡担保の性質について、所有権的構成を前提に、受戻権が消滅したときに設定者はその権利を失うとしている。会員権の場合は不動産ではなく、実務上は上記のような必要書類を設定者が予め担保権者に交付するというような方法がとられているので、議論の実益はあまりなさそうである。

(ロ) **担保権の実行方法**　　実務上は、被担保債権が債務不履行となると、譲渡担保権者は予め交付を受けた書類を利用して会員権を市場等を通じて第三者に売却し、設定者の作成名義の内容証明郵便に会員権の処分先を譲受人とする内容を補充して施設経営企業に送付して譲渡の第三者対抗要件の具備するとともに、名義書換に要する書類を処分先に交付して名義書換手続を行い、処分代金が被担保債権を超過する場合はその差額を設定者に支払うという方法がとられるのが通常である。

また、早急に会員権の買受希望者が現れない等で会員権を処分することに問題がある場合は、一旦譲受人を譲渡担保権者の名義にして上記の第三者対抗要件の具備や名義書換手続を行うことがあるが、この場合は、第三者への処分を前提とする譲渡担保権者を会員とする譲渡担保の設定を行ったのか、帰属清算型の処理をしたのか外観からはよくわからないことが多い。設定契約で処分清算も帰属清算も可能とする合意がされる場合も多い。設定当事者の意思によることになるが、帰属清算であるとする明示の合意のない限り処分清算を前提とした譲渡担保権者に対する第三者対抗要件を具備した名義書換である意思解釈をすべきである（東京地判平7・10・31判タ906号247頁参照）。このように考えると、設定者は会員権が第三者に処分されるまでは被

担保債権の弁済による会員権の受戻しが可能となる。

　(ハ)　**設定者の協力義務**　設定者は設定契約上、譲渡担保権の私的実行に協力する義務を負担する。その内容は、譲渡担保権者が会員権を他に処分することができるように、第三者対抗要件を具備することと、名義書換に要する書類を交付したりして名義書換に協力することである。その具体的な内容は譲渡担保権設定契約によって定まるが、明示的な合意がない場合は、通常は処分清算型であり、名義書換料や会費の負担もあることであるから会員権は名義書換を行わないで転々譲渡されることもあるし、会員権証書や名義書換に要する書類がない場合は会員権の処分自体が非常に困難であるのが会員権取引の実情であることを考えると、予めこのような書類を交付することや最終的な会員権の取得者に対する名義書換に協力することが設定者の義務となる。

　したがって、会員権の取得者に対して設定者は名義書換に協力する義務を負担することになるが、この点に関して、最判昭50・7・25（民集29巻6号1147頁、ゴルフ法判例72[25]）は、預託金制ゴルフ会員権を目的とする譲渡担保設定契約において、設定者が譲渡担保権者の換価処分により、将来このゴルフ会員権を取得した第三者のために、その譲渡に必要なゴルフクラブ理事会の承認を得るための手続に協力することを予め承諾している場合には、会員権を取得した第三者のためにクラブ理事会の譲渡承認を得るための手続に協力する義務を有するに至るとしたが、譲渡担保設定契約上の当事者でない会員権の取得者に設定者が名義書換協力義務を負担するに至る法的な構成を明瞭にしていなかった。

　東京地判平7・12・13（判時1575号68頁）は、ゴルフ会員権の譲渡担保権者からさらに当該会員権を譲渡担保に取得した再譲渡担保権者（なお、この判決は、譲渡担保権者が目的物を更に譲渡担保に供することを設定者は承諾していたと認定している）への名義書換請求に関する事案について、再譲渡担保権者が原譲渡担保契約による原譲渡担保権者の原譲渡担保設定者に対する名義書換手続協力請求権を再譲渡担保の実行により承継取得したと判断してい

る。

　この問題は譲渡担保契約における合意内容の意思解釈の問題である。この東京地判のように、譲渡担保契約によって、設定者は、譲渡担保権者に名義書換協力義務を直接負担したと意思解釈して、それが再譲渡担保契約によって再譲渡担保権者に移転したと考えることも可能であるが、通常は、名義書換が譲渡担保権者に一旦されることはほとんどなく、名義書換は譲渡担保権の実行による会員権取得者に直接されることが通例であるから、譲渡担保契約上、会員権の取得者に名義書換を行うという合意は、その部分は第三者のためにする契約（民法537条）となっていると考え、会員権の取得者は第三者として受益の意思表示をして、直接の権利として設定者に名義書換に協力を求めることができるとした方が妥当だと考える。しかし、いずれの考え方によっても結論に差異はない。

　㈡　**将来の会員権の取得者に対する設定者の名義書換協力義務**　　会員権の譲渡担保設定契約上、設定者は、将来の譲渡担保権の実行による会員権取得者に対しても名義書換協力義務を負うことは疑いがないことであるが、これを訴訟で請求することができるかどうかは、訴訟法上問題があるところである。このような訴訟は譲渡担保権者にとって名義書換に協力を拒否している設定者に対する請求として必要性はある（処分が容易になる）ものの、この訴訟は意思表示を求める請求であるところ、まだ出現していない第三者との権利義務は具体的に発生していないし、将来給付の訴えとして民事訴訟法226条が定める必要性が認められるかどうか問題となる。

　下級審の判例は判断が分かれている。東京地判昭63・9・30（金判821号35頁）は適法としている（前記東京地判平7・12・13も特に判断をせず適法としている）が、東京地判平7・2・22（判タ903号146頁）、同地判平9・3・28（判タ986号297頁）は不適法としている。

　譲渡担保権者にとっては、一旦名義を担保権者に移転した場合の名義書換料の負担による担保価値の減少や債務名義を取得しておくことにより将来の換価を有利にするといった点は理解できないではないが、同様の問題は転売

目的による会員権の取得の場合にも生じることや、会員権の譲渡担保自体が施設経営企業に対する利用を設定者に留保することになっている担保形態であるから、その結果生じる不利益は譲渡担保権者が甘受すべきものであることを考えると、不適法とする判断の方が妥当であろう。

　(ホ)　**名義書換と清算金の関係**　　名義書換協力義務に関しては、清算金の支払義務との関係は同時履行（民法533条）になるかどうかが問題となる。不動産の譲渡担保にあっては、設定者の引渡義務と譲渡担保権者の清算義務が同時履行の関係にあるとするのが判例（最判昭46・3・25民集25巻2号208頁）で、名義書換協力義務と不動産引渡義務とを同視すれば、会員権の場合も名義書換協力義務と清算金の支払義務は同時履行の関係にあるということができる。

　しかし、会員権については、帰属清算型の場合にはこれが妥当するが、会員権の譲渡担保は通常は処分清算型であり、譲渡担保権の実行により会員権が処分されて会員権を取得した者との関係では設定者はこの同時履行の抗弁を会員権取得者に主張できないこととなる（前掲最判昭50・7・25）。また、処分清算型の場合は会員権が実際に処分され、処分代金を被担保債権と換価費用に充当しても余剰が出た場合に清算金支払義務が発生することになるから、譲渡担保権者への名義書換協力義務は担保権実行の前提であることになり、清算金支払義務とは同時履行の関係にならないのは当然である（東京地判平7・10・31判タ906号247頁）。

　(ヘ)　**受戻権**　　設定者は、被担保債権の債務不履行があっても、帰属清算型の場合は清算金の支払い（または清算金がないとの通知）まで、処分清算型の場合は第三者への処分があるまでは、被担保債権を提供して目的物を取り戻す権利があり、この権利を受戻権と呼んでいる。設定者にこのような受戻権があることは学説・判例上異論のないところである。

　会員権の場合は通常は処分清算型であるから、会員権が譲渡担保権の実行によって第三者に処分されるまでは設定者には受戻権があることになる。判例（前掲最判昭50・7・25）は、この受戻権の消滅時期について「第三者へ

の会員権の売却」としているが、売却の具体的内容については示していない。この売却については、学説は売買契約を締結して第三者へ預託金証書等を交付したときとする多数説（東条敬・金法771号31頁など）と、株主制会員権の場合は株券の引渡しが譲渡の要件（商法205条1項）であるが、それ以外は売買契約成立時であるとする少数説（服部267頁）がある。会員権の売買は、譲渡契約の締結と同時に対抗要件を具備するための譲渡通知書や会員権証書や名義書換に要する書類を譲渡人に交付し売買代金全額の支払いを受けるという形態が多いから、実務上は余り問題とはならないが、売買契約成立時とする少数説が妥当である（詳細は今中＝今泉・債権管理48号34頁参照）。

3　質　権

(1)　法的性質

質権は、債権者が債権の担保として債務者または物上保証人から受け取った物（権利）を被担保債権が弁済されるまで留置して、被担保債権の弁済を間接的に強制するとともに、弁済がなかった場合は、その物（権利）の価格によって優先的な弁済を受けることができる担保物権であり、その設定方法、効力、実行方法等は民法（342条以下）その他の特別法（たとえば商法207条）に従う法定の担保物権である。

(2)　質権の設定

会員権を質権の対象とする場合はやや複雑な設定契約になる。会員権を構成する個々の権利が会員権の種類によって異なり、質権の設定は目的物の種類によって異なるからである。

会員権の基本的な権利は施設利用権であるから、基本的には権利質（民法362条）として質権を設定し、会員権を構成する権利が預託金返還請求権、株式、不動産の共有持分である場合は、これらの物（権利）も質権の目的とするためには複合的な設定契約が必要になる。

預託金制会員権の場合は権利質、株主制会員権の場合は記名株券の質入（商法207条）、施設共有制会員権の場合は不動産質として、それぞれ複合的

な設定契約をすることになる。

　社団法人制会員権の場合は社団法人の社員権であるから、これを権利質とすればよいことになる。この点に関し、社団法人の社員権は財産的価値が少なく、譲渡性も認められないから質権の目的となることはできないとの見解（我妻栄「新訂担保物権法」204頁）があるが、譲渡を認める会員権の場合は財産的価値があるから権利質の目的になるというべきである。

　質権設定契約は要物契約である（民法344条、363条、商法207条）から、担保の目的物の引渡しが設定契約の成立要件となる。預託金制会員権の場合は預託金証書、株主制会員権の場合は株券、施設共有制会員権の場合は共有持分の引渡しが必要である。共有持分の引渡しとは具体的にどうすればよいのかはっきりしないが、目的不動産全体の共有持分の場合は共同占有とみて、債権者に自己に代わってその所持をさせるか（具体的にどのようにすればよいかは判然としない）、施設経営企業が直接占有者であるとして、指図による引渡しをすることになろう（占有改定による引渡しは民法345条で認められていない）。

　質権の場合は、設定契約や被担保債権の弁済期前に、弁済がない場合には債権者が目的物を取得するか他に任意処分するといういわゆる流質契約が禁止されている（民法349条）が、被担保債権が商行為（商法501条ないし503条、523条）によって生じた場合は、このような流質契約は禁止されていない（商法515条）。実務上は、通常の被担保債権は商行為によって発生するから流質契約を行っておくことが必要である。

　質権の目的となる会員権は、譲渡担保の場合と同様に、施設経営企業の譲渡承認を要件（条件）とする会員権である。

　第三者対抗要件については、施設利用権の対抗要件は、施設経営企業に対する確定日付ある証書による質権設定通知または確定日付ある証書による施設経営企業の承諾である（民法364条1項）。株主制会員権はこれに加え株券の占有継続（商法207条2項）、記名株式の登録質の手続（同法209条1項）を要するし、施設共有制会員権の場合は共有持分に対する質権設定登記が必要

である。

このように、質権の設定は、譲渡担保に比較して設定や実行に法律上の制約も多いので、実務上は余り利用されていない。

(3) 質権の実行

被担保債権が弁済されないときは、債権者は会員権に対する質権の実行ができるが、その実行方法は次の2つの方法がある。

(イ) **流質による場合**　有効な流質契約がある場合は、その契約内容に従った実行が可能である。その実行方法は帰属型か処分型かで流質契約の合意内容によって定まるが、譲渡担保権の私的実行と同様だと考えればよい。

(ロ) **民事執行による場合**　有効な流質契約がある場合でも民事執行手続で質権の実行ができる。流質契約がない場合は、会員権の性質上、質権者としての会員権の取立（民法367条）といったことが考えられないから、質権の実行は民事執行によるしか方法がない。

質権の実行を民事執行手続で行う場合は、その差押え、換価の手続は一般債権者の行う強制執行手続とほとんど変わらない（強制執行手続は❷を参照）が異なるところは次の点である。

第1点としては、質権の実行には債務名義は不要であるが、質権の存在を証する文書（質権設定契約書等）が必要である点である（民事執行法193条1項）。

第2点としては、第三者対抗要件を具備していることが前提となるが、他の（仮）差押手続と競合していたとしても、譲渡命令を得ることができ、優先的に被担保債権の回収ができることである（動産売買の先取特権に関する最判昭60・7・19民集39巻5号1326頁参照）。譲渡命令による超過額が質権者から納付されたときは、執行裁判所は超過額を債務者に交付することなく配当等の手続を行い、競合する一般債権者に超過額を交付、配当すべきである。なお、質権者が譲渡命令を得ないで売却命令による売得金の配当等の手続がなされた場合は、質権者は優先して配当を受けることができる。

4　譲渡の予約

(1)　法的性質

　ここでいう譲渡の予約とは、被担保債権の弁済がなされない場合、担保の目的物である会員権を債権者に移転するという担保取得方法をいう。非典型担保の一例である。この債権者に対する移転は、債権者がさらに他に会員権を処分してその処分代金を被担保債権に充当するためになされる場合と、被担保債権の代物弁済としてなされる場合があり、後者は代物弁済の予約の一場合である。

(2)　設　定

　このような担保の設定は当事者間の設定契約によって行われる。設定契約上の債権者の権利が仮登記、仮登録できるものについては、その要件、効力、担保実行方法等は、仮登記担保契約に関する法律によって定まるが、会員権の場合は、施設共有制会員権の共有持分だけがこの法律によることができるだけで、それ以外は、効力、実行方法等は設定契約上の合意内容によって定まることになる。

　このような予約上の権利は、仮登記担保契約に関する法律の適用がないものについては第三者対抗要件を具備することができない。大阪地判平9・5・28（判時1624号123頁）は、債権の担保のために債権者の意思表示によって預託金制ゴルフ会員権の譲渡契約を成立させることができる旨の担保設定契約があり施設経営企業が確定日付ある証書でこれを承諾していたという事案で、このような承諾は第三者対抗要件（最判平8・7・12民集50巻7号1918頁は、預託金制会員権譲渡の第二者対抗要件は指名債権の譲渡に準じて、確定日付ある証書による通知・承諾としている）とならないとしている。この判決は、詳細な理由を付して、譲渡予約時点での確定日付ある承諾をもって、その後の予約完結権行使による譲渡の第三者対抗要件に代えることはできないとしている。妥当な結論である。

　このような予約形式の担保設定についていえば、譲渡担保と異なるところ

は、設定時において目的物たる会員権の債権者への移転がないことと、上記のように担保権自体については第三者対抗要件の具備ができないことになるが、実務上は対抗要件を具備しない担保取得形式をとる場合は、経済的効果は譲渡担保、質権であっても、予約形式の担保であっても大差がないということになるし、実行後の会員権取得者が第三者対抗要件を具備できれば、法的な効力も変わらないことになる。

(3) 担保の実行

実行方法が設定契約によることや清算義務があること等、譲渡担保権の実行や流質の場合と同様である。

41 会員権に対する仮差押え

1 仮差押えとは何か

仮差押えは、債権者が債務者に対して金銭の支払いを目的とする債権（金銭債権）を有し、かつ、債務者の現在の財産状態が変わることにより、将来の強制執行が不可能もしくは著しく困難になるおそれがある場合に、債務者の財産のうち適当なものを暫定的に差し押さえる手続である（民事保全法20条）。

この差押えは、それが暫定的になされることを除いては、強制執行による差押えと同様で、対象とされた財産について債務者の処分を禁止することにより、その処分権限を制限するものである。

仮差押えは、将来に予定される強制執行を保全するために、その執行対象物の現状を維持することに目的がある。

会員権も譲渡が可能なものは財産性を有するから、仮差押えの執行の対象とすることができる。

また、会員権を構成する預託金返還請求権等の構成部分だけを取り出して

執行の対象とすることはできず、一体的な権利である会員権のみを執行の対象とするべきことは❻で詳細に述べたとおりであり、執行実務の取扱いも同様である。

2 執行対象適格性

仮差押えは、将来の金銭債権の満足のための強制執行（金銭執行）を保全するための手続であるから、金銭執行が可能な財産であれば仮差押えの対象としての適格性があることになる。仮差押えの執行対象適格性と強制執行の執行対象適格性は同一であるのでここで一括して考察しておくことにする。

(1) 執行対象適格性としての譲渡性

金銭執行の対象となる物（権利）としての要件は、客観的な財産的価値を有するものであることが必要であり、財産的価値があるというためには換価が可能であること、つまり有価性と譲渡性がなければならない。

会員権のうち、譲渡を認めるものは対価をもって取引されるから、執行対象適格性があることになる。

会員権は、譲渡を認める場合も施設経営企業（クラブ理事会）の譲渡承認を要するとされる場合が大半である。しかし、譲渡承認のない会員権の譲渡も当事者間では常に有効で、譲渡承認を得た場合は施設経営企業に会員契約の効力が及ぶことになる。したがって、譲渡承認を要する会員権の場合は、仮差押えの対象となる権利とは、譲渡の場合と同様に、将来、換価される場合に施設経営企業の譲渡承認を要件（条件）とする会員権（会員契約上の地位）ということになる。この点には異論はなさそうである。同じ契約上の地位である賃借権がその譲渡には賃貸人の承諾を要する（民法612条）とされることから、その承諾を（仮）差押えの要件とするかどうかについて争いがあるのとは対照的である。

(2) 譲渡禁止の会員権の執行対象性

一身専属的な会員権は譲渡性が当然にないから、執行対象適格性がない。このような例としては、名誉会員、譲渡を認めない社団法人制会員権、譲渡

を認めない権利能力なき社団の会員権等がある。

この点に関して問題となるのは、譲渡禁止の預託金制会員権、譲渡禁止の株主制会員権の執行対象適格性である。このような譲渡禁止の特約のある会員権の執行対象適格性の有無については、いくつかの考え方が可能であるが、執行対象適格性がないと考えるべきである（和田日出光「仮差押・仮処分の基礎」49頁、詳細は㉙参照）。

実務上も、このような譲渡承認を受けられない会員権を（仮）差押えをする意味はないことになる。

(3) **執行対象適格性のない会員権に対する執行の効力**

執行対象適格性のないものに対して（仮）差押命令が発せられた場合の効力については、（仮）差押えが法定の禁止に抵触するものではなく性質上の譲渡禁止の場合であるから当然無効であるとする見解（兼子一「増補強制執行法」96頁等）、この命令は有効であるが、仮差押えの場合は保全異議（民事保全法26条）、強制執行の場合は執行抗告（民事執行法10条）で取消しの対象となるとする見解（中野貞一郎「民事執行法」526頁等）等に分かれている。

当然無効説によると、このような（仮）差押命令があっても、債務者や施設経営企業は無視すればよいことになるが、実務的には有効説に立って不服申立てを行うべきであろう。

ただし、有効説に立つ場合でも不服申立てを行わないでも仮差押えの段階では特に不利益はないことになる。

(4) **債務者の財産としての執行対象適格性**

執行の対象となるのは、債務者の財産である場合に限られる。会員権の譲渡を受けたが施設経営企業の譲渡承認が未了の会員権を譲受人である債務者の財産として（仮）差押えができるかどうかが問題となる。

執行の対象となる権利は将来に換価される場合に施設経営企業の譲渡承認を要件（条件）とする会員権であるといっても、それは原契約である会員契約が債務者と施設経営企業との間に存在していることが前提となっている。譲渡承認未了の会員権は譲渡当事者間では譲受人である債務者に移転してい

るが原契約の相手方である施設経営企業に対しては会員契約の効力は及んでいないから、施設経営企業に対する会員権としては執行が不可能である（施設経営企業は執行法上の第三債務者たりえない）。

そこで、債権者としては、会員権の譲渡人を第三債務者として債務者の譲渡人に対して有する名義書換（譲渡承認）協力請求権を、「その他の財産権」としてか、または名義書換が債務者になされた場合の執行の前駆手続として、(仮)差押えの対象とすることが可能かどうかが問題となろう。

債権者は債務者に代位（民法423条）して名義書換協力請求権を行使できること、民事執行法は債務者所有の船舶・動産については債務者が目的物占有者に対して有する引渡請求権の差押え手続を認めている（同法162条、163条、なお民事保全法はこの規定を準用していない）が不動産や債権執行にはこのような規定を置いていないこと、債務者の不動産の登記名義人に対する登記請求権は執行の対象と考えられていないこと（大阪高判昭57・7・27判時1028号55頁)、名義書換協力請求権自体は換価性を有しないこと等を考えれば、この問題は消極に解するべきで、名義書換協力請求権を執行対象とはできないものと考える。

3　仮差押えの申立て

(1)　申立ての要件

仮差押えの申立てには、保全しようとする金銭債権（被保全権利）の存在と、保全の必要性が必要である。保全の必要性とは、強制執行ができなくなるおそれがあるとき、または強制執行をするのに著しい困難を生ずるおそれがあることである（民事保全法20条1項）。

これは、仮差押え一般に要求される要件で、会員権に特有なものはない。

(2)　会員権に応じた申立て方法

仮差押えは、命令と執行が密接に結びついていて、不動産、動産、債権、その他の財産権等、目的物の種類によってその執行方法等が異なることになるので、目的物に応じた申立てが必要となる。会員権の種類によってどのよ

うな申立て方法をとるのかが問題となり、この問題は強制執行の場合も同じであるのでここで一括して考察することにする。

　(イ)　**社団法人制会員権**　　定款で譲渡を認めている会員権は財産性を有するから執行の対象とすることができ、この会員権は、不動産、動産、債権のいずれにも該当しない「その他の財産権」として（仮）差押えが可能である。

　社団法人制会員権は譲渡ができないとする見解（服部229頁、小島隆司「ゴルフクラブ等会員契約の法律相談」235頁）があるが、社団法人の社員権は定款で譲渡を認める場合はその譲渡が可能とするのが通説であり、現にゴルフクラブでは譲渡を認めているものも相当数存在する。同じ社員権である合名会社・合資会社の社員の持分の差押えは商法90条が明文で認めるところであり、その他の社員権も財産性がある場合は「その他の財産権」（民事保全法50条5項、民事執行法167条）として執行対象となることが認められているから、社団法人制会員権の場合も譲渡を認める場合は執行の対象となる。この点は実務的にも異論はなさそうであり、判例も社団法人制ゴルフ会員権の執行を認めている（大阪高決昭61・9・17判時1213号94頁、ゴルフ法判例72[23]、もっともこの決定は社団法人制会員権を預託金制会員権と誤解しているようである）。

　(ロ)　**預託金制会員権**　　預託金制会員権は、それを構成する施設利用権や預託金返還請求権等がいずれも債権であり、この会員契約は債権契約であるから、これを「その他の財産権」として執行をすることになり、この点に関しては、会員権証書有価証券説以外には異論はない。

　(ハ)　**株主制会員権**　　株主制会員権として会員が有する権利義務のうち、施設利用権や会費支払義務は、株主権とは異なる会員契約上の権利義務であり、このような権利義務が株式（株主権）に従たる権利義務として株式（株券）の移転に付従、随伴して移転するとはいえない。

　したがって、株主制会員権の執行は株券が発行されている場合は動産執行の方法（民事執行法122条1項）のみによるとする見解（今村憲治「ゴルフクラブ等会員契約の法律相談」249頁、松嶋英樹・債権管理48号25頁）は妥当ではない。株券だけを（仮）差押えしてみても、その効力は施設利用権その他の会

員権の構成部分に及ばないことは明らかであり、このような会員権の構成部分のみの執行は無効である。

　株主制会員権の場合は株券が発行されているのが一般であるから、会員権に対する執行をするためには有価証券である株券に対する執行も当然に必要で株券を債務者から取り上げない限り無意味である。しかし、株券（動産執行）とその他の財産権との複合的な執行形態を、民事保全法、民事執行法は予定していない。そこで、株主制会員権を執行の対象とする場合は「その他の財産権」が債権執行の例によるものとされている（民事保全法50条5項、民事執行法167条1項）ところから、その構成部分たる株券の執行である動産執行とは、執行機関等を含めた執行手続が異なることになり（動産執行の執行機関は執行官で、債権執行の執行機関は執行裁判所である）、これをどのように整合させるかが問題となる。

　株券は動産執行の方法で、それ以外の構成部分は「その他の財産権」として両手続を一体としてなし、換価（強制執行の場合）については譲渡命令や売却命令で行うとする見解（服部276頁）もあるが、株主権の執行も「その他の財産権」の執行手続に乗せるものとし、その方法として債券証書の引渡し（民事保全法50条5項、民事執行法148条）に準じて株券の引渡しを受けるという方法により、換価（強制執行の場合）は株券を含めた会員権を「その他の財産権」として譲渡命令や売却命令により行うとする考え方の方が妥当である（安倉孝弘「裁判実務体系7」441頁、その詳細は今中＝今泉・債権管理58号34頁以下参照）。

　(ニ)　**所有権付（施設共有制）会員権**　この会員権の構成部分である共有持分に対する執行は不動産執行（民事保全法47条1項、民事執行法43条1項）として、施設利用権は施設相互利用契約に基づく債権であるから「その他の財産権」として執行方法が異なることになる。この執行方法が異なることは、執行機関は裁判所で同一であるが管轄裁判所も異なる場合があり（仮差押えの場合は本案の管轄裁判所を選択すれば同一の裁判所で執行が可能であるが、強制執行の場合は不動産執行の場合は不動産所在地の地方裁判所、債権執行は債務

者の住所を管轄する地方裁判所でこれが異なることがある)、株主制会員権の場合と同様に困難な問題がある。施設共有制会員権の執行方法に関する学説はほとんどない。登記実務上は問題があるが、共有持分を含む会員権を「その他の財産権」として一体的に執行ができるものと考えるべきである(今中＝今泉・債権管理58号34頁、61号35頁ではいくつかの考え方を提示して詳細に検討しているが、これ以外には学説は見当たらない)。施設共有制リゾート会員権について、不動産共有持分に管轄権を有しない裁判所が、1個の決定で、共有持分については不動産強制競売の開始決定を、施設利用権等のその他の会員権の構部分については「その他の財産権」として差押命令をした決定例がある(傳田喜久・判タ775号18頁)。

(3) 目的物の特定

仮差押命令は、目的物が動産以外は特定の物に対して発しなければならない(民事保全法20条、債権の特定に関し民事保全規則19条)とされている。強制執行の場合も目的物の特定が必要となる(債権執行に関して民事執行規則133条2項)。

目的物の特定は、会員権の場合は債務者と第三債務者(施設経営企業)との間で他の会員権と識別しうる程度に表示されていることを要し、かつそれで足りるものと考えるべきである。預託制会員権の場合は会員番号、預託金額で特定しなければならないとする見解(志田博文・判タ760号18頁)があるが、会員番号や預託金額は会員権の特定には必ずしも必要ではない。会員番号や預託金額は預託金証書でもみない限り債権者が知ることは不可能で、会員番号や預託金額で特定がされなくとも施設経営企業は識別が容易にできるからである。また預託金額は会員権の価格と同じではないから特定には意味がない。しかし、債務者が第三債務者に会員権を複数以上有する場合も稀にはあるから、これに備えて執行の順序を示しておく方がよい。具体的には、預託金制ゴルフ会員権の場合は「債務者が第三債務者に対して有する第三債務者経営の〇〇〇ゴルフクラブの預託金制会員権」であり、「会員権が2口以上ある場合は以下の順序で会員権価格が仮差押債権の額に満つるまで」と

し、その順序は「数種の会員権がある場合は正会員権、平日会員権の順により、同一の種類の会員権がある場合は会員番号（預託金証書番号）の若い順による」としたら足りるものと思われる。ゴルフクラブ名を特定するのは施設経営企業が2個以上のゴルフ場施設を有している場合があるからで、会員権が複数ある場合は会員権の価格（預託金額ではない）が請求債権額に満つるまでの仮差押えを認めるのが実務の取扱いであるからである。

この目的物の特定に関し、仮差押命令に表示された預託金制ゴルフ会員権の表示が、ゴルフクラブ名、登録者氏名（当該命令の記載では当該ゴルフ会員権は法人会員権と思われるが、債務者名の記載があり法人会員の記名登録者のことではなさそうである）、預託金額であった例で債務者の有するゴルフ会員権が2口あったという事案で、請求債権額からみて2口の会員権が仮差押えの対象となったもので目的物の特定として欠けることはないとした判例がある（東京地判平8・5・22金商1018号38頁）。

(4) 管轄裁判所

仮差押命令の管轄裁判所は、本案の管轄裁判所、または仮に差し押さえるべき物の所在地を管轄する地方裁判所である（民事保全法12条1項）。目的物が「その他の財産権」で第三債務者またはこれに準じる者がある場合は、仮に差し押さえるべき物は第三債務者の普通裁判籍所在地にあるものとされる（同条4項、3項）。

したがって、会員権の場合は本案の管轄裁判所か施設経営企業の普通裁判籍（通常は本店所在地）の管轄地方裁判所ということになる。

(5) 申立て方法

仮差押命令の申立ては書面でしなければならないものとされている（民事保全規則1条）。申立書の記載事項は当事者の表示、申立ての趣旨、申立ての理由である（同規則13条、18条）。

当事者の表示には、債権者、債務者の住所・氏名の他、第三債務者として施設経営企業の住所、氏名を表示する必要がある。

申立ての趣旨は、求める仮差押命令の内容を記載することになる。会員権

の場合は「その他の財産権」として執行方法としての命令も必要で、実務上は保全執行の申立ても同時に掲げるのが通常である。

　申立ての理由は、被保全権利の存在と保全の必要性を具体的に記載し、立証する事実ごとに証拠を記載しなければならない（同規則13条2項）。

　申立てには、被保全権利の存在と保全の必要性を疎明するための証拠書類や民事保全規則で定められた添付書類の他、会員権の譲渡性や価格を示すための会員権相場を示す資料があれば添付することが望ましい。

　付随申立てとして、第三債務者の陳述催告の申立てをしておくことが肝要である（民事保全法50条5項、民事執行法147条、民事執行規則135条）。これによって、今後本執行に進むかどうかの判断資料になるからである。

4　審理と仮差押命令の発令

(1)　審理手続

　保全命令は決定手続で行われるが、その審理手続は、書面審理、審尋による審理、任意的口頭弁論で行うことができる（民事保全法7条、民事訴訟法87条）。

　会員権の仮差押えに特有なものはない。

　仮差押えの発令には通常は担保（裁判所ごとに異なるが、被保全債権額や目的物の価格の5分の1から3分の1程度の金額）を債権者等に立てさせたうえで命令を発するのが実務である（民事保全法14条1項参照）。

(2)　仮差押命令とその執行命令

　申立てが要件を満たすと判断された場合は仮差押命令が発令される。仮差押命令は決定書を作成してしなければならない（民事保全規則9条1項）。

　会員権に対する仮差押命令の主文は「債権者の債務者に対する前記債権の執行を保全するため、債務者の第三債務者に対する別紙目録記載の会員権を仮に差し押さえる」とされるのが通常である。

　また、仮差押命令はその執行と密接に結びついており、「その他の財産権」としての仮差押命令の執行には執行方法として命令も必要である。「その他

の財産権」の場合は、執行裁判所は第三債務者に対して債務者に対する債務の弁済を禁止する命令を発することによって執行を行うこととされている（民事保全法50条5項・1項）が、会員権の場合は修正が必要とされている。

実務上は、債務者に対しては会員権の処分の禁止命令が、第三債務者である施設経営企業に対しては譲渡承諾、預託金の返還の禁止等の命令が発せられることが多い。預託金ゴルフ会員権の場合は、債務者に対しては「債務者は本件会員権について名義の書換えその他一切の処分をしてはならない」との命令が、第三債務者に対しては「第三債務者は債務者に対し本件会員権の譲渡の承認、預託金の返還その他一切の変更手続をしてはならない」との命令が発せられることが多い。株主制会員権の場合は施設経営企業に対して株式の名義書換も禁止することになろう。

この仮差押命令と禁止命令の関係は、仮差押命令が仮差押申立てに対する裁判としての命令で債務名義たる性質を有するもので、執行方法としての禁止命令はこの仮差押命令を債務名義としてなされる執行の申立てに対する執行裁判所としての執行方法という性質がある。

これらの具体的な内容は、強制執行による差押命令の場合も同様である。なお、「その他の財産権」の執行は債権執行の例によるものとされるが、債権仮差押えの執行は第三債務者に対する弁済禁止命令だけである（民事保全法50条1項）が、債権差押えの執行は債務者に対する取立その他の処分禁止命令と第三債務者に対する弁済禁止命令（民事執行法145条）である。このように仮差押命令と差押命令の執行に関する命令の内容が異なることには立法的な批判はあるが、その効力については仮差押えが暫定的なものであることを除き、まったく同様に解されている。

(3) 付随的執行

株主制会員権の（仮）差押えの場合、「その他の財産権」としての単一の執行方法によるとする見解に立つと株券の引渡執行が不可欠であるし、預託金制会員権の場合は、仮差押命令を取得した債権者は預託金証書の引渡しを求めることができる（民事保全法50条5項、民事執行法148条）。実際上、預託

金証書がない場合は施設経営企業から譲渡承認を受けることが困難でこれが会員権の換価の事実上の障害になることが多いので、仮差押えの段階で、預託金証書の引渡執行をした方がよい。

5 仮差押えの効力

仮差押えは、金銭執行を保全するためになされるものであり、後に強制執行による差押えがなされれば、その効力が強制執行に移行する。これを本執行への移行と呼んでいる。仮差押えの効力は現状維持のための処分禁止がその中心であり、本執行に移行した場合に具体的な効力として現れてくることになる。

(1) 仮差押えの効力の発生時期

仮差押えの効力は、その執行がなされたときに発生する。会員権の仮差押えの場合は、仮差押命令が第三債務者である施設経営企業に送達された場合にその効力が生じる（民事保全法50条5項、民事執行法145条4項）。

株主制会員権に対する仮差押えは、上記の株券の執行も債権証書の引渡しに準じて「その他の財産権」による執行として行うという見解に立つと、執行は株券の占有を取得しなければ意味がないので、効力の発生時期は株券の引渡執行が完了した時と考えるべきであろう。

(2) 仮差押えの効力の及ぶ客観的範囲

会員権に対する仮差押えの効力は、会員権を構成する権利にも当然に及ぶことになる。

預託金制会員権の場合には、仮差押え後に施設経営企業の除名等によって会員契約が終了しても預託金返還請求権に仮差押えの効力が及んでいることになる。

株主制会員権の場合には、株主の利益配当請求権や残余財産分配請求権にも仮差押えの効力が及ぶことになる。

(3) 債務者に対する効力

債務者は、会員権について退会、譲渡、担保の設定等一切の処分行為がで

きなくなるから、債務者がこれに反する処分行為をしたとしても、仮差押債権者に対抗できない。仮差押債権者に対抗できないという意味は、債務者からの処分行為の相手方は、その処分の効果を、仮差押えが本執行に移行して換価により会員権を取得した者に対抗できなくなるということである。

　処分が禁止されるといっても、これに反する処分行為が絶対的に無効になるものではなく、処分禁止の効力は、仮差押えが本執行に移行した場合に、この執行手続でこの違反行為が無視されるという相対的効力（手続相対効）である。したがって、この禁止に反する債務者の処分行為は、当事者間では有効であり、仮差押えが取り下げられたり、取り消されたりした場合は、この違反行為は完全に有効なものとなる。

　この処分禁止の効力は、仮差押えの執行方法としての債務者に対する禁止命令によって生じるのではなく、仮差押命令の効果として当然に発生するものである。仮差押命令はその命令自体が債務者に目的物の処分禁止の効力を生じさせるからである。この禁止命令は、債務者に具体的禁止命令を出して仮差押えの効力を知らしめるという注意的な意味で発せられるものと考えるべきものである。

　仮差押えによって禁止されるのは上記のような処分行為だけであるから、債務者は施設の利用は自由にできるし、施設経営企業に対する会費支払義務も負担する。会費支払義務は施設経営企業に対する義務で仮差押債権者に対する義務ではないから、会費滞納によって除名されて会員契約が終了しても、執行によって満足を受ける執行債権の額が減じるだけである。

　仮差押債権者は、目的物の価値の減少を防ぐため債務者の会費を第三者として弁済する法律上の利益があるから、債務者の意思に反しても弁済ができる（民法474条2項）し、弁済により会費請求権を債権者（施設経営企業）に代位（取得）できる。

　債務者について破産宣告があれば、既になされていた仮差押えは失効する（破産法70条1項）。債務者に会社更生手続が開始されると既になされていた仮差押えは中止され（会社更生法67条）、更生計画認可決定があると失効する

(同法246条)。債務者に民事再生手続が開始された場合も既になされていた仮差押えは中止され(民事再生法39条1項)、再生計画認可決定が確定すると失効する(同法184条1項)。

(4) **第三債務者(施設経営企業)に対する効力**

　施設経営企業には、譲渡承認(名義書換)を行って債務者たる会員の会員権処分に応じることや預託金の返還を行うことが禁止される。この効力は執行方法としての禁止命令による効果で、仮差押命令による効果ではないと考えられる。

　このような禁止命令を発令することの当否が問題となる。預託金の返還を禁じることは必要である(民事保全法50条1項)が、譲渡承認(名義書換)を行うことを禁止することは行き過ぎではないかとの疑問がある。

　仮差押えが本執行に移行しても換価(譲渡命令や売却命令)には施設経営企業の譲渡承認は不要であると考えられる。これは、執行の対象となる会員権は施設経営企業の譲渡承認を要件(条件)とする会員契約上の地位であるから、当然の結論であろう。

　換価による会員権の取得者は当然に施設経営企業の譲渡承認が得られるというものではなく、譲渡承認の可否は通常の会員権譲渡の場合と同じ問題となるだけである。仮差押えによる債務者に対する処分行為の禁止効は、結局は会員権の帰属に関する第三者対抗問題によって解決されてしまう。つまり、確定日付ある証書による譲渡通知と仮差押命令の送達との先後によりその優劣が決まるのであるから、後は施設経営企業に対する移転の効力の問題が残るだけであって譲渡承認の問題は、執行手続では解決できない問題である。譲渡承認禁止命令がなくとも、施設経営企業は仮差押命令送達後に債務者たる会員からの申請により譲渡承認を行ったとしても、その後に換価処分による会員権取得者が出現し、この者から譲渡承認を求められた場合に先の債務者からの名義書換に応じて譲渡承認を行ったことを理由にこの譲渡承認を拒否することはできない。このように考えれば、施設経営企業に譲渡承認禁止命令を発令する意味がないのではないかということである。

しかし、仮差押えの目的が現状の恒定ないしは維持にあることを考えれば施設経営企業に譲渡承認の禁止命令を発することに意味があり、また施設経営企業としても仮差押命令があれば通常は名義書換に応じないし、この禁止命令が発令されていることが仮差押命令に違反した会員の会員権処分による名義書換の請求を拒否する正当な理由になることにもなるから、このような禁止命令を発する意味もあるということになろう。

施設経営企業は会員権に仮差押えがされたことを理由に債務者の施設利用を拒否することはできない。また、債務者の会員契約上の債務不履行を理由とする除名や会員契約の解除を妨げられないから、このような除名や解除をした場合は、その効果を仮差押債権者に対抗できることは当然である。

42 会員権に対する強制執行

1 強制執行とは何か

強制執行は、債務者が負担する義務を任意に履行しない場合、債権者のために国家機関が関与して強制的にその権利の満足を図る制度である。ここでは、このような権利のうち、金銭の支払いを目的とする債権（金銭債権）についての強制執行として、債務者の会員権を執行の目的とする場合について述べる。

2 強制執行の執行対象性

会員権の執行対象適格性については、仮差押えの項（41）で詳細に考察したので、ここでは簡単に述べる。

強制執行の対象となる物（権利）としての要件は、客観的な財産的価値を有する独立の物（権利）であることが必要で、客観的な財産的価値を有するというためには、有価性と譲渡性が必要である。

会員権は、株主制会員権の株式、預託金制会員権の預託金、所有権付（施設共有制）会員権の共有持分は、いずれもこれらの権利が既に有価性を有している。また会員権全体が対価をもって取引される場合は会員権全体としての有価性がある。社団法人制会員権の場合は社員権は当然に有価性があるとはいえないが、定款で一般に譲渡を認める場合は対価をもって取引されるから有価性があることになる。

以上から、強制執行の対象となる会員権は、定款で一般に譲渡を認める社団法人制会員権、譲渡を認める株主制会員権、譲渡を認める預託金制会員権、施設共有制会員権ということになる。

実務では執行の対象とされているのは預託金制ゴルフ会員権が大半である。

3 差押手続

会員権の種類に応じた申立方法、差押目的物としての会員権の特定、差押命令の内容、差押えの効力については、既に**41**で詳細に述べているので省略し、ここではそれ以外の点について述べる。

(1) 管轄裁判所

会員権に対する執行は「その他の財産権」に対する執行（民事執行法167条）であるから、執行機関は裁判所であり、その執行裁判所は、第1次的には債務者の普通裁判籍所在地を管轄する地方裁判所であり、第2次的には、この普通裁判籍がない場合は第三債務者（施設経営企業）の普通裁判籍所在地を管轄する地方裁判所である（同法167条1項、144条1項、2項）。

執行の対象が預託制会員権と社団法人制会員権の場合は上記の管轄となる。

株主制会員権と施設共有制会員権の場合は、全部の手続を「その他の財産権」として行うとする見解では、その管轄は上記と同様の管轄となろう。なお、施設共有制リゾート会員権について不動産共有持分に管轄を有しない裁判所が1個の決定で共有持分については不動産競売開始決定を、その他の会員権の構成部分については、「その他の財産権」として差押命令をした例がある（傳田喜久・判タ775号18頁以下参照）。

(2) 申立ての方式

民事執行の申立ては書面でしなければならない（民事執行規則1条）とされているから、会員権の差押命令の申立ても書面ですることを要する。

「その他の財産権」としての会員権の差押命令の申立書に記載しなければならない事項は、当事者の表示、債務名義の表示、差押目的物たる会員権の表示、求める強制執行の方法、債務名義の一部について執行する場合はその旨およびその範囲等である（同規則21条、133条）。

強制執行の申立書には執行力ある債務名義の正本を添付しなければならない（同規則21条）。

付随的申立てとして、第三債務者に対する陳述催告の申立てをしておく必要もある。

(3) 発令手続

会員権に対する強制執行の申立てがあると、執行裁判所は申立ての方式、申立人の資格を審査して、会員権が特定していれば、そのような会員権が存在するものとして、差押命令を発令する。この差押命令は、債務者および第三債務者を審尋しないで発令される（民事執行法167条、145条2項）。執行裁判所は差押命令の発令に際し、差押目的物の執行対象適格性については調査するが、その会員権が存在するか否か、債務者に帰属するか否かについては調査しない。

この差押命令により会員権の執行は開始されることになる。

仮差押えの執行が完了している場合の本執行への移行には、移行時期をどの時点にするかについて、本案の債務名義成立時説、債務名義に基づく執行開始要件具備時説、本執行申立て時説、本執行開始時説の4説があり、どの説を採用するかによって改めて差押命令が必要かどうかについては結論が異なることになるが、執行実務では差押命令を発令するのが取扱いである。

(4) 超過差押えの禁止

会員権の価格が差押債権者の債権および執行費用の額を超えるときは、執行裁判所は他の会員権を差し押さえてはならない（超過差押えの禁止、民事執

行法167条1項、146条2項)。

　会員権は不可分な1個の権利であり、その一部を差し押さえることはできないから、たとえば、100万円の執行債権で1000万円の会員権を差し押さえることが可能である。もっとも、微小な執行債権で著しく高額な会員権を差し押さえることは権利濫用として許されない。

　これに対して、差し押さえる会員権が2個以上ある場合は、1個の会員権で執行債権と執行費用の額を満足できる場合は他の会員権を差し押さえることができないということになる。

　超過差押えの禁止に抵触して発令された差押命令に対しては、債務者は執行抗告ができ（同法167条1項、145条5項）、抗告裁判所により取り消されることになる。

　実務的には、差押命令発令時には執行裁判所には会員権の価格が判然とせず、換価のために評価の段階（同法167条1項、同規則139条1項）で会員権の価値が判明し、この段階で、超過押えの禁止の有無について判断することになろう。

4　換価等の手続

　民事執行法では「その他の財産権」に対する執行は、債権執行の例によることとされている。債権執行の場合は金銭債権に対する執行が通常で、金銭債権の場合は換価手続は差押債権者の取立（民事執行法155条）や転付命令（同法159条）が一般的な換価方法であるが、会員権は会員契約上の地位であって金銭債権ではないから、その性質上差押債権者の取立や転付命令になじまないのである。

　預託金制会員権の換価手続は、例外なく、譲渡命令、売却命令によって行われている（会員権の換価手続の詳細は今中＝今泉・債権管理64号52頁以下参照）。

(1)　譲渡命令

　会員権の譲渡命令は、会員権を執行裁判所が定めた価格で執行債権と執行

費用の支払いに代えて差押債権者に譲渡する命令である。差押目的物を執行債権の代物弁済として執行債権者に移転するという命令で転付命令と類似の命令ということになる。

譲渡命令は、差押債権者に優先的満足を得させる制度であるから、他からの差押えや配当要求がある場合は発令されない。

施設経営企業の事前の譲渡承認は、譲渡命令発令の要件でないとするのが判例（前掲東京高決昭60・8・15判タ578号95頁）および執行実務である。

譲渡命令の申立てがあれば、執行裁判所は、債務者を審尋（民事執行法161条2項本文、この審尋を必要とする判例として大阪高決昭61・9・17判時1213号94頁、ゴルフ法判例72[23]）し、通常は評価人を選任して会員権の評価をさせ（民事執行規則139条）、評価額が執行債権と執行費用の額を超過する場合は、その超過額を債権者に納付させ（同規則140条）て、譲渡命令を発令する。

譲渡命令は確定しなければその効力を生じない（民事執行法161条4項）。譲渡命令が確定すると、会員権が債権者に移転するとともに、執行債権と執行費用は譲渡金額の限度で弁済があったものとして消滅する。

譲渡命令に施設経営企業の事前の譲渡承認は不要とされているから、譲渡命令による会員権の移転は当然に施設経営企業に対抗できるものではない。施設経営企業はこの移転を承認するかどうかは、会員権譲渡の一場合として取り扱えばよいことになる。施設経営企業の承認を受けられない危険は差押債権者が引き受けなければならない危険である。譲渡承認を得られない場合は譲渡命令を得た債権者は、この会員権を他に譲渡して債権の回収を図るより方法がないことになる。

(2) 売却命令

売却命令は、差押目的物をその取立に代えて、執行裁判所が定める方法により、その売却を執行官に命じる命令である。

売却命令は譲渡命令の場合と異なり、差押えが競合する場合や配当要求があった場合も発令することができる。差押えが競合したり配当要求があった場合は会員権の換価は売却命令によるしか方法がない。

債務者の審尋、会員権の評価は、譲渡命令の場合と同様である。

執行裁判所は売却命令の要件があると認めるときは、売却の方法を定めて執行官に対し、会員権の売却を命じる。売却の方法は入札、競り売り、特別売却の方法があるが、実務では、執行裁判所は「動産執行の売却の方法により売却することを命じる」として包括的な定めをするのが通例で、執行官はそのうち、競り売りの方法で売却するが通常である。

会員権の買受申出にも施設経営企業の事前の譲渡承認は不要であるとされている。

売却手続が完了すると執行官は売得金を執行裁判所に提出し、執行裁判所は配当等の手続により、売得金によって配当等を受けることができる。債権者全部の弁済ができる場合は弁済金交付期日を指定して弁済金の交付を行い、それ以外の場合は配当期日を指定して配当表を作成して配当を行う。

会員権の売却手続による買受人は、当然に施設経営企業から譲渡承認を受けられるとは限らない。この点は譲渡命令の場合と同じである。

執行官は、売却命令に基づいて会員権を売却したときは、債務者に代わって第三債務者に対し、確定日付ある証書により売却の通知をする（民事執行法161条5項）。

(3)　両命令の選択基準

譲渡命令と売却命令の双方の申立てが可能な場合、債権者自らが会員となろうとする場合や優先弁済を得ようとする場合は譲渡命令を申し立てた方がよいし、債権者自らが会員となることを欲しない場合や会員権の価格が執行債権を超過する場合で超過額の納付を望まない債権者は、他からの差押えや配当要求の可能性も勘案して売却命令を選択することになろう。

(4)　預託金の取立

会員権の執行を開始したが、債務者（会員）が施設経営企業から除名されたり、会員契約を解除された場合は、預託金返還請求権のみが残存し（履行期が到来する）、その他の権利義務は消滅することになる。この場合は、預託金制会員権の差押えの効力は金銭債権である預託金返還請求権に及んでいる

から、差押債権者は預託金の取立ができることになる（預託金返還請求権の転付命令を取得することも可能である）。

　また会員権を差し押さえたものの、名義変更停止期間中であったり、会員権に相場が預託金の額より価値が低い等の理由で、譲渡命令や売却命令によるより預託金の取立をした方が経済的価値があるような場合は、差押債権者は、債権者代位権（民法423条）によらないで差押えの効力として取立の前提として会員契約を解除（退会）することができるものと考えるべきである。この場合も預託金の取立が可能となる。なお、最判平11・9・9（判タ1013号100頁）は、生命保険契約の解約返戻金の差押債権者の生命保険契約の解約権を認めている。

　この点について、東京地判平10・5・28（判時1660号78頁、ゴルフ法判例72⑥）は、預託金制ゴルフ会員権を差し押さえた債権者が、ゴルフ場会社に対して預託金の取立訴訟を提起した事案で、当該ゴルフクラブの会則では預託金返還請求権の行使は会員の退会を要件としておらず据置期間が満了しているとして債権者の請求を求めている。会則による会員契約の意思解釈の問題であるが、この判決のような意思解釈は妥当とはいえない（詳細は❻3⑴参照）。

43　会員権の担保と差押えや譲渡等の競合

1　担保設定契約当事者と第三者の関係

　会員権に対する担保は、譲渡担保が大半であるが質権の場合もある。担保設定契約の当事者の一方が担保目的物を第三者に処分したり、当事者の債権者が目的物を差し押さえたり、当事者の一方に破産等の倒産手続が開始されたりした場合、その者と担保設定契約の他方当事者はどのような法律関係になるかが問題となる。

この問題は、動産や不動産の譲渡担保契約における設定当事者と第三者の関係として、譲渡担保の対外的効力の問題として論じられる。この対外的効力については、動産や不動産の譲渡担保権の場合は第三者対抗要件の具備が前提として論じられるのであるが、会員権の場合は、譲渡担保にしても質権にしても、第三者対抗要件を留保している例が大半であるところから、譲渡担保権・質権およびその実行による取得者の権利と第三者との対抗問題になってしまうことが多く、譲渡担保権の第三者に対する法的な効力の問題は余り前面に出てこない。たとえば、動産譲渡担保の場合には、設定者が所持している目的物を第三者に売却してしまった場合、譲渡担保について所有権的構成をとれば設定者は無権利者であるから、第三者は善意取得（民法192条）の要件を満たさない限り目的物の所有権を取得できないが、譲渡担保について担保的構成をとると設定者は権利者であるから第三者は所有権を取得できるというような議論があるが、会員権の場合は債権者が譲渡担保の対抗要件を具備している場合には、この問題（ただし、会員権は動産ではないから善意取得できない）も生じるが、大半が第三者との間の対抗問題として処理されてしまうということである。

　預託金制会員権の第三者対抗要件は、指名債権の譲渡に準じて確定日付ある証書による施設経営企業に対する通知、確定日付ある証書による施設経営企業の承諾であるとするのが判例（最判平8・7・12民集50巻7号1918頁、その詳細は㉞を参照）である。

　実務上は、会員権の譲渡担保の場合は、担保権者は設定者から予め、譲受人欄を空欄とする施設経営企業宛の内容証明郵便による会員権譲渡通知書の交付を受けておくが、被担保債権の弁済を受けられないような事情が生じた場合に、譲渡担保権の対抗要件を具備する目的で必要事項を補充したうえで施設経営企業に送付するか、または、譲渡担保権を実行した段階で処分の相手方を譲受人欄に補充して（このような中間省略による譲渡通知は有効で、このような通知が行われることを設定者は予め承諾していると考えられる）施設経営企業に送付することが行われるので、第三者と譲渡担保権者・譲渡担保実

行による取得者との間で対抗問題を巡る紛争が生じることが多い。

そして、譲渡担保権の第三者対抗要件が先に具備された場合には、本来の譲渡担保の対外的効力の問題になるということである。

預託金制会員権を念頭において、譲渡担保設定契約当事者と第三者の関係を考察することとする。

2　担保権者と第三者の関係

(1)　設定者による処分の相手方との関係

(イ)　**担保権の実行前の売却**　譲渡担保設定者が会員権を第三者に売却したときは、譲渡担保権者が第三者対抗要件を具備していない場合と具備している場合とによって結論が異なる。

譲渡担保権者が譲渡担保権の第三者対抗要件を具備していない場合（既に述べたように実務上はこれが大半である）は、所有権的構成に立つと設定者は無権利者であるから第三者は会員権を取得できないということにはならず、このような場合は二重譲渡と同様の対抗問題となる。譲渡担保権者と第三者は相容れない権利関係を争ういわゆる喰うか喰われるかの関係に立ち、その優劣は第三者対抗要件の先後によって決せられる。もっとも、ここでの対抗問題とは、譲渡担保権が把握している価値の範囲での対抗問題であるから、不動産所有者が一方では抵当権設定契約を行い他方では抵当権の負担がないものとして当該不動産を売却した場合の対抗問題と同様だと考えればよい。したがって、譲渡担保権者が先に対抗要件を具備した場合は、第三者は譲渡担保権の負担付きの会員権を取得することになり（抵当権の付着した不動産の第三取得者と同様である）、債務者が被担保債権を弁済して譲渡担保権が消滅すれば完全な会員権を取得できるし、一方では、第三者は譲渡担保権者が譲渡担保権を実行した場合はその処分による会員権の取得者に対しては会員権の帰属を対抗できないということになる。

この会員権の対抗問題に不動産取引と同様な意味での背信的悪意者排除論が適用されるのかどうかについては、前掲最判平8・7・12は、会員権取引

の従前の形態に鑑み、施設経営企業から譲渡承認を受けた第三者対抗要件を具備しない会員権譲受人について、対抗要件を具備していないことを理由にその権利取得を否定することが信義則上許されない場合があるとしているだけである。どのような要件があれば排除されるのかについては、今後の判例の積み重ねに待たなければならないが、この最判以前に、預託金制ゴルフ会員権の譲渡担保権者と設定者から会員権を転得した者との対抗問題が争点となった（両者とも施設経営企業の譲渡承認は受けていない）事案で、第三者対抗要件（施設経営企業に対する確定日付ある証書による通知）を具備した会員権の転得者について背信的悪意者であるとした下級審の判例（東京地判平5・12・16判時1506号119頁）がある。

実務上はほとんどないことであるが、譲渡担保権者が譲渡担保権について第三者対抗要件を具備している場合は、譲渡担保について所有権的構成をとると設定者は無権利者であり、会員権については善意取得（民法192条参照）がありえないから、会員権の取得者は仮に善意・無過失であっても会員権を善意取得しえないことになる。

実務的には、この対抗問題が実際に起きるのは、譲渡担保権の設定通知（または単純な譲渡通知）が確定日付ある証書で施設経営企業に行われたが、名義書換がなされないうちに、設定者が手許にあった会員権証書を利用して会員権を他に売却したというような場合である。第三者対抗要件は指名債権の譲渡に準じればよく、かつそれで足りるとする前掲最高裁判決を前提としても、対抗問題の対象となる会員権とは施設経営企業の譲渡承諾を要件（条件）とする権利であり、預託金証書の所持者や会員名簿登録者に登記と同様に権利者の外観を認めることは不可能ではないから、実務上通常行われる会員権証書の引渡しを受けず、あるいは名義書換を行わずそれを放置した譲渡担保権者に外観作出の帰責事由を認めることができれば、会員権の場合も不動産の場合と同様に民法94条2項類推適用の問題として処理することが可能であるというべきである（詳細は㊺4参照）。

質権の場合も譲渡担保と同様である。質権の場合も第三者対抗要件を具備

しないときは、譲渡担保と同様の対抗問題となる。大阪地判平10・4・2（金商1045号27頁）は、預託金制会員権の質権者と設定者からの会員権の譲受人との優劣が争点となった事案である。この判決は対抗要件の問題であるとして、確定日付ある証書で譲渡通知がなされた会員権の譲受人が質権者に対してなした会員権の帰属確認の請求と質権の不存在確認の請求を認容している。

　質権者が第三者対抗要件を具備しているときは、譲渡担保と異なり会員権自体は設定者に帰属しているから、設定者から会員権を取得した第三者は質権の負担付きの会員権を取得（第三取得者）したことになる。この点が譲渡担保とは異なるところである。

　㈡　**担保権の実行後の売却**　　被担保債権が弁済されず、譲渡担保権者がその処分権能によって譲渡担保権の実行を行ったときは、譲渡担保権者（あるいは処分による会員権の譲受人）と設定者から会員権を取得した第三者は、担保権実行前とは異なり会員権の帰属そのものを争う関係になり、通常の会員権の二重譲渡と同様の対抗問題となる。既に述べたように、実務上、会員権の譲渡担保は第三者対抗要件を留保することが大半で、実行の要件がある場合や処分清算型の処分を行った場合に始めて第三者対抗要件の具備（予め取得しておいた設定者作成名義の内容証明郵便に必要事項を記載して施設経営企業に通知する）することになり、一方では設定者が会員権を他に売却するという例はよくあることである。第三者対抗要件の具備の先後によって優劣が決まることになるが、この詳細は34で述べたので、ここでは繰り返さない。

　譲渡担保権者が譲渡担保権について第三者対抗要件を具備した後に実行を行い、その実行後に設定者が会員権を売却した場合は、譲渡担保設定の段階で第三者対抗要件が具備されているから、第三者は譲渡担保権者に会員権の取得を対抗できない。

　質権の場合は、流質契約による実行は、処分型であっても帰属型であっても譲渡担保の場合と同様の結論となる。

(2) 設定者の一般債権者との関係

(イ) 差押え　会員権の譲渡担保の場合は、第三者対抗要件を留保するのが通常であるから、設定者の一般債権者が、譲渡担保の目的物である会員権を（仮）差押えする例は多く、譲渡担保権者との優劣を巡って訴訟となる例もある。

（仮）差押債権者は、第三者対抗要件なくして権利の取得を対抗できない第三者であるとするが通説・判例であるから、設定者による会員権の売却による第三者と同様に、譲渡担保権者（実行による会員権取得者）と（仮）差押債権者は一種の対抗関係に入り、譲渡担保権者（実行による会員権取得者）の第三者対抗要件の具備と当該（仮）差押えの効力発生の先後によってその優劣が決まる。なお、仮差押えと差押えの効力発生時期は施設経営企業に対する命令の送達（民事保全法50条5項、民事執行法167条3項）である。

譲渡担保設定時に第三者対抗要件を具備している場合を含め、（仮）差押えの効力発生時期までに譲渡担保権者が第三者対抗要件を具備した場合は、譲渡担保権者は後の（仮）差押えを無視して担保の私的実行ができる。

譲渡担保について所有権的構成をとれば、第三者対抗要件が既に具備されている場合は後の（仮）差押えについては、執行対象物である会員権は設定者（差押債権者にとっては債務者）の財産ではなかったことになる。譲渡担保権者は第三者異議の訴え（民事保全法46条、民事執行法38条）によってその執行の不許を求めることができる（動産譲渡担保について最判昭58・2・24判時1078号76頁等、ゴルフ会員権譲渡担保について東京地判平7・12・1判時1578号67頁）。譲渡担保について担保権的構成に立っても、民事執行法は旧民事訴訟法時代に認めていた担保権者のための優先弁済請求の訴えの制度を廃止し、配当要求をなしうる担保権者としては先取特権者のみを認めている（民事執行法154条）から、第三者異議の訴え以外には有効な優先弁済の手段が見出だせないことになろう。

ただし、第三者対抗要件を具備した譲渡担保権者は、これに遅れる民事保全や強制執行を知らないことが多く、第三者異議による執行の排除を放置し

ても、会員権は善意取得（民法192条）の対象とはならず譲渡命令や売却命令による換価があったとしても取得者（譲渡命令の場合は差押債権者）は会員権を善意取得できないから、不利益はないことになる。

譲渡担保権の実行後に（仮）差押えがあった場合は、第三者対抗要件を具備した譲渡担保権者や実行による会員権取得者は、執行に対して第三者異議の訴えができることは当然であるが、放置しておいても特に不利益はない。

質権の場合の対抗問題は譲渡担保と同様である。

質権者が第三者対抗要件を先に具備している場合は後の一般債権者の民事執行手続との関係ではいくつかの問題がある。

権利質の場合は、質権者の直接取立権（民法367条1項）が認められており、直接取立権は（仮）差押えによって影響を受けないものとされる一方、質権者には配当要求は認められていない（民事執行法154条）。しかし、会員権は契約上の地位であるから質権者が会員権を直接取り立てるというような権利行使はできない。流質契約のない質権の実行方法は民事執行法に以外にはないことになるが、会員権の直接取立が考えられない以上、民事執行法154条を拡大解釈して、会員権の質権者は一般債権者による民事執行手続に配当要求をして優先弁済権を行使しうるものと考えるべきである。

また質権者は、担保権の実行として二重に会員権の差押命令を求め、配当等の手続で優先弁済を受けることも可能だと考えるべきである。

会員権の性質上、一般債権者の（仮）差押えによって質権者に認められた直接取立権が侵害されるということはないから、質権者は第三者異議によって（仮）差押えを排除する必要はないといえるが、（仮）差押えがあっても施設経営企業は会員の債務不履行による除名や会員契約の解除ができ、また差押債権者は会員に代わって退会して会員契約を終了させることができる場合がある。預託金制会員権の場合はこのような会員契約の終了によって預託金返還請求権が行使できるようになり、差押債権者は預託金の取立ができることになる。この差押債権者の取立は質権者の有する直接取立権を侵害することになるから、預託金制会員権の質権者は（仮）差押えに対して第三者異

議の訴えができるものと考えるべきであろう。通常の債権質権者が第三者異議ができることに異論はなさそうである。

一方、流質契約のある質権の場合は、実質的には譲渡担保権と変わらないから、譲渡担保権と同様に（仮）差押えを無視して担保の私的実行ができるとともに、（仮）差押手続によって、質権者の担保権の私的実行権能が侵害されることになるから、第三者異議の訴えが可能であると考えるべきである。

(ロ) **設定者の破産**　第三者対抗要件を留保した譲渡担保や質権設定のなされた場合に、設定者が破産宣告を受けたときも差押えと同じ問題が生じる。破産管財人は対抗要件なくして権利の主張をできない第三者と解するのが通説・判例であるからである。

この場合は、譲渡担保や質権設定の第三者対抗要件の具備と破産宣告の先後によってその優劣が決せられることになる。実務上はこのような例は多く、判例（東京高判平7・9・28判時1568号68頁ほか）も対抗問題として処理している。

担保権者の第三者対抗要件の具備が破産宣告より先の場合は、担保権者は担保権を破産管財人に対抗ができることになるが、問題が2つ考えられる。第1は、担保権が譲渡担保権の場合は譲渡担保権者は別除権者となるのか取戻権者となるのかという問題（質権は破産法92条によって当然に別除権である）であり、第2は、この対抗要件は破産宣告直前に具備されることが多く破産管財人から対抗要件の否認がされることがあることである。

第1の問題については、譲渡担保権について所有権的構成をとれば譲渡担保は別除権ではなく取戻権となるはずであるが、通説は別除権であるとしているし、破産管財実務でも同様に取り扱っている。もっとも、別除権は破産手続外で権利行使ができるから、譲渡担保権者は譲渡担保の実行（私的実行）が可能で、実際上は、取戻権と考えた場合と権利行使の結果は異ならないことになる。

第2の問題については、会員権の担保に関する対抗要件の否認は、破産法

72条2号、74条の当てはめの問題である。破産法74条は、支払停止や破産申立てがあった後に対抗要件充足行為があった場合に、その行為が権利の設定等のあった日から15日を経過した後悪意でなされたときは否認することができる旨定めている。この要件に該当すると破産管財人は対抗要件の否認ができる。この権利の設定とは、権利移転の原因たる行為ではなく、権利移転の効力の生じた時をいうとするのが最高裁の判例（最判昭48・4・6民集27巻3号483頁）であるが、会員権移転の対抗要件の否認については、いくつかの判例が公表されている（東京地判平7・5・29判時1555号89頁他、詳細は㊺3(4)参照）。

　第三者対抗要件の具備が破産宣告に遅れた場合は、破産者が被担保債権の債務者であるときは、被担保債権は別除権のない単純な破産債権となるだけである。

　(ハ) **設定者の民事再生**　第三者対抗要件を留保した譲渡担保や質権設定がなされた場合に、設定者に民事再生手続が開始されたときは、破産と同様の対抗問題となるかどうかは問題である。管理命令により管財人が選任された（民事再生法64条）ときは、管財人は破産管財人と同様に対抗要件なくして権利の取得を対抗できない第三者になると考えられるが、通常の場合は管理命令は発令されず、再生債務者（設定者）は業務の遂行権と財産の管理処分権を失わないから（同法38条1項）、再生手続開始後の再生債務者は上記の第三者といえるかどうかが問題となるのである。この点については積極・消極の両説が考えられるが、開始決定後は再生債務者に公平・誠実義務が課せられる（同法38条2項）ことを考えれば、その地位は変容するものとして第三者性を有するものとして積極に解するべきである（詳細は㊺3(1)参照）。再生開始決定により再生債務者は対抗要件なくして権利取得を対抗できない第三者になるとすると、破産と同様の対抗問題となり、担保権の第三者対抗要件の具備と民事再生手続開始決定の先後によりその優劣が決せられることになる。

　民事再生法は、担保権については破産法と同様に別除権としているから、

第三者対抗要件の具備が民事再生開始決定より先であった場合は、破産の場合と同様に同じ問題があることになる。民事再生の場合は管理命令がない場合は、否認権は監督委員が行うことになる（同法127条以下）が、対抗要件の否認について、民事再生法は破産法74条と同趣旨の規定（同法127条）をおいている。

第三者対抗要件の具備が再生手続開始決定に遅れた場合は、再生債務者が被担保債権の債務者であるときは、被担保債権は単純な再生債権となるだけである。

　(二)　**設定者の会社更生**　　設定者が株式会社であり、設定者に会社更生手続が開始された場合は、更生管財人は対抗要件なくして権利取得を対抗できない第三者であるとするのが通説であるから、対抗要件を留保した担保権の設定がされていた場合は破産と同様の対抗問題となり、第三者対抗要件の具備と会社更生手続開始決定の先後によって優劣が決せられることになる。

第三者対抗要件を更生手続開始決定より前に具備した場合も、破産と同様に否認の問題がある。会社更生法は対抗要件の否認について、破産法と同趣旨の規定（会社更生法80条）をおいている。

否認の問題を除けば、第三者対抗要件を具備した担保権者は更生管財人に担保権を対抗できることになるが、その権利の処遇については、譲渡担保権については、通説・判例（最判昭41・4・28民集20巻4号900頁）によると、譲渡担保権者は更生担保権者として処遇されるものとされ、取戻権は認められていない。質権者は当然に更生担保権者となる。更生担保権者は更生手続によってのみ権利行使が可能で、譲渡担保権や質権の実行ができない。したがって、担保権者は更生計画が認可されたときは、確定した更生担保権（担保権の目的物の価値の範囲内の被担保債権）や更生債権（更生会社が債務者である場合、被担保債権のうち更生担保権以外の部分）について、更生計画に従った弁済が受けられるだけである。

第三者対抗要件の具備が更生手続開始決定に遅れた場合は、更生会社が被担保債権の債務者であるときは、被担保債権は単純な更生債権となるだけで

ある。

3 設定者と第三者の関係

(1) 担保権者による処分の相手方との関係

(イ) 担保権の実行前の売却　譲渡担保権者が会員権を第三者に売却した場合、所有権的構成に立つと、会員権売買契約は完全に有効で、第三者が会員権を取得することになる。担保的構成に立つと、譲渡担保権者は処分権を有しないから第三者は会員権を取得できないが、会員権証書その他の会員権の譲渡に要する書類を信用した第三者の保護の問題となる。不動産の場合は民法94条2項の類推適用の問題となるが、既に述べたように会員権の場合も同様に考えることができよう。第三者が悪意の場合は会員権を取得できないが、譲渡担保権の範囲で権利を取得できよう（不動産の場合について東京高判昭46・7・29判時640号45頁）。

質権者が会員権を第三者に売却した場合は、質権者には会員権は当初から帰属しないから無権利者の処分であり、譲渡担保について担保的構成に立った場合と同様の結論（悪意の場合は転質権を取得する）になる。

(ロ) 担保権の実行後の売却　被担保債権の弁済期が到来すれば、処分清算型であれ帰属清算型であれ、担保権者は目的物の処分の権能を取得する。処分清算型の場合は担保権者が譲渡担保権の実行によって会員権を第三者に売却したときは第三者は会員権を取得して、設定者の受戻権は消滅する（最判昭50・7・25民集29巻6号1147号）。帰属清算型の場合でも譲渡担保権者が第三者に譲渡をすれば、第三者が譲渡担保権者が設定者に清算金が未払いであることを知っていても、また第二者対抗要件を具備していなくとも設定者の受戻権は消滅するとするのが判例である（不動産に関する最判平6・2・22判時1540号36頁他多数）。

質権で流質契約がある場合は、処分型であれ帰属型であれ、譲渡担保と同様の結論となろう。

(ハ) 担保権消滅後の売却　会員権の譲渡担保において、被担保債権が弁

済されたにもかかわらず、会員権証書等の譲渡関係書類を譲渡担保権者から返還を受けない間に、譲渡担保権者がこの書類を利用して会員権を第三者に売却した場合はどうか。

不動産の譲渡担保の場合は、判例（最判昭62・11・12判時1261号71頁）は、所有権的構成に立ち、復帰的な物権変動の一場合として二重譲渡と同様の対抗問題となり、設定者は第三者が背信的悪意者となる場合以外は登記がない限り第三者に対して所有権の再取得を主張できないとしている。つまり、設定者と第三者の間の優劣は登記の先後によって決せられることになる。

会員権の場合は、譲渡担保権が第三者対抗要件を具備していた場合は不動産の場合と同様の対抗問題となるが、担保権について第三者対抗要件を留保しているのが通常であるから、対抗問題として処理できるのかどうかが問題である。復帰的な物権変動というテクニックを利用して対抗要件の問題として第三者の保護を図ろうとしたのが判例理論であることを考えれば、担保権について対抗要件を留保している以上二重譲渡の関係にはならず、会員権は被担保債権の弁済によって設定者に復帰し譲渡担保権者の売却は無権利者の処分であり、設定者が関係書類を回収しないで放置し譲渡担保権者に権利者として外観を作出することに設定者に帰責事由がある場合は、民法94条2項の類推適用の一事例と考えるべきであろう。第三者が悪意の場合は会員権も取得できないし、実行前の処分とは異なり譲渡担保権も取得できない。被担保債権の弁済で譲渡担保権は既に消滅しているからである。

これに対して担保権的構成に立つと、会員権は設定者に帰属しているから、譲渡担保権者の処分は無権利者の処分であるから、民法94条2項の類推適用の可否が問題となるだけである。

質権者の被担保債権弁済後の第三者の売却は、譲渡担保の場合とは異なり、会員権は当初から設定者に帰属しているから無権利者の処分となり、民法94条2項類推適用の可否の問題となるだけである。対抗要件を具備している場合は、一見、復帰的物権変動による対抗問題のようにみえるが、対抗問題の対象となる権利は質権であり既に被担保債権の弁済によって質権は消滅して

いるのであるから、質権の対抗問題にもならないのである。

(2) 担保権者の一般債権者との関係

(イ) 差押え　会員権の譲渡担保権者が名義書換（譲渡承認）手続を完了して会員となっている場合は、譲渡担保権者の一般債権者が会員権を（仮）差し押さえることがある。質権ではこのようなことは考えられない。

名義書換が未了の場合は、譲渡担保権者の一般債権者は譲渡担保権者の会員権（あるいは譲渡担保権）を（仮）差押えの対象とすることはできないものと考えるべきである（詳細は**41** 2(4)参照）。第三者対抗要件を具備したが施設経営企業の名義書換が未了の場合も、譲渡担保権者の一般債権者は会員権を（仮）差押えの対象とはできないものと考えるべきである。「その他の財産権」として第三債務者である施設経営企業に譲渡の効力が及んでいないから施設経営企業は第三債務者たり得ないことは同じだからである

したがって、譲渡担保権者の一般債権者の（仮）差押えの問題は名義書換が完了していた場合だけの問題である。

譲渡担保について所有権構成に立つと、会員権は譲渡担保権者に帰属するから、この（仮）差押えは完全に有効で、設定者は第三者異議の訴え（民事執行法38条）によって執行手続を阻止できないことになる。

被担保債権の弁済があったが設定者への再度の名義書換がなされないうちに、担保権者の債権者が会員権を（仮）差押えをするということも考えられる。この場合も譲渡担保について所有権的構成に立つと、会員権の復帰的な変動と（仮）差押えとの対抗問題として処理されることになる。設定者に対する再移転の第三者対抗要件の具備と（仮）差押えの先後によってその優劣が決せられることになる。

譲渡担保について担保権的構成に立つと、会員権は譲渡担保権者に帰属しないが設定者は譲渡担保権者に名義書換を行っていたのであるから、この外観を作出したことに設定者の帰責事由があるから、民法94条2項の類推を肯定すれば、善意の一般債権者には第三者異議が認められないことになるが、悪意の場合（民法94条2項類推を否定すれば善意の場合も含む）は第三者異議

が認められることになろう。ただ、第三者異議が認められる場合でも、被担保債権が履行遅滞になり譲渡担保権が実行可能となった場合は、譲渡担保権者に処分権が発生するから異議事由が消滅することになるのではないかと思われる。

　㈵　**担保権者の破産・民事再生・会社更生**　譲渡担保権者に破産宣告・民事再生開始決定・会社更生手続開始決定があった場合、譲渡担保の目的物は破産財団・再生債務者・更生会社に属するかどうかが問題となる。

　破産法88条は、破産宣告前に破産者に財産を譲渡した者は、担保の目的をもってしたことを理由にその財産を取り戻すことができないと規定し、民事再生法52条2項は破産法88条の規定を準用し、会社更生法63条も破産法88条と同趣旨の規定をおいている。

　破産法88条の規定の解釈については、通説・判例（大判昭13・10・12民集17巻2115頁）は、譲渡担保権について担保権的構成を採用し、この規定は、譲渡担保設定者は被担保債権を弁済しない限り目的物の取戻しを請求することができないという当然のことを規定したものに過ぎないと解釈している。このような解釈をする限り、立法論的にはこれらの規定は意味のない規定で削除されるべきであり、これらの規定の削除の可否は、現在審議が続いている法制審議会倒産法部会の倒産法制に関する改正検討事項のひとつになっている。

44　施設経営企業からの会員権担保

1　施設経営企業の債務および担保

　施設経営企業に建設資金、運転資金等を融資したり、施設経営企業が建設するゴルフ場等の施設の請負代金など、施設経営企業に債権を有する者が、その債権の回収手段として当該施設経営企業の会員権を利用することがある。

施設経営企業は未募集の会員権証書を債権者に発行し（バーター券と呼ばれることもある）、債権者がこの証書を利用して会員権を他に売却し、その売却代金を自己の債権に充当するという手法である。

会員権は会員契約上の会員の地位であり、会員権は施設経営企業と会員の間で会員契約が成立した場合に原始的に発生する権利であるから、施設経営企業からの債権回収のための手段として利用する会員権とは、いわば未募集の会員権ないしは会員権募集権能のようなものを考えるしか方法はない。このような会員権（のようなもの）を担保化するということは非常に困難である。施設経営企業の施設経営企業に有する募集前の会員権というような法律関係はあり得ないからである。

預託金会員権を念頭において、このような未募集の会員権を利用した債権保全の方法、対抗要件、実行方法等について検討することとする。

2　未募集の会員権というものを観念して、それを担保とする方法

このように解釈する見解がある。

預託金の支払いがないにもかかわらず施設経営企業から預託金証書を発行させ、預託金の払い込み等の会員の義務を施設経営企業が負担する旨の合意をしてそのような会員権を担保として、その担保の実行をした（会員権の処分）場合にはその取得者を会員として承認するとする合意をなすことにより未募集の会員権を担保に取得するとする見解（銀行実務手続双書「債権・動産担保」208頁、213頁）がある。この見解は合意の内容を述べているだけで、何を担保の目的とする趣旨なのか意味不明である。

次に、預託金会員制のゴルフ場会社に売掛金を有する債権者からの支払いの要求にゴルフ場会社が未募集の会員権証書と無料で名義書換に応じる旨の念書を交付したという事案について、これは、債権の担保として会員権証書によって取得される会員の地位を目的とした譲渡担保の設定合意であり、債権者が会員権証書を他に処分してその処分代金を債権の弁済に充当したのは

譲渡担保権の実行であるとして、この会員権証書の転得者に会員の地位を確認した判決（東京高判平2・6・28金法1271号40頁、ゴルフ法判例72⑥⓪）がある。転得者が会員の地位を取得するという結論には異論はないと思われるが、その取得については、この判決の理論構成が不明であるから意味不明である。この判決は、会員権証書の転得者に対して預託金返還請求権も認めるという趣旨としか考えられない。この判決は、「会員権証書によって取得される会員の地位」が譲渡担保の目的物であるとしており、「会員権証書を処分して処分代金を得た」ことを譲渡担保権の実行であるとしているのであるから、この会員権証書は預託金返還請求権と会員となりうる地位を表章した有価証券であると考えているのかも知れないが、会員権証書は有価証券ではないとするのが最高裁の判決であり通説である。有価証券ではないと考えているとすると、譲渡担保の目的物は財産的価値を有する物（権利）でなければならず、財産的価値を有するというためには有価性と譲渡性を有するものでなければならない。この判決は、どのような物（権利）を譲渡担保の対象にしたのか説明に窮することになろう。この判決のいうように、会員権証書の所持人が会員の地位を取得するといったことはあり得ない。原始的な会員の地位は会員契約によってしか取得できず会員権証書の所持によっては取得不可能なものである。

　会員権証書を会員権を表章する完全な無因有価証券であるとし、会員権の発生について手形小切手理論における創造説を採用して、会員権証書の作成により施設経営企業の施設経営企業に対する会員権が発生し、会員との会員契約により会員権証書を交付することにより会員権が会員に移転するというようにでも考えない限り、未募集の会員権の権利性や譲渡担保対象性を肯定することはできないものである。

　同じ問題点は、大阪高判昭56・10・29（判タ460号105頁・ゴルフ法判例72㊳）にも指摘できる。この事案は施設経営企業の債権者が施設経営企業から未募集の会員権証書4枚の交付を受けたという事案で、判決はこれを代物弁済の合意と判断し、代物弁済の対象となったのはクラブ理事会の承認を停止

条件とする預託金制会員権4口であるとしている。譲渡担保ではなく代物弁済の合意と意思解釈することには問題もあるが、最大の問題点は、代物弁済の対象となった物（権利）を、クラブ理事会の承認を停止条件とする会員権であるとしていることである。このような会員権であるためには、原始的な会員契約によって会員権が発生していることが前提となり、このような条件付の権利が譲渡当事者間で移転することになるのであるが、本件の場合は会員契約がないから、会員権自体が発生していないのである。

3 未募集の会員権証書交付に伴う合意内容

一般的な未募集の会員権証書を交付して行われる担保の合意を分析すると
① 債権者の施設経営企業に対する債権の保全を目的とすること
② 施設経営企業から債権者に会員名を空欄とした預託金証書が発行交付されること
③ 債権者は、この預託金証書を利用して会員となろうとする者を探してこの者との間で会員契約を締結して取得した預託金・入会金名下の金員を自己の債権の弁済に充当するにするか、もしくは、預託金証書を預託金の預託済みの会員権の証書として会員権の処分と同様に他に処分して、その処分代金を債権の弁済に充当すること
④ 施設経営企業は、債権者から入会者や会員権を譲り受けた者から請求があればその者と会員契約を締結したのと同様に預託金の預託がなくとも預託金の返還義務を負担する会員として取り扱うこと

ということになろう。これは2種類に分けられる。

第1は、債権者が募集代行権限を取得して、会員契約の締結を代行し、会員契約によって会員から代理受領した入会金・預託金を施設経営企業を債権の弁済に充当するという方式である。

第2は、債権者が施設経営企業との間で、債権者の処分先に対して会員としての預託金返還義務を含んだ地位を与えると予め合意し、その第三者への処分代金を債権の弁済に充当するという方式である。

それ以外に、合意によって債権者が一旦会員契約を締結して会員となり、その会員権を他に処分して実質的に債権回収を行うという方法も考えられる。

これは、請負代金等の債権と多数口の預託金預託債務とを相殺して、請負代金等の債権を多数口の預託金返済請求権に振り替えることによって、この会員権を他に処分して実質的に請負代金等の債権回収を行おうとするもので、ゴルフ場の建設業者によってよく行われている債権回収方法である。しかし、この方法は、会員権の担保としての趣旨から外れることになる。

前記の東京高判平2・6・28は、第2の方式であるとして、譲渡担保として上記④の権利が乗った②の預託金証書を譲渡担保の目的としたと考えたのではないかと思われるが、④は債権者と施設経営企業と間の合意であるが、この合意による権利義務は契約当事者の合意の意思解釈によってきまるものではあるが、契約内容からみて債権者が一旦会員の地位を取得してこれを他に処分するという合意がなされたとは到底考えられず、施設経営企業が取得者（処分先）に直接義務を負担するという合意がなされたと考えるべきである。したがって、この部分は第三者（将来の取得者）のためにする契約（民法537条ないし539条）であると考えられ、④の合意によって発生するのは施設経営企業の義務であって権利ではないし債権者の権利でもないから、このようなものを譲渡担保や代物弁済の対象とすることは不可能で、上記のとおり預託金証書は有価証券ではなく証拠証券であり証書自体は単なる紙切れであるから財産的価値はほとんどない。

したがって、未募集の会員権といったものを観念して、これを譲渡担保や代物弁済の対象とすることは法的に不可能で、このような担保契約がなされたとして、譲渡担保契約や代物弁済契約としては無効であると考えるべきである。

4 会員契約の締結権限を債権者に与え、入会金・預託金を代理受領する方法

これは、前記の第1の方式で、債権者が施設経営企業に代わって会員契約

を締結するという合意があったと意思解釈できる場合は、債権者が施設経営企業から会員の募集権限を取得して預託金証書を前もって発行させ、第三者との間に施設経営企業を代行して会員契約を締結して、会員契約に際し会員が支払う入会金・預託金を債権者が代理受領し、代理受領にかかる金員を自己の債権の弁済に充当するという合意があったものと考えることができる。この場合は、預託金の預託や入会金の支払いの効果は当然に施設経営企業に及ぶことになるから、入会者と施設経営企業の間の法律関係も簡明である。

明確な合意がない場合は意思解釈をすることになるが、会員権の取得者に債権者がどのような説明をしたか、会員権証書以外にどのような書類を交付したか（会員契約の場合は入会に関する書類が通常は必要であるし、譲渡の場合は名義書換書類が必要であるがこの場合はそもそも会員権譲渡人がなく会員権証書の会員名の欄は空欄であるから、取得者はどのような契約になるか怪しむであろう）、債権支払いの確保のために交付した会員権証書の数等を勘案して判断することになるが、基本的にはこの合意があったものと判断すべきであろう。

このような合意があった場合、債権者の行為は会員契約の代理であるから、施設経営企業は会員契約適正化法の規定する届出等を行う必要があり、債権者も会員契約代行者として会員契約の締結等に関し同法の規制を受けることになり、違反には罰則もある。また、金融機関がこのような募集の代行を行うことは業法（銀行法、信用金庫法等）上は問題が生じるところでもある。

5 第三者のためにする契約による方法

これは前記の第2の方式で、会員権証書を交付する等の方法で処分し、その処分先には入会金の支払いや預託金の預託がないのもかかわらず、それがなされた会員としての地位を与え、その処分代金を債権の弁済に充当するという合意があった場合、この処分の結果に関する合意部分は、処分先に預託金証書記載の預託金額の返還義務や会員の地位を直接与えるという第三者（将来の取得者）のためにする契約がなされたものと考えることになる。

なお、契約上は第三者は処分代金を支払った者としては特定しているが、具体的には契約時には定まっていない。第三者のためにする契約における第三者は、必ずしも契約時に現存する必要はなく、特定していなくとも特定し得るものであればよいとされている。また、会員となると施設経営企業に会費支払義務の負担があるが、第三者のためにする契約は、第三者に権利を取得させるだけでなく付随的な負担を課することも妨げないとされている。

　理論的な問題は債権者はどのようなものを処分するかである。

　既に述べたように、債権者は会員となるべき地位を施設経営企業から取得したものとは考えられないから、債権者と処分先の間の処分とは、施設経営企業が預託金証書記載の預託金の返還も含めて第三者を会員として処遇するという債権者と施設経営企業との間の契約によって発生した第三者のためにする契約上の受益者の地位（会員となるべき地位）を、債権者が対価をもって処分先に取得させる合意と考えるべきであろう。したがって、この処分は、権利（会員となるべき地位）の売買ではなく、また第三者のためにする契約より発生する要約者の権利（債権者が施設経営企業に対し第三者に会員の地位を得させよという権利）の売買でもない。この処分とは対価をもって第三者のためにする契約上の受益者の地位を与えるという契約に他ならないものである。

　実際の会員権の売買では預託金・入会金以上の金額で会員権が売却できる場合も預託金以下の金額でしか売却できない場合もある。この処分が預託金証書記載の預託金額・入会金額以上で行えた場合は、施設経営企業は経済的には処分代金が債務に充当されることになるから問題は余り生じないが、預託金額以下でしか処分されなかった場合は施設経営企業は預託金額と処分代金の差額を新たに債務負担することになるから、債権者との間で紛争が生じる可能性があるので、その点についても明瞭な合意を行う必要がある。

　この処分は実質的に会員契約適正化法上の会員契約の代行になると考えられ、処分の結果、施設経営企業は新たな会員と会員契約を締結することになるから、施設経営企業には会員契約適正化法上の届出義務があることになる。

6 施設経営企業から会員権を利用して行う債権回収の問題点

　このような債権回収の方法は、未募集の会員権といったものを利用して行う債権回収であり、どのような合意をすることも当事者の自由であるが、仮にこれを担保であると解しても第三者対抗要件が考えられない非常に不確実な債権の保全方法であり、担保でないとすれば単なる債権回収の手段にしか過ぎず法的には優先的な回収ができるものではない。

　施設経営企業が倒産でもすれば回収が不可能になり、債権者が当該会員権が価値がないことや早晩倒産により価値がなくなることについて知りまたは知りうべき事情がありながら、会員契約を施設経営企業に代わって締結したり、上記の処分したりした場合は、入会者や権利の取得者から損害賠償の請求を受ける場合があることも留意しなければならない点である。

　したがって、未募集の会員権といったものを債権の保全手段に使う場合は、無記名の会員権証書の交付を受けることは当然のこととして、会員権をどのように発生させるかという要件、処分の要件やその方法、取得者の名義書換料等の負担の有無等について詳細に合意をしておく必要があるし、会員契約適正化法の規制があることも念頭におかなければならない。

第7章

会員・施設経営企業の倒産

45 会員の倒産

1 会員の倒産と法律問題

　倒産とは、経済的な用語で法律用語ではなく、倒産を定義した規定もない。

　倒産とは、弁済期にある債務を一般的に弁済することができなくなり、ひいては、経済活動をそのまま続行することが不可能となった事態をいう、とされている。

　法的な倒産処理手続としては、再建型としては、民事再生、会社更生、会社整理があり、清算型としては、破産、特別清算がある。

　民事再生と会社更生は、上記の倒産状態以前でも利用できる制度になっている。

　会社更生、会社整理、特別清算は、株式会社しか適用されないが、民事再生と破産は、自然人や会社以外の法人も利用できる制度である。破産は、清算型の整理手続として位置づけられるが、自然人にとっては再建手続でもある。

　債権を倒産手続との関係でみれば、破産債権、再生債権、更生担保権、更生債権のように、手続開始後は債権者は強制執行等の個別的な権利行使が禁止され、既に着手されていた個別的な権利行使手続は中止ないしは失効し、当該債権者は当該倒産手続内でしかその権利行使を行えないという債権があり、これらの債権は、一括して、手続債権とか倒産債権とか棚上債権とか呼ばれているが、本書では手続債権と呼ぶことにする。

　会員が倒産した場合に生じる法的な問題は色々考えられるが、会員契約はどうなるのか、会員権の譲受人や会員権の担保権はどうなるのか、倒産手続における管財人等の管理処分権者は会員契約をどのように処理できるか、といった点について順次考察する。

2 会員の倒産と会員契約の帰趨

　会員が倒産しても、会員契約に影響がないのが原則である。しかし、倒産手続開始の前後を通じて会員の会費支払義務等の不履行があり、これによる除名や解除が可能かどうかの問題があり、また、会則等で会員の倒産を会員の資格喪失事由としていたり、除名や解除事由としていた場合はその解釈問題が生じることになる。

(1) 会員の倒産と会員契約の債務不履行解除

　会員に破産宣告等の倒産手続開始より前に債務不履行があり、会員契約の解除や除名の実体的要件を満たしていた場合（会員の債務不履行には会費の滞納等があるが、どのようなものが解除・除名事由になるかのついては既に述べているので該当個所を参照されたい）、施設経営企業が、会員の倒産手続開始後に会員契約を解除したり除名処分をすることができるかどうかは争いがある。

　この問題は、債務不履行による法定解除権発生後に倒産手続の開始があった場合に解除権行使は可能かどうかの問題のひとつの場合であり、手続債権は倒産手続でしか権利行使が認められないという債権者の個別的権利行使禁止効の一環として議論されるものである。個別的な権利禁止効から、解除権の行使を否定する見解もあるが、手続開始前に解除権が発生している場合は行使は手続開始後でも許されるとするのが近時の多数説であり、この多数説に従うと、会員契約の解除や除名処分は可能だということになる。

　これに対して、倒産手続開始によって、未納会費が支払われないことを理由に、施設経営企業は会員契約を解除したり除名をすることはできない。会員契約による支分債務である既発生の未納会費は、手続債権であるとするのが通説であり、倒産手続開始により手続債権が支払われないことは手続開始の効果であり、債権者は個別的な権利の行使を禁止されるから、手続債権の履行をしないことは契約上の債務不履行にならないからである。倒産手続開始前に弁済禁止の保全処分がなされた場合も同様である。もっとも、倒産手続開始後の会費（財団・共益債権である）について未払いがあった場合は、

施設経営企業はそれを理由に会員契約を解除することができる。

(2) 会員の倒産と会員契約の終了

定款や会則で、会員の破産宣告や法人会員の場合の法人の解散を資格喪失事由としたり、除名事由とする規定をおくクラブがある。このような特約が有効であるかどうかが問題となる。

法人の解散は清算の開始原因であり、通常は総会の決議によって解散することになる（たとえば商法405条）が、破産宣告も法人の解散事由である（民法68条1項3号）。

したがって、会員の倒産に関して、このような会則等で特約の対象となるのは、会員に対する破産宣告だけが問題となり、民事再生や会社更生は特約の対象外で、これらの手続が開始されても明文の会則がないかぎり会員契約の解除はできないこととなるし、特別清算の場合は先に解散決議があるからその時点で特約の対象となることになる。

借地借家法の適用がある不動産賃貸借契約の場合、破産の申立てなどの倒産手続開始原因を無催告解除の事由とするような特約は無効と考えるのが通説・判例であり、会社更生における所有権留保売買についての売主の契約解除の効力を否定した例（最判昭59・3・30民集36巻3号484頁）もあるが、会員契約の場合はこのような特約も有効だと解釈すべきである。

このような解除の可否が問題となるのは、一般的には継続的契約で契約を継続した場合に爾後の給付が行われるかどうかの相手方の不安の抗弁権を認めるかどうかが問題となっているのであるが、会員契約の場合は会員として相応しいかどうかという人的要素が契約継続の基盤であり、経済的に破綻した会員を排除することにはそれなりの理由もある。会員契約上の会員の地位は、社会的に見ても、借地借家法で保護しなければならないような賃借人の地位に比肩しうるようなものではない。賃貸借契約の場合は、賃借人の破産を契約の解約申入事由とする民法621条の規定があり、通説・判例は借地借家法が適用される不動産賃貸借契約の場合もこの規定が適用されるとしている。このような諸点を勘案すると、契約自由の原則から、会員の倒産手続の

開始を会員契約終了事由や解除事由とする特約は有効であると考えるべきである。

　もっとも、施設経営企業から会員契約を解除されることによって、会員（倒産債務者）に損害が生じるような場合、たとえば、預託金制会員契約の会員権の価値は解除によって預託金返還請求権の価格になるが、このように会員権に相場があるなどの客観的価値がありその価値が解除によって著しく下落するような場合は、施設経営企業の解除権の行使は権利濫用として許されないものというべきである。施設経営企業にとって会員契約を解除することによる経済的な利得はないし、財産的価値を有する会員権は破産、特別清算という清算型のときは早晩他に換価されることになるし、再建型の場合も会員権は通常は遊休資産として他に処分されることが多いから、当該会員を会員として排除するという目的自体は達せられるからである。

　倒産手続開始前の未払い会費の請求権は手続債権となり、施設経営企業は倒産手続の中でしか権利行使ができない。手続開始後に支払期の到来する会費請求権は、財団債権、共益債権として処遇されることになるから、随時に弁済を受けることができる。倒産手続開始後に会員契約が終了した場合も、倒産手続開始後契約終了時までの間の会費請求権は財団・共益債権となる。

　なお、社団法人制会員権で譲渡を認めないものなど、一身専属的で財産的価値のない会員権は破産財団に属さない（破産法6条1項）。したがって、破産管財人の管理処分権はこれに及ばないことになる。

3　会員の倒産手続と会員権の譲受人・担保権者の地位

(1)　倒産手続における管理処分権者等の第三者性

　倒産手続では、手続の開始と同時に倒産債務者の財産に関する管理処分権を剥奪して管財人等の機関に管理処分権を専属させる場合が多い。この管理処分権能を有する機関が、対抗要件なくして権利の取得を対抗できない第三者にあたるかどうかが問題となるので、ここで一括して検討することとする。

　この第三者の範囲について、通説・判例である制限説によると、第三者と

は、権利の取得者と両立し得ない法律的地位を取得した第三者であり、対抗要件を具備していないことを主張する正当の利益を有する者をいうことになる。

管財人等が、この第三者にあたるかどうかについては、反対説として、担保権者との関係では倒産債務者の一般承継人として第三者にあたらないとする見解（今中利昭「民事特別法の諸問題第3巻」455頁、今中＝今泉・債権管理54号33頁）や、更生管財人は債権や動産の移転については第三者にあたらないとする見解（千葉勝美・司法研修所論集71号15頁）などがあるが、通説・判例（大判大8・11・30民集12巻24号2781頁等）は、破産管財人や更生管財人は対抗要件なくして権利を主張できない第三者にあたるとしている。

この通説・判例を前提とすると、民事再生で管理命令により管財人が選任されたときの管財人も第三者に該当することになると考えられるが、これらの管財人以外の、会社更生、民事再生等における保全管理人、会社整理における管理人、特別清算における特別清算人も管理機構であるから、この第三者性が問題となり、管理機構が設置されない場合の倒産債務者も開始決定後はこの第三者性を有するかどうかが問題となる。

この第三者性の有無を考える場合の視点は4つあると考えられる。第1の視点は、機関性である。倒産債務者から財産の管理処分権を剥奪して他の機関にこれを専属させる場合は、この機関は倒産債務者とは異なる第三者的地位に立つと考えることができる。第2の視点は、包括執行性である。倒産手続の開始によって一般債権者の個別的な権利行使が認められなくなるから、倒産手続は包括的な執行手続であると考えれば差押債権者と同様に第三者的地位に立つと考えることができる。第3の視点は、倒産手続の開始により倒産債務者やその管理機関は一般債権者の利益のために存在するものとなるかどうかである。第4の視点は、倒産手続の特性と対抗すべき権利の性質に応じて第三者性を個別具体的に考える必要性の有無である。これらのどの視点を強調し第三者性と関連づけるかによって、結論は様々になる。

保全管理人の場合は、第三者機関としての性格を有するが手続開始前の機

関であり、その選任の主目的は財産の保全であるし、この保全命令には包括執行性がないことになり、保全命令の内容も通常は債務者に対する弁済禁止の保全命令が出されるだけで、対抗要件具備の禁止命令が出されることは通常はない。機関の第三者性を強調すれば保全管理人は第三者性を有することになるが、包括執行性の観点からは第三者性を認めることが困難になる。

　会社整理の管理人と特別清算人は、いずれも債務者（会社）とは委任関係はないものの会社の機関とされている。管理人は裁判所に選任される機関であるからその性質上公平義務があると考えられるし、特別清算人は原則的には裁判所に選任される機関ではないが、商法434条によって公平誠実義務が課せられている。この管理人や特別清算人の法的義務と、会社整理や特別清算の場合も一般債権者の個別的権利行使は禁止されている（商法383条、433条）から、その包括執行性を強調すれば第三者性を認めることができるが、管理人や特別清算人は債務者（会社）の機関に過ぎないことを強調すると、第三者的地位に立つ機関とはいえず、第三者性を認めることが困難になる（手続開始前の保全命令を含めた議論の詳細は、根本渉・NBL589号6頁、590号40頁、座談会「ノンバンクの破綻処理と債権管理上の諸問題」金法1462号59頁以下参照）。

　再生債務者の場合は、開始決定によって財産の管理処分権は失わないが、公平誠実義務が課せられることになる（民事再生法38条2項）。民事再生開始決定により個別的権利行使禁止効も生じる（同法39条）。包括執行性を強調し公平誠実義務を課せられることにより地位が変容して一般債権者のための管理者となると考えれば第三者性を認めることができるが、公平誠実義務は単なる訓示規定で再生債務者は財産の管理処分権を失わないことを強調すると第三者性を認めることが困難になる。学説は第三者性を肯定する見解（中西正・法学教室230号6頁等、通説・判例の立場からは第三者性が認められるとする見解として今泉純一「一問一答民事再生の実務」96頁、なお、民事再生法が45条で破産法、会社更生法と同趣旨の手続開始後の登記・登録等を原則として無効とする規定を置いたことをもって、第三者性が認められたとする見解があるが、

この規定は再生債務者の第三者性を前提とした規定ではないから失当であろう）があるが、第三性を明瞭に否定する見解はなさそうで、再生債務者の第三者性の有無は今後の解釈の課題である。

　会社整理で、管理人が選任されない場合も包括執行性を強調すると手続開始後の債務者（会社）に第三者性を認めることが可能となるが、債務者には民事再生のような公平誠実義務は課せられていないから、債務者の法的地位は変容するとはいえず、第三者性を認めることは困難ということになる。説は分かれているが、大阪高判平 9・7・23（判タ980号270頁）は第三者性を否定している。

(2) 会員権の譲受人との関係

　破産管財人や更生管財人等が第三者性を有するときは、会員権の譲受人は第三者対抗要件（その具体的な内容は❸❹参照）を具備しないと会員権の帰属を倒産手続では主張できないことになる。会員権の譲受人の第三者対抗要件の具備と破産宣告、会社更生開始決定等との先後によってその優劣が決まることになる。

　ここで注意しなければならないのは、会員権の譲渡契約は双務契約であるから、倒産手続開始決定時に名義書換が未了で譲渡代金の支払いも未了というように、契約当事者の債務の双方が未履行の場合は、対抗問題ではなく、双方未履行双務契約の処理の問題となることである。破産管財人、更生管財人、再生債務者（管財人）は会員権譲渡契約の解除かその履行かの選択ができるが、相手方（譲受人）には催告権があるだけで、このような選択権は認められていない（破産法59条、会社更生法103条、民事再生法49条参照）。履行が選択された場合は、会員権の譲受人は自己の未履行債務を履行して会員権を完全に取得することができる。解除が選択された場合は、契約は解除されるが既履行部分があれば（たとえば譲渡代金の一部支払い）、それが現存する場合はその返還が請求でき、現存しない場合は財団・共益債権となるが、契約解除による譲受人の損害賠償請求権は破産債権、更生債権等の単純な手続債権となる（破産法60条、会社更生法104条、民事再生法49条5項）。

会員権の譲渡代金を支払ったが譲渡に関する第三者対抗要件を具備しないうちに、破産宣告や会社更生開始決定等があった場合は、双方未履行の状態ではないから上記の対抗問題となり、会員権の譲受人は会員権の自己への帰属を主張できず、譲受人の譲渡代金返還請求権等は単純な破産債権、更生債権等の手続債権になるだけである。このように手続債権になるという結論は契約相手方に不利益を課すことになるが、双務契約に認められる同時履行の抗弁権を行使せず相手方が自己の債務を先履行した結果であるからやむを得ないことである。

　最高裁の判例（最判平8・7・12民集50巻7号1918頁）は、会員権の大半を占める預託金制会員権の第三者対抗要件は、債権譲渡に準じて確定日付ある証書による通知・承諾としたが、名義書換が完了して会員として処遇されている者についてその後の会員権の二重譲受人や差押債権者等がその権利取得を否定することが信義則上許されない場合があり得るとしている。

　会員権譲渡では、上記のような対抗要件を具備することは少なかったが、破産管財人等は時期を古くまで遡って会員権処分の事実をつかむことは実際上も困難で、確定申告の添付資料等から会員権の処分の事実を発見しても、通常は古い時期の会員権の譲受人に対しては権利帰属を否定するような処理は行ってこなかったし、上記判例に照らしても信義則上譲受人の権利を否定することは許されないものと考えられる。実務上は、倒産手続開始前の危機時期から遠くない時期の範囲で調査し、第三者対抗要件を具備しない会員権の譲渡の事実が発見できれば、譲受人に対して会員権の帰属を否定することになろう。

　会員権の譲渡代金を支払った譲受人が、先に第三者対抗要件を具備した場合は会員権の自己への帰属を主張できるが、対抗要件の具備行為を否認されることがある。

　上記の最高裁判決に従って確定日付ある証書による通知・承諾のみが第三者対抗要件であるとすると、会員権の譲受人が第三者対抗要件を具備したが名義書換手続が未了の場合は、譲受人は名義書換の協力を破産管財人、更生

管財人等に請求することができるかどうかが問題となる。名義書換協力請求権を手続債権と考えると、金銭で評価することになり、倒産手続でしか弁済を受けられないことになるから、その行使ができないことになる。しかし、会員権は債権に準じるものであるから、会員権の譲渡は準物権行為である。準物権的な会員権移転の効力は対抗要件の具備によって管財人等に対抗できるのであるから、名義書換協力請求権は手続債権ではなく、取戻権と同様に準物権的請求権として請求が可能だと考えるべきであろう。また、このように考えなければ上記の最高裁判決の結論と整合性が保てない。

(3) 会員権の担保権者との関係

会員権の担保権者（詳細は㊵で述べたように、譲渡担保が通常である）の場合も会員権の譲渡の場合と同様に対抗問題となる。譲渡と異なるのは、会員権の担保設定契約は双務契約ではないから、双方未履行双務契約の処理の問題は生じず、単純な対抗要件の問題となるだけであるということである。

管財人等の第三者性を有する管理者等がある倒産手続では、担保権者が当該倒産手続で担保権を主張できるかどうかは、担保権の第三者対抗要件を破産宣告、会社更生開始決定等の倒産手続開始より前に具備したかどうかで決まることになる。

会員権の担保は対抗要件の具備を留保して設定されることが通常で、被担保債権が不履行となるときは倒産手続開始直前の危機時期であることも多く、会員権の譲渡担保権者と破産管財人との間で対抗要件の具備を巡って紛争も多く、判例も多く公表されている（最近のものとして、東京地判平 7・9・28 判時1568号68頁）。この点の詳細は、既に㊸で述べているので、ここでは結論を簡潔に述べることとする。

手続開始決定前に担保権の第三者対抗要件を具備した場合は、後に述べる否認の場合を除いて倒産手続で担保権者として処遇される。

担保権は、破産、特別清算、民事再生、会社整理では別除権であるから、担保権者は倒産手続外でその権利を行使できることになり、被担保債権が手続債権でもある場合（被担保債権の債務者が設定者でもある場合）は、その担

保権の実行によって弁済を受けられなかった被担保債権の不足部分だけが、手続債権として処遇されることになる。

　担保権は、会社更生ではその実行が禁止され、担保権者は更生担保権者として処遇される。担保目的物の価値の範囲で被担保債権は更生担保権となり、更生計画に従った権利の変更を受けて変更後の権利について弁済を受けることになる。設定者が債務者でもある場合は、被担保債権の額が担保目的物の価値を超過する場合は超過部分は更生債権となり、更生計画に従った権利の変更を受けて変更後の権利について弁済を受けることになる。

　担保権者が手続開始決定までに第三者対抗要件を具備できなかった場合は、担保権を倒産手続で主張できないことになる。したがって、債務者が担保設定者であった場合は、被担保債権は破産債権、更生債権、再生債権等の一般の手続債権となり、倒産手続でのみ権利行使ができることになる。

　担保権者が担保権の主張ができない場合は、担保権の負担がない会員権として、管財人等はその処分が可能となる。預託金制会員権の場合は会員権証書（預託金証書）は有価証券とはされていないから、法律上はその処分に必ずしも必要な証書ではないが、実際上は会員権証書がない譲渡は困難であり、会員権証書は通常は担保権者が所持しているから、管財人等は担保権者に会員権証書の引渡しを請求することになる。

　管財人等が対抗要件を具備しない担保権者に対して会員権証書の引渡しを請求できるという結論は問題なく認められるところであるが、その引渡請求権の法律上の根拠をどのように構成するかの問題がある。東京地判平6・8・31の2判決（金商1004号33頁）は、その法律上の根拠を示さず、破産管財人の会員権証書引渡しの請求を認めたが、東京高判平7・1・26（金法1442号103頁、ゴルフ法判例72⟨68⟩）等は、会員権証書は債権証書であることを前提に、債権証書の所有権は債権者（会員権証書の場合は会員）に属するものと解するべきで、債権証書をその債権を有しない者が占有しているなど占有者に占有の権限がない場合には、債権者は証書を占有する者に対して証書の所有権に基づき引渡しを請求できるとして、証書引渡請求権を物権的返還請

求権と構成し、破産管財人の引渡請求を認めている。この理は、第三者対抗要件を具備できなかった会員権譲受人との間にも当てはまることである。

　(4)　対抗要件の否認

　債務者が、倒産手続開始前にした詐害行為や偏ぱ行為の効力を否定する制度が否認権制度であり、破産、会社更生、民事再生で認められている。否認に関しては、会員権に特有なものはないが、譲渡担保権の対抗要件具備行為が倒産手続開始直前に行われることが多く、破産における対抗要件の否認に関する判例が公表されているので、ここでは対抗要件の否認に関して述べる。

　破産法74条は、支払停止または破産申立てがあった後のいわゆる危機時期に権利の設定、移転、変更による対抗要件取得行為がなされた場合、その原因となる行為のあった日から15日経過後に悪意で対抗要件取得行為がなされたときは、この対抗要件取得行為を否認できる旨規定している。

　この期間の起算日は、当事者間で権利移転の効力が生じた日とするのが判例（最判昭48・4・6判時714号187頁）である。

　対抗要件の原因となる行為とは、担保権設定契約なのか、担保権の実行なのかが一応問題となる。というのは、危機時期に担保権者への譲渡の通知（質権の場合は質権設定通知）がなされる場合は原因となる行為とは担保権の設定であることは明らかであるが、危機時期に担保権の対抗要件を具備しないで直ちに実行を行い処分の相手方へ譲渡した旨の譲渡通知がなされる場合は、譲渡担保権の対抗要件の問題とはならず、実行の結果の対抗要件取得行為が問題となるからである。このような後者の中間省略的な対抗要件の具備行為の場合（このような処理は設定当事者が予定していることであるから有効であることは当然である）も、破産者との関係では担保権設定行為がその原因となる行為で中間省略的な第三者へ譲渡通知が対抗要件取得行為と考えることになる。

　会員権担保は、担保契約において、譲渡担保の場合は権利の移転、質権の場合は質権の設定があるのが通常の契約内容となっているから、その原因となる行為の日は担保設定契約日であり、それから15日経過後で上記の危機時

期に対抗要件取得行為が悪意でされた場合は、その対抗要件具備行為を否認できることになる。会員の破産の場合に担保権者の対抗要件の否認を認めた例としては、東京地判平7・5・29（判時1555号89頁）、東京地判平9・4・28（判時1628号60頁）、神戸地伊丹支判平9・10・30（判タ974号242頁）等がある。

　この対抗要件の否認を避けようとすれば、原因となる行為の日（譲渡担保の設定や質権設定の効力の発生日）を後ろに下げる合意をするという方策が考えられる。その合意の方法としては、①被担保債権の債務不履行を停止条件とするか、予約完結権を担保権者が有する担保の予約契約を行って予約完結権の行使を担保債権の不履行に係らせる合意を行うことや、②担保権者が請求した場合というような担保の効力発生を担保権者の意思のみに係らせるような合意を行うこと（このように債権者のみの意思にかかる純粋随意条件は民法134条に抵触しないから有効である）が考えられる。

　①の方法は、担保設定の効力は停止条件成就や予約完結権行使時に発生し、その効力の発生は破産者の行為によるものではないから、効力発生時には否認の問題が生じないことになる。このような契約も有効とする見解もある（宮廻美明・法曹時報55巻8号117頁）が、これを認めると、実質的には担保が設定されているにもかかわらずそれが明らかにされず、危機時期になって突如対抗要件が備えられることになり、破産債権者の利益を著しく害するので、この場合の対抗要件の原因行為は停止条件付担保契約時または担保設定予約時であるとする見解が多数（伊藤眞「破産法（3訂版）」357頁ほか）である。

　②の方法も、効力発生時には破産者の行為は存在せず、①と同じ結果になるが、担保権者は任意に効力発生時期を設定できるのであり、実質的には契約時に担保設定の効力が発生したのと同じであるから、上記の多数説を前提とすると、この場合の原因行為は契約時であると考えることになろう。

　上記の危機時期に関して、大阪地判平9・7・18（判時1635号122頁）は、破産者が経営する会社の破産申立て後に破産者の会員権について譲渡担保権の実行による譲渡の第三者対抗要件が具備されたが、その具備時には破産者

自身は支払いの停止の事実もなく、破産の申立てもされていなかったという事案で、破産法74条の適用を免れるためにことさら破産申立てを遅らせる等の特別な事情がない限り、会社と代表者個人は法人格が異なるので、会社の破産申立てをもって個人の支払停止と同視できないとして破産管財人の否認の請求を排斥している。

判例（最判昭40・3・9金法406号6頁）は、債権の譲渡の対抗要件の否認に関して、債務者がする譲渡承諾は破産者（譲渡債権の債権者）の行為でないという理由で否認できないとしているが、学説は、対抗要件の否認は危機否認の一種であり必ずしも破産者の行為である必要はないとして、このような譲渡承諾も否認の対象となりうるとする見解が多い（宗田親彦「注解破産法（上）」498頁ほか）。判例に従うとすると、危機時期に施設経営企業の確定日付ある証書による譲渡承諾があった場合は対抗要件の否認ができないということになる。

会社更生法80条、民事再生法129条は、破産法74条と同趣旨の規定であるから、対抗要件の否認に関する上記の結論は、全部、会社更生、民事再生に当てはまることになる。

4　会員権の名義人の倒産手続と真実の権利者の関係

会員契約を他人名義で行ったり、会員権を他人名義で取得したりした場合において、その他人に倒産手続が開始されたときは、真実の権利者は会員権が自己に帰属することを主張できるかどうかの問題がある。

真実の権利者にとっては、破産法、会社更生法、民事再生法上の取戻権の存否の問題となるが、理論的には、管財人等が民法94条2項の第三者に該当する（破産管財人につき、最判昭37・12・13判タ140号125頁）とすると、不動産について判例理論が構築してきた民法94条2項の類推適用の理論が会員権にも及ぶかどうかが問題となる。

他人名義の会員権は、内閣総理大臣がゴルフ会員権を名義借りをしたとして話題になったこともあった。このような純粋な他人名義の会員権という場

合はそれ程多くはないと思われるが、法人が代表者や役員名義で会員契約を締結したり、個人会員権を取得する場合は非常に多い（法人が個人会員権契約を締結したり個人会員権を取得できることには異論はない。ゴルフ法判例72[27]参照）。その理由としては、施設利用を行うのは自然人であること、法人会員権は個人会員権ほど取引市場には出回らないこと、個人会員権を法人が取得した場合は施設経営企業は法人への名義書換に応じないことが多いこと、法人会員は記名者が複数である場合も多く会員権の価格も高くこのような会員権までは必要としない場合も多い、といったことが考えられる。法人と代表者の双方が破産宣告を受けたようなときは、破産管財人は他人名義の会員権の問題を処理する必要に迫られることになる。

　説明の便宜のために、甲という法人が代表者である乙の名義でAからB経営の預託金制会員権を購入し乙への名義書換も完了した後に、乙が破産宣告を受けた事例を考えてみる。

　この問題は、本来の会員権の帰属者から二重譲渡を受けたという会員権の帰属を争うような関係にはないから対抗問題ではなく、無権利者（乙）が会員としての外観を呈している場合にそれを前提として法律関係に入った者（乙の管財人）と真実の権利者（甲）との法律関係の問題である。他人名義の会員権の名義人が、その会員権を第三者に譲渡したときの譲受人と真実の権利者との優劣と同様の問題となる。

　会員権、特に預託金制会員権は債権であり会員権証書は有価証券でないとするのが通説・判例であるから、会員権には善意取得制度の適用の余地はなく、会員としての外観を信用した者は基本的には保護されない。

　また、真実の権利者（甲）の意思によって実体関係に符合しない権利の外観が作出されてはいるが、会員名義人（乙）と取得者である法人（甲）との間には、会員権の譲渡行為等民法94条が適用されるような法律行為がないことが通常である。したがって、民法94条自体が適用されることは通常はない。

　このことを前提とすると、この問題は民法94条2項類推適用の範囲を債権にまで拡張することができるかどうか、あるいは債権一般ではなくとも会員

権に拡張できるかどうかの問題に帰着する。

　これを考えるにあたっては、最初に権利外観の前提となる会員権とは、どのようなものかということを考えなければならない。設例から明らかなように、この会員権とは、施設経営企業Ｂの譲渡承認を得た会員権ではなく、Ｂの譲渡承認を要件（条件）とする会員権である。甲はこのような権利（会員権）を取得したのである。Ａがこの権利（会員権）を甲・乙のいずれに譲渡しようとしたかはここでは問題とならない（Ａの人違いによる錯誤の問題が生じるだけである）。甲がＡから乙名義で権利（会員権）を取得したと考えれば足りる。Ｂの譲渡承認を得ていない段階では、このような権利の外観自体を考えることが困難であり、登記・登録のような権利の公示制度もない。第三者対抗要件は前記判例（最判平 8・7・12民集50巻 7 号1918頁）によると、施設経営企業Ｂの単なる譲渡承諾（名義書換）ではなく、施設経営企業Ｂに対するＡの確定日付ある証書による譲渡通知またはＢの確定日付ある証書による譲渡承認である。このような民法468条 2 項に準じた第三者対抗要件は権利の公示方法としては非常に不完全である。

　次に権利の表示の外観という点から考えてみると、預託金制会員権の大半は譲渡が認められ取引相場も形成されていて、通常は会員権証書が発行され証書が会員権（施設経営企業の譲渡承認を要件とする権利）の譲渡に際して譲受人に交付移転され、譲受人は施設経営企業の名義書換手続を経て会員名簿に登載されて会員としての権利を行使している。そして通常は、会員の名義人と会員権の真実の権利者は一致している。したがって、会員権証書の所持や名義書換によって施設経営企業から会員として処遇されている事実は上記の会員権の外観を表示するものと考えることができるが、権利の外観は権利の公示方法（制度）と密接に関連するものであり、これらを権利の公示方法としてみると、会員名簿は発行されない場合も多く、会員名簿の公開、閲覧という制度もなく、会員権証書は有価証券ではないし、会員権証書の所持が権利の公示方法として一般的に承認されているとまではいえないし、会員として処遇されているという事実は公示方法ということもできないであろう。

しかし、前記最判平8・7・12は、第三者対抗要件を具備しない譲受人が名義書換を完了して会員として処遇されている場合は、後に第三者対抗要件を具備した者がその権利取得を否定することが信義則に反して許されないことがあるとしており、第三者対抗要件という別の観点からではあるが、名義書換を受けて会員として処遇されている事実を一定の範囲で保護しているものといえる。

さらに、判例が形成してきた民法94条2項類推適用の理論は不動産に関するもので、不動産取引の動的安全と静的安全の調和を図る法理の一つであり、この法理を余り広く適用すると、本来、公信力がなく権利の公示制度に過ぎない不動産登記に一種の公信力を与えたのと同様の効果を有することになるが、判例は、権利の表示については公示制度である登記ではなく、別の制度目的を有する旧家屋台帳法による家屋台帳の表示（最判昭45・4・16民集24巻4号266頁）や固定資産税課税台帳の記載（最判昭48・6・28民集27巻6号724頁）にも適用範囲を拡張している。このような表示等は権利の帰属に関して登記と正確性において大差がないことを前提に適用範囲が拡張されたものと考えられる。

動産については動的安全の保護のための善意取得の制度がある（民法192条）から、民法94条2項の類推適用はないとするのが一般的な解釈である。

以上の点から考えると、ここにいう権利とは施設経営企業の承認を要件（条件）とする権利であり、それが取引市場で流通しているものであって、このような権利を公示する手段はない（民法568条2項の通知・承諾は実際上は公示方法たりえない）が、権利の表示方法は登記等の公示方法に限る必要は必ずしもあるとはいえないこと、一般化している会員権の取引においては、譲受人は会員権証書と会員として施設経営企業から処遇されている事実しか譲渡人の権利を確認する方法がなく、このような概観のみを信頼して取引するという動的安全の要請は非常に強いものがあることを考えれば、債権について善意取得制度を採用しない現行法の解釈としても、債権一般はともかく、会員権については、民法94条2項の類推適用の範囲を拡張することが妥当で

はないかと考える。

このように考えれば、本設例のような事案について、民法94条2項の類推適用を認めなかった神戸地伊丹支判平9・10・30（判タ974号242頁）の判断は妥当とはいえない。

しかし、破産管財の実務では、本設例のような場合（甲と乙に同一の管財人が選任される場合が多い）は、民法94条2項の類推適用をしないで、会員権の換価を行っている場合が多いのではないかと思われる。

5 倒産手続開始後の会員権の処理

破産や特別清算は、債務者の財産を換価して債権者に分配する手続であるから、会員権が財産的価値を有する場合はこれを換価して現金に換えなければならない。

会社更生、民事再生、会社整理は、再建型の手続であるが、財産的価値を有する会員権は通常は遊休資産であるから、弁済資金調達のために換価する必要がある場合が多い。

債務者や管財人が会員権を換価する方法は、通常の会員が会員権を処分するのと同様であるから、会員権を売却すればよいことになる。預託金制会員権で据置期間が満了しているときは、会員権を売却するか、退会して預託金の返還を受けるかは、経済的にどちらが有利かによって判断すればよい。

預託金制会員権で据置期間が満了していない場合は、退会しても据置期間が満了するまで預託金の返還が受けられない。

破産、会社更生、民事再生の場合は、倒産手続開始時に双務契約で、その契約当事者の債務の双方が未履行である場合は、管財人（民事再生の場合は再生債務者も含む）は、当該契約の解除と履行の選択権が与えられている（破産法59条、会社更生法103条、民事再生法49条）。会員契約がこれに該当するとすれば、この契約解除権は法定解除権で解除により据置期間を定めた会員契約が終了することになるから、据置期間満了前の預託金制会員契約の場合も解除によって、直ちに預託金相当額の金銭の返還を請求することが可能と

なる。

　このようなことから、預託金制会員契約が上記の双方未履行双務契約にあたるかどうかが問題となる。

　管財実務上は、従前は、預託金制会員契約を双方未履行双務契約とは取り扱わず、会員権を売却するか、売却より有利であれば施設経営企業と交渉して据置期間満了時までの中間利息を控除した額で預託金の返還を受けていた。施設経営企業も、会員権の募集環境がよいことから通常はこのような返還に応じていたので、この問題が正面から議論されることはなかったのである。

　ところが、バブル崩壊後の経済情勢から、施設経営企業がこのような返還に応じることが困難な状況になったこともあって、双方未履行債務契約の解除問題として議論されるようになった。大阪地判平7・9・8（判時1552号96頁）が、年会費の定めのある預託金制ゴルフ会員契約について破産管財人の解除権を認める判断をしたことから、破産管財人は、この判断を梃子にして会員契約の解除を行い、預託金の返還交渉や訴訟を行って預託金相当額の返還を求めるという処理が始まり、その後も下級審は管財人の解除権を認める判断を行った（公表された判決としては、上記の控訴審判決である大阪高判平8・7・4金法1468号41頁、東京地判平9・2・19判タ1011号287頁、会社更生の場合の更生管財人の預託金制レジャークラブの会員契約の解除に関する東京地判平11・1・27金商1078号37頁など）ことや、学説も解除を認めたうえで預託金据置期間までの中間利息相当額を控除できるとの見解（今中利昭・金法1476号26頁、宇田一明・ジュリスト1161号193頁など）しかなかったことから、このような破産管財事務の処理が定着するかにみえた（実際上は施設経営企業は十分な返済原資を持っていないから、預託金額の一部の返還で満足するという処理がされることが多かった）が、最高裁は一連の判決を出して、破産管財人は破産法59条により預託金制会員契約を解除することができないと判断して、この問題に実務的な決着をつけた。

　前記大阪高判平8・7・4の上告審判決である最判平12・2・29（判時1705号58頁、ゴルフ法判例72[67]）は、預託金制ゴルフクラブの会員契約は、主

として預託金の支払とゴルフ場施設利用権の取得が対価性を有する双務契約（年会費支払義務がある場合は対価関係の一部になり得る）で、会員が破産した場合、施設利用に供する債務と年会費支払義務が破産法59条１項にいう双方の未履行債務になるとし、形式的には破産法59条１項の要件を満たしているが、契約を解除することによって相手方に著しく不公平な状況が生じる場合は管財人は解除権を行使し得ないとした。そして、著しく不公平な状況を生じるかどうかは、①解除によって契約当事者双方が原状回復等としてすべきことになる給付内容が均衡しているかどうか、②破産法60条等の規定により相手方の不利益がどの程度回復されるか、③破産者の側の未履行債務が双務契約において本質的・中核的なものかそれとも付随的なものにすぎないか、などの諸般の事情を総合的に考慮して決するべきであるとして、具体的には、①について、ゴルフ場経営会社は、他の会員との関係からゴルフ場施設を常に利用しうる状態にしておかなければならない状況に変化はないにもかかわらず、本来一定期間を経過した後に返還することで足りたはずで当初からゴルフ場施設の整備に充てられることが予定されていた預託金全額の返還が強いられる結果となり、多数の会員のうち１人が会員資格を失うことによるゴルフ場経営会社の負担は大きいが、一方破産財団の側では施設利用権を失うだけであるとし、②について、ゴルフ場会社が会員契約の解除によって生じる著しい不利益を損害賠償請求権と構成し破産法60条１項により破産債権として回復することは通常は困難であるとし、③について、年会費は預託金額に比して極めて少額でありその支払義務は会員契約の本質的・中核的義務ではなく付随義務であるとして、管財人の解除権を否定したものである。最判平12・3・9（判時1708号127頁）も同様の判断をしている。

　しかし、この判断は、一般条項をやや具体化して破産法59条の解釈に持ち込んだもので、法的安定性には常に疑問が残ることになる（今中利昭・金商1094号２頁以下参照）。信義則や権利濫用として処理しても余り結論は変わらないことになろう。理論についての当てはめについては、本件に限っていえば、要するに預託金据置期間という期限の利益を与えていた会員契約上の預

託金返還請求権について破産法59条1項の解除によって期限の利益を喪失せしめることが妥当かどうかの点に帰着する。

　最高裁は、募集環境が悪く預託金返還原資を容易に調達できない施設経営企業の現状を勘案したのかどうかはわからないが、解除権行使の可否については、59条の規定の要請である破産手続の迅速な終結を図るという観点が強調されるべきであり、上記①の点は、一般的には新たな会員を募集すればその費用は調達できると考えられるし、②の点は、破産法60条1項の問題とするよりは、公平の観点からは期限の利益を喪失させる代価は中間利息相当額の減額で賄えるというべきではないかと考えられるし、③の点は、59条1項の「履行を完了せざるとき」とは、要素たる債務、付随的債務を問わず契約上の義務が完全に履行されていない状態をいい、未履行部分の割合を問わないとする通説と正面から衝突することになる。したがって、この最高裁の判断には賛成できない。

　また、最判平12・3・9（判時1708号123頁）は、年会費の支払義務のない預託金制ゴルフ会員契約の破産管財人の解除の可否が問題となった事案であるが、会員契約は双務契約ではあるが、会員契約上の施設利用による会員の利用料金支払義務は会員が実際に施設を利用しない限り発生しないものであるから、破産宣告時には会員である破産者の側には破産法59条の未履行債務がないとして管財人の解除権を否定している。

　これらの判断は、会員に会社更生や民事再生の手続開始があった場合にも同様に当てはまることである。

　この最高裁の一連の判決によって、破産管財事務は大きな影響を受けることになった。施設経営企業は預託金の返還原資がないことから、この判例を盾に預託金の返還交渉に応じないこととなり、手続の迅速性を要求される破産管財実務上、破産宣告時から据置期間満了までの期間が長い場合は、据置期間満了時まで破産手続を延ばすことは到底できないことであるし、会員権を売却して換価せざるを得なくなるが、上記の最判が認めるように、このような会員権は市場で売却することが著しく困難で、実際上は預託金据置期間

中の会員権は名義書換を停止している例も多く、現今の経済情勢では買受希望者はほとんど出現しない（破産管財人としては、破産財団に後に義務を残す念書売買は行うべきではない）。管財人としては、施設経営企業が応じる場合は非常に低額の預託金の返還で満足するか、長期間の名義変更措置を債務不履行として構成する等、施設経営企業の債務不履行に該当する事実を調査し会員契約の債務不履行解除を行う（名義変更停止と会員契約の解除の可否については**31**を参照）等の別の方策を講じなければならなくなっているのが実情であり、場合によっては破産財団から会員権を放棄せざるを得ない場合も生じる。

46 施設経営企業の経営不振・破綻

1 会員制事業の経営不振の実態

本書の他の箇所でも重ねて指摘しているとおり、会員制事業、特にバブル期以降に会員を募集した預託金制ゴルフ会員制事業の経営は、他の企業の経営に比してきわめて困難な状況に追い込まれている。

それは、消費景気の低迷による入場者数の減少、会員権価格の暴落、高額の預託金返還請求の多発、金融機関の融資の拒絶等によるものである。

会員制事業の場合、通常は手形・小切手の振り出しを要しない業態であるため、不渡りという外部的な倒産の徴表が現出しないが、事実上、支払い困難、支払停止、債務超過に陥っている施設経営企業も相当数に達すると思われる。

ここでは、預託金制のゴルフ場経営企業が経営不振に陥ったり、経営が破綻した場合に、どのような方策をとればよいのかを検討する（ゴルフ場倒産に関する最近の参考文献として、「特集ゴルフ場倒産と債権管理」金法1519号、今中利昭・銀行法務21・565号46頁、今中利昭編「ゴルフ場倒産と金融機関の対応」

金融・商事判例別冊等がある）。

2 ゴルフ場施設経営企業再建の必要性

(1) ゴルフ場施設経営企業の特殊性

ゴルフ場経営企業は、一般企業に比して次のような特殊性がある。

① ゴルフ場施設は広大な土地を大規模に開発して開設しなければならず、環境に著しい影響を及ぼすことである。

　開場前の造成中のゴルフ場においては、山林原野を造成して、土砂を大量に掘削して移動させているので、その造成を停止し放置するときは、災害や公害の危険が大きい。

　また、開場後においても、間断ない保守管理が必要で、これを怠るときはゴルフ場施設はその価値を著しく減じるとともに公害発生の危険が生じる。

② ゴルフ場施設経営企業の財産の大半は、ゴルフ場施設である広大な土地に芝生を張りつけたコースとクラブハウスの建物という不動産で、他の財産がほとんどないことである。

③ 預託金制ゴルフ場は、少なくとも1000名を超えるような会員たる債権者が存在することである。

④ ゴルフ場経営による収支は、莫大な設備投資資金を要する一方、18ホールのゴルフ場を適正に経営しても、せいぜい年間1億円程度の純利益を計上することが限度であることであり、経営自体が赤字の企業も多いことである。

⑤ 我が国におけるゴルフ場経営は投下資本が莫大であるために、利用料金が相当高額となっている。また、ゴルフは娯楽的なスポーツであることから、景気の影響を直接受け、景気の低迷により施設利用者が激減する傾向にあることである。

⑥ ゴルフプレーは、一般市民の娯楽的なスポーツであるから、その意思を有する者には適当なゴルフ場施設が存在することが必要であるが、我

が国には公共的なゴルフ場施設は極めて少ないことである。

(2) **ゴルフ場施設経営企業倒産の影響**

　ゴルフ場施設経営企業が倒産してゴルフ場が閉鎖され、また開場前の造成中のゴルフ場の工事が中断されたまま放置されるときは、①造成地の土砂崩れ等による災害発生の危険性や保守管理の放置による公害発生の危険性があり、②多数の会員の会員権が一挙に無価値同然となり、市民の娯楽的スポーツが奪われることになり、③巨額の資金を投じたゴルフ場を適切に経営すれば、それ相当の価値を有し一定の利益を得ることができるゴルフ場施設が全くの無価値となる等、その損失は計り知れないものとなる。

(3) **ゴルフ場再生の必要性**

　ゴルフ場が建設されれば、それが地理的条件等で住宅等の他の用途に有効利用ができない場合は、元の山林・原野・雑種地に復元することは資金的にも不可能である。ゴルフ場施設の特殊性を考慮すれば、ゴルフ場として再生し、適正なゴルフ場施設を建設・維持し、多数の会員を保護し、もって当該ゴルフ場経営企業を取り巻く利害関係人を、その権利の強弱に適正に対応した法的な整理を遂行することが必要不可欠となる。

3　ゴルフ場経営企業の再建策

　経営の合理化を図って収益性を高めるといったことは当然のことであるが、経営不振に対する対応策、再建策として考えられるのは、①預託金の据置期間の延長による方法、②預託金の分割による会員権の分割による方法、③預託金の株式化による方法、④M＆Aによる方法、⑤会社整理による方法、⑥民事再生による方法、⑦会社更生による方法、⑧特別清算による会社分社化による方法、⑨破産による営業譲渡・施設譲渡による方法である。

　以上のうち、①ないし③は債権者である会員の預託金返還請求に対する対応策であり、④は経営が交替することになり、⑤ないし⑨は法的整理手続である。

(1) 預託金の据置期間の延長による方法

　預託金の据置期間のもつ経済的な意味、法的性質、クラブ理事会等の据置期間延長決議の効力等の詳細については、23で詳細に述べているのでここでは繰り返さない。

　ゴルフ場施設経営企業は、預託金の返還に応じる余剰資金を持っていないのが通常で、預託金返還請求に対応する方策としては一番簡単な対応策であり、現在でも預託金据置期間の延長決議を行うゴルフ場は多い。据置期間の延長に個々の会員が応じる場合は、預託金返還資金に窮して倒産するという当面の危機はしのげることになるが、現在の低迷する景気が回復しないかぎり単なる問題の先送り策にすぎないものである。

(2) 預託金の分割による会員権の分割化による方法

　これは、高額預託金を一定基準額に分割して預託金額を平準化し、複数化した会員権を他に譲渡することを認め、または施設経営企業がその譲渡を斡旋し、一部の預託金を返還し、個別に会員と和解することによって、預託金返還問題を解決して再建しようとする対応策である。この方法には様々なバリエーションが考えられ、かつ実際に行われている方法でもある。預託金額が高額であることや、会員数が少ないといった事情があり、個々の会員がこれに応じる場合はそれなりに有効な対応策ではある。会員権の分割の持つ意味、会員権の分割の法的な問題等については24で詳細に述べているので、ここでは繰り返さないが、この手法は再建型の法的倒産手続における再建計画で利用できる手法でもある。

(3) 預託金の株式化による方法

　預託金制会員権を株主制会員権に変更するという方策である。施設経営企業は預託金返還債務を株式の出資金に振り替えて消滅させ、会員は施設経営企業の株主として施設利用権を行使するという方式である。この場合も、施設利用権は株主権とは異なる会員契約上の権利であることは変わらない。簡単にいうと、会員に対して株主として処遇し経営に参加させて施設利用権を保障するので、預託金返還請求権の全部または一部を放棄せよという方式で

ある。

　預託金の株式化の手法は、その提唱者によると、①株主会員制事業を営むことを目的とする株式会社を設立する、②この新会社は会員に対して預託金会員権を新会社に現物出資することを募る、③新会社は現物出資した者との間で会員契約を締結するとともに、現物出資を受けた結果、旧会社に対して有することになる預託金会員権債権をもって旧会社からゴルフ場施設を代物弁済（据置期間が未到来の場合は代金債務との相殺）によって取得する、④旧会社は解散し、清算によって消滅する、⑤不同意会員などの債権者が残っている場合は、新会社が債務引受人として参加する特別清算によって清算を終結する、といったもので、新会社に現物出資をさせるのは、旧会社に現物出資させると新株発行価格と預託金債権額の差額が債務免除益として課税されるからであるとされる（高山征治郎・金法1519号48頁）。

　この方式は、旧会社の特別清算を除けば任意整理の一種であり、迅速・簡易に再建ができる方法であるとされるが、新会社の株式の全部または大半を会員に割り当てる場合は、本来型の株主制クラブとなるが、多数の会員が株主となるので従来の経営者の経営権の保障がないこと、また、従来の経営者に株の過半数を割り当て会員には少額の株式しか割り当てないという名目型の株主制クラブとする場合は会員の多数の納得が得られないこと、会員のうちで会員権の株式化に応じない者が相当数残存する場合はその処理に苦慮することになり、このような反対会員や他の旧会社の債権者から、旧会社から新会社に対するゴルフ場施設の移転について詐害行為取消権を行使されるおそれがあること、現物出資に関する検査役の検査（商法280条ノ8）や証券取引法、会員契約適正化法の手続も必要となること、等の問題点がある（日本ゴルフ関連団体協議会会員権問題研究会「ゴルフ会員権再生の新制度」57頁以下に新会社方式の問題点が詳細に述べられている）。

　なお、預託金会員制を株主会員制へ移行させることと、クラブを法人格なき社団とするかどうかとは全く別の問題であるが、クラブを社団化させるという手法をとる場合は会員の同意が得やすいという利点はある。

この債権を株式に振り替えるという方法自体は、会員制事業者の倒産のみならず通常の企業倒産でも考えられる方法で、法的倒産手続を含めて再建型の手続のすべてに利用可能な手法で、その利用範囲は広いものといえよう。

　新会社方式による株式化の手法は、旧会社に対する債務免除益課税の問題を回避するためであるが、旧会社を再建型の法的倒産手続によって再建させる場合は、法人税法上も財産評定による資産の評価損の計上が可能（法人税法33条2項）で、債務免除益が発生しても、評価損や繰越欠損金と差し引きすれば債務免除益による課税問題は回避することが可能となり、新会社方式による必然性もないことになる。

(4) Ｍ＆Ａによる方法

　ゴルフ場経営会社が、預託金の返還請求によって資金的に行き詰まりの状態になった場合であっても、当該ゴルフ場が収益力を有していること、預託金の総額が大きくないこと、ゴルフ場施設に金融機関等からの借り入れによる担保権がないか、あったとしても僅少であること、ゴルフ場施設に借地がある場合にその契約が引き継げること等の要件がある場合は、ゴルフ場経営企業を他の資本や企業が買収することがある。Ｍ＆Ａの一種で、従前から種々の原因で行われてきたものであるが、ゴルフ場の企業再建方式の一種として位置付けられるものでもある。

　この方式は経営者の交替を当然に伴うものであるから、この方法によることは経営者の決断によることになる。

　企業買収の法的な手法としては、株式の取得、営業譲渡、合併があるが、債務超過のゴルフ場企業の再建手法として行うときは、合併は考えられず、株式の取得か、営業譲渡によって行われることになる（詳細は、服部弘志・前掲金融・商事判例別冊82頁以下参照）。

　このＭ＆Ａの手法は、再建型の倒産処理手続で汎用的に利用することが可能である。

(5) 会社整理による方法

　会社整理は、株式会社であって、債務超過の疑いがあれば、会社更生、民

事再生以外の整理手続中であっても、取締役、監査役、資本金額10分1以上の債権者、6カ月前より引き続き発行済み株式の総数の100分の3以上の株式を有する株主の申立て（商法381条1項）、監督官庁の通告（同法381条2項）により、または裁判所の職権で手続が開始される。

　会社整理は、必ずしも経営者の交替が不可欠ではないことなど、法的拘束が少なく、弾力的運用が可能な手続であるが、多数決原理が導入されず、全債権者の同意が原則であるため、会社更生（会社更生法37条1項）、民事再生（民事再生法26条1項1号）への移行によって処理しなければならない場合が生じる。

　この手続は、当該会社自体を再建することを主目的とする手続であるが、場合によっては、従業員を含めた全ゴルフ場施設を、新会社を設立してそれに譲渡し、または第三者に譲渡する方式によって再建し、当該会社自体は民事再生または特別清算あるいは破産（商法402条）によって解体清算する場合もあり得る。

(6)　民事再生による方法

　民事再生は再建型の法的整理手続の一般法として成立し、平成12年4月1日から施行され、和議法は廃止された。

　民事再生は法人、個人の別なく適用され、申立要件も債務者が事業の継続に著しい支障を来すことなく弁済期にある債務を弁済することができないときには債務者自身が申立てができ、債務者に破産原因があるときには債権者も申立てができるなど、その要件は著しく緩和されている（民事再生法21条）。

　民事再生は、原則として債務者の自己管理型（DIP型）の手続であり、経営者が経営を継続することが多く、多数決原理が導入されている手続であることから、民事再生法の制定後は再建手続にはほとんど、この手続が利用されており、ゴルフ場の場合も同様である。

　民事再生は、申立て企業自体の再建を主目的とする手続であり、再生計画による権利変更は、預託金債権の大幅なカットと退会会員に対する長期分割

弁済が基本的なパターンである。しかし、事業自体が再生されればよいのであるから、営業譲渡や、従業員を含むゴルフ場施設について新会社を設立したり、または第三者に譲渡して、申立て企業自体は清算するという再生計画を立案することも可能である。

　この手続は、会社更生とは異なり、担保権者は別除権者として手続外で権利行使ができ、担保権者を手続に取り込んでいないため、ゴルフ場施設に担保権が設定されている場合は、担保権者の担保権の実行を阻止することが困難であるという難点がある。

(7) 会社更生による方法

　会社更生は、株式会社であれば弁済期における弁済が著しく困難な状況であれば、いかなる整理手続中であっても申立てが可能である。

　申立権者は、当該会社、資本金額の10分の1以上の債権者、発行済み株式総数10分の1以上の株主によって申立てができる手続である（会社更生法30条1項）。

　民事再生と同様に、当該会社自体の再建を主目的とする制度であるが、場合によっては、当該ゴルフ場施設全体を従業員を含めて新会社を設立して当該新会社を第三者に売却し、当該会社は解体清算すること（同法191条）も可能である。

　ゴルフ場建設途上における破綻の場合には、この方式以外にゴルフ場完成は極めて困難であるため、この方式が多く利用されるが、最近の経済情勢では、スポンサー不足、残工事代金が巨額である等の理由で破産手続に移行する場合も相当数存在する。

(8) 特別清算による会社分社化による方法

　当該企業が株式会社であり、企業自体は清算して消滅させる以外には方法はないが、現に開場済みであってゴルフ場経営のみを誠実に実行すれば何とか採算分岐点に達するか、あるいは、他の複数ゴルフ場経営グループに加われば採算分岐点に達しうるような事例の場合に採用される方法である。

　株式会社を解散して清算人を選任して管轄裁判所に特別清算手続開始の申

立てをする方法である。

　特別清算における協定案（商法447条、448条）に、ゴルフ場施設の譲渡等と会員等の各種債権者の処遇（預託金のカットや分割弁済等）を定めて、各担保権者の同意と会員等の一般債権者の法定多数の賛成（同法450条）によって可決され、裁判所の認可によって、ゴルフ場経営会社の新出発と旧ゴルフ場経営会社の清算手続が進行される方法である。

　協定案が否決されたり裁判所が不認可の決定をした場合は、破産に移行することとなる（同法455条、456条）。

(9) 破産による営業譲渡・施設譲渡による方法

　通常の破産の場合は、営業の廃止、資産の換価、配当という手順で手続が進行して終結されるが、ゴルフ場の場合はこれとは異なる。

　開場後のゴルフ場の場合は、上記のように営業を廃止して管理を放置すれば公害の原因ともなり、また資産価値が著しく劣化することになるから、破産管財人は、営業を継続してその収入により財団の減少を防ぎながら、営業譲渡やゴルフ場施設譲渡で、その譲渡代金によって当該施設に付着する担保権を抹消し、一方、①会員の施設利用権のみを譲渡先に引き継がせ預託金返還請求権について破産配当する方法、②施設利用権を破産手続の配当金に相当するものまたはこれに代わるものとして預託金返還請求権を放棄させる方法、③施設利用権と一定割合の預託金について据置期間を長期化する等の条件を付して譲受人に引き継ぐ方法など、種々の方法を用いて、ゴルフ場営業の存続、再建を図るべきである。したがって、その手法は清算型の民事再生や会社更生と異なるものではないことになる。

　開場前の造成中の場合は、営業自体が開始されておらず、このような造成中の施設やゴルフ場開発の譲受人がほとんどいないため、破産管財人は処理に苦慮することとなり、造成中の施設の管理処分権を破産財団から放棄（破産法197条12号、198条）せざるを得ない場合もある。この場合は、造成中のゴルフ場用地の管理処分権は破産会社に復帰することになるが、破産会社は清算人を新たに選任して保守・管理を行う必要があるところ、このような清

算人が選任されることも通常はなく、保守管理費用の原資も破産会社にはないために、保守管理は放置されることになって、公害の発生のもととなり、極めて危険な状態になることも考えられる。したがって、破産管財人は安易に権利放棄をすることなく、保守管理に努めながら公害を防止し譲受人を求めるべきである。

47 施設経営企業の破産・特別清算

1 施設経営企業の清算型倒産手続

　ゴルフ場経営会社等の施設経営企業を解体・清算する法的手続としては、破産と特別清算がある。

　ゴルフ場等の施設経営企業の経営破綻、特に開場後の経営破綻に際しては、会員の保護を優先し、ゴルフ場等の施設の劣化を防ぐためには、再建型倒産手続が優先して考えられるべきであるが、ゴルフ場を始めとする会員制事業は、元来、設備投資に要する資金に比較して収益性が低く、自主再建型の再建型倒産手続による場合は問題の先送りになる危険性もあり、施設に担保権を有する大口債権者である金融機関等は、清算型の倒産処理手続を望む場合もある。

　金融機関等の大口債権者にとっては、現下の経済情勢からは、一般的にいって、清算型の方が再建型に比して短期に一挙に不良債権の処理が行えるというメリットがあるが、一方、会員にとっては、清算手続は、施設利用権を喪失し預託金返還請求権に対する配当もほとんど期待できないという手続になるから、施設利用の継続を望む会員からは清算手続自体に反発があることになる。

　施設経営企業の清算型倒産手続においては、会員の不満を吸収しながら、施設の価値の劣化を防止しながら適正な価格で処分するという方途を考える

べきである（金融機関からみたゴルフ場の清算型倒産手続に対する論稿として、宍戸育夫・金融・商事判例別冊「ゴルフ場倒産と金融機関の対応」86頁以下参照）。

以下、預託金制クラブの清算型の倒産手続の概要、会員契約の処理、会員の権利行使、企業の施設の換価等について述べることとする。

2 破　産

(1) 手続の概要

破産手続は、ごく簡単にいえば、支払不能（会社の場合は債務超過の場合も含む）という破産原因がある場合に開始される手続で、手続開始（破産宣告）時点の破産者の資産を換価・回収して、破産債権者へ債権額に応じて公平に分配する手続である。

破産の申立ては、施設経営企業だけでなく、債権者である会員もすることができる（その例として、東京地決平3・10・29判時1402号32頁）。

破産手続に入る場合は、最初から破産の申立てがされる場合と、他の手続から破産手続に移行する場合がある。会社整理、会社更生、民事再生という再建型の倒産手続に失敗して移行する場合と、特別清算に失敗して移行する場合がある。

破産管財人は必置の機関であり、破産裁判所によって選任される（破産法157条）。破産者の財産の管理処分権は破産管財人に専属し（同法7条）、破産管財人が裁判所の監督を受けながら、破産財団に属する財産を換価して配当を行うことになる。

破産法は担保権を手続に取り込むことはしていないから、担保権は別除権として破産手続外で自由にその権利行使が行える（同法95条）が、一方では手続中に別除権の行使の結果被担保債権全部の満足が受けられず不足額が確定した場合だけ、その不足額を破産債権として配当に加えることとしている（同法277条）。

破産手続における債権は、財団債権（同法47条ほか）と手続債権である破

産債権(同法15条)に分かれ、破産債権は、優先的破産債権(同法39条)、一般破産債権、劣後的破産債権(同法46条)に分けられる。

　財団債権は、管財人の報酬、手続に要する費用、公租公課等種々の要請から最優先で弁済が受けられるものとされた債権で、破産手続(配当手続)によらないで随時に弁済が受けられるものである(同法49条)。

　破産債権については、債権者はその届出を行い、調査を経て確定し、確定した債権は確定判決と同一の効力を有する(同法第7章)。

　破産宣告により、破産債権者は強制執行等の個別の権利行使を禁止され、破産手続によって弁済(配当)を受けることになる(同法16条)。

　破産手続は、倒産処理の最終的な手続で、手続も複雑で第三者機関である破産管財人によって、否認権の行使等、厳密な処理が行われることになり、時間がかかる手続であるが、ゴルフ場を始めとする会員制事業の場合は、法律関係も複雑で債権者等の利害関係人も多く、債権額も巨額であり、破綻の原因も複雑であるところから、清算型の場合は選択されることが多い手続である。

(2) 会員契約の処理

(イ) **会員契約の帰趨**　施設経営企業が手続の開始決定である破産宣告を受けた場合でも、会員契約は破産宣告によって終了するわけではない。破産宣告は契約一般の終了事由ではない(民法653条等では終了事由であるが、民法621条、642条等では解約申入事由である)し、会員契約上、施設経営企業の破産によって会員契約が終了するという合意もないからである。

　施設経営企業の破産宣告によって、会員契約上の会員に与えられた約定解除権の行使である退会の権利が妨げられることはないから、会員は施設経営企業の破産宣告後も退会して会員契約を終了させることは可能である。

　施設経営企業に対して破産宣告がされた後も、破産管財人と会員との間に特別の合意がされない限り、会員が退会しない場合は会員契約は継続されることになる。

(ロ) **施設利用権の手続債権(破産債権)性**　破産宣告後も、営業が継続さ

れているときは、会員は施設利用権の行使ができるかどうかが問題となる。施設利用権を破産宣告前の原因（会員契約）に基づく財産上の請求権（非金銭債権）で破産債権（破産法15条）であると考えてしまうと、施設利用権を破産宣告後も権利行使をさせることは、個別的権利行使禁止効に触れて不可能であると考えることになる。しかし、このように考えるべきではない。権利の具体的な行使（施設利用であるゴルフ場でのプレー）は、その都度対価を伴うもので、会員契約が継続している間は、施設利用権は破産手続外で行使できるものと考えるべきである。賃貸借契約の賃貸人が破産した場合の賃借権も破産債権であるが、破産宣告後も賃貸借契約が継続される場合は、賃借権の行使が個別的権利行使禁止効に触れてできないとは誰も考えないのと同じである。

　施設利用権に対応する施設経営企業の債務は、❾1(1)で述べたように、不作為債務か不代替的作為債務である。このように、間接強制でしか執行ができない債権が破産債権となるかどうかについて争いがある。破産債権となるとする見解（菅野孝久・ジュリスト941号72頁、西野昌利・判タ830号156頁等）、破産宣告前の不履行により損害賠償請求権に転化していない限り財産上の請求権は破産債権ではないとする見解（伊藤眞「破産法〔全改第3版〕」3頁）などがある。有力な後者の見解に従うと、施設利用権は手続債権である破産債権ではないことになる（施設利用権を和議債権ではないとする見解として、古曳正夫・NBL649号15頁）。

　破産債権でないとすると、施設利用権はどのような性質を有する債権なのかが問題となるが、破産宣告後に具体的な施設利用（権利行使）ができ、破産管財人は随時弁済（役務の提供）を行わなければならないことを考えると、施設利用権は財団債権と異ならないことになる。破産法47条各号には該当しないが7号を類推して施設利用権を財団債権と考えることも不可能ではない。財団債権と考えても、施設利用権は会員契約が終了すれば消滅する権利であるから破産法上は別に問題はなさそうである。しかし、民事再生や会社更生の解釈とのバランス上、手続債権である破産債権と考えておいた方がよい。

402

民事再生や会社更生では、施設利用権は手続債権（再生債権・更生債権）として、再建計画（再生計画・更生計画）で権利変更の対象とする場合があり（そのような例として、大阪地決昭51・4・20判時825号89頁、ゴルフ法判例72⑭）、施設利用権を共益債権（破産法の財団債権と同様の債権）と考えてしまうと、再建計画で権利の変更の対象とすることができないことになるからである。もちろん、施設利用権は会員契約の終了によって消滅するが、手続債権ではない施設利用権の消滅を来す会員契約の終了や施設利用権の行使期間を限定するというようなことは再建計画では行えず、再建計画では預託金返還請求権のみの権利変更（減額）を行うことで足り、会員に終了（退会）か継続かを選択させればよいと考えることも可能であるが、会員をどのように処遇するかは施設利用権の消滅、限定も含めて再建計画で行えるものと考えるべきである。

　以上のように、施設利用権を破産宣告後も手続外の権利行使を許し、かつ手続債権であるとしなければならないとすると、施設利用権は特殊な破産債権であるとでも考えるしか方法がなさそうである。一般的には破産宣告前の継続的契約によって発生した債権は破産債権であるが、その債権の性質が契約継続中は継続して行使できる性質を有する場合は破産宣告後も当該契約が終了するまでは破産手続外で権利行使ができることになると考えることになる。

　実務上は、後に述べる破産法59条の処理の問題も勘案して、破産管財人は会員の施設利用を認めるかどうか、認める場合はどうような条件で認めるかなどを早期に判断して、会員に通知をすることが必要である。

　(ハ)　**会費支払義務および相殺**　　一方、会員契約上で会費支払義務がある場合は、会員は会費の支払いをしなければならない。破産管財人が会員の施設利用を拒否した場合は、同時履行の抗弁権として会費支払いを拒むことが可能である。

　会員は、預託金返還請求権と会費支払債務の相殺が可能であろうか。債権、債務の双方が履行期になければ相殺ができないのが民法上の原則（民法505

条1項)であり、この原則に従うと、預託金返還請求権は退会し据置期間が満了しない限り履行期が到来しないから、相殺ができないことになるが、破産法は相殺権を一定の範囲で拡張する規定を置いている(破産法99条、100条)。会員は会費支払い(破産宣告前の未払い会費も含む)に際して、退会による預託金返還請求権との相殺に備えて、その弁済額の寄託を破産管財人に請求し、後日退会して預託金返還請求権と相殺し、破産管財人に寄託にかかる弁済額の返還を求めることが可能である(同法100条)。

また、会員が退会の意思表示を行わない前に、以下に述べる施設利用権の後発的履行不能により会員契約が終了した場合は、預託金返還請求権が行使できるものとして、相殺のうえ、寄託にかかる会費支払額の返還を求めることができるものと考えるべきであろう。

㈡　**会員契約の終了**　破産管財人が営業を廃止した(破産法192条1項で営業を継続するか廃止するかは第1回債権者集会における決議事項とされている)場合や、破産管財人が施設を換価したり、施設に(根)抵当権を有する別除権者によって別除権の行使(担保権の実行による競売)があり換価が終了する等して取得者に施設が引き渡された場合は、後発的な施設利用権の履行不能となり、会員契約はこの時点で終了することになる(詳細は㊱2(4)参照)。

このような後発的履行不能は、破産管財人の責めによるものではなく違法性がないから、これを理由として会員は破産財団や破産管財人に損害賠償の請求をすることができない。会員に何らかの損害が生じたとしても、せいぜい破産法60条1項の規定を類推して単なる破産債権とする余地があるだけであると考えるべきである。

㈤　**破産法59条による処理**　問題となるのは、会員契約について破産法59条の処理が行われた場合である。㊺5で述べた会員の破産の場合と同様に、最高裁の判例(最3小判平12・2・29判時1705号58頁、最1判小平12・3・9判時1708号123頁、同小法廷判同日判時1708号127頁)に従うと、年会費支払義務のある預託金会員契約は、破産法59条の双方未履行契約に該当するから、同条1項により、破産管財人が履行(会員契約の継続)を選択したときは、預

託金返還請求権は契約相手方である会員が有する請求権であるから、破産法47条7号により会員が退会すれば財団債権となり、会員契約の解除を選択した場合でも、預託金と入会金は破産財団に現存しない反対給付であるから、同法60条2項による原状回復としての返還請求権が財団債権となるという結論になることである。一方、会員契約の相手方である会員は、破産管財人に対して解除か履行の請求かを催告する催告権が与えられており、破産管財人が確答しない場合は会員契約を解除したものとみなされる（59条2項）から、会員はこの催告さえすれば、解除、履行の請求のいずれにしても預託金返還請求権（解除の場合は入会金も含めて原状回復請求権として発生するが、履行が選択された場合は文字どおり返還合意に基づく返還請求権である）は財団債権となることとなる。

　入会金は返還されないことを合意して支払われた金員であり、預託金返還請求権は破産債権であり（上記の退会をした場合は当然に破産債権となるだけである）、それが破産管財人が破産法59条の処理を行った場合や会員が催告権を行使した場合には突然財団債権に格上げされるという結論は是認しがたいものである。

　同じ問題は、民事再生と会社更生でも生じる。民事再生も会社更生も双方未履行双務契約に関する再生債務者や管財人の選択を認める破産法59条と同趣旨の規定があり、契約相手方の催告に確答しなかった場合の効果が異なる（解除権を放棄したものとみなされる）だけで、破産の場合と同様の結果（共益債権）になるからである（民事再生法49条、会社更生法103条、104条）。

　この点について判断した判例は見当たらないが、上記の価値判断は大方の異論がないところだと思われる。したがって、預託金（相当額）返還請求権は破産債権にすぎないという結論が妥当なものであるとすれば、理論的興味の問題であるが、財団・共益債権になるという結論を回避する理論を立てる必要がある。いくつかの考え方が可能である。

　第1に、双務の債務が未履行であっても、契約解除により相手方に著しく不公平な状況が生じる場合は破産管財人は破産法59条1項の解除権を行使で

きないという前記の最高裁の判断を押し進めて、59条2項の催告権の行使によって他の破産債権者との間で著しく不公平な状況が生じる場合は契約相手方は59条2項の催告権の行使もできないし、破産管財人は59条の解除も履行の請求もすることができないと解釈することである。

　59条2項の催告権は法律関係を放置された場合に生じる契約相手方の不利益を防止するために設けられた権利であり、契約相手方に特別の利益（破産債権の財団債権への格上げ）を与えるために設けられたものではないから、前記の最高裁判決の立論を是とする場合はこのような解釈も十分可能である。破産法59条の処理が行われないでも、これを放置すること自体が許されないものではなく、同条の処理をしないでも会員契約は上記のように最終的には後発的履行不能で終了することになるから特に問題はないといえよう（民事再生や会社更生では再建計画によって会員契約の帰趨が決まる）。

　第2に、破産法が、解除の結果破産財団に現存しない反対給付を財団債権とし、履行の選択がされた場合の相手方の請求権を財団債権とするという規定を置いたのは、破産管財人の解除・履行の選択によって破産財団に利得をさせないために、公平の観点から本来破産債権にすぎない請求権を財団債権に格上げしたもの（60条2項の規定は、返還の範囲は現存利益の限度で返還すれば足りるという不当利得返還請求権の範囲を超過している）であり、この規定を適用することによって著しく不公平な状況が生じる場合は、この格上げの規定の適用がなく、契約相手方に催告権を認めても、その結果、解除とみなされた場合の破産財団に現存しない反対給付の返還請求権も、破産管財人が履行の選択をした場合の契約相手方の請求権も本来の破産債権にすぎないと解釈することである。

　第3に、会員契約を1個の契約と観念しないで分解して考え、預託金については双方未履行双務契約には該当しないと解釈することである。

　これには、会員契約を時系列的に、いわば横に分離するか縦に分離するかの2種類が考えられる。横に分類する方法としては、年会費の定めのある預託金会員契約を、預託金の支払いと施設利用権の設定に関する契約とゴルフ

場を利用可能にしておく義務と年会費の支払義務に関する契約とに分離し、破産法59条１項で契約解除、履行の請求が可能なのは後の契約で、前の契約は預託金の支払いが履行済みであるから未履行でないと解釈する方法である（須藤英章・金法1587号１頁、進士肇・銀行法務21・582号64頁、山本弘・ジュリスト1202号127頁）。縦に分離する方法としては、預託金契約を会員契約から取り出して片務契約である消費寄託として捉え、会員契約が破産法59条１項で解除、履行の請求があっても、預託金契約は双務契約ではないから解除、履行の請求の対象とはならないと解釈する方法である（今泉純一・金法1442号60頁）。

　上記のいずれの考え方にも難点がある。第１の考え方は著しく不公平な状況という判断基準が法的安定性を欠く。また、破産管財人に解除権を認めないから、破産宣告後に破産管財人が営業を継続する場合は会員の低料金による施設利用を拒否することができないから、パブリック営業ができないという難点がある。

　第２の考え方も第１の考え方と同様に解釈の法的安定性を欠くし、権利行使を許さないという立論の方法ではなく、一定の場合は法条の適用がないという解釈を行うから、立法論を解釈論に持ち込んでいるといえよう。

　第３の考え方は、いずれも、会員契約を１個の契約と考える上記の最高裁の判断とは相容れない考え方である。そのうち、会員契約を横に分離する考え方は、ゴルフ場を利用可能な状況にしておくという義務は施設利用権に対する施設経営企業の役務提供義務そのもので、施設利用権を設定するということはとりもなおさずゴルフ場を利用可能な状況にして役務を提供できるようにしておくことに他ならないから、このように横に会員契約を分離することは契約の内容からみて困難である。次に、会員契約から預託金契約を分離する考え方は、賃貸借契約における敷金の場合は敷金契約は賃貸借契約とは別個の付随契約であると考えられていて賃貸人破産の場合の賃借人の敷金返還請求権は破産債権だとするのが通説や実務の考え方であるから、預託金の場合も敷金と同様に考えればよいということになりそうであるが、預託金制

会員契約は預託金を預託し続けることを会員の要件とする契約であり預託金は賃貸借における敷金とは同様には考えられず、このような分離をすること自体が問題であるということになる。

　立法論的には、双務契約であれば1回的給付の契約ではない継続的契約にも適用があり、また、未履行の債務の内容を問わず適用されることになる破産法59条1項の規定、不当利得返還請求権の範囲を超過してまで反対給付を財団債権化する60条2項の規定や、履行の選択がされた場合に相手方の請求権を無条件に財団債権化する47条7号の規定自体に問題があるというべきであるが、解釈論としては、実務的には、最高裁の判断を拡張した第1の考え方が穏当かと思われる。

(3) 破産における処理方針

(イ) **施設が開設されている場合**　**46** 3(9)で述べたように、施設が開設されている場合は、資産価値の劣化の防止を図るための破産宣告後の保全管理費用や、施設に対する固定資産税等の費用の捻出のために、破産宣告後も営業を継続しつつ、施設の換価処分を行うことが会員その他の債権者や利害関係人の利益に合致する。

　したがって、施設経営企業は、営業を継続したまま破産の申立てを行うべきであるし、破産管財人は、採算性が非常に悪く営業収入では従業員の給料その他の日々の経費すら賄えないというような特別の事情でもない限り、破産宣告後も営業を継続すべきである。営業継続の目的は、施設を良好な状態に保持してできる限り高価に売却することであり、破産債権者の一部にすぎない会員の保護に目的があるのではない。

　従業員を破産宣告前に解雇していた場合の退職金請求権は、優先破産債権となる（破産法39条、商法295条）が、破産宣告後に破産管財人が解雇した場合は、退職金請求権は財団債権となる（破産法47条3号）。

　破産管財人は、経費の節減を行いながら営業を継続し、できるだけ会員の不満を吸収しながら、施設に担保権がある場合は別除権者と交渉して別除権の受戻しによる任意売却の手法で施設を処分するべきである。単純な管財事

件ではないから、破産管財人には相当の手腕が要求される。

　売却に際しての会員に対する処遇は、施設に別除権者があるかどうか、ある場合には、被担保債権と売却額との多少、会員の数、預託金の多寡等にも関係するが、①施設のみを売却して会員の施設利用権を引き継がせず、預託金返還請求権のみに配当を行う方法、②会員の施設利用権のみを譲受人に引き継がせて、預託金返還請求権について配当を行う方法、③施設利用権の承継を希望する会員には破産手続における配当金に相当するものとして預託金返還請求権を放棄させて施設利用権を譲受人に引き継がせ、施設利用の継続を望まない会員には預託金返還請求権に破産配当を行う方法、④施設利用権の他預託金返還請求権の一部を譲受人に引き継がせる方法など種々の方法が考えられる。もちろん、破産管財人は施設を売却するに際して会員の施設利用権を譲受人に引き継がせる義務はない。施設の売却は破産財団に属する財産の換価として行われるもので、会員の施設利用権は施設経営企業に対する債権であり、施設の買受人は会員契約上の義務を承継することはないからである。

　①が一番単純な方法で、譲受人としては新たな会員を募集して資金の調達ができることから、買受価格も高くなるが、施設利用の継続を希望する会員からの反発が予想される方法である。会員の施設利用権を引き継ぐときは、会員の利用料金が非会員に比して低いことによるデメリットと、会員は施設経営会社にとっては常連顧客としての面があるからそのメリットを譲受人が買受価格算出にあたってどのように判断するかによるといえよう。

　施設の譲受人に債務を引き受けさせる②から④の方法は、破産法上はかなり問題のある方法である。破産法には、会社更生法や民事再生法と異なり、債権者平等原則（破産法40条参照）の例外をなすような衡平な差を設けることについての規定がない。破産債権に差を設けることができないとする判例（東京地判平3・12・16金商903号39頁）もある。

　そして、破産管財人は配当によって破産債権の平等弁済を図る職責を担っており、一部の破産債権についてのみ債務引受がなされるような契約を締結

することができるとすると、譲受人に引き受けられた破産債権者とそうでない破産債権者との間に合理的な理由のない不平等が生じることになるから、破産管財人は破産債権に対する責任を第三者に引き受けさせるような契約を締結する権限を有しないと解し、会社更生でも同様であるとする見解（福永有利・判タ581号15頁）が有力である。

　この見解に従うと②、③、④の方法はとれないこととなり、柔軟な処理ができなくなるから、この見解に全面的に従うことはできない。破産管財人は、実質的な衡平性が確保できる限り、破産債権を第三者に引き受けさせる契約を締結することも可能であると考えるべきである。

　②の施設利用権のみを引き受けさせる方法は、後に述べるように施設利用権は破産債権として評価できないことを考えると、この権利を承継させたとしても破産債権者間に不平等は生じないことになり、会員から不満が出にくい方法でもあるが、施設利用権の引受により買受価格が減少する場合は、その減少分が破産配当原資を減少させることになるときは、会員以外の破産債権者はこのような破産管財人の施設処分によって配当の減少という損害を受けることになるので、平等性に問題が残る。

　③は破産債権者である会員間の不公平を除去する方法ではあるが、会員と他の破産債権者との間の不平等に加え、預託金返還請求権に対する配当と施設利用の継続が同価値であると判断できるかどうかという問題もある。

　④の方法は預託金返還請求権の一部を譲受人に引き継がせる場合は、会員を他の債権者より有利な取扱いをすることになるから平等性の原則から問題がある。

　上記の②ないし④の方法をとる場合は、破産管財人は、破産債権の一部もしくは全部の取下げをさせる等特別の配慮をして、配当手続における配当額で、実質的な平等・公平な配当ができるようにする必要がある。

　破産管財人が施設を売却する場合は、債権者集会の招集を裁判所に求め（破産法176条）、決議を受けておく方がよい（同法183条1項）。

　施設の別除権者が担保権の実行を強行してくる場合は、担保権の実行中止

命令を検討すべきである。破産法には民事再生、会社整理、特別清算のような明文の規定（民事再生法31条、商法384条、433条）はないが、同様の要件（債権者の一般の利益に適合し、競売申立人に不当な損害を及ぼすおそれがない）がある場合は、破産裁判所は中止命令を発することができると考えるべきである。

　破産管財人は、複雑な処理を行わなければならない場合は、会社更生や民事再生に手続を移行させることも考慮すべきである。破産管財人は債務者の管理・処分権者として、会社更生や民事再生の申立権があることは当然である。

　㈹　**施設が未開設の場合**　46 3(9)でも述べたように、施設が未開設の場合は、破産管財人の処理は困難を極めることになるが、管財人は早期に施設を売却するように努めることになる。

（4）　**別除権者の対応**

　ゴルフ場施設に抵当権等の担保権を有する債権者は、別除権者として、破産手続外で担保権の実行ができるが、実際上は別除権の行使は困難である。

　その理由としては、①別除権行使による買受人は会員の施設利用権を引き継がないから会員からの反発が強いこと、②別除権行使により破産財団に余剰金が入らない場合は破産管財人は施設の管理処分権を放棄せざるを得なくなるが、実際上の管理保守を行わなければ施設の価値の劣化が甚だしく、これを避けるためには別除権者は自らが施設の保守管理のみを行う必要があり（別除権者は営業を行う権利はない）、その費用も多額であること、③別除権の目的物件が施設全部に及んでいない場合も多く（これには一部に借地がある場合や、担保権の順位が入り乱れている場合や、担保の取り漏れがある場合などがある）、このような場合は、施設を一括して担保権の実行ができないこと、などが考えられる。

　したがって、別除権者は別除権の行使を見合わせて、破産管財人の別除権の受戻しによる任意売却に協力した方が回収が早く多額の回収ができる場合が多いといえる。

別除権者としては、買受先が決まらず手続が長引くような場合は、施設を自らが買い受けるか代物弁済で取得して、関連会社等で経営を承継する等の方法を考える方がよい場合もあろう。

(5) **破産における会員の権利行使**

会員は破産者である施設経営企業に対する一般破産債権者として、破産法の定めるところにより、破産手続において権利を行使し、配当を受けることができるだけである。

会員は破産債権者として破産債権の届出をしておかなければならない。債権の届出をしない場合は破産手続から除斥されることになる。

この場合に会員が届け出る破産債権の内容はどういうものかが問題となる。

(イ) **会員契約が終了している場合**　既に退会や債務不履行解除等によって会員契約が終了している場合と破産債権の届出に退会の意思表示が含まれている場合は、会員の破産債権は預託金返還請求権という単純な金銭債権である。債務不履行解除によって入会金相当額の返還請求権が発生している場合はこれも破産債権となる。

退会の場合で破産宣告時に据置期間が満了していたときは預託金額全額が一般破産債権の額になるが、破産宣告時に据置期間が満了していない場合は、預託金返還請求権は無利息債権であるから、宣告時から据置期間満了時までの中間利息（施設経営企業にとっては預託金債務は商行為によって発生した債務であるから商法514条により年6分である）相当額は劣後的破産債権となる（破産法46条5項）から、預託金額の額面から劣後部分を控除した残額が一般破産債権の額になる。

もっとも、東京地判昭55・12・24（ジュリスト755号判例カード489）は、施設利用権と預託金の据置は対価関係にあり、据置期間の約定はゴルフ場会社の施設利用債務の履行不能を解除条件とする黙示の合意がされていたので、破産宣告が据置期間満了前であって預託金全額が一般破産債権になるとしている。

(ロ) **会員契約が継続している場合**　上記以外の場合は、会員契約は施設経

営企業の破産宣告によって終了しないから、会員が届け出る破産債権は会員権である。会員が預託金返還請求権として届け出てきた場合は既に営業を廃止しているときは、これに退会の意思表示があるものとして文字どおり預託金返還請求権として取り扱えばよいが、破産宣告後も営業を継続している場合は、明瞭な退会の意思表示がない限り、預託金返還請求権の届出は会員権の趣旨であると解釈して取り扱うべきであろう。

会員権を構成する債権は預託金返還請求権と施設利用権である。いずれも、破産宣告前の原因（会員契約）によって発生した財産上の請求権であるから破産債権である（破産法15条）。施設利用権を特殊な破産債権と考えるべきであることは既に述べた。預託金返還請求権は金銭債権であるが条件付債権もしくは将来の請求権であり、施設利用権は非金銭債権であるから、破産宣告時における評価額が破産債権の額となる（破産法22条、23条）。その評価額は会員権として一体的に評価し、破産宣告時に預託金の据置期間が満了していた場合は預託金額であり、据置期間が満了していない場合は破産宣告から据置期間満了時までの中間利息相当額を預託金額から控除した金額であると考えるべきである。

それ以外に施設利用権を独立して評価すべきだとする見解もある（高山征治郎・金法1519号47頁等）が、施設利用権は、施設経営企業に対する関係においては、預託金の預託によって取得した権利であり預託金の額を超えて破産債権としてはこれを別個に評価することはできないものというべきである。破産宣告後も会員は契約終了までは施設利用が可能であり、施設利用権には非会員より低額で施設利用が行えるという権利があるとすれば、将来の差額が損害となりそれを評価するという方法も考えられないではないが、会員の利用可能性と利用期間などからこれを算定することは不可能である。破産実務も預託金返還請求権の金額として取り扱っている。

破産債権者としての会員が、どの程度の配当が受けられるかは、破産財団の規模、担保権者の有無やその被担保債権の多寡、公租公課等の財団債権の多寡、優先的破産債権の有無・程度により決まることになるが、現今の経済

情勢ではほとんど望めないという実情である。

　なお、破産管財人が会員の利益に反する施設の売却をするような場合は、会員は総破産債権の5分の1以上の破産債権額に満つるまでの会員を糾合して債権者集会の招集を破産裁判所に請求し（破産法176条）、売却に反対の決議を行うこともできるが、破産裁判所により、破産債権者の一般の利益に反するものとして決議の執行停止がされる場合がある（同法184条1項）。破産手続が遅延することは破産債権者の一般の利益に反するし、既に述べたように破産債権者の一部にすぎない会員にのみ有利な取扱いをすることは平等配当の原則から許されないので、会員にのみ有利な取扱いを求めるような決議は破産債権者の一般の利益に反することになるからである。また、決議によって売却を阻止してみても、自己に有利な結果になるとは限らない。この決議によって別除権者の権利行使を阻止することもできない。

3　特別清算

(1)　手続の概要

　特別清算は、破産と同様に清算型の手続であり、ミニ破産と呼ばれたりすることもあるが、破産手続とは構造が異なる部分がある。

　会社清算の目的は、会社の資産と負債をゼロにすることである。資産超過の清算会社は資産で全債務を弁済し、残余財産を株主に分配すれば清算手続が終了するが、債務超過の清算会社は超過部分の債務について、免除、放棄を受けて、資産の範囲まで債務を減少させて弁済し手続を終了させることになる。この債務免除、放棄を多数決で行う方法が特別清算における協定である。

　特別清算は、債務超過の疑いのある株式会社が解散して清算会社となった後において、清算人、監査役の申立て、または監督官庁の通告により開始される手続である（商法431条1項）。

　特別清算手続開始決定があると、一般債権者は個別的な権利の行使が禁止され（同法433条、383条、384条）、特別清算手続でしか弁済を受けられないこ

ととなる。

　特別清算が開始されると、清算人は、会社、株主、債権者に対して公平かつ誠実に清算事務を処理する義務が課せられる（商法434条）。特別清算開始後の清算人は特別清算人と呼ばれるが、商法上の名称は清算人のままである。

　特別清算手続は、破産と同様に担保権者を手続に取り込んでいないから、抵当権者等の担保権者は、別除権者として、特別清算手続外で任意に担保権の実行ができるが、担保権の行使によって弁済を受ける範囲の債権額は原則として他の債権者を害するおそれがないので裁判所の許可を受けて支払うことができる。

　特別清算人は協定案に作成にあたり、別除権者に対して別除権の行使によって弁済を受けられる範囲の債権について、協定に参加するように求めることができる（商法449条）が、別除権者が協定に参加するかどうかは別除権者の自由である。

　一般債権者は債権の届出をしておかないと、当該債権者が会社に知れたる債権者でない限り特別清算手続から除斥される。

　特別清算は破産とは異なり、債権確定手続がないから、特別清算人が債権を認めない場合は、訴訟を提起しないと特別清算手続から除外されてしまうことになる。

　優先債権は協定では他の一般債権より有利な取扱いを受ける（同法448条2項）から、協定前に裁判所の許可を受けて弁済することも可能である（同法438条2項、423条2項）。

　一般債権者は、協定によって変更された債権について、協定の実行により弁済を受けることができるだけである。少額債権の場合は債権届期間内に裁判所の許可を受けて弁済がされる場合もあるし（同法423条2項）、協定で有利な取扱いも可能である（同法448条1項但書）。

　協定とは債権者の多数決による権利の変更のことで、協定案は特別清算人が作成する。協定の具体的内容としては、債務の一部免除、分割払い、第三者の連帯保証、担保提供等がある。

協定の条件は原則として各債権者に平等でなければならない（同法448条本文）。

協定は、債権者集会で議決権を行使できる出席債権者の過半数および議決権を行使できる債権総額の4分の3以上の債権者の同意で可決される（同法450条1項）ことが要件で、裁判所の認可決定の確定によって効力が生じることになる（同法450条2項、3項、破産法321条）。

可決がされない場合は協定の見込みがないものとして、職権で破産に移行する（同法455条前段）。

なお、協定は、これに同意しない別除権者を拘束しないとするのが通説で、東京地判平9・1・28（金商1038号11頁）もこの見解である。

協定の効力発生後は、特別清算人は、協定に従い、その実行をすることになるが、協定の実行の見込みがなくなったときは、裁判所は職権で破産宣告を行い破産に移行する（同法455条後段）。

(2) **会員契約の処理**

施設経営企業に特別清算が開始されても、会員契約は終了しない。会員契約の帰趨は破産の項に述べたところと同様である。

ただし、会費の定めのある会員契約の場合、会員は将来の退会による預託金返還請求権との相殺に備えて、年会費の寄託を求めることはできない。特別清算では破産法100条の相殺権の拡張の規定が準用されていないからである。

相殺適状にないかぎり会員は会費支払義務と預託金返還請求権の相殺をすることができない。

また、特別清算には破産法59条のような規定はないから、破産の項で述べたような問題は生じない。

(3) **処理方針**

破産の場合と異ならないが、ゴルフ場の場合は一般債権者の多数が会員であることが多く、会員を納得させることができるような協定案でなければ、上記の法定多数での可決が困難であるということになる。

施設に担保権を有する担保権者の被担保債権額が施設の価格より相当程度少なく、預託金の返済原資の一部が施設売却によって捻出できるような場合は、新会社やグループ会社で施設と預託金を減額した形態で会員を引き継ぐ等の種々の手法が可能である。しかし、いわゆるオーバーローンの場合は、別除権者に協定へ参加を求めて相当程度譲歩を引き出さなければ実現が難しく、別除権者は協定に参加する義務はないから、手続が頓挫して破産に移行する可能性が高くなる。このような場合は特別清算という手続の選択がよくなかったということもできよう。

(4) 別除権者の対応

破産の場合と変わらないが、別除権者としては、前記のオーバーローンのような場合は、ある程度の譲歩をしてみても会員の反発が強く協定案が成立する可能性が低いようなときは、協力することに余り意味がないことになる。

(5) 会員の権利行使

会員は、一般債権者であるから、権利行使の方法は破産の場合と基本的には変わらない。ただ、特別清算人の協定案に反対する場合は、可決要件が満たされず、破産に移行し、その結果かえって破産で不利な取扱いがされる可能性がある（破産管財人は会員を引き継がない方法で施設を処分することも可能で、会員はこれを阻止することはできない）ことも勘案して、議決権の行使を行うべきである。

48 施設経営企業の民事再生・会社更生

1 施設経営企業の再建型倒産手続

再建型の法的倒産手続には会社更生、民事再生、会社整理がある。施設経営企業特にゴルフ場経営企業には、**47** 2で述べたような特質があり、経営再建のためには、まず再建型の倒産手続が選択されるべきである。注意しなけ

ればならないことは、ここでいう経営再建とは、ゴルフ場事業が事業として再建されることをいい、ゴルフ場会社の経営者がその地位を存続し、あるいは、ゴルフ場会社自体を存続させることは、事業の再建には必ずしも必要不可欠な条件ではないことである。

　民事再生法は、和議・会社整理に代わるものとして構想され、再建型倒産手続の一般法として成立し、平成12年4月1日から施行されている。

　手続開始要件も緩やかな運用がされていて、手続の遂行もDIP型（債務者管理型）を原則としながらも多様な処理が行えるようになっていて、管理命令のない限り経営者が交替する必要もなく、決議要件も緩和されており、ゴルフ場経営企業の再建には利用しやすい手続であるが、担保権を手続に取り込んでいないために、債務者側からは担保権消滅請求制度や中止命令が設けられたとはいうものの、担保権の実行を阻止し得ないという難点もある。

　会社更生法は担保権を手続に取り込んでいるため、債務者にとっては担保権の行使を抑制することができるが、実務上手続開始の要件を厳格に解釈する運用がされていて、手続開始前に頓挫する可能性もあり、会社の資本の組み替えも行われるし、更生管財人によって手続が遂行されるから従前の経営者は経営から除外されることになる。

　会社整理は、多数決原理が採用されておらず、倒産に関する必要な実体法規が欠けているという難点があり、民事再生法の施行によって、その使命は終了したものと考えられる。

　ここでは、民事再生と会社更生について、手続の概要、会員契約の処理、会員の権利行使、担保権者の対応、処理方針に関する問題について述べることとする。

2　民事再生

　民事再生手続は経済的に窮境にある債務者が債権者の法定多数の同意によって成立した再生計画を遂行して事業の継続や経済生活の安定を図るという再建型の手続である。

いわゆる DIP 型と呼ばれ、手続開始後も債務者が業務遂行権や財産管理処分権を失わないが、債権者のために公平かつ誠実に手続を遂行する義務を負う（民事再生法38条1項、2項）という自己管理型を原則とするが、裁判所による監督（同法41条）のほか、任意的な機関である監督委員による監督に服する（同法54条）という後見型、さらには、管財人の管理に服する（同法64条）という管理型の手続も含まれている。

　自己管理型を原則とする手続は、我が国では例をみないものであって、債務者に信用を置けない債権者にとっては不安が残る手続である。この手続を定着させるためには、債務者や債権者の意識改革が必要で、債務者代理人となる弁護士の倫理性や力量も必要である。

　民事再生法はゴルフ場事業の再建には使い勝手のよい法律だといわれているが、現在のところ、申立て自体が予想されたより少ないといわれている。

(1) 手続の概要

(イ) **申立て**　債務者が申立てをする場合は、破産の原因となる事実の生じるおそれがある場合と、事業の継続に著しい支障を来すことなく弁済期にある債務を弁済することができない場合であり、前者の場合は再生債権者も申立てができる（同法21条）。破産の場合より早期の申立てが可能である。

　会員は再生債権者であるから、会員も申立てができる。実務上は、施設経営企業の経営者が何らの手を打たず放置している場合、財産の隠匿その他の不正行為が疑われる場合や経営者に会員の不信感がある場合に会員が会員としての権利を守ろうとして申し立てることが考えられる。会員による申立例もある。このような場合は、スタート時点から経営者の管理・処分権を剥奪する保全管理人の管理（開始決定後は管財人の管理）になじみやすい。

　裁判所の現在の運用では、債務者申立ての場合は、通常は監督委員が選任されている（札幌地方裁判所では原則として監督委員を選任せず、調査委員を選任するという運用をしている）。

　監督委員が選任される場合は、裁判所は要同意事項を指定するが、実務の運用は、監督に必要な事項を全部要同意事項として指定し、裁判所の要許可

事項は指定していない。

　(ロ)　**保全命令**　会社更生法、破産法と同様の仮差押え、仮処分、その他の保全処分に関する規定があり（同法30条）、債務者の財産である動産、不動産等に対する仮差押えの他、一般的な弁済禁止の仮処分等の保全処分を行うことができる。

　一般的な弁済禁止の仮処分は、債権者の個別的な強制執行や保全処分等の権利行使を制限する効力はないから、債権者（会員）から強制執行等を受けたときは（たとえば預託金返還請求訴訟の判決に基づく動産執行）、その中止命令を得る（同法26条1項2号）必要がある。また、このような中止命令では再生手続の目的を十分に達成することができないおそれがあると認めるべき特別の事情がある場合は、強制執行等を包括的に禁止する包括的禁止命令を受けることも可能である（同法27条）。

　なお、再生債務者が、弁済禁止の保全命令を得たことを理由に預託金据置期間の延長する会則変更を行っても無効である（和議に関して、東京高判平11・4・27金法1575号77頁）。預託金返還請求権は再生計画によって権利変更をすべきであり、このような会則変更を正当化できないからである。

　申立開始前に保全命令がなされた場合は、申立ての取下げは裁判所の許可が必要で（同法32条）、申立てが棄却された場合は職権で破産宣告がなされて破産に移行することになる（同法16条1項）。この取下げを裁判所の許可にかからしめるのは、和議法時代には法的な歯止めがなかった保全命令の濫用を防止するためであり、会社更生法に倣ったものである。

　(ハ)　**開始決定**　手続開始の条件は、会社更生法38条と同趣旨であるが、会社更生法が棄却事由としている「更生の見込みがないとき」は民事再生では「再生計画の作成又は成立の見込みがないことが明らかであるとき」となっている（同法25条3号）。このような要件は民事再生は非事業者も対象としている立法技術的なものとされているが、実際の運用は会社更生より緩やかに解釈されていて、資金繰り等で事業を継続できない、事業の継続に必要不可欠な施設の別除権者が競売を強行してくる、再生債権者の多数が反対を表

明している等の事情がない限り、開始決定がなされることが多い。

　ゴルフ場の場合は、収入は現金またはカード代金が大半であり、資金繰りが楽な業種であるから、申立て後も事業継続ができていれば、立地条件が悪い等で経営の合理化等の経営努力を行っても収益体質にもっていくことができないことが明らかというような例はともかく、開始決定を得ることは可能である。

　申立てから開始決定までの期間は、監督委員や調査委員に棄却事由の有無に関する調査をさせるかどうかによって異なってくるが、調査をさせても1カ月から2カ月程度であり、調査をさせない運用を行う場合（大阪地方裁判所は原則としてこのような運用をしている）は、申立て前に事前相談を裁判所とどのようにするかという運用の問題もあるが、1週間程度（早ければ即日）である。

　再生手続開始決定があれば、再生債権者は強制執行等の権利行使が禁止され（同法39条1項）、再生計画の定めるところによらなければ再生債権の弁済が受けられなくなる（同法85条）。

　(ニ)　**債権の種類**　　再生手続開始前の原因に基づいて生じた財産上の請求権は再生債権として手続債権となる（同法84条1項）。また、手続開始後の利息、手続開始後の不履行による損害賠償金・違約金、手続参加費用も再生債権となる（同条2項）。破産のように優先、一般、劣後の区別はない。破産の場合の優先的破産債権に相当する債権は一般優先債権として、手続外債権として随時弁済を受けることができる（同法122条）。共益債権も随時弁済されるが、その内容は破産における財団債権とほとんど変わらない（破産法47条、民事再生法119条）。

　破産とは異なり、民事再生では一般優先債権と共益債権については弁済に関する優劣はない。公租公課は破産では一定範囲で財団債権となるが、民事再生では一般優先債権である。

　再生債権者の議決権は、再生債権の債権額とは必ずしも一致しない（同法87条から89条参照）。

(ホ) **再生債権の届出と確定**　再生債権者は届出を行い（同法94条から98条）、調査を経て確定する（同法99条から113条）。調査方法は、届出がされた債権の内容と原因、議決権の額等について債務者が作成した認否書や再生債権者の異議等の書面によって行われる。

この書面による調査、確定方法は民事再生で新たに導入された制度で、会社更生や破産のように、裁判所で期日を開いて行っている債権調査制度とは異なっている。今後、破産や会社更生も民事再生と同様の制度に改正されると思われる。

異議等のある債権については、会社更生や破産にはない裁判所による査定という簡易な債権確定制度も設けられている（同法105条）。なお、簡易再生や同意再生では債権確定手続がない（同法205条、209条）。

ゴルフ場の場合は会員の債権者が多く、債権の届出をしない会員も多い。未届債権者との紛争（同法181条2項で、弁済計画満了後でなければ支払いを受けられなくなる）を避けるために、再生債務者は会員として把握している未届債権者の債権は認否書で自認するべきである（同法101条3項）。

(ヘ) **債権者集会**　破産や会社更生は債権者集会は必ず開催しなければならないものとされているが、民事再生の場合は任意的である（同法114条）。再生計画案を決議する場合も書面による決議方法をとる場合は債権者集会を開催する必要がない（同法171条、172条）。

債権者集会の開催が必要的とされなかったのは、債権者集会が形骸化されていて、情報の債権者への開示等は、民事再生規則で、再生債務者は再生手続の進行に関する重要な事項を再生債権者に周知させるように努めなければならないとされ（規則1条2項）、債権者説明会を開催して、再生債務者の業務および財産に関する状況または再生手続の進行に関する事項について説明することが期待されている（規則61条）。

(ト) **再生計画**　再生計画では、再生債権者の権利変更条項、共益債権、一般優先債権の弁済に関する条項を定めなければならないとされ（同法154条1項）、再生債権の権利変更条項では、債務の減免、期限の猶予その他の

権利の変更の一般的基準を定め（同法156条）、さらに具体的な再生債権毎の一般的基準による変更後の権利の内容を定めなければならない（同法157条）。

　民事再生は各債権者毎の個別的権利変更を行うから、和議のように和議条件に債権の漏れがあり、その債権がどの権利の変更に該当するかで紛争になる可能性はほとんどなくなったといえよう。和議で会員契約の債務不履行解除を行った債権者の債権がどの和議条件に該当するかの明示がされていなかったために紛争になった例（東京地判平9・8・27判タ981号299頁）がある。

　また、未確定の再生債権と、別除権の行使によって弁済を受けられない不足額が確定していない場合（後に述べる協定による不足額の確定も含む）の的確な措置も定めなければならない（同法159条、160条）。

　この不足額未確定部分が債権に占める割合が高ければ高いほど、再生計画の遂行の可能性について不確定要素が高くなることになる。

　会社の資本の構成については、再生計画で減資とこれに伴う定款変更が可能である（同法161条）が、減資に伴う新株発行については取締役会・株主総会の決議が必要で、民事再生法はこの点に関する処理が徹底していない。

　管財人が選任された場合は、管財人は再生債務者の取締役や株主の協力がなければ資本の組み替えができないことになるが、管理命令は経営者の財産管理や処分が失当である等の理由で選任される（同法64条）から、取締役の協力を受けること自体が困難であり、この点が隘路となる。

　再生計画案の提出期限は、再生債権の一般調査期間の末日から2月以内で裁判所が定めることとなっていて（同法163条、規則84条1項）、会社更生に比して非常に早い時期に、再生計画案を立案して提出しなければならない。

　提出された再生計画案の決議の可決要件は、議決権を行使できる再生債権者で出席者の過半数で議決権総額の2分の1以上の賛成であり、会社更生や特別清算等に比して緩やかな可決要件となっている（同法171条4項）。

　㈄　**手続の終結**　　監督委員や管財人が選任されない場合は、再生計画認可決定の確定によって手続は終結する。監督委員が選任されている場合は、再生計画認可決定の確定後3年間で手続が終結する。管財人がある場合は、

原則として、再生計画の履行完了により手続が終結する（同法188条）。

(2) 会員契約の処理

　施設経営企業に対する再生手続の開始自体は、会員契約に影響を与えない。手続開始により会員契約は終了しないからである。この点は破産と同じで、**47** 2(2)(イ)(ロ)で述べたことがそのまま当てはまる。

　会員は、手続開始後も会員契約を退会で終了させない限り、施設利用権の行使ができるし、施設利用権は特殊な再生債権であると考えるべきである。

　会員契約が継続されている限り、会員には会費支払義務がある。

　会費支払義務と預託金返還請求権の相殺については、民事再生法は破産法のような相殺権の拡張に関する規定を置いていないし、相殺は再生債権の届出期間内に相殺適状になった場合に限ってすることができる（民事再生法92条1項）という相殺時期の制限がある。再生債権の届出期間は裁判所が開始決定と同時に定める（同法34条）が、その期間は開始決定日から2週間以上4月以内とされていて（民事再生規則18条1項）、実務上は開始決定日から1カ月程度とされる場合が多い。

　したがって、未払い会費と預託金返還請求権を相殺できるのは、手続開始後、再生債権届出期間内に、退会をして会員契約を終了させたうえ（預託金据置期間が到来している必要がある）、相殺の意思表示をしたときに限ることになる。将来の会費についてどの範囲で相殺することができるかという問題もあるが、退会によって爾後の部分の会費支払義務は消滅するから議論の実益はない。

　施設経営企業も会員契約を継続することを前提に営業を継続していくことになるから、施設経営企業の方から会員契約を解除するといったことは余り考えられないことである。

　会費支払義務のない会員契約は最判平12・3・9（判時1708号123頁）によると双方未履行双務契約ではないから、再生債務者には民事再生法上の解除権はなく、他に会員契約を解除する権利もないことになる。

　双方未履行双務契約については、再生債務者は破産法・会社更生法と同様

に解除と継続の選択権がある（同法49条1項）し、契約相手方には催告権がある（同条2項）。会費支払義務のある会員契約の場合は、双方未履行双務契約であるが、この選択権や催告権があるかどうか、再生債務者が会員契約の継続を選択しても解除を選択しても預託金（相当額）返還請求権が共益債権となる（同法4項、5項）かどうかという問題があるが、この問題は破産の場合と同様の問題で、**47**2(2)(ホ)で破産に関して詳細に述べたのと同様に、選択権も会員の催告権も行使できないと考えるべきである。

会員契約上の会員の権利は再生債権であり、再生計画で権利の変更がなされるものであるから、会員契約の帰趨は再生計画で定められるべきものである。

(3) 会員の権利行使

会員の会員契約上の施設経営企業に対する請求権は、基本的には開始決定前の原因に基づいて生じた財産上の請求権であるから再生債権である（同法84条1項）。

会員が届け出るべき債権の内容は何かという問題がある。再生債権の内容は会員契約に基づく会員の権利であり会員権である。

開始決定前に退会や債務不履行解除で会員契約が終了している場合や届出前に退会の意思表示をしている場合は単純な金銭債権である預託金返還請求権だけが再生債権となる。

会員が預託金返還請求権として届出してきても、会員契約は手続開始によって終了しないから、その届出に明示の退会の意思表示がない限り会員権として取り扱うべきである。したがって、会員の届け出る再生債権は会員権でその内容は預託金返還請求権と施設利用権ということになる。

次に、この再生債権の議決権の金額については、預託金返還請求権は条件付債権か将来の請求権、施設利用権は非金銭債権であるから、それぞれ評価をしなければならない（同法87条1項3号ハ、ホ、ヘ）。

その評価は、会員権を一体として、預託金据置期間が満了している場合は預託金額全額を議決権の金額と評価し、据置期間満了前である場合は手続開

始から据置期間満了時までの期間の年数（1年未満は切り捨てる）に応じた法定利息を債権額から控除した金額を評価額とすべきである。後者については期限が未到来の無利息確定期限付債権の議決権の金額を定めた民事再生法87条1項1号の規定を類推するのが合理的だからである。

　これ以外に施設利用権をさらに独立して評価することはできないと考える。施設利用権は預託金の支払いによって取得した債権であり、施設経営企業に対する関係では預託金額を超えて独立して価値を算定できない（将来の低料金による利用による利益を算定することは不可能である）し、施設利用は開始後も可能であるからである。したがって、会員が届け出る再生債権は会員権であるが、その債権額は将来の預託金返還請求権の金額で問題はないものと考える（東京地決平11・3・10金商1063号22頁は、和議法におけるゴルフ会員権の債権額を預託金返還請求権としている）。

　(4)　担保権者の処遇

　ゴルフ場は、その全部が借地であるという場合以外は、自己所有のゴルフ場施設に金融機関や建設会社の（根）抵当権が付着しているのが通常である。

　民事再生では、担保権の処遇については、会社更生のように手続に取り込むことをしないで、破産や特別清算と同様に、別除権として再生手続によらないで権利行使を可能とし（同法53条）、別除権行使による不足額や手続開始後の担保権の放棄や合意によって確定した不足額だけを再生債権として権利行使を認めた（同法88条）が、申立て後の中止命令（同法31条）と再建に不可欠な財産についてその客観的な価格相当額の弁済による担保権消滅請求制度（同法148条から153条）を導入している。

　(イ)　競売手続の中止命令　　この中止命令は、申立て後は開始決定の前後を問わず発令することができる。

　中止命令は、再生債権者の一般の利益に適合し、かつ競売申立人に不当な損害を及ぼすおそれがない場合に相当期間を定めて発令することができるが、この期間に担保権者と交渉の機会を与えるという目的がある。**47** 2(4)で述べたように、ゴルフ場の場合は担保権者は担保権の実行に踏み切れない事情が

あり、この中止命令が利用される頻度は高いとは思われない。

　(ロ)　**担保権消滅請求**　　担保権消滅請求制度は、再生債務者の事業継続に不可欠な財産の上に担保権が付着している場合に、債務者が当該財産の価格に相当する金銭を納付して当該財産上の全部の担保権を消滅させるというものである。

　担保権の被担保債権額が目的物の価格を上回っている場合に利用できる制度であるが、ゴルフ場の場合は担保目的物であるゴルフ場施設の価格は巨額であり、施設経営企業はこの納付原資を持っていないから、有力なスポンサーがつく等で、新たな納付原資の調達ができないかぎり、この制度の利用はできないこととなる。

　(ハ)　**担保権者の対応**　　ゴルフ場施設に担保権を有する担保権者が競売を強行する場合は、再生の見込みがなくなるから、再生手続は廃止され（同法191条、194条）、破産に移行することになる（同法16条1項）が、これに対する会員の反発は強く、その他の事情からゴルフ場施設の競売を行うこと自体が難しく、金融機関を中心とする担保権者としては、別除権の行使を控えて再生債務者に協力せざるを得ない場合が多いと思われる。

　その場合は、資力をもつ有力なスポンサーが現れない限り、目的物の価格相当額の長期分割払いに応じざるを得なくなることになる。このような事態はゴルフ場に限らず、再生債務者の事業継続に必要な不動産にオーバーローン状態の債権を有する金融機関を中心とする債権者がある場合には生じることでもある。

　民事再生法は、担保権を手続に取り込んでいないからこのような処理に対処できる規定を置いていない。再生計画で権利変更や履行の対象とされるのは再生債権のみで、別除権者が手続に参加できる場合は別除権行使が完了して不足額が確定した場合の他に「担保権が再生手続開始後に被担保債権の全部又は一部が担保されなくなった場合」にもその担保されなくなった部分を再生債権として権利行使ができるとの規定（同法88条ただし書）と、再生計画で不足額が確定しない場合の措置に関する規定（同法160条）を置いている

427

だけである。

　㈡　協　定　　民事再生法88条ただし書の趣旨は、担保権の放棄が行われた場合の他に、担保権者との合意で、本来の被担保債権額を担保権で担保される部分と担保されない部分に分離する場合も含む趣旨である。したがって、担保権者は当該担保権で担保される部分（これは当該担保の目的物の価格と担保権の順位で決まる再生債務者との合意額である）についての分割弁済と、担保されない部分を再生債権とするとの合意を行うことになる。この合意は、実務上、別除権者との協定と呼ぶことがある。

　この協定は、再生計画認可決定までに行われる必要はないが、協定成立の見込みがない場合は、別除権の行使される可能性が高く当該債権の弁済を取り込んだ弁済計画の立案自体が難しいから、再生計画の遂行可能性の判断がつかなくなるなどで、再生の見込みがないことになるし、別除権者は予定不足額について議決権を有するから、協定の見込みがないときは再生計画案に賛成しない可能性が高く、再生手続は頓挫する可能性が高いということになる。

　協定は、一方では別除権の目的の受戻しになるから、実務上は監督委員の要同意事項に指定されることになり、監督委員の同意が必要である。

　この協定により担保権で担保されないものとされた債権が直ちに再生債権として再生計画に従った弁済が受けられるかどうかは、この協定の結果を担保権の登記に反映しなければならないかどうかという問題と関連する。

　登記まで要するかどうかについて、積極、消極の両説があるが、実務は積極説で運用されているようである。積極説をとる場合は、普通抵当権は被担保債権の一部を特定してその部分に対する抵当権とする変更の登記が可能であるが、根抵当権の場合はこのような変更の登記ができない。根抵当権に関する変更の方法は、元本確定の合意をして確定登記を行い、確定後の根抵当権で担保される範囲まで極度額を減額変更してその極度額変更の登記ができるが、それ以上の登記はできず、登記簿上は変更後の極度額が確定した債権のどの部分を担保することになるのかわからないからである。

したがって、根抵当権の場合は、上記の確定、極度額変更の登記で足りると割り切る以外には、①別除権付債権として分割弁済する金額について、弁済が完了した場合は担保権が消滅するから、担保権消滅および担保の抹消登記時点で不足額が確定し再生債権として権利変更がされた後の金額を弁済するという方法と、②再生債権として弁済を受けられるであろう金額を別除権付債権に上乗せしてこれを含めて分割弁済の対象とし、その全額が支払われた場合は担保権は消滅するが、不足額全額の免除を受けるという合意を行う方法しかないことになる。

①の方法は民事再生法に忠実な方法であるが、再生債権部分が他の再生債権者と同じ時期に弁済を受けられなくなり、履行可能性は時期が遅くなるほど低くなるから担保権者が難色を示すという難点があり、②の方は、担保権者にとって有利な方法ではあるが、再生債権の弁済とする部分は再生計画によらない弁済になり、担保目的物の実価より高い金額を担保権者に支払うという点で他の再生債権者との間で不平等になり、再生債務者の公平・誠実義務に違反するのではないかという法律上の問題があり、さらに免除の効力発生時期が遅れると、後に述べる債務免除益が後になって発生し、免除額が巨額であれば益金による課税問題が生じるという難点があり、担保権者にとっても債務免除を後にすれば不良債権として直ちに直接償却できないという難点もある。

担保権消滅請求のための納付原資がない再生債務者にとって、別除権付債権とする担保目的物の価格の交渉も含めて、別除権者にキャステングボードを握られるのは、担保権を手続に取り込まなかった民事再生法の性質上当然のことであり、これを避けようと思えば、会社更生に移行させるべきである。この点も考えれば、②の方法も目的物件が事業継続に不可欠な財産である場合に限って認められるものと考えられる。この方法をとる場合は債務免除益の発生時期に協定時とするような合意をする等の配慮をする必要がある。

なお、分割弁済の期間については、再生債務者が当該担保権の債務者でもあるときは、被担保債権は再生債権であるが、再生計画で権利が変更される

債権ではないから一種の共益債権であり、民事再生法で定める10年間の弁済期間の拘束（同法155条2項）はなく、それより長い期間を定めることも自由であると考えられる。

(5) 処理方針

(イ) 施設が開設されている場合　単純なモデルを設定してゴルフ場の再生計画について考えてみよう。

資産としては、ゴルフ場施設15億円、流動資産や遊休資産の処分で1億円、弁済原資は税引後利益に減価償却費を繰り入れてその額から資産勘定に計上しなければならない設備再投資額を控除した残額として年間1億円、負債としては、ゴルフ場施設を担保とする金融機関からの借入金30億円、預託金100億円（会員は800名）、その他の再生債権が2億円というモデルを設定してみる。通常は、社会保険料や固定資産税等の公租公課の優先債権の発生は不可避であるが、これを考えないこととする。

なお、再生債務者にこのモデルのような収益力がなく、会員数も多く、弁済原資はその大半を預託金の追加募集や新たな会員募集による預託金で賄わなければならない場合は最初から「再生の見込み」に問題がある。

このモデルの例で、自主再建を基本とし、弁済を今後の収益だけで行うとすると、10年間で弁済原資の合計は11億円（当初の1億円と今後10年間の収益分10億円）であるから、この分を別除権付債権の弁済に充てなければならない場合は、再生債権の弁済は全くできなくなるから、再生計画を立案できなくなる。

したがって、別除権者との交渉で、担保目的物の価格（別除権で担保される金額）を15億円より減少させるとか、分割弁済期間を長期間に設定するような協定をする、弁済原資の一部を他から借入れ等で調達する、という方法を組み合わせなければ、履行可能性のある再生計画が立案できない。弁済資金の調達で一番簡単な方法は、新たな会員の募集による会員からの拠出金（入会金や預託金、株主会員制を採用する場合は株式の払込金もこれに含まれる）である。

たとえば、担保権者との間の協定で15億円を20年間で分割弁済ができることになれば、1年当たりの弁済額は7500万円となるから、再生債権に年間2500万円程度、10年間で2億5000万円程度の弁済が可能となるから、このような弁済で足りるような計画で債権の大多数を占める会員の同意が得られるかどうかを考え、これで無理であれば会員の募集による拠出金を弁済原資に充てるという方法も考えることになろう。

　単純に会員契約を終了させて預託金返還請求権を現実化させ（これに加え、資金調達のために、会員契約の継続を望む会員には追加の預託金の預託を求めて新たな会員契約を締結するという方法も考えられる）、これを減額して他の再生債権と同様の分割弁済をするという方法を採用する場合は、再生債権者の形式的な平等を害しない方法であるが、弁済率は非常に低くなり、施設利用の継続を望む会員の同意を得られない可能性が高い。

　弁済に回せる原資との関係で、会員に退会と会員契約の継続を選択させて、退会する会員には預託金の一部の分割払い、継続を選択する会員には預託金の減額、据置期間の設定、会員権の分割、株式の割当てをするという方法等を考えることも可能である。この方法は、会員の選択の時期や継続を望む会員に対する債務負担をどのようにするかをめぐっていくつものバリエーションが考えられる。

　会員契約を継続する会員には一定期間退会を認めないこととし、退会後に減額した預託金を支払うという方法がある。この方法は資金繰り上、預託金の弁済時期を後ろへずらし、会員が施設利用を望む限りは弁済期がこないという非常なメリットがある。

　施設利用の継続を望む会員が多いほど少額の弁済資金で足りるし、新たに設定した据置期間（退会禁止期間）中は退会会員の減額後の預託金とその他の減額後の再生債権を支払えば足りる（別除権者の協定による分割弁済額も支払う）ことになるし、据置期間が満了しても退会しない会員が多いほど実際の弁済をしなくてもよいから、その予測との関係で弁済率を少々高くしても（したがって一部免除後も債務超過状態は容易に解消されないことになる）履行可

能性があることになり、会員の同意を得やすいということにもなる。

　会員数が少ない場合は、上記の方法に加え、会員権を分割し、分割後の会員権の譲渡を認めれば、会員はそれを処分することによって預託金の一部を回収することができるようになる。

　分割した会員権には施設利用権を与えることになるが、施設利用権は既に述べたように施設経営企業との間では権利の価値を算定できないのであるし、仮に何らかの財産上の価値があるとしても、預託金減額に対する対価（代物弁済の一種）と考えればよい。

　1個の会員権を、どのような会員権に何個に分割するか、分割の基準を預託金額に置くかどうか等色々な選択肢がある。これにより、会員増加による名義書換料や利用料の増収も見込める。

　また、継続を希望する会員に施設経営企業の株を割り当てるという方法もある。種々の方法が考えられるが、一番単純な方法は、施設経営企業の資本を100％減資し、会員に増資した株式を割り当てるという方法である。

　株式は現金の払込みによる方法と権利変更後の会員権の現物出資による方法がある。後者は商法上検査役の検査手続が必要となる。これにより株主会員制に移行することになるが、預託金を残すことにすれば預託金との複合型になる。

　この方法は、新株式に振り替えられる再生債権の弁済資金の調達を不要にして資金繰りが楽になる方法であり、今後も従前の経営者が経営権をもって施設経営企業を経営していくことに対する会員の不満を解消する方法であるが、株の支配がなくなり経営権を奪われる可能性が高くなる経営者にとっては踏み切ることが難しい方法であるし、管理命令で管財人が選任されている場合は、減資は再生計画で可能でも、取締役・株主の協力がない限り新株発行のための取締役会・株主総会の決議（閉鎖会社の新株の第三者割当には総会の特別決議が必要となる）ができないので現実的な方法ではないということになる。

　上記のような方法を採用する場合は、他の再生債権者と会員を区別して取

り扱うことになるから、会員間の衡平や他の再生債権者との間の衡平の問題が生じる。民事再生法は、再生債権の権利変更の内容は再生債権者間で平等でなければならないとするが、再生債権者間に差を設けても衡平を害しない場合は別異の取扱いを認めている（同法155条1項）。

和議法の和議条件について平等原則が問題となった判例がある（前掲東京地決平11・3・10）。これは、ゴルフ場経営会社の和議事件で、①一般和議債権者については、元本82％および利息・損害金の免除を受け、元本18％について13年間分割払い、②会員のうち和議認可決定3カ月以内に退会した者は①と同様の取扱いをする、③会員のうち②以外の者は①の弁済が終わるまで預託金返還請求権を行使できず、ゴルフ場の施設利用権のみを行使するが、①の弁済終了後は毎年総額10億円を限度として預託金の償還を行い、償還希望者がこの限度額を超えるときは抽選で当選した者に償還する、という和議条件について平等原則が争点となったが、この判例は、プレー会員と他の和議債権者を区別した点については、プレー権と預託金返還請求権とが選択関係にあるという会員債権者の特殊性およびプレー会員につき元本免除なしという有利性と預託金据置という不利性があり平等原則に違反しない。抽選による償還を認める点については、抽選に落選してもプレー権を失わない点で債権者平等に反しない、としている（この判断は、抗告審である東京高決平11・5・17金商1069号7頁、ゴルフ法判例72[13]でも支持された）。

このような和議条件は、弁済期間の点はともかく（民事再生法155条2項で特別の事情のない限り認可決定確定から10年間とされている）、民事再生における再生債権者の権利変更の一般的基準として利用することができるが、上記のような権利変更では預託金債務の大半について免除を受けないので、以下に述べる債務免除益が大きく生じることはないものの、大幅な債務超過状態のまま債務弁済を先送りするだけで、本来の再建とは言い難い面がある。

再生計画を立案する際して留意しなければならないことは、再生債権の減免を受ける場合は、法人税法上、その減免分は債務免除益として益金となる（法人税法22条2項）ので、その額が資産の評定による評価損（同法33条2項）

と繰越欠損金（同法59条1項）を上回る場合は法人税の課税がされ、税金の支払いのために再建に失敗することがあるということである。また、再生債務者が同族会社の場合は留保金課税（同法67条）にも注意する必要がある。

以上の他、営業譲渡の方法で再建を行うことも可能である。営業譲渡は手続開始後は行えるが、裁判所の許可が必要で、その許可要件は再生債務者の事業の再生に必要であると認められることである（同法42条）。また債務超過会社で事業継続のために必要な場合は、商法の株主総会の特別決議に代えて裁判所の許可で営業譲渡ができる（同法43条）。

ゴルフ場の場合は経営に特別のノウハウの必要な業態ではなく、開始決定があったからといって早期に営業譲渡しなければ企業価値が劣化するという事態は考えにくく、再生計画認可前に営業譲渡を行ってしまう必要性は余りなく、再生計画で営業譲渡を前提として換価金の分配を定める方がよいと考えられる。

民事再生では、営業譲渡を再生計画の条項にして、再生債権者の決議で行えるものではなく、営業譲渡には裁判所の許可、代替許可も必要である。この点が関係人集会の決議で営業譲渡を行える会社更生とは異なるところである。民事再生では、基本方針として営業譲渡を行うことを示したうえ、換価金の分配について再生債権の権利変更を定めるという再生計画案を立案することになる。

ゴルフ場会社が営業の全部譲渡を行う場合は譲渡後の換価金等を弁済原資として分配し会社自体は清算することになるが、事業は再生しているから再生の目的は早期に達成することができるということになる。

営業譲渡をする際に、会員の預託金の一部を引き受ける契約を行う場合は第三者に一部の再生債権者の債務の責任を引き受けさせることになるから、債権者平等原則からの問題を生じるので、他の再生債権者との間で不平等が生じないように会員と他の債権者との間の弁済率を変える等の衡平な計画を立案する必要がある。

なお、会員の施設利用権を承継しないような場合は営業譲渡の範疇に入ら

ず単なる資産譲渡であると考えられる（旭川地判平7・8・31判タ907号244頁、ゴルフ法判例72⑨参照）。

　(ｲ)　**施設が未開設の場合**　施設が未完成の段階で破綻した場合は、施設経営企業は施設を完成させる資金を持たないから、この資金を調達しなければならないし、これが完成できたとしても、収益力があるかどうか実績がないから再生計画の履行可能性に相当の不確実性が残ることになる。しかし、資金調達の目処があり、再生計画による履行可能性があり、これに再生債権者が法定多数をもって同意する場合は、このような再生計画を拒否する理由はない。

　和議について、未開場のゴルフ場会社が完成資金をスポンサー企業から融資を受けてゴルフ場を完成・開業させ、会員を募集した金員で開業に要した費用と和議債権を弁済するという和議条件を認可した例（東京地判平9・5・16判時1606号61頁）があるが、開場後の収益の可能性について言及していない。

3　会社更生

　会社更生手続は、窮境にあるが再建の見込みのある株式会社について、債権者、株主その他の利害関係人の利害を調整しつつ、その事業の維持更生を図るという再建型の手続である。

　民事再生とは異なり、当初から更生管財人の管理に服するという管理型の手続で、租税債権その他の優先債権や担保権も手続に取り込んでいるから、優先債権者も担保権者も手続外の権利行使はできず、優先的更生債権者、更生担保権者として手続内でしか権利行使ができない手続になっている。

　会社更生は、大会社向けの再建手続として適していることから、手続も厳格である。従前から、ゴルフ場再建の会社更生離れが指摘されており、民事再生法施行後は、さらにこの傾向は強まるものと思われるが、資本の組み替えを原則としない民事再生では従前の経営者が居座ることに対する会員の不満や、民事再生ではゴルフ場施設に担保権を有する担保権者のイニシアティ

ブを排除できないことから、当初から従前の経営者を放逐して担保権者の担保権の実行を押さえ込める会社更生がゴルフ場再建の手続に利用される余地はまだあるものと思われる。

　現在、法務大臣の諮問機関である法制審議会で会社更生法の改正作業が進行中である。

(1) 手続の概要

　(イ) **申立て**　債務者が申立てをする場合は、事業の継続に著しい支障を来すことなく弁済期にある債務を弁済することができない場合と、破産原因たる事実が生じるおそれがある場合であり、後者の場合は資本の10分の1以上の債権を有する債権または発行済株式総数の10分の1以上の株主も申立てができる（同法30条）。民事再生の場合とその範囲が異なっている。

　会員は債権者であるから、資本の10分の1以上の債権額を満たす人数を集めれば会員も申立てができる。実務上は、施設経営企業の経営者が何らの手を打たず放置している場合、財産の隠匿その他の不正行為が疑われる場合や経営者に会員の不信感がある場合に会員が会員としての権利を守ろうとして申し立てることが考えられる。ゴルフ場に対する工事代金と預託金返還請求権を有する債権者の申立てを認めた判例（大阪地決昭51・4・15金商533号35頁）もある。

　(ロ) **保全命令**　民事再生法、破産法と同様の、仮差押え、仮処分、その他の保全処分に関する規定があり（同法39条）、債務者の財産である動産、不動産等に対する仮差押えの他、一般的な弁済禁止の仮処分等の保全処分を行うことができる。

　一般的な弁済禁止の仮処分は、債権者の個別的な強制執行や保全処分等の権利行使を制限する効力はないから、債権者（会員）から強制執行等を受けたときは（たとえば預託金返還請求訴訟の判決に基づく動産執行）、その中止命令を得る（同法37条1項）必要がある。

　会社更生の場合は、実務では、大半に、申立て直後に保全管理人の管理を命ずる保全管理命令が発令され、経営者は事業の経営権と財産の管理処分権

を剥奪される（同法39条1項後段、40条1項）。保全管理人は通例、開始決定後は更生管財人に就任する。

申立て開始前に保全命令がなされた場合は、申立ての取下げは裁判所の許可が必要で（同法44条）、申立てが棄却された場合は、職権で破産宣告がなされて破産に移行することになる（同法16条1項）。

(ハ) **開始決定** 手続開始の条件は、会社更生法38条に規定があるが、棄却事由としている「更生の見込みがないとき」は厳格に運用されている。更生の見込みの判断に際しては、申立会社の収益力を従前の経営状態、同種企業との競争状況、業界における信用度、取引先の協力度、会社の技術、従業員の確保などの方面から検討し、さらに会社の負債、債権者の協力、会社の再建計画を考慮しなければならない（大阪高決昭50・3・12判時779号107頁）とされるが、更生の見込みとは、要するに事業継続による収益をもって負債の相当部分を相当期間内に弁済できる可能性があるということである。

ゴルフ場の場合は開始決定の段階で再建が頓挫する可能性がある。

申立てから開始決定までの期間は、3カ月から6カ月程度の例が多いが、民事再生法との関係で期間が従前より短縮されることになるのではないかと思われる。

更生手続開始決定があれば、債権者は担保権の実行、強制執行等の権利行使が禁止され（同法67条1項）、更生計画の定めるところによらなければ債権の弁済が受けられなくなる（同法112条）。

(ニ) **債権の種類** 更生手続開始前の原因に基づいて生じた財産上の請求権は更生債権として手続債権となる（同法113条）。更生債権のうち担保権で担保された範囲内の債権は更生担保権となる（同法123条）。更生債権には優先、一般、劣後の区別がある。更生債権と更生担保権は更生計画に従った弁済を受けることになる。

開始後の更生管財人の行為によって発生した債権等一定の債権は共益債権として（同法208条、119条、119条の2等）、更生担保権、更生債権に先立って更生手続外で随時弁済を受けることができる（同法209条）。

債権者の議決権は、債権額とは必ずしも一致しない（同法113条2項、114条ないし118条、124条3項、4項）。

(ホ) **債権の届出と確定**　更生担保権者および更生債権者は届出を行い（同法125条から128条）、調査を経て確定する（同法132条、159条）。調査方法は、調査期日を開いて債権の内容、議決権額等会社更生法132条記載の事項について行う（同法135条から142条）。確定した更生担保権表と更生債権表の記載は、確定判決と同一の効力を有する（同法145条）。

異議ある債権については訴訟によって確定する（同法148条から156条）。

(ヘ) **関係人集会**　関係人集会は必ず開催しなければならないものとされている。

第1回の関係人集会は、更生管財人が更生手続開始に至った事情、業務・財産の状況等の報告を行い、債権者等の関係人から、管財人の選任、会社の業務や財産の管理に関する意見を聞くための集会である（同法187条、188条）。

通常開催される第2回の関係人集会は、更生計画案審理のための集会で（同法192条）、第3回の関係人集会は更生計画案決議のための集会で（同法200条）、同一日に連続して開催されるのが通常である。

(ト) **更生計画**　更生計画では、更生債権者、更生担保権者、株主の権利を変更する条項と共益債権の弁済に関する条項を定めなければならない（同法211条1項）。また、営業もしくは財産の譲渡、出資もしくは賃貸、事業の経営の委任、定款の変更、取締役、代表取締役もしくは監査役の変更、資本の減少、新株もしくは社債の発行、株式交換、株式移転、合併、分割、解散または新会社の設立に関する条項その他更生のために必要な条項を定めることができる（同条2項）。

そして、更生債権者、更生担保権者、株主の権利を変更するときは、変更されるべき権利を明示し、かつ変更後の権利の内容を定めなければならない（同法212条1項）。

会社更生では、会社の資本の変更、組織の変更など、民事再生より広範な

条項が定められる。

　更生計画案の提出期間は、更生債権、更生担保権の届出期間の満了後裁判所の定める期間となっていて（同法189条1項）、実務では開始決定後1年間程度を提出期限にしているが、民事再生法との関係で提出期間は短くなることが考えられる。

　提出された更生計画案の決議の可決要件は、債権者による組分けがあり、更生債権者の組では議決権を行使できる更生債権者で議決権総額の3分の2以上の同意が必要である。更生担保権者の組では更生担保権の期限の猶予の定めをする計画案においては更生担保権者の議決権総額の4分の3以上の同意、減免等期限の猶予以外の定めをする計画案においては更生担保権者の議決権総額の5分の4以上の同意、清算型の計画案においては全部の同意がそれぞれ必要である。株主の組では、議決権総額の過半数の同意が必要である。（同法205条）。

　ただし、法定の同意が得られなかった組がある場合でも、裁判所は、その組の債権者に対して権利保護条項を定めて、更生計画を認可することができる（同法234条1項）。

　㈑　**手続の終結**　　更生計画が遂行されたとき（したがって、権利変更後の更生担保権と更生債権の全部の弁済が完了したとき）または、計画が遂行されることが確実であると認めるに至ったときに手続が終結される（同法272条）。

(2)　会員契約の処理

　会社更生の場合の会員契約の処理に関する問題は、民事再生の場合と同様である。

　施設経営企業に対する会社更生手続の開始自体は、会員契約の終了原因ではないから会員契約に影響を与えない。この点は、破産と同じで、**47** 2(2)(イ)で述べたことがそのまま当てはまる。

　会員は、手続開始後も会員契約を退会で終了させない限り、施設利用権の行使ができるし、施設利用権は特殊な更生債権であると考えるべきである。

　会員契約が継続されている限り、会員には会費支払義務があり、預託金返

還請求権との相殺については、会社更生法は破産法のような相殺権の拡張に関する規定を置いていないし、相殺は再生債権の届出期間内に相殺適状になった場合に限ってすることができる（会社更生法162条1項）という相殺時期の制限がある。更生債権の届出期間は裁判所が開始決定と同時に定める決定の日から2週間以上4月以下の期間である（同法46条1号）。したがって、未払会費と預託金返還請求権を相殺できるのは、手続開始後、再生債権届出期間内に、退会をして会員契約を終了させたうえ（預託金据置期間が到来している必要がある）、相殺の意思表示をしたときに限ることになる。

会費支払義務のない会員契約は最判平12・3・9（判時1708号123頁）によると双方未履行双務契約ではないから、更生管財人には会社更生法上の解除権はなく、他に会員契約を解除する権利もないことになる。

双方未履行双務契約については、更生管財人は破産法・民事再生法と同様に解除と継続の選択権がある（同法103条1項）し、契約相手方のは催告権がある（同条2項）。会費支払義務のある会員契約の場合は双方未履行双務契約であるが、この選択権や催告権があるかどうか、更生管財人が会員契約の継続を選択しても解除を選択しても預託金（相当額）返還請求権が共益債権となる（同法207条7号、104条2項）かどうかという問題があるが、この問題は破産の場合と同様の問題で、**47**2(2)㈱で破産に関して詳細に述べたのと同様に、選択権も会員の催告権も行使できないと考えるべきである。

会員契約上の会員の権利は更生債権であり更生計画で権利の変更がなされるものであるから、会員契約の帰趨は更生計画で定められるべきものである。

(3) 会員の権利行使

会員の会員契約上の施設経営企業に対する請求権は、基本的には開始決定前の原因に基づいて生じた財産上の請求権であるから更生債権である（同法102条）。

会員が届け出るべき債権の内容は会員契約に基づく会員の権利であり会員権である。

開始決定前に会員契約が終了している場合や届出前に退会の意思表示をし

ている場合は単純な金銭債権である預託金返還請求権だけが更生債権となる。

　会員が預託金返還請求権として届出してきても、会員契約は手続開始によって終了しないから、その届出に明示の退会の意思表示がない限り会員権として取り扱うべきである。したがって、会員の届け出る更生債権は預託金返還請求権と施設利用権ということになる。

　次に、この更生債権の議決権の金額については、預託金返還請求権は将来の退会によって行使できる債権で条件付債権か将来の請求権であり、施設利用権は非金銭債権であるから、評価をしなければならない（同法117条、118条）。その評価は、一体として、預託金据置期間が満了している場合は預託金額全額を議決権の金額と評価し、据置期間満了前である場合は手続開始から据置期間満了時までの期間に応じた法定利息を債権額から控除した金額を評価額とすべきである。期限が未到来の無利息確定期限付債権の議決権の金額を定めた会社更生法114条の規定を類推するのが合理的だからである。

　施設利用権をさらに独立して評価できないものと考えるべきである。施設利用権は預託金の支払いによって取得した債権であり、施設経営企業に対する関係では預託金額を超えてその価値を算定できない（将来の低料金による利用による利益を算定することは不可能である）し、施設利用は開始後も可能であるからである。

(4) 担保権者の処遇

　会社更生は、破産や民事再生と異なり、担保権者を更生担保権者として手続に取り込んでいるから、担保権者は担保権の実行ができず、更生手続で権利を行使し弁済を受けることができるだけである。

(5) 処理方針

(イ)　施設が開設されている場合　　基本的な処理方針は民事再生の場合とは変わらないが、手続構造上の違いから異なる部分もある。民事再生と同一の単純なモデルを設定してゴルフ場の更生計画について考えてみよう。

　更生会社の資産としては、ゴルフ場施設15億円、流動資産や遊休資産の処分で1億円、弁済原資は税引後利益に減価償却費を繰り入れてその額から資

産勘定に計上しなければならない設備再投資額を控除した残額として年間1億円、負債としては、ゴルフ場施設に金融機関の担保権が付着しており被担保債権は借入金30億円、預託金100億円（会員は800名）、その他の更生債権が2億円というモデルを設定してみる。

　金融機関の借入金30億円は更生担保権15億円、更生債権15億円と振り分けられるから、更生担保権が15億円、更生債権が117億円ということになる。

　自主再建を基本とし、弁済を今後の収益だけで行うとすると、10年間で弁済原資の合計は11億円（当初の1億円と今後10年間の収益分10億円）であるから、更生担保権の弁済ができないから、弁済期間を延ばすという方法（会社更生の場合は民事再生と異なり最長20年間の分割弁済が可能）と、弁済原資の一部を他から借入れ等で調達する、という方法を組み合わせなければ、履行可能性のある更生計画が立案できない。

　弁済資金の調達で一番簡単な方法は新たな会員の募集による会員からの拠出金（入会金や預託金、株主会員制を採用する場合は株式の払込金もこれに含まれる）である。

　弁済に回せる原資との関係で、会員に退会と会員契約の継続を選択させて、退会する会員には預託金の一部の分割払い、継続を選択する会員には預託金の減額、会員権の分割、株式の割当てをするという方法を考えることが可能であり、この方法は会員の選択の時期や継続を望む会員に対する債務負担をどのようにするかをめぐっていくつものバリエーションが考えられるのは、民事再生の場合と同様である。

　継続を希望する会員に施設経営企業の株を割り当てるという方法は、更生計画の条項で行うことができる。更生債権者に対してその債権の弁済に代えて、つまり新たに払込みや現物出資をさせないで更生計画により発行する新株式を割り当てることができる（会社更生法222条1項）から、更生計画で施設経営企業の資本を減資し、会員に増資した株式を権利変更後の債権に対する代物弁済として割り当てるという方法が可能である。

　これにより、更生会社は、新株式に振り替えられる更生債権の弁済資金の

調達が不要になるから、資金繰りも緩和されることになる。また、新株式の割り当てによって株主会員制に移行することになる。

　通常は、更生手続中は株主に対する配当は行わないという条項を作成するから、配当請求権がないという点で配当分を弁済資金に回すことができるという利点がある。

　更生会社の新株式を会員に割り当てる場合は、他の更生債権との間の平等性の問題が生じるが、配当請求権がないことに対する見返りとして会員の低料金による施設利用があるから実質的な平等性は確保されていると考えることができる。

　預託金額が異なるのが通常であるから、変更後の債権全部について代物弁済によって新株式を割り当てるとすると、会員に割り当てるべき新株式の数が異なることになり、同意を得られない可能性があるから、割当株数を同一にして、それにより代物弁済される額を超える部分は通常の更生債権として現金で弁済するというような工夫が必要である。

　それ以外に、新株式を代物弁済によらないで払込みを受けて会員に割り当てるという条項ももちろん可能である。

　ゴルフ場の更生計画で他の更生債権者と会員を区別して取り扱うことになる場合は、会員間の衡平や他の更生債権者との間の衡平の問題が生じる。会社更生法は、更生計画の条件は同じ性質の権利を有する者の間では平等でなければならないとするが、差等を設けても衡平を害しない場合は別異の取扱いをすることを認めている（同法229条）。

　会員は施設利用権という特殊な権利を有し顧客という面を持つ特殊な債権者であるから、実質的平等が図られる限り他の更生債権者との差を設けることも可能である。

　以上の他、民事再生と同様に営業譲渡の方法で再建を行うことも可能である。

　会社更生の場合は、営業譲渡は更生計画で行うことができる。営業や財産の全部もしくは一部の譲渡については、更生計画において、目的物、対価、

相手方その他の事項、および対価を更生担保権者、更生債権者、株主に分配するときはその分配方法を定めるべきものとし（同法217条）、この場合更生計画の定めによってこれらの行為を行える（同法250条1項）。

ゴルフ場会社が営業の全部譲渡を行う場合は、譲渡後の換価金等を弁済原資として分配し、会社自体は解散することになるが、事業自体は更生しているから更生の目的は早期に達成することができるということになる。

なお、営業譲渡をする際に、会員の預託金の一部を引き受ける契約を行う場合は第三者に一部の更生債権者の債務の責任を引き受けさせることになるから、債権者平等原則からの問題を生じるので、他の更生債権者との間で不平等が生じないように会員と他の債権者との間の弁済率を変える等の衡平な計画を立案する必要があることは民事再生と同様である。

㈹　**施設が未開設の場合**　ゴルフ場施設が未完成の場合は、民事再生の場合と同様に、施設の開設資金を他から調達して、施設を完成・開場させ、営業を開始して収益や他から調達した弁済資金で権利変更後の更生担保権や更生債権の弁済をすることになる。

造成中のゴルフ場と着工前のゴルフ場を有する更生会社の更生計画案について、更生担保権者の組では法定多数の同意が得られたが、更生債権者の組ではその同意が得られなかった事案で、更生計画案の更生債権者に対する弁済の条項はすでに権利保護条項である会社更生法234条1項4号の要件を満たしているとして更生計画を認可した例がある（大阪地決昭51・4・20判時825号89頁、ゴルフ法判例72[14]）。

この更生計画案の骨子は、①両ゴルフ場の会員の中から3000名の新規会員の募集（預託金50万円）を行い、この資金で造成中のゴルフ場完成工事等の共益債権の支払原資とする、②完成したゴルフ場の収益と着工前のゴルフ場用地の処分代金をもって更生担保権の元本全額の分割弁済、租税優先債権の本税の分割弁済、通常の更生債権の平均15％の分割弁済を行う、③両ゴルフ場の会員は預託金は7割の免除を受けて15年間据え置く、④上記①の募集に応じない会員は完成後のゴルフ場の平日会員と同様の施設利用権を与える、

⑤退会者については15年据置後5年間で3割の分割弁済を行う、というものである。

49 施設経営企業による営業譲渡・施設の処分

1 経営破綻による営業用施設の譲渡

　経営危機に陥ったり、倒産をした施設経営企業が、私的整理の一環として、対価を取得することを目的に、営業の全部または一部を、第三者や別に設立した第2会社に譲渡することがある。また、施設等の財産を第三者や第2会社に譲渡することもある。

　このようなことは、通常の経営破綻でも起きる事態で、会員契約に特有なものはない。

　商法245条1項1号にいう営業の全部または重要なる一部の譲渡とは、判例（最判昭40・9・22民集19巻6号1600頁）によると、一定の営業目的のために組織化され、有機的一体として機能する財産の全部または重要な一部を譲渡し、これによって譲渡会社がその財産によって営んでいた営業的活動の全部または重要な一部を譲受人に受け継がせ、譲渡会社が譲渡の限度に応じ法律上当然に競業避止義務（商法25条）を負う結果を伴うものをいう、とされている。通説でもある。

　施設経営企業の営業用の資産の譲渡契約が締結された場合に、それが営業譲渡か資産の譲渡かは微妙な問題がある。上記の最高裁の判断に従うと、結局は人的、物的に会員制事業が譲渡されたかどうかが判断のメルクマールとなるから、少なくとも会員の施設利用権を全く引き継がないような譲渡は営業譲渡とはいえず、単なる施設の譲渡にすぎないことになる。（ゴルフ場の不動産および営業用動産の譲渡が営業譲渡にあたらないとした例として、旭川地判平7・8・31判時1596号115頁、ゴルフ法判例72⑨がある）。

445

ただし、営業譲渡か資産の譲渡かの区別は、会員にとってはさほど重要なものではない。営業譲渡の場合は、譲受人の商号の続用の場合と、商号を続用しない場合でも譲受人が営業上の債務の引受公告をした場合は、譲受人は譲渡人の営業債務を弁済する責任がある（商法26条、29条）が、営業用の財産の譲渡の場合はこのような責任がないという違いがあるだけである。

営業譲渡は、営業用の債務も引き受けるのが通常であるが、特約によって債務の引受をしないことも可能であるから、営業用の資産の譲受人が会員の権利をどの程度引き受けるかの方が会員にとっては重要である。

不誠実な施設経営企業の経営者は、会員にまったく知らせないで営業や資産の譲渡を行い、譲受人が施設の経営をしていて、会員が気がついたときは、預託金返還債務を引き継がなかった全く別の会社が施設を経営をしていたという例もある。

また、営業や施設を他の会社に譲渡したとし、譲受人は預託金の大幅な減額に応じる会員の施設利用権は引き受けるとか、据置期間の延長に同意する会員のみを引き受けるとか称して、会員に大幅な譲歩を迫る例もある。このような例では、譲受人が譲渡会社のダミーである場合もあり、内容は非常に不透明で、形を変えた預託金の減額や返還の延長方法であるといえる。

施設経営企業の営業譲渡がされ、会員の権利全部を営業譲受人が引き受ける場合（預託金制の場合は預託金支払債務を引き受ける場合は譲渡対価はその負債分だけは低くなる）は、会員の地位に変更はない。

会員権は契約上の地位であるから、個別的な会員の承諾がないかぎり営業の譲渡に伴う施設経営企業の契約上の地位の移転の効力は会員に及ばないが、会員としては営業譲渡人に施設利用権を主張してみても、営業用の施設は営業譲受人に移転されるからこれに対抗できないし、また営業譲渡人に預託金返還請求権を行使してみても回収の可能性も低いことから、この営業譲渡を承諾することになるからである。

営業用施設の譲受人が施設利用権や預託金返還請求権の引受けをしない場合は、会員は譲受人に施設利用権を主張することができないし、譲渡人に預

託金返還請求権を行使できるだけになる。

　会員は、譲渡人に債務不履行責任を追及できるし、会員権という債権侵害による不法行為責任も追及できるが、施設の譲受人に対しては、譲受人に会員権（債権）侵害に対する故意または害意のない限り、不法行為による損害賠償の請求はできないことになる（東京地判平7・1・26判タ891号201頁、ゴルフ法判例72 42 参照）。このことと、営業用施設の譲渡が詐害行為として取消しの対象となるかどうかとは別論である。

　会員に不利な営業や営業用の財産の譲渡がなされようとすることを知った会員側は、将来の預託金返還請求権を被保全債権として、この財産を仮差押えしてこれを実質的に防止することも可能であるが、譲渡されて登記も行われてしまった場合は、その効果がないことになる。

2　詐害行為の取消し

　会員に不利な営業譲渡や営業用資産の譲渡がなされた場合で、この譲渡行為が債権者である会員を害することを知って行われたときは、会員は金銭債権たる預託金返還請求権者として、この譲渡を詐害行為として取り消すことが可能である（民法424条）。破産、民事再生、会社更生における否認権制度は、この詐害行為以外にも広範な債務者の行為を否認することができるものとする制度である。

　ゴルフ場施設経営企業が関連会社（第2会社）に営業の全部を譲渡したことが詐害行為であると認められた判例（東京地判平11・12・7判時1710号125頁、ゴルフ法判例72 10 ）がある。

　この事案は、預託金返還に苦慮したゴルフ場施設経営企業が関連会社を設立して、営業の全部を関連会社に譲渡する契約をしたが、この営業譲渡に際し、営業権の対価を0円、営業資産の対価を1億6631万円とし、この代金支払債務と譲受人が引き受けた預託金返還債務（ただし、譲受人が会員に提示する預託金据置期間の延長と会則の承諾に同意する会員に限り引き受ける）とを対当額で相殺する旨の合意をしたところ、譲渡会社に120万円の預託金返還請

求権を有する会員が、この営業譲渡を詐害行為であるとして裁判上で詐害行為取消権を行使した事案である。

判決は、本件営業譲渡は譲渡人に1銭の対価ももたらされていないから債権者を害することは明らかであるとし、詐害の意思について、譲渡会社は債務超過であることを認識しながら営業譲渡を行ったもので、債権者を害することを認識していたとし、譲受人については、営業譲渡が債権者を害することを知っていたものであり、譲受人に会員の施設利用権を保全する目的があったとしても、詐害性が否定されるものではないとして、本件営業譲渡の取消しを許容し、取消しの範囲については、原則として権利行使を行う債権者の債権の範囲に限られるとして、債権額120万円の限度で営業譲渡を取り消し、譲受人に対する価格賠償金120万円の支払いを認めたものである。

この判決は、詐害行為取消権に関する判例理論を営業譲渡に適用したもので理論的な問題があるわけではないが、預託金の返還に窮した施設経営企業が、会員に不利な条件での営業譲渡という姑息な手段で預託金の返還問題に対処しようとしても、許されないということを明らかにしたことに意味がある。

3　営業譲渡によるクラブ名の続用と会員契約の承継

営業譲渡を受けた譲受人が譲渡人の商号を続用するときは、営業譲受人は譲渡人の営業によって生じた債務について弁済の責任がある（商法26条1項）。

これを会員制事業に当てはめると、営業譲受人が営業譲渡人の商号を続用する場合は、会員の権利を引き受けない営業譲渡契約が行われていても会員の権利の全部の弁済の責任がある、つまり会員契約の承継があるということである。

営業譲受人が譲渡人の使用していたゴルフクラブ名を続用した場合に、会員は商号の続用に準じて営業譲受人に会員権を主張できるかどうかが争われ、これを認めた判例（大阪地判平6・3・31判時1517号109頁）がある。

この事案は、ゴルフ場営業をしていたA会社に融資をしていた債権者Bが A会社の全株式と営業用の土地建物を取得し、Bが実質上支配するC会社に ゴルフ場営業を行わせた（営業用の土地建物は当初はBがCに賃貸していたが 後に譲渡した形式になっている）が、C会社はA会社が使用していたゴルフク ラブ名を続用していたという事案である。

　判決は、これを営業譲渡と認定したうえ、商号は商人の営業上の名称であ るが、商法26条1項が商号を続用する営業譲受人に弁済義務を認めた趣旨は、 商号が続用される場合には、営業上の債権者は、営業譲渡の事実を知らず譲 受人を債務者と考えるか、知ったとしても譲受人による債務の引受があったと 考え、いずれにしても譲受人に対して請求をなしうると信じ、営業譲渡人に 対する債権保全を講ずる機会を失うおそれが大きいこと等にかんがみ債権 者を保護するところにあると解され、これからすると、商号そのものではな くとも、営業上使用される名称が営業の主体を表示する機能を果たしている 場合には、上記法条の趣旨は及ぼされるべきであり、同条を類推して、名称 を続用した営業の譲渡人の弁済義務を認めるべきものと解するのが相当であ る、とし、ゴルフクラブの名称は商号そのものではないが、ゴルフ場の経営 については、その経営主体の名称が使用されるよりは、そのクラブの名称が 使用されるのが一般的で、ゴルフクラブ会員権者は当該ゴルフクラブの名称 を使用する者に権利を有すると考えるのが通常であるとして、商法26条の商 号の続用に準じて考えるのが相当である、としている。

　この判決の商法26条の解釈と判断については、余り異論のないところであ ると思われる。

4　法人格否認の法理

　施設が譲渡されてしまった場合でも、譲渡人と譲受人の間に法人格否認の 法理が適用される場合は、会員は譲受人に対して会員権の主張ができる。

　法人格否認の法理は、判例（最判昭44・2・27民集23巻2号511頁他）や学説 上、これを認めることに異論はない。

独立の法人格をもつ会社について、その形式的な独立性を貫くことが、正義・公平に反するときには、その法人の独立性を否認して、これと実質的に同一視できる背後の支配者の責任を追及できるとするのが、法人格否認の法理で、これには、①法人格が全くの形骸にすぎない場合（法人格の形骸化）と、②法律の適用を回避するために法人格が濫用される場合（法人格の濫用）があるとされている。

ゴルフクラブの経営会社が別法人に変更された場合に、法人格の濫用として法人格否認の法理が適用されるかどうかが争われ、これが認められた判例（岡山地判平12・8・23判タ1054号180頁）がある。

この事案は、前記のゴルフクラブ名の続用が認めらた判決と同じゴルフ場の事案である。

判決は、法人格が濫用されていると認めるには、①会社の背後にある者が会社を意のままに道具として用いることのできる支配的地位にあること（支配の要件）、および、②債務の履行を免れるために新会社を設立する等会社の背後にある者が違法または不当な目的の下に会社形態を利用していること（目的の要件）が必要であるとし、本件は、背後者（従前の施設経営会社の債権者で全株式と営業用施設を取得した個人）が、従前の施設経営会社の会員権債権者の預託金返還債務を免れたいとの意図で新会社を設立し、新会社がゴルフ場営業を引き継いでいるとして、新会社が従前の施設経営会社と別法人であることを根拠に、従前の施設経営会社の会員権を否定することは法人格の濫用として許されないとし、新会社との間の会員の地位を確認している。

この判決は、法人格否認の法理をゴルフ場会社に当てはめたもので、理論的な問題があるわけではないが、この判決の認定は妥当であると考えられる。

5　法的整理の必要性

施設経営企業が、会員を無視した営業の譲渡や資産の譲渡を行った場合は、上記のように、会員にはいくつかの対応策があるが、このような個別的な債権者としての権利行使は限界があり、施設経営企業の偏ぱな弁済を防いで公

平な債務整理をさせようとする場合は、会員は団結して債権者破産の申立てをした方がよいであろう。また再建の可能性がある場合は、民事再生や会社更生の申立てをしたほうがよい場合もある。いずれにしても個別の会員では申立ての費用や予納金の問題もあるので、有志を募って団体として行う方が妥当であろう。このような法的整理の場合は、管財人（破産、会社更生、民事再生の場合には管理命令による選任があった場合）や否認権限を付与された民事再生における監督委員は、債務者の弁済行為や資産の譲渡行為等に対して否認権が行使でき、公正妥当な処理ができることになる。

50 施設経営企業の倒産と経営者等の責任

1 施設経営企業関係者の責任

　会社の取締役・監査役、法人の理事・監事等の役員は、当該法人と間の委任契約に基づき、受任者として善管注意義務を負担している（民法644条）。これとは別に、法文上、忠実義務が規定されている場合もある（株式会社の取締役に関する商法254条ノ3など）。

　これらの役員が、任務を懈怠して、上記義務に違反して、その結果、当該法人に損害を与えたときは、当該法人に対して損害賠償義務を負うことになる。

　また、役員等が故意または重大な過失により、第三者に損害を与えた場合は、当該第三者に対して個人として損害賠償制責任を負う（たとえば、株式会社の取締役について商法266条ノ3第1項）。

　これらの責任は会員制事業に特有な問題ではないが、施設経営企業の役員にも生じる問題であり、ゴルフ場事業の場合は会員との関係で施設経営企業の支配株主が一般不法行為責任を問われたり、ゴルフクラブの発起人や名板貸任の責任が問題となった例がある。

451

2　施設経営企業の役員の施設経営企業に対する損害賠償責任

　施設経営企業の取締役等の役員が、その任務を懈怠して、施設経営企業に損害を与えた場合は、損害賠償義務がある。施設経営企業が取締役等の個人に対して請求することができ、株主代表訴訟の対象となるが、株主でない会員等の施設経営企業の債権者はこのような請求はできない。

　実際上は、会員制事業の場合は施設経営企業が倒産した場合に問題となることが多い。通常の私的整理の場合はこのような請求は放置されることになるが、法的整理の場合は、管財人等によって請求がされることがある。

　損害賠償請求の方法として、会社整理（商法386条１項８号、９号）、特別清算（同法454条１項５号、６号）、民事再生（民事再生法105条）、会社更生（会社更生法72条１項、２項）では、損害賠償の査定の裁判とこれに付随する保全処分の制度がある。この査定制度は取締役、理事等の役員の責任追及を簡易な手続によって、迅速・確実に行うことを目的としている。

　査定手続の申立権者は法的手続毎に異なっている。会社整理や特別清算では申立権者に関する規定がないが、裁判所の職権以外に会社にも申立権があるものと解されている。民事再生は裁判所の職権以外に再生債務者等（管財人が選任された場合は管財人、それ以外は再生債務者自身）であるが、管財人が選任されていない場合は再生債権者にも申立権がある（民事再生法143条１項、２項）。会社更生は更生管財人のみに申立権がある（会社更生法72条１項）。

　査定は決定手続で行うが、査定の裁判を受けた役員は異議の訴えでこれを争うことができる。

　現行破産法にはこのような査定手続がないから、損害賠償義務を履行しない役員に対しては破産管財人が通常の訴訟を提起して請求を行うことになる。

3　施設経営企業の役員の第三者に対する損害賠償責任

　実務上は、施設経営企業に支払能力がないときは、施設経営企業の代表取

締役や取締役等の役員の個人責任を追及する場合もある。

　法人の役員が、その職務を行うに際して悪意や重過失によって法人の債権者（会員）に損害を与えた場合は、その役員は個人として損害賠償責任を負担する。株式会社の場合は取締役について商法266条ノ3第1項に規定があり、この規定は、清算人や有限会社の取締役にも準用されているし、発起人（商法193条2項）や、特殊法人の設立法にも同趣旨の規定がある（たとえば信用金庫法35条2項）場合が多い。民法上の法人の場合は、このような規定はないが、役員は個人として通常の不法行為責任（民法709条）を負うものと解されている。

　上記の商法266条ノ3第1項の責任については、解釈上多くの点が問題とされているが、最高裁判例（最判昭44・11・26民集23巻11号2150頁）は、①この責任の性質は特殊不法行為責任ではなく法定の特別責任である、②第三者の被った損害は、直接第三者に生じた損害（直接損害）だけでなく、取締役の行為によって会社に損害が生じた結果第三者が被った損害（間接損害）も含む、③取締役の悪意・重過失は会社に対する任務懈怠につき存すれば足り、直接第三者の加害行為について存する必要はない、④この責任は民法709条不法行為責任と競合する、と解している。

　ゴルフ場会社の倒産に関し、会社の取締役の損害賠償責任を認めた判例として、①事前に調査研究せずに預託金のみを当てにしてゴルフ場建設を開始し、資金が続かず倒産した場合（東京地判昭54・11・28判時965号108頁）、②ゴルフ場建設の見込みが十分でないのに虚偽事実を流して会員を募集した場合（浦和地判昭60・4・22判タ559号271頁）、③新規にゴルフ会員権の募集をするにあたり資金事情等を事前に十分調査研究することなく従前の代表取締役が既に作成していた新規事業計画により漫然と新規募集をしたため、資金繰りに行き詰まり会社を倒産させた場合（東京地判平7・4・25判時1561号132頁、ゴルフ法判例72[7]）等がある。また、財団法人の理事について不法行為責任を認めた例として、④監督官庁の中止勧告を秘して資金的見通しが非常に困難なゴルフ場会員の募集計画に着手し、手形不渡りを出して当該財団

法人を倒産させた場合（東京地判昭55・6・27判タ440号128頁）がある。

これらのゴルフ場会社（法人）の取締役（理事）の個人責任を認めた判例の事案は、その大半が施設開設前に多くの会員を募集して開設に失敗した事案であり、会員契約適正化法によって、原則として施設開設後しか会員の募集ができなくなった（同法4条）から、今後はこのような紛争は減少すると思われるが、施設が開設されている場合も役員の個人責任があることは当然である。上記③の例はクラブハウスの老朽化等を理由に閉鎖されていたゴルフ場をクラブハウスの建替え等によってゴルフ場を再開しようとした事案である。

なお、ゴルフ場会社が、適正会員数を遙かに上回る大量のゴルフクラブ会員を募集してその交換価値を喪失させたことや会員の新規募集をしたことが不法行為に該当するとして、当該ゴルフ場会社以外に会社の代表取締役個人に対する不法行為責任を認めた判例（東京地判平8・2・7判時1581号71頁ゴルフ法判例72⑧）がある。この判例は、会員募集を法人自体の不法行為として、これを指示した代表取締役個人にも民法709条、44条により会社と連帯責任を認めたものである。

4　施設経営企業の支配株主の損害賠償責任

人的会社の無限責任社員とは異なり、株式会社の株主は物的有限責任を負担するだけで、その責任は株式の引受によって果たされているから、株主は会社債権者には責任を負担しない。この結論は、会社がゴルフ場経営会社である場合も異なるものではない。

ゴルフ場経営会社Aの全株式を有するB会社がその全株式をC会社に譲渡したところ、C会社がゴルフ場の土地建物をD会社に譲渡し、D会社はEに、EはFにゴルフ場の土地建物を順次譲渡したという事案で、B会社に預託金を預託した会員に対して、B会社とC会社の不法行為による損害賠償責任を認めた判例がある（東京地判平7・1・26判タ891号201頁、ゴルフ法判例72㊷）。

この判例は、法律効果を判断するのに足りる具体的事実を正確に認定して

いないから、判断の意味がよくわからない部分がある。

　まず会員契約が誰とされたかよくわからない。判決ではB株式会社に預託金を預託して本件ゴルフクラブの会員となったと認定しているのであるから、会員契約はBとなされていて、Aは無関係か単なるゴルフ場施設の管理をしていただけではないかと思われる。あるいは、預託金の相手方がBで施設利用権の相手方がAという複合的な会員契約であったかも知れない。

　次にゴルフ場施設の土地建物をCがDに売却したと認定するが、この土地建物の所有権が従前Aにあったのか Bにあったのか不明で、また、BからAの全株式を譲り受けたCが誰からどのように土地建物を取得したか認定していないので不明である。全株式を譲り受けたからといって土地建物の所有権が移転するものではない。あるいは、Aが所有するゴルフ場施設の土地建物を、支配株主Cの指示により、Dに売却したということかも知れない。

　この事案は、ゴルフ場の経営母体が交替していく中で、施設の売却がされ、施設の譲受人が旧会員の権利を引き継がず、旧会員の権利が侵害されたという事案であると思われるが、Bは会員契約の相手方である会員に会員権の行使をさせる義務があり、ゴルフ場施設が売却されることにより会員の権利を侵害したことによる不法行為責任があること、Cはゴルフ場の経営を承継したのであるから会員の権利行使をさせる義務があり（その義務の根拠は不明であるが会員契約の承継に求めるべきであろう）、ゴルフ場施設を売却することによって会員の権利を侵害したことによる不法行為責任があることについては余り異論はないと思われる。

　B・Cの責任は、契約上の債務者の債務不履行が、債務不履行責任以外に不法行為による債権侵害にもなるという判例・通説の理解が前提になる。

　いずれにしても、株主の会社債権者（会員）に対する責任を認めたものではなさそうである。

5　発起人・名板貸人の責任

　預託金制ゴルフクラブの会員募集に関して、募集用パンフレットにクラブ

の発起人として名前を使用することを許諾した者に対して、商法上の会社不成立の場合の発起人もしくは疑似発起人の責任（商法194条1項、198条）に準じた責任、あるいは名板貸人の責任（同法23条）があるかどうか争われた事案があるが、判例（大阪地判昭59・3・28判時1139号125頁）は、ゴルフクラブが社団としての実体を有しないことを理由にこのような責任を否定している。

預託金制ゴルフクラブが社団の実体を有していないことは異論のないところであるから、この判例の結論は異論のないところであろう。

なお、著名人が、違法な会員募集であることを知りながら、あるいは容易に知ることができるにもかかわらず、クラブの発起人として、パンフレット等に紹介文や推薦文を掲載する等の行為があり、これを信用した会員に損害が生じた場合は損害賠償義務が生じる可能性がある（原野商法に関する大阪地判昭62・3・30判時1240号35頁参照）が、これは注意義務を前提とする一般不法行為の問題であって、クラブが社団としての実体を有しない以上、発起人や名板貸人の責任の問題ではない。

【判例索引】

- 大判明34・9・14民録7・8・5　*237*
- 大判大6・11・10民録23号1960頁　*221*
- 大判大8・11・30民集12巻24号2781頁　*374*
- 大判大13・6・12民集3巻272頁　*218*
- 大判昭10・4・13民集14巻556頁　*274*
- 大判昭13・9・30民集17巻1775頁　*224*
- 大判昭13・10・12民集17巻2115頁　*360*
- 朝高判昭15・5・31評論29民958　*237*
- 東京地判昭28・1・26判タ27号71頁　*125 , 281, 283*
- 最判昭37・12・13判タ140号125頁　*382*
- 最判昭39・1・28民集18巻1号136頁　*284*
- 最判昭39・10・15民集18巻8号1671頁　*15*
- 最判昭40・3・9金法406号6頁　*382*
- 最判昭40・9・22民集19巻6号1600頁　*445*
- 最判昭41・4・28民集20巻4号900頁　*356*
- 最判昭44・2・27民集23巻2号511頁　*449*
- 最判昭44・11・26民集23巻11号2150頁　*453*
- 最判昭45・4・10民集24巻4号240頁　*218*
- 最判昭45・4・16民集24巻4号266頁　*385*
- 最判昭46・3・25民集25巻2号208頁　*323*
- 最判昭46・4・23民集27巻7号823号　*217*
- 東京高判昭46・7・29判時640号45頁　*357*
- 最判昭47・3・9民集26巻2号213頁　*235*
- 最判昭48・4・6民集27巻3号483頁　*355*
- 最判昭48・4・6判時714号187頁　*380*
- 最判昭48・6・28民集27巻6号724頁　*385*
- 東京地決昭48・10・30判時733号70頁　*54*
- 最判昭48・12・12民集27巻11号1536頁　*65*
- 東京高判昭49・12・20金法760号29頁　*27*
- 東京高判昭49・12・20判時774号56頁　*17 , 106 , 133 , 134 , 160 , 161 , 190 , 191,*
  285
- 東京高判昭49・12・20判時774号217頁　*242*

- 大阪高決昭50・3・12判時779号107頁　*437*
- 最判昭50・7・25民集29巻6号1147頁　*53, 218, 220, 321, 323, 357*
- 大阪地決昭51・4・15金商533号35頁　*436*
- 大阪地決昭51・4・20判時825号89頁　*402, 444*
- 東京高判昭51・7・28判時831号94頁　*88, 89*
- 東京高決昭52・4・20判タ356号246頁　*277*
- 名古屋高判昭52・5・30判時867号108頁　*254*
- 最判昭53・6・16判時897号62頁　*208*
- 東京高決昭54・1・25判時917号109頁　*41, 42*
- 東京地判昭54・2・16判時940号73頁　*16*
- 東京地判昭54・3・22判時928号77頁　*78*
- 東京地判昭54・7・10判時944号65頁　*161, 178, 191*
- 東京地判昭54・11・28判時965号108頁　*453*
- 東京地判昭55・6・27判タ440号128頁　*454*
- 大阪高判昭55・11・28金商624号40頁　*42*
- 東京地判昭55・12・24ジュリスト755号判例カード489　*412*
- 東京地判昭56・9・9判時1043号74頁　*67*
- 大阪高判昭56・9・30判時1041号116頁　*43*
- 大阪高判昭56・10・29判タ460号105頁　*362*
- 東京地判昭57・4・26判タ481号89頁　*232*
- 最判昭57・6・24判時1051号81頁　*42*
- 大阪高判昭57・7・27判時1028号55頁　*331*
- 最判昭58・2・24判時1078号76頁　*352*
- 東京高判昭58・4・20判時1079号50頁　*54, 288*
- 大阪地判昭59・3・28判時1139号125頁　*456*
- 最判昭59・3・30民集36巻3号484頁　*372*
- 東京地判昭59・5・11藤井＝古賀279頁　*191*
- 名古屋地判昭59・6・29金商706号26頁　*63*
- 神戸地判昭60・1・22判タ552号212頁　*122, 283*
- 浦和地判昭60・4・22判タ559号271頁　*453*
- 津地四日市判昭60・5・24労働判例454号16頁　*17*
- 最判昭60・7・19民集39巻5号1326頁　*326*
- 東京高決昭60・8・15判タ578号95頁　*345*
- 大阪高判昭60・9・27公刊物未登載　*123*

- 大阪地判昭60・10・7 藤井＝古賀152・294頁　*161*
- 大阪地判昭60・10・7 藤井＝古賀294頁　*241*
- 大阪地判昭60・10・7 藤井＝古賀150・294頁　*245*
- 大阪高判昭61・5・29判時1208号87頁　*88,89*
- 最判昭61・9・11判時1214号68頁　*17,29,159,171*
- 大阪高決昭61・9・17判時1213号94頁　*332,345*
- 横浜地判昭62・1・30判時1226号99頁　*133*
- 最判昭62・2・12民集41巻1号67頁　*320*
- 東京地判昭62・2・26金商785号39頁　*88*
- 横浜地判昭62・2・30判タ650号193頁　*285*
- 大阪地判昭62・3・30判時1240号35頁　*456*
- 最判昭62・11・10民集41巻8号1559頁　*314*
- 最判昭62・11・12判時1261号71頁　*314,358*
- 横浜地判昭63・2・24判時1299号114頁　*137,281,284*
- 東京地判昭63・3・11判時1301号119頁　*117,123,283*
- 大阪高判昭63・3・31判時1291号72頁　*200*
- 大阪高判昭63・4・28判タ670号153頁　*49*
- 大阪高判昭63・5・31判時1296号63頁　*28,159,161,192,241,245*
- 千葉地判昭63・6・10判時1296号113頁　*48,223,231*
- 東京地判昭63・7・19判タ684号216頁　*232*
- 名古屋地裁岡崎支部判昭63・7・21判時1060号114頁　*249*
- 東京高判昭63・8・22判時1287号75頁　*133,134,285*
- 東京地判昭63・9・30金判821号35頁　*322*
- 東京高判平元・1・30公刊物未登載　*123*
- 東京地判平元・9・26判タ718号127頁　*304*
- 東京地判平元・10・17金商846号33頁　*232*
- 東京地判平元・8・27判タ102号175頁　*94*
- 東京地判平元・10・31金商846号37頁　*209*
- 大阪地判平2・2・16判タ750号214頁　*45*
- 最判平2・2・20判時1354号76頁　*93,96*
- 東京高判平2・6・28金法1271号40頁　*44,362,364*
- 東京地判平2・7・25金商861号30頁　*47*
- 東京地判平2・8・21判タ41号184頁　*304*
- 東京高判平2・8・29判タ757号199頁　*202*

- 東京高判平2・10・17判時1367号29頁　*71, 134, 135, 137, 285*
- 大阪高判平3・1・31金商868号30頁　*118*
- 東京高判平3・2・4判時1384号51頁　*202, 209*
- 東京高判平3・2・13判時1383号129頁　*37, 304*
- 東京地判平3・10・15判時1434号85頁　*125, 283, 304*
- 東京地判平3・10・29判時1402号32頁　*400*
- 神戸地伊丹支判平3・10・31公刊物未登載　*124, 283*
- 東京地判平3・11・27判時1435号84頁　*16, 136*
- 東京地判平3・11・27判時1430号92頁　*37*
- 大阪高判平3・12・12判例集未登載　*118*
- 東京高判平3・12・16判時1411号69頁　*232*
- 東京地判平3・12・16金商903号39頁　*409*
- 東京地判平4・2・17判タ795号183頁　*149*
- 東京高判平4・3・31判時1443号73頁　*200*
- 東京地判平4・6・4判時1436号65頁　*281*
- 名古屋地判平4・11・11判タ822号223頁　*187*
- 東京地判平4・12・8判時1471号98頁　*278*
- 最判平4・12・15民集46巻9号2787頁　*20, 253*
- 東京地判平4・12・25判時1472号79頁　*277*
- 東京地判平5・2・2判時1493号102頁　*281*
- 東京地判平5・6・24判タ840号126頁　*88*
- 大阪地判平5・7・23判タ832号130頁　*249*
- 東京地判平5・8・10判タ865号236頁　*103*
- 東京地判平5・8・26判タ865号230頁　*315*
- 東京地判平5・8・30判時1494号113頁　*111, 112, 164*
- 東京地判平5・9・30判時1477号61頁　*107, 292*
- 東京地判平5・12・16判時1506号119頁　*250, 350*
- 東京高判平5・12・22判時1482号104頁　*249*
- 水戸地判平6・1・25判タ876号200頁　*48, 224, 231*
- 最判平6・2・22判時1540号36頁　*320, 357*
- 大阪地判平6・3・31判時1517号109頁　*448*
- 東京地判平6・6・10判タ878号228頁　*110, 148*
- 東京地判平6・8・31金商1004号33頁　*379*
- 東京地判平6・9・8判時1542号80頁　*228, 293*

- 東京高判平6・9・26判タ883号199頁　*103*
- 東京地判平6・10・24判時1543号142頁　*161,163,292,297*
- 東京地判平6・10・28判タ892号207頁　*91,103*
- 東京地判平6・11・14判時1555号134頁　*96*
- 最判平7・1・20判時1520号87頁　*197,211*
- 東京地判平7・1・25金法1442号105頁　*88*
- 東京高判平7・1・26金法1442号103頁　*48,379*
- 東京地判平7・1・26判タ891号201頁　*447,455*
- 東京地判平7・2・22判タ903号146頁　*322*
- 東京地判平7・3・6判タ908号190頁　*87*
- 東京地判平7・3・23判時1531号53頁　*67*
- 東京地判平7・4・25判時1561号132頁　*453*
- 東京地判平7・5・29判時1555号89頁　*355,381*
- 旭川地判平7・8・31判タ907号244頁　*434*
- 旭川地判平7・8・31判時1596号115頁　*445*
- 最判平7・9・5民集49巻8号2733頁　*38,273,304*
- 名古屋地判平7・9・7金商1006号28頁　*230*
- 大阪地判平7・9・8判時1552号96頁　*387*
- 東京高判平7・9・28判時1568号68頁　*354,378*
- 浦和地判平7・10・17判タ903号155頁　*88*
- 最判平7・10・24ＮＢＬ587号55頁　*96*
- 東京地判平7・10・31判タ906号247頁　*320,323*
- 東京地判平7・11・21判タ915号143頁　*58,91,100,166,291*
- 東京地判平7・11・27判タ925号214頁　*89*
- 東京地判平7・12・1判時1578号67頁　*254,352*
- 東京地判平7・12・7判タ922号229頁　*88,89*
- 東京地判平7・12・13判時1575号68頁　*321,322*
- 東京地判平8・1・23判タ918号146頁　*317*
- 宇都宮地判平8・1・30判タ907号192頁　*88,89,90*
- 東京地判平8・2・7判時1581号71頁　*108,109,110,454*
- 東京地判平8・2・19判時1582号56頁　*107,109,110,126,292,297*
- 東京地判平8・4・18判時1594号118頁　*49,147*
- 東京地判平8・5・22金商1018号38頁　*335*
- 東京地判平8・6・24判時1600号110頁　*113,114,161*

- 大阪高判平 8・7・4 金法1468号41頁　*387*
- 最判平 8・7・12民集50巻 7 号1918頁　*199 , 249 , 327 , 348 , 349 , 377 , 384*
- 最判平 8・11・12判時1585号21頁　*101 , 291 , 302*
- 浦和地判平 8・11・22判タ957号240頁　*88 , 90*
- 東京地判平 8・11・28金法1490号70頁　*94*
- 東京地判平 8・11・29判時1612号80頁　*318*
- 東京地判平 9・1・28金商1038号11頁　*416*
- 東京地判平 9・2・19判タ1011号287頁　*387*
- 最判平 9・2・25民集51巻 2 号398頁　*274*
- 最判平 9・3・25判時1599号75頁　*209*
- 東京地判平 9・3・28判タ986号297頁　*322*
- 東京地判平 9・4・28判時1628号60頁　*381*
- 東京地判平 9・5・16判時1606号61頁　*435*
- 最判平 9・5・27判時1608号104頁　*212*
- 大阪地判平 9・5・28判時1624号123頁　*327*
- 最判平 9・7・1 判時1617号64頁　*178*
- 最判平 9・7・1 民集51巻 6 号2452頁　*277*
- 大阪地判平 9・7・18判時1635号122頁　*381*
- 東京高判平 9・7・22判時1628号23頁　*100 , 104 , 291*
- 大阪高判平 9・7・23判タ980号270頁　*376*
- 東京地判平 9・7・30判時961号177頁　*94*
- 東京高判平 9・8・21判時1634号77頁　*99 , 113 , 114 , 184*
- 東京高判平 9・8・21判タ986号233頁　*109*
- 東京高判平 9・8・27判タ981号299頁　*423*
- 東京高判平 9・8・28判時1634号77頁　*161*
- 大阪高判平 9・9・25判時1633号97頁　*224 , 235*
- 最判平 9・10・14判タ947号147頁　*87 , 103 , 290*
- 神戸地伊丹支判平 9・10・30判タ974号242頁　*381 , 386*
- 東京高判平 9・12・10判時979号170頁　*94*
- 最判平 9・12・16判時1629号53頁　*210 , 214*
- 東京地判平 9・12・17判タ980号201頁　*88 , 318*
- 東京高判平 9・12・24金商1054号23頁　*99*
- 東京地判平 9・12・25判タ1004号166頁　*318*
- 札幌地判平10・1・29判時1668号123頁　*165*

- 大阪地判平10・2・26判タ998号207頁　*90, 109, 113, 183, 228, 244, 293*
- 大阪地判平10・4・2金商1045号27頁　*351*
- 東京地判平10・4・16判時1654号63頁　*76*
- 東京地判平10・4・28判時1654号64頁　*75*
- 東京地判平10・5・20判タ989号125頁　*88*
- 東京地判平10・5・28判時1660号78頁　*36, 38*
- 東京地判平10・5・28判時1643号156頁　*171, 178*
- 東京地判平10・5・28判時1660号78頁　*347*
- 東京地判平10・5・29金商1054号16頁　*184*
- 東京高判平10・8・25金法1532号74頁　*96*
- 東京地判平10・8・31判タ1044号116頁　*275*
- 東京地判平10・9・5金法1529号57頁　*177*
- 東京地判平10・9・24金法1529号57頁　*171*
- 東京高判平10・11・19金商1064号28頁　*94*
- 東京地判平10・12・25金商1059号11頁　*172, 177*
- 東京地判平11・1・13金法1539号72頁　*172, 177*
- 東京地判平11・1・27金商1078号37頁　*387*
- 東京地判平11・1・29金法1574号56頁　*97*
- 札幌高判平11・2・9判時1693号82頁　*165*
- 大阪高判平11・2・24金商1063号25頁　*237*
- 大阪高判平11・2・26金商1067号35頁　*49, 78*
- 大阪高判平11・2・26金商1067号38頁　*171*
- 東京地決平11・3・10金商1063号22頁　*426, 432*
- 東京地判平11・3・12判時1699号93号　*161, 168*
- 東京地判平11・3・26判時1691号3頁　*110*
- 東京高判平11・4・27金法1575号77頁　*175, 420*
- 東京高決平11・5・17金商1069号7頁　*433*
- 東京高判平11・6・1金商1070号3頁　*94*
- 最判平11・9・9判タ1013号100頁　*347*
- 東京地判平11・9・30金商1094号24頁　*55*
- 東京地判平11・10・6判時1709号33頁　*298*
- 最判平11・11・9判時1701号65頁　*188*
- 最判平11・11・30判時1701号69頁　*99, 114, 291*
- 東京地判平11・12・7判時1710号125頁　*447*

- 名古屋高判平12・1・28金商1094号31頁　*76*
- 最判平12・2・29判時1705号58頁　*28, 60, 75, 120, 279, 387, 404*
- 最判平12・3・9判時1708号123頁　*60, 75, 389, 404, 424, 440*
- 最判平12・3・9判時1708号127頁　*75, 388, 404*
- 東京高判平12・3・29判タ1037号171頁　*188*
- 東京地判平12・3・29金商1090号40頁　*238*
- 東京高判平12・3・30判時1709号30頁　*278, 298*
- 東京高判平12・7・18判時1720号148頁　*290*
- 岡山地判平12・8・23判タ1054号180頁　*450*
- 東京高判平12・8・30金商1108号27頁　*278*
- 最判平12・10・20判時1730号26頁　*16, 281*

【事項索引】

【あ行】
安全配慮義務　63
違約金請求権　62
受戻権　323
営業譲渡によるクラブ名の続用と会員契約の承継　448
M＆A　395
延長決議の効力　179

【か行】
会員・施設経営企業の倒産　369
会員が除名された場合　81
会員契約・譲渡承認における不利益取扱い　64
会員契約解除の手続　293
会員契約適正化法　29
会員契約適正化法　138
会員契約と会員の権利・義務　52
会員契約の終了　272　404
会員契約の終了事由　272
会員契約の処理　439
会員契約の成立時期　30
会員契約の締結権限　364
会員契約の特質　26
会員権　2
会員権証書　39
会員権証書に対する信頼の保護　44
会員権証書の所持人に対する引渡しの請求　47
会員権証書の提出　48
会員権証書の紛失　45
会員権証書の法的性質　39
会員権証書の免責証券性　43
会員権証書の有価証券性　40
会員権譲渡契約解除　234
会員権譲渡と対抗要件　246
会員権譲渡の法的性質　198
会員権に対する仮差押え　328
会員権に対する強制執行　341
会員権の相手方　32
会員権の種類　2
会員権の種類の変更　154
会員権の譲渡　196
会員権の譲渡承認　48
会員権の譲渡性　196
会員権の譲渡制限　292
会員権の譲渡担保設定の禁止　218
会員権の譲渡と税務申告　259
会員権の譲渡と名義書換　219　230
会員権の譲渡人が名義書換に協力しない場合の対処方法　221
会員権の譲渡人の第三者対抗要件具備義務　256
会員権の譲渡人の名義書換協力義務　219
会員権の消滅　271
会員権の消滅時効　303
会員権の相続　205
会員権の相続・譲渡禁止　215
会員権の相続性　205
会員権の担保　312
会員権の担保権者との関係　378
会員権の担保と差押えや譲渡等の競合　347
会員権の内容と会員権の相手方　33
会員権の二重譲渡　246
会員権の発生　26　29

465

事項索引

会員権の分解　34
会員権の分解に関する学説　35
会員権の分解に関する判例　36
会員権の分割　180
会員権の分割に関する法的問題　181
会員権の分割に対する対処の方法　184
会員権の分類　3
会員権の名義人の倒産手続と真実の権利者の関係　382
会員権の譲受人との関係　376
会員制事業の経営不振の実態　390
会員に対する一般的権利・義務　61
会員による会員契約の解除　288
会員の義務　59
会員の権利　52
会員の権利・義務　52
会員の権利行使　425　440
会員の死亡　273
会員の除名　280
会員の倒産　370
会員の倒産手続と会員権の譲受人・担保権者の地位　373
会員の倒産と会員契約の帰趨　371
会員の倒産と会員契約の債務不履行解除　371
会員の倒産と会員契約の終了　372
会員の破産、法人会員の解散　275
会員の非違行為に対する施設経営企業の対処法　136
開始決定　420
会社更生　397　435
会社整理　395
開場請求権　56　86
開場の遅延・不能　87
開場不能・開場遅延　289
会則等諸規則遵守義務　59
会費支払義務　119
会費支払義務および相殺　403
会費支払義務の不履行と懲戒の問題　120
会費制会員権　8
会費増額と理事会の権限　190
会費滞納以外の懲戒事由　131
会費滞納以外の懲戒事由　284
会費滞納に対する施設経営企業の対処法　129
会費等諸負担金支払義務　60
会費の増額　189
会費の増額に対する対処法　193
会費の滞納　283
家族会員権　6
割賦販売法30条の4　92
株主制会員権　8
株主制会員権の第三者対抗要件　253
株主制クラブ　11
株主制クラブの会員権　20
仮差押えの効力　338
仮差押えの申立て　331
管轄裁判所　335　342
関係人集会　438
強制執行の執行対象性　341
共通会員権　7
協定　427
協定案　415
クーリング・オフ　140
クラブ　9
クラブ行事参加権・ハンディキャップ取得権等　115
クラブと施設経営企業の関係　32
クラブの種類　9
経営破綻による営業用施設の譲渡　445
継続的契約　27

466

事項索引

競売手続の中止命令　426
契約解除の効果　294
契約期間の到来　272
契約当事者　29
原始的な施設提供義務の不履行　289
限定施設利用会員権　7
権利の譲渡手続　198
合意解除　277
更生計画　438
抗弁の接続　92
国籍による制限　66
個人会員権　5
ゴルフ会員権　3
ゴルフ場経営企業の再建策　392
ゴルフ場再生の必要性　392
ゴルフ場施設経営企業再建の必要性　391
ゴルフ場施設経営企業倒産の影響　392
ゴルフ場施設経営企業の特殊性　391

【さ行】

債権者集会　422
債権者代位権　347
債権の種類　421　437
債権の届出と確定　437
再生計画　422
再生債権の届出と確定　421
再発行の請求　46
債務不履行解除権の行使　276
債務不履行の効果　104
詐害行為の取消し　447
事後的な施設提供義務の不履行　292
自主的内部規律尊重　65
施設共有型　23
施設共有制会員権　8
施設共有制会員権の第三者対抗要件　255
施設共有制クラブ　13
施設共有制クラブの会員権　23
施設経営企業以外の者の不法行為責任　110
施設経営企業から会員権を利用して行う債権回収の問題点　367
施設経営企業からの会員権担保　360
施設経営企業関係者の責任　451
施設経営企業による営業譲渡・施設の処分　445
施設経営企業の経営不振・破綻　390
施設経営企業の権利・義務　61
施設経営企業の再建型倒産手続　417
施設経営企業の債務および担保　360
施設経営企業の債務不履行　288
施設経営企業の支配株主の損害賠償責任　454
施設経営企業の譲渡承認　203
施設経営企業の清算型倒産手続　399
施設経営企業の倒産と経営者等の責任　451
施設経営企業の破産・特別清算　399
施設経営企業の不法行為責任　109
施設経営企業の民事再生・会社更生　417
施設経営企業の役員の施設経営企業に対する損害賠償責任　452
施設経営企業の役員の第三者に対する損害賠償責任　453
施設提供義務　62
施設の一部しか提供しない場合　98
施設の増設・改造と追加預託金　187
施設の低料金利用権　55
施設の未開場　85
施設利用権　53
施設利用権の時効消滅と

預託金返還請求権・年会費支払義務の帰趨　307
施設利用権の消滅時効の起算点　305
施設利用権の手続債権（破産債権）性　401
施設利用者に対する義務　62
施設利用者に対する権利　61
施設利用者に対する権利・義務　61
施設利用に関する不利益変更　161
施設利用の質的不足　97
施設利用の内容の一方的変更　156
質権　324
質権の設定　324
執行対象適格性　329
執行対象適格性としての譲渡性　329
執行対象適格性のない会員権に対する執行の効力　330
死亡を会員の資格喪失事由とする会則　211
社団法人制会員権　8
社団法人制会員権の第三者対抗要件　252
社団法人制クラブ　11
社団法人制クラブの会員権　18
集団的な契約　28
譲渡・相続禁止の会員権　8
譲渡・相続等の移転を許容する会員権　8
譲渡禁止・相続許容の会員権　8
譲渡禁止の会員権の執行対象性　329
譲渡契約の解除　224
譲渡承認義務　231
譲渡承認の拒否を理由とする預託金返還請求の可否　236
譲渡所得に対する課税　259
譲渡所得の計算　262
譲渡担保　313
譲渡の対象としての会員権　199
譲渡の予約　327
譲渡命令　344
消費者契約法と会員契約　148
消滅時効　273
消滅時効期間　306
場屋営業者としての責任　63
将来の会員権の取得者に対する設定者の名義書換協力義務　322
職業等による制限　69
除名　280
除名事由　282
除名処分を争う方法　287
除名の効果　286
除名の法的性質　280
新種の会員の募集等　111
据置期間の延長　172
据置期間の延長に対する対処の方法　179
据置期間の起算点　76
据置期間の法的性格　74
据置期間の法的な性質　170
据置期間のもつ経済的な意味　169
据置期間満了前の預託金の返還請求　80
正会員権　7
性別による制限　69
設定者と第三者の関係　357
設定者の一般債権者との関係　352
設定者の会社更生　356
設定者の破産　354
設定者の民事再生　355
専有部分共有型　25
相続性の有無に関する意思解釈の基準　210
相続に関する手続　212
相続を認める合意　208
双務、不要式の無名契約

28
属性による不利益な取扱
　い　64
組織体全体としてのクラ
　ブの種類　10
訴訟による譲渡承認請求
　234
その他のクラブ　14
損害賠償の請求　302

【た行】
退会　275
退会権　78
対抗要件の否認　380
第三者対抗要件の有無と
　施設経営企業の対応
　256
第三者のためにする契約
　による方法　365
代理受領　364
大量会員　291
大量会員問題　106
大量会員や新種会員の募
　集　105
諾成契約　27
宅地建物取引業法と会員
　契約　146
団体としてのクラブの種
　類　14
単なる遊戯、親睦団体
　16
担保権者と第三者の関係
　349
担保権者の一般債権者と

　の関係　359
担保権者の処遇　426
　441
担保権者の対応　427
担保権者の破産・民事再
　生・会社更生　360
担保権消滅後の売却
　357
担保権消滅請求　426
担保権の実行　319
担保権の実行後の売却
　351　357
担保権の実行前の売却
　349　357
担保設定契約当事者と第
　三者の関係　347
懲戒事由　131
懲戒処分　131
懲戒処分に関する判例
　132
追加預託金制度　245
テニス会員権　4
倒産手続開始後の会員権
　の処理　386
倒産手続における管理処
　分権者等の第三者性
　373
倒産法上の特別の解除権
　279
特定商取引に関する法律
　と会員契約　146
特定の施設の利用契約
　26
特別清算　397　414

【な行】
入会金等の支払義務
　59
入会金の返還　286
入会金の返還　296
年会費の返還　301
念書売買　229
念書売買の危険性　229
年齢による制限　66

【は行】
売却命令　345
破産　398
破産手続　400
破産における会員の権利
　行使　412
破産における処理方針
　408
破産法59条による処理
　404
非課税となる譲渡所得
　260
人の属性による制限の合
　理性　64
不完全な会員権　30
婦人会員権　6
平日（週日）会員権　7
別途債権者の対応　411
法人会員権　6
法人格はないが社団
　15
法人格否認の法理　449
法人格を有するもの
　15

469

法的整理の必要性　450
募集の差し止めの可否　111
保全命令　419
発起人・名板貸人の責任　456

【ま行】
未募集の会員権　361
未募集の会員権証書交付　363
民事再生　396
民事再生　418
名義書換　203
名義書換協力義務の法的性質　220
名義書換停止　225
名義書換停止措置が不合理な場合の譲渡承認請求　227
名義書換と清算金の関係　323
名義書換の拒否　230
名義書換の要件としての理事会の承認　204
名義書換料の意義・趣旨　239
名義書換料の増額　241
名義書換料の変換　300
名義書換料の変更・追加預託金　239
名義書換料の法的性質　240
名義変更停止措置が不合理な場合の会員契約の解除　227
名義書換停止措置が不合理な場合の譲渡承認請求　227
名義変更停止の合理性　225
名誉会員権　6

【や行】
約定解除権の行使　274
預託金　72
預託金制以外の会員権の消滅時効　308
預託金制会員契約の基本的視点　172
預託金制会員権　8
預託金制会員権の消滅時効　304
預託金制会員権の第三者対抗要件　247
預託金制クラブ　12
預託金制クラブの会員権　22
預託金の株式化　393
預託金の据置期間　74　169
預託金の据置期間の延長　170　392
預託金の据置期間の変更　169
預託金の追加請求　185
預託金の追加請求に対する対処の方法　188
預託金の分割による会員権の分割化　393
預託金の返還　49　72　286　295
預託金の返還請求　77
預託金の返還問題　82
預託金の法的性格　72
預託金返還請求権　57
預託金返還請求を目的とした会員権譲渡の可否　238
預託金返還手続と会員権証書の関係　82
預託金を返還しないとき　82

【ら行】
理事会の譲渡承認　230
リゾート会員権　5
利用料支払義務　59
利用料請求権　61
レジャー会員権　5
劣悪な施設しか提供しない場合　102
ローン会員　92

〔著者略歴〕

今中利昭（いまなか　としあき）

〔略歴〕　昭和10年5月15日兵庫県川西市に生まれる。昭和35年関西大学大学院修了、昭和37年4月弁護士登録、昭和57年大阪弁護士会副会長、大阪弁護士会（昭和56年消費者保護委員会、同63年総合法律相談センター運営委員会、平成2年研修委員会、同4年司法委員会、同7年司法修習委員会）各委員長、平成10年日本弁護士連合会司法制度調査会委員長、平成5年大阪府建設工事審査会会長、平成12年芦屋市建築審査会会長などを多くの公職を歴任。昭和52年東邦産業株式会社保全管理人、同管財人、平成4年第一紡績株式会社保全管理人、同管財人、平成7年木津信抵当証券特別清算人に就任するなど、多くの倒産、更生事件を手がける。関西法律特許事務所。

〔主な著書・論文〕　「企業倒産法の理論と全書式〔新訂版〕」（共著、商事法務研究会）、「現代会員契約法」（民事法情報センター）、「ゴルフ法の基本構造」（民事特別法の諸問題所収・第一法規）、「会員権紛争の上手な対処法」（監修、民事法研究会）、「今中利昭著作集－法理論と実務の交錯〔上〕〔下〕」（民事法研究会）、「ゴルフ場倒産と金融機関の対応」（編集、金融・商事判例別冊）、「手形交付の原因関係に及ぼす影響」「取締役の第三者に対する責任に関する考察」「法人格否認論適用の限界」（司法研修所論集所収）、「株式会社の清算人の選任とその権限」（企業法判例の展開所収）、「ゴルフ法判例72」（金融・商事判例別冊・編集）、「会社分割の理論・実務と書式」（民事法研究会・監修）など、多数。

今泉純一（いまいずみ　じゅんいち）

〔略歴〕　昭和24年7月7日神戸市に生まれる。昭和48年3月北海道大学法学部卒業、昭和53年4月弁護士登録（大阪弁護士会）。現在、大阪社会保険医療協議会委員（公益代表）、龍谷大学非常勤講師（大学院法学研究科〔倒産法〕、法学部〔法律実務論〕）。明和法律事務所。

〔主な著書・論文〕　「会員権紛争の上手な対処法」（共著、民事法研究会）、「事業用借地権のすべて」（共著、民事法研究会）、「家庭裁判所甲類審判事件の実務」（共著、新日本法規）、「倒産法実務事典」（編共著、金融財政事情研究会）、「1問1答民事再生の実務」（共著、経済法令研究会）、「注釈民事再生法」（共著、金融財政事情研究会）、「1問1答個人債務者再生の実務」（共著、経済法令研究会）、

著者略歴

「後遺障害の逸失利益(脾臓や腎臓の摘出)」(㈶交通事故紛争処理センター編「交通事故賠償の法理と紛争処理」所収)、「会員契約と会員の倒産処理手続」「不動産賃貸借契約と当事者の倒産処理手続」(今中利昭先生還暦記念論文集「現代倒産法・会社法をめぐる諸問題」所収、民事法研究会)、「清算型の債務者の財産管理について」(判例タイムズ898号)、「ゴルフ場経営企業の倒産と会員の権利」(金融法務事情1442号)、「ゴルフ場と民事再生手続」(金融・商事判例別冊「ゴルフ場倒産と金融機関の対応」所収)、「再生計画立案までの実務上の問題」(銀行法務21・581号)など、多数。

会員権問題の理論と実務〔全訂増補版〕

（実務法律学全集第3巻）

平成13年10月14日　第1刷発行

定価　本体4,400円（税別）

著　者　今中利昭　今泉純一
発　行　株式会社　民事法研究会
印　刷　藤原印刷株式会社

発行所　株式会社　民事法研究会

〒151-0073　東京都渋谷区笹塚2-18-3　エルカクエイ笹塚ビル6F
　　　　　TEL　03(5351)1571(代)　FAX　03(5351)1572
　　　　　http://member.nifty.nc.jp/minjihou/

落丁・乱丁はおとりかえします。ISBN4-89628-098-9　C3332　¥4400E
表紙デザイン・袴田峯男

▶法務・税務にかかわる実務家の必携書！

法的紛争処理の税務
―― 民事・家事・会社・倒産 ――

青木康國・牛嶋 勉・
小田修司・辺見紀男・
菅納敏恭 編

A5判上製・416頁・定価 本体4,300円（税別）

本書の特色と狙い

▶法的紛争処理にかかわる実務家へ税法の配慮を促し、具体的指針を提供する実践的手引書／
▶長年、法務と税務の双方にかかわってきた編集者の経験・実例をもとに、利用しやすいQ&A方式で詳解／
▶法的処理と課税関係について、判例・通達・実務の取扱いをもとに、的確な判断ができるよう依頼者の立場に立って解説／
▶Q&Aの執筆構成を、読者がまず知りたい結論を先に述べ、問題点の指摘と解説を行い、最後の総括として実務上の留意点を指摘しているので極めて至便／
▶弁護士、税理士、公認会計士、司法書士、行政書士、企業の法務・税務担当者の必携書／

本書の主要内容

第1章　民事紛争の税務〔25問〕　　　　第3章　会社の税務〔21問〕
第2章　家事紛争の税務〔20問〕　　　　第4章　倒産の税務〔16問〕

執筆者一覧

（50音順）

青木　康國	岡　　伸浩	坂口季久夫	武田　涼子	古川　晴雄
浅井　弘章	篠島裕斗志	櫻井喜久司	谷川　行雄	辺見　紀男
浅野　貴志	小田　修司	篠　　　連	徳安　亜矢	向井田敬之
雨宮　正啓	菅納　敏恭	島田　敏雄	栃尾真理子	山上　俊夫
安藤　拓郎	神原　千郷	鈴木　　一	冨田　　司	山崎　　郁
飯田　直樹	倉持　政勝	鈴木　弘美	鳥山美由紀	山宮　道代
一宝　　真	黒澤　佳代	鈴木めぐみ	二島　豊太	葭葉　裕子
牛嶋　　勉	黒田伸太郎	高田　　享	樋口　　收	渡邊　賢作
内野　眞紀	小鍛冶広道	武井　洋一	藤田　浩司	渡辺　　潤

発行　民事法研究会
東京都渋谷区笹塚2-18-3 エルカクエイ笹塚ビル6F
〒151-0073 TEL.03-5351-1571㈹ FAX.03-5351-1572
http://member.nifty.ne.jp/minjihou/